Child First!
Child Rights & Child Welfare

이소희

유서현

김일부

공저

아동먼저!

아동권리와 아동복지

PREFACE 머 리 말

사람들은 누구나 소유에 대한 욕구가 있습니다.
또한 소속에 대한 욕구도 있습니다.
내 것, 우리 집, 우리 학교, 우리나라가 단적인 예입니다.

그런데 간혹 사람들은 이 소유와 소속을 혼돈할 때가 있습니다.
그래서 크고 작은 문제가 발생하곤 합니다.
그중에서 가장 우려되는 것은 바로 어린 '아이'입니다.

일찍이 칼릴 지브란은 갈파했습니다.

"아이는 그대의 것이 아니로다.
아이는 그대를 거쳐 이 세상에 왔을 뿐,
아이는 바로 그의 것이로다."

그렇습니다.
이 단순하지만, 엄연한 사실을 제대로 인식하고 행동하지 못하기 때문에 아동의 권리와 행복을 저해하는 불행스러운 일들이 가정과 어린이집과 유치원과 학교 및 사회 곳곳에서 발생하고 있는 것입니다.

이 책은 최근 사회적으로 주목되고 있는 아동의 권리를 아동복지의 차원에서 접근하여 통합하고자 시도되었습니다. 그것은 아동의 권리가 보호되고 보장되지 않는 한, 아동복지는 어불성설에 지나지 않기 때문입니다.

아동 먼저!
다시 한번 더
아동 먼저!

진정한 아동복지는 아동을 먼저 생각하고 행동하는 것입니다.

이러한 맥락에서 이 책은 다음과 같이 아동권리와 아동복지를 다각도에서 다양한 방법으로 전개했습니다.

즉, '아동권리 & 아동복지 이야기'라는 코너에서 원리원칙에 해당하는 정론을 다루었으며, 아동의 권리와 관련한 간단한 질문(Q&A), 자신의 견해발표, 동료들과 함께하는 토의 및 각 장을 끝내며 'Child First'라는 슬로건으로 아동의 권리와 복지를 폭넓게 파악하여 정리하도록 했습니다.

따라서 학생들은 관련 키워드로 검색하여 더 많은 관련 자료와 동영상으로 학습을 강화하면 아동권리와 아동복지를 위한 지혜와 지식이 차곡차곡 쌓일 것이며, 이후 학업을 마치고 아동복지 현장에 나갔을 때, 매우 역동적이자 효과적으로 대응할 수 있게 될 것으로 확신합니다. 물론 이 대응은 예방과 치료를 포함한 것입니다.

강조하거니와 권리협약이나 법조문의 이해만으로는 아동에 대한 사랑을 실천으로 옮기기에 다소 역부족이라고 보았습니다. 바로 사랑은 행동하는 힘의 원천이기 때문입니다.

이 책이 쓰이기까지 많은 분들의 사랑이 함께 했습니다. 예정보다도 출간 시기가 상당히 늦어졌음에도 불구하고 현장력이 높은 책을 기대하며 기다려 주신 정민사 박철용 회장님과 박세원 대표님 및 임직원 여러분께 진심으로 감사드립니다.

그리고 아동복지와 청소년복지를 함께 공부하며 가르치며 머리와 가슴과 손을 맞댄 학부와 석사 및 박사과정의 제자들에게 감사의 마음을 전함과 동시에 격하게 응원합니다. "너무 고마워! 우리가 '어영차' 하며 계속 함께 가야 할 길이야. 백지장도 맞들면 낫다고 선현들이 말씀하셨어. 더욱더 마음과 지혜를 모으자."

나아가 언제나처럼 아동복지에 대한 사명감으로 의미를 부여해 주시는 영원한 사랑이신 우리 하나님, 매일매일 믿음, 소망, 사랑으로 함께하는 우리 가족들은 바로 '의미 있는 기쁨', 그 자체입니다.

마지막으로 우리 공동 저자들은 로버트 프로스트(Robert Frost)의 시를 읊으며 다짐합니다.

숲은
아름답고,
어둡고,
깊다.
하지만 나는 지켜야 할 약속이 있고,
잠들기 전에 가야 할 길이 있다.

그렇습니다.
우리가 다 함께 가야 할 아동복지의 길이 있습니다.
그 길을 뚜벅뚜벅 걸어가야 할 것입니다.

2020년 12월 25일
〈아동복지〉의 길로 이끄신 스승님을 생각하며
저자들을 대표하여 풀잎, 이소희 씼습니다.

CONTENTS 목 차

제1부 아동복지의 개념체계와 의미

제2부 아동복지실천체계의 이해

제4부 아동권리와 아동복지실천분야(2)
- 다양한 가정에서의 아동을 대상으로 한 접근 -

"국가는 아동의 권리를 실현하기 위해

모든 적절한 입법적, 행정적 및 기타의 조치를 강구하여야 한다."

- 〈아동의 권리에 관한 국제협약〉 제4조 -

"오늘 우리가 살고 있는 이 땅은

우리의 조상들로부터 물려받은 것만이 아니라,

내일의 아이들에게 빌린 것이다."

- 북미 인디언 족 -

제 1 부

아동복지의 개념체계와 의미

제 1 부 에서는 아동, 복지, 아동복지, 아동권리를 유기적으로 살펴봄으로써 궁극적으로 아동의 권리를 신장시키는 데 기여하는 아동복지의 개념체계와 그 의미를 이해하도록 한다.

제 1 장

아동과 아동복지의 의미

아동복지는 아동과 복지의 합성어이다. 아동의 권리를 보장하여 아동복지를 증진하기 위해서는 아동과 아동복지의 의미를 먼저, 그리고 제대로 이해해야 한다.

아동과 아동복지를 보는 시각은 시대와 사회에 따라 차이가 있다. 그것은 역사적으로 아동의 삶에 영향을 미친 사회적 변화와 아동발달연구의 결과 및 그동안 이루어져 온 아동복지서비스의 평가에 영향을 받기 때문이다.

제1장에서는 이러한 맥락에서 아동과 아동복지의 의미를 세 가지 관점에서 살펴보고, 아동복지증진을 위해 통합된 시각을 가져보도록 한다.

(어린이날 창시자) 소파 방정환 선생

"싹을 위로 보내고 뿌리는 일제히 밑으로 가자."

\- 소파 방정환 -

1. 아동을 보는 관점과 의미

“아이는 그대의 것이 아니로다.”라고 칼릴 지브란은 그의 시집, 『예언자』 중 ‘아이들에 대하여’라는 시에서 읊었다(칼릴 지브란, 1923). 이 시가 아동의 존재가치에 대해 시사하는 바는 매우 크다고 할 수 있다. 왜냐하면, 역사적으로 볼 때, 아동은 여러 가지 시각에서 조망되어왔으며, 아동 양육과 교육은 물론 여러 아동복지현장에 반영되어 아동의 성장과 발달에 크고 작은 영향을 미쳤기 때문이다.

아동을 보는 관점은 서로 관련된 세 가지 관점, 즉 초기 인간발달론적, 학제적 및 법제적 관점으로 대별된다.

1) 초기 인간발달론적 시각에서 본 아동

아동은 인간발달단계 중, 아동기에 해당된다. 이 단계는 인간발달을 몇 단계로 구분했을 때, 초기과정에 해당된다. 발달(發達, Development)은 여러 분야에서 사용되며, 한마디로 좋은 방향으로 점점 나아가는 성장과정을 말한다.

그동안의 아동발달에 관한 다양한 연구 성과들은 아동복지의 필요성과 중요성에 대한 사회적 인식을 제고하는 데 기여하였을 뿐 아니라, 각종의 아동복지정책과 프로그램들을 계발하고 보급함으로써 아동의 복지를 보장하고 증진시키는 데 실질적으로 기여하였다. 구체적으로 이러한 결과들은 사람들로 하여금 아동발달에 관한 지식을 바탕으로 하여 바람직한 아동관을 지니고 아동의 발달원리와 특성을 최대한 고려하여 양육하고 교육하게 되었으며, 나아가 특별한 도움이 필요한 아동이 발생했을 때, 상담하고 치료함으로써 아동들을 보호하게 되었다. 특히 인간발달의 초기 단계에 해당하는 아동들은 신체적, 정신적, 경제적, 사회적으로 미성숙한 존재이며, 만약 이러한 초기발달과정에서 발달상의 문제가 발생하면 정상적인 인간으로 성장·발달하기 어렵기 때문이다.

따라서 아동발달의 특성을 고려한 아동복지실천은 진정한 아동의 권리보장을 통해 아동복지를 증진하는 핵심이 된다. 바로 〈아동의 권리를 위한 국제협약〉에서 제시하고 있는 생존권과 발달권 및 보호권을 보장하게 되는 것이다.

(1) 발달설과 아동복지적 의미

아동을 어떻게 보느냐 하는 것은 아동의 성장발달을 좌지우지할 만큼 중요하다. 왜냐하면 보는 시각에 따라 아동을 보호하고 양육하기 때문이다.

초기 발달론적 관점에서는 아동을 크게 전성설과 발달설로 구분되었으며, 예전에는 전성설이 지배적이었으나, 지금은 발달설이 공고히 자리 잡았다.

아동권리 & 아동복지 이야기

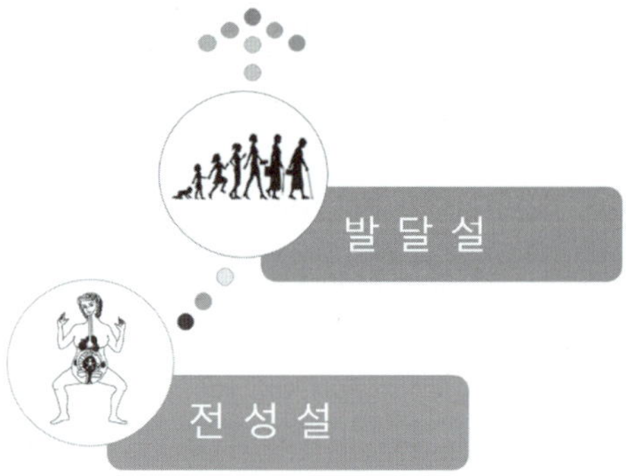

正 論

우리가 소망하는 어린이에게 물려 줄 두 가지 유산이 있다. 하나는 뿌리요, 다른 하나는 날개다.

– 카터 –

전성설은 이미 완성된, 크기만 작은 아이가 수정된 후, 출생 전후에 크기만 점점 자란다고 보는 관점이다. 이렇게 보면, 성장 과정 중에서 발생되는 변이를 인정하기 어렵게 된다. 따라서 운명론적이거나, 성장에 대한 노력을 특정 부분에만 기울이게 될 소지가 크다.

그러나 생명과학은 물론, 광학을 포함한 과학기술의 발달에 따라, 전성설에서 발달설로 정리가 되었다. 즉, 아동은 자궁에서부터 점점 자라나는 인간이라는 것을 두 눈으로 확인하게 된 것이다. 따라서 자라는 과정에서의 변이를 고려하여 초기발달이 이루어지는 순간부터 민감성 높은 양육을 적기에 해야 한다. 만약 이러한 점을 소홀히 하게 되면 바람직하지 못한 특성들이 누적되어 돌이킬 수 없는 부작용과 결손을 낳게 된다.

이러한 맥락에서 '발달의 원리'와 '발달단계' 및 '발달과업' 등의 학술용어가 제시되었으며, 이제 발달설은 상식이자 진리가 되었다. 이에 따라 아동을 제대로 육성하는 것은 천부적인 아동의 권리를 존중하는 것이 되어 아동의 복지를 보장하게 되는 것이다.

이토록 생명과학은 물론 사회 각 분야에서 과학이 발달된 오늘날임에도 불구하고, 사회 전반에 걸쳐 과학적 시각과 태도로 생활하지 않음에 따라 여러 가지 문제와 장애가 발생하고 있으며, 아동복지 분야에서도 결코 예외가 아니다. 이는 참으로 안타까운 일이다. 그 단적인 예로 아동노동을 들 수 있다. 다시 말하면 문명이 고도로 발달되고 아동에 관한 연구물이 쏟아져 나오고, 〈아동의 권리를 위한 국제협약〉이 선포된 지 십수 년이 지난 지금까지도 저개발의 빈곤 국가에서는 아동노동이 자행되고 있는 것이다. 아동은 어리기 때문에 손이 작고 유연하다. 따라서 적은 시간의 교육과 훈련만으로도 섬세함이 매우 요구되는 품목의 제작이 가능하며, 당연히 어른에 비해 임금이 낮아서 일거양득이므로 아동노동이 계속 자행되고 있는 것이다.

아동권리 & 아동복지 이야기

축구공 생산과 관련된 노동이 강요적이고 구속적이지 않아야 한다.
- FIFA(국제축구연맹, 1996).

正 論

명품 축구공은 어린아이의 손에 의해 만들어졌다. <아동의 권리에 관한 국제협약> 제32조에서는 "아동의 노동권은 보호되어야 한다."고 명시하고 있다.

이렇듯 초기 발달론적 관점에서 본 아동의 복지적 의의는 분명하다. 즉, 아동을 위한 모든 결정은 아동발달의 특성을 반드시 고려해야 하며, 이를 제도적으로 반영해야 한다. 그 예로 교사양성과정에서 〈영아 · 유아 · 아동 · 청소년발달〉에 관한 과목의 개설은 물론, 〈부모교육〉 과목을 개설하여 학습하게 하는 것을 들 수 있다.[1)]

(2) 아동발달의 원리와 아동복지적 의미

아동발달심리학에서 발달이란 한 인간이 잉태된 순간부터 태어난 이후 지속적으로 보여 주는 행동의 변화를 의미하며, 일정한 순서를 따른다. '발달'은 크게 네 가지의 특징으로 정리되는데, 모든 발달단계와 영역에서의 크기와 양의 증가, 질

1) 최근 보육교사를 위한 양성과정에서 만 6세 이하의 영유아에 집중하고, 제대로 보육하기 위해 기존의 '아동발달' 과목을 '영유아발달' 과목으로 변경한 것은 주목할 예라고 할 수 있다. 물론 발달의 연계성을 고려할 때, 아동 · 청소년발달에 대한 이해도 필요하다.

적 변화, 새로운 특질의 획득 및 낡은 특질의 소실이 그것이다. 구체적인 예로 키가 크고, 어휘의 양이 늘어나며, 추상적인 생각이 가능하며, 월경이 시작되고, 몽고반점이 사라지는 것 등을 들 수 있다.

이러한 발달의 특징은 서로 밀접하게 관련된 네 가지 발달의 원리에 따라 이루어진다. 삼척동자도 알고 있을 법한 우리나라의 속담인 “세 살 버릇 여든까지 간다”라는 속담은 네 가지 발달의 원리를 함축적이자, 포괄적으로 설명해 준다고 하겠다. 즉, ‘세 살’은 기초성에 해당됨과 동시에 적기성을 말해주며, ‘여든까지 간다’는 것은 누적성을 함축하는 것이다. 그리고 이러한 버릇이 습관화되지 않으면 기본생활습관이 형성되지 못할 가능성이 높으며, 제대로 돌이키기가 매우 어렵다. 바로 불가역성의 발달원리가 적용되는 것이다.

① 기초성의 원리와 아동복지

기초성(基礎性)은 전 인간발달단계에서 초기에 해당하는 태아기-영아기-유아기의 경험이 전 생애를 거쳐 매우 중요하게 작용한다는 발달적 원리를 말한다. 연구결과의 예로 피아제(Piaget, J., 1972)의 인지발달을 들 수 있는데, 0~2세 시기는 풍부한 감각 자극과 동작 발달로 지적 경험을 하는 첫 단계로 보았으며, 이 시기의 인지발달을 돕기 위해서는 색깔, 소리, 모양 등 다양한 감각과 신체적 경험을 할 수 있는 환경을 마련해 주는 것이 중요하다는 것이다. 만약 빈곤한 가정환경 때문에 이 시기의 영아가 적절한 인지적 자극을 제대로 받지 못하면 인지발달의 지체 및 문화실조를 겪게 되며, 이후 학업성취가 낮고, 자신감도 결여되기 쉽다. 더욱이 학교라는 배움터가 없거나 가난하여 학교에서 배우기가 어렵다면 발달적 영향은 심각한 상태에 이르게 된다.

아동권리 & 아동복지 이야기

아프리카의 공부방이 없는 단칸방과 문화적 분위기의 아동 공부방

正 論

'인생은 불평등하다'고 말한다. 단적인 예로 어떤 아이는 부유한 환경에서 태어나지만, 어떤 아동은 극빈 가정에서 태어난다. 이러한 불평등을 해소하고, 가능한 한 '출발점 평등'을 마련해 주기 위한 최선의 방법은 교육이라고 본다. 그러므로 <아동의 권리에 관한 국제협약> 제28조에서는 "아동의 교육권과 학교생활보호권은 보장되어야 한다."고 명시하고 있다.

이러한 관점에서 실시된 아동복지 실천의 예로써, 가정에서의 어머니의 양육역량을 강화해 주기 위해 미국에서 실시했던 홈 스타트(Home Start) 프로그램과 우리나라의 장난감도서관 프로그램을 들 수 있다. 장난감도서관 프로그램은 '놀며, 배우며'라는 취지 아래 부모의 양육비용을 줄이면서도 양질의 장난감을 활용하여 영유아의 전인적 발달을 촉진하는 데 그 의의가 있다. 최근에는 친환경 소재의 장난감을 제공하기 위한 관점에서 '녹색 장난감도서관'이라는 명칭을 사용하고 있으며, 장난감뿐 아니라 그림책 등으로 확장되고 있다. 이러한 접근은 아동의 교육받을 권리를 보장해 주는 실제적 대책이라고 할 수 있다.

아동권리 & 아동복지 이야기

출처: 양주시 여성보육비전센터 / 울산광역시 육아종합지원센터

正 論

<아동의 권리에 관한 국제협약> 제31조에서는 아동의 놀이할 권리에 대해 명시하고 있다. 이 조항은 하위징아(Johan Huizinga)가 말한, 곧 인간은 놀이하는 동물인 호모 루덴스(Homo Ludens)를 고려한 것이다. 인간이 하는 놀이는 문화의 한 요소가 아니라 문화 그 자체이다.

한편 영유아보육 및 교육기관에서 '기본 생활 습관'의 형성을 강조하는 것은 바로 아동발달에서 기초성이 지니는 의미를 강조한 것이다.

② 적기성의 원리와 아동복지

적기성(適期性)은 출생한 후, 특정한 경험을 해야 하는 시기가 있다는 발달적 원리를 말한다. 즉, 인간은 적정한 시기에 어떤 경험을 하게 되면 발달적 효과가 크지만 그 시기를 놓치게 되면 발달적 문제가 발생할 수 있다는 것이다. 이러한 적기성은 발달단계 및 발달영역에서도 적용된다. 연구결과의 예로 언어발달이 이루어지는 최적기로 유아기 이전을 들고 있으며, 알려진 구체적 사례로 '카마라와 아마라'의 생육사에 나타난 언어장애를 들 수 있다. 다시 말하면 아이가 태어난 후, 유아기에 이르기까지 부모와 가족 및 유아교육기관 등에서 성인들과 상호작용하면서 '인간의 말'에 접근하지 못하면, 인간이 사용하는 말을 거의 사용하기가 어렵다는 것이다(이홍우, 2009). 발달심리학에서는 이러한 적기를 결정적 시기로(Critical Period) 표현하고 있다.

이러한 맥락에서 콘라드 로렌츠(Konrad Lorenz, 1974)가 자연상태에서 동물을 관찰하고 그 행동의 연구를 통해 결정적 시기의 의미를 공고히 하였으며, 이 공로로 노벨 생리 · 의학상을 수상하였다. 로렌츠 실험의 핵심은 거위가 약 14~16시간이 지난 후 부화하자마자 만난 첫 번째 대상이 그 누구든지 간에 자신의 어미로 알고 계속 따라다닌다는 것이며, 이러한 추종 행동을 각인(刻印, imprinting)이라고 불렀다.

중요한 것은 이 특정한 시간이 지난 다음에는 각인효과의 의미가 없다는 것이며, 따라서 동물과 인간의 삶에서 특정한 시기는 '결정적인' 의미를 지닌다는 것을 확인해 준다.

아동권리 & 아동복지 이야기

Q & A

"거위는 왜 로렌츠를 자신의 '어미'라고 보고 따라 다닐까?"

특히 이 결정적 시기에서 소위 말하는 '어미(엄마)'가 차지하는 중요성은 새끼(자녀)의 생활에서 결정적인 영향을 미친다고 할 수 있다. 어미에게 있어서 새끼는 생명과 다를 바 없으므로 이러한 천륜이 지니는 의미는 아동복지실천에서 그대로 반영되고 있다.

아동권리 & 아동복지 이야기

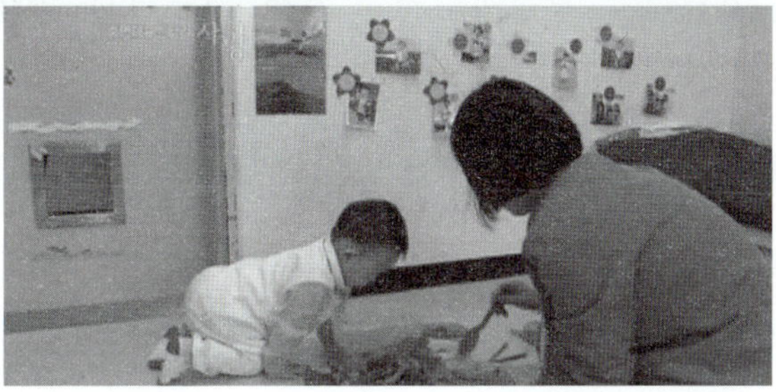

출처: 청주교도소

Q & A

〈세계인권선언(1948)〉 제25조에는 "어머니와 아동은 특별한 보호와 지원을 받을 권리를 가진다. 모든 아동은 친부모와 계부모 등의 부모의 신분에 관계없이 동일한 사회적 보호를 받을 권리가 있다."고 명시되어 있다.
영아기의 자녀를 둔 어머니가 죄를 범하여 교도소에 수감되어야만 할 때, 어떠한 조치를 취하면 모자(母子)로서의 인권을 보호받을 수 있을까?[2)]

③ 누적성의 원리와 아동복지

누적성은 전 인간발달단계의 초기에 해당하는 태아기-영아기-유아기-아동기에 각각 이루어야 할 발달과업을 이루면 이후의 발달에 긍정적인 영향을 지속적으로 미치지만, 그렇지 못하면 부정적인 영향을 지속적으로 미친다는 발달적 원리를 말한다. 고전적인 연구의 예를 들면, 발달심리학자인 에릭슨(Erikson, 1963)은 심리사회적 맥락에서 인간발달에서의 8단계설을 제시하였는데, 그 첫 단계를 기본적 신뢰감과 불신감이 형성되는 시기로 보았다. 다시 말하면 인간발달의 초기에 해당하는 첫 단계의 각종 상호작용에서 신뢰감을 경험하지 못하고 불신감을 계속 경험하게 되면, 부정적인 경험이 누적되어 이후에 만나게 되는 다양한 인간과의 관계에서도 불신감을 지니게 된다는 것이다. 반면에 신뢰감이 형성되면 이후의 인

2) 청주교도소에 수감된 어머니의 자녀는 촬영시점에서 13개월이며, 5개월 후면 아이는 어머니와 분리되어 「아동복지법」에 준한 아동양육시설(*과거의 고아원)로 옮겨가야만 한다.

간관계에서도 누적되어 긍정적으로 작용하여 계속 신뢰감으로 상호작용하게 된다는 것이다. 따라서 양육자는 발달초기의 아동과 지속적인 애착형성을 통해 신뢰로운 관계를 형성하는 것이 매우 중요하다.

④ 불가역성의 원리와 아동복지

불가역성은 발달에서의 최적기를 놓치면 그로 인한 발달적 손상과 장애를 되돌이키기 어려운 특성을 말한다. 즉, 아동기에 충분한 영양이 제공되면 신체·운동발달 및 지적인 발달이 제대로 이루어지지만, 그렇지 못하면 제대로 발달하기 어렵기 때문이다. 이러한 관점에서 영양부족으로 인한 결핍을 최소화하기 위한 식량 원조가 이루어지고 있다. 따라서 우리나라도 1970년대부터 1980년대 초반까지 유엔세계식량계획(UN WFP)의 지원을 받아 전국의 어린이집을 대상으로 급식서비스가 이루어졌었다. 이 서비스는 오늘날 무상급식으로 발전하여 빈곤한 가정을 포함한 모든 아동들에게 제공되고 있다.

아동권리 & 아동복지 이야기

출처: 장 지글러(1999). 왜 세계의 절반은 굶주리는가?

특정한 시간에 젖을 먹는 습관이 든 아이는 젖을 주지 않으면 배고파서 울어댄다. 아기는 몇 시간이고 목청껏 울어댄다. 다른 표현방식은 사용할 수 없기 때문이다.
그러나 기근에 방치되어 먹는 습관을 잃어버린 아기는 자신의 표현능력도 잃어버리고, 울음을 통해 자신의 욕구를 표현하는 것조차도 멈추고 그만 죽는다.

Q & A

〈아동의 권리를 위한 국제협약〉 제6조의 아동의 생존·발달권과 함께 제24조에는 아동의 영양과 보호권이 명시되어 있다. 굶주린 모자를 위해 국제적으로 어떤 활동들이 이루어지고 있는가?

(3) 발달과업과 아동복지적 의미

발달심리학에서 발달과업(Development Task)은 하비거스트(Havighust, 1972)에 의해 주창된 것으로 아동이 성장하면서 거치는 각각의 발달단계에서 반드시 이루어야 하는 것을 말하며, 발달과제라고도 한다. 발달과업은 개별 아동과 각 시대와 사회에 따라 약간의 차이가 나지만, 거의 문화적 보편성을 보이고 있다.

발달과업의 성취 여부는 이후 아동의 생활에 긍정 또는 부정적인 영향을 미치기 때문에 아동복지에서는 매우 중요한 의미를 지니는데, 아동 개인의 능력과 노력을 통해 달성할 수 있는 것만은 아니며, 아동은 물론 부모와 가족 및 사회의 협력을 통해서 효과적으로 성취될 수 있다.[3] 특히 부모가 어떤 양육관과 양육태도를 지니느냐에 따라 자녀의 발달과업 성취는 효과적으로 이루어질 수 있다. 동시에 자녀로 하여금 발달과업을 성취하도록 돕는 것은 부모의 발달과업에 해당한다. 따라서 부모 역시 부모기의 발달과업을 성취해야 한다.

① 영아기 발달과업과 아동복지적 의미

발달적 관점에서 보면, 영아기는 출생 후, 만 1세까지를 말하며, 학제적 시각에 의하면 어린이집에 취원하여 영아반에서 보육받는 시기를 말한다.

영아기의 전반적인 발달특성은 근육발달과 신경계통의 발달로 인해 자기의 몸을 어느 정도 조절할 수 있게 된다. 따라서 영아는 끊임없이 탐색활동을 하면서 감각과 운동능력을 발달시키며, 동시에 감각 및 인지가 발달하게 된다. 나아가 시행착오를 나타내지만, 점점 성인의 양육과 보육에 따른 의존적인 상태에서 벗어나 자율감을 발달시키게 된다. 또한 영아가 성장해 감에 따라 언어기관의 신경과 근육의 발달에 의해 여러 가지 소리를 내면서 다른 사람들과 의사소통을 하면서 점점 사회성을 발달시켜 나간다. 따라서 부모는 신뢰감으로 믿고 지지해 주면 된다.

---

3) 태아기(fatal stage)는 임신에서 출생까지를 말하는데, 이 시기는 인간발달의 다른 어느 시기보다 빠르며, 또한 이 시기의 발달은 전적으로 어머니의 신체적 · 정서적 상태에 의존하게 되므로 모체의 상태는 곧 태아의 발달과 직결된다. 신생아기도 거의 마찬가지이다. 따라서 어머니의 태교와 함께 신생아를 위한 어머니의 안정 및 신생아의 생리적인 욕구를 충족시킬 수 있도록 사려 깊은 양육이 필요하다.

그런데 자칫 부모들이 영아의 생리와 욕구 등 발달특성을 제대로 이해하지 못하고 안전한 보호라는 미명으로 지나치게 금지하거나 통제하게 되면 영아는 일찍부터 좌절감과 수치감을 느끼게 된다. 그러므로 이 시기의 부모의 역할은 영아를 있는 그대로 받아들이면서 한편으로는 감각기관을 자극하는 다양한 경험을 제공하여 영아들이 신체-운동-정서-인지-사회성을 균형 있게 발달시킬 수 있도록 양육하는 것이다.

② 유아기 발달과업과 아동복지적 의미

발달적 관점에서 보면, 유아기는 만 4세까지를 말하며, 학제적 시각에 의하면 어린이집과 유치원에 취원하여 보육받는 시기를 말한다. 즉, 초등학교 취학 전까지의 시기에 해당된다.

유아기의 전반적인 발달특성은 식사, 대소변 가리기, 옷 입기 등 자조능력이 발달하여 기본적인 생활이 가능해지며, 이에 따라 점점 유아의 생각은 물론 행동반경이 넓어지게 된다. 특히 언어가 발달되어 탐구 활동이 증가하여 성인은 물론, 또래 유아들과 활발하게 의사소통할 수 있게 된다. 따라서 영아기의 감각 운동적 사고에서 점차적으로 자기중심성을 벗어나서 논리적인 사고가 가능해지면서 부분과 전체와의 관계를 파악하고 사회성과 도덕성을 발달시키게 된다. 그러므로 이 시기의 부모 역할은 유아가 형성한 기본생활습관을 바탕으로 주변을 탐색하고 호기심을 발달시킬 수 있도록 적극적으로 지지하면서 양육하여야 한다.

그런데 자칫 부모들이 유아의 욕구와 흥미 및 발달특성을 제대로 이해하지 못하고 혼자서 조용히 노는 유아로 자라기를 원한다면, 유아는 일찍부터 자율성과 주도성을 발달시키기 어렵다. 그러므로 이 시기의 부모의 역할은 유아로 하여금 친구들과 다양한 놀이와 탐구 활동을 통하여 신체-운동-정서-인지-사회성을 균형 있게 발달시킬 수 있도록 양육하는 것이다.

③ 아동기 발달과업과 아동복지적 의미

발달적 관점에서 보면, 아동기는 만 5세 이후부터 11세까지를 말하며, 학제적 시각에 의하면 초등학교에 재학 중인 시기를 말한다.

아동기의 전반적인 발달특성은 영유아기에 비해 완만하게 진행된다. 체중과 신장 연령의 증가는 물론, 정서도 안정적으로 발달되며, 주변 사람들과의 상호작용이 활발해지고, 행동반경이 넓어진다. 이러한 환경 속에서 다양한 활동과 학습을 통하여 자신의 능력을 확인하고자 하는 욕구도 늘어나면서 탐구심과 창의성을 부지런히 키우게 된다. 이에 따라 주변의 사물과 현상을 논리적, 객관적으로 볼 수 있는 인지 역량을 키우면서 사회규범을 준수하며 사회 속의 건강한 구성원으로 성장하게 된다. 또한 이 과정에서 또래친구와의 관계는 가족과 다름없는 유대감으로 형성하면서 제2의 탄생이라고 불리는 청소년기에 대비하게 된다. 그러므로 이 시기의 부모 역할은 아동이 학교생활에서 즐거움과 성장의 기쁨을 느끼면서 안정적으로 자랄 수 있도록 양육하여야 한다.

그런데 자칫 부모들이 아동의 욕구와 흥미 및 발달특성을 잘 이해하지 못하고 학업성취를 지나치게 강조하거나. 또래와의 관계와 활동에 대한 이해가 낮으면 아동은 열등감과 소외감을 느끼기 쉽다.

그러므로 이 시기의 부모의 역할은 아동으로 하여금 자발적이자, 주도적으로 학습함으로써 지적 역량을 키울 수 있도록 함과 동시에 친구와 어울리면서 협동의 가치와 집단역동을 통한 사회성을 잘 발달시킬 수 있도록 양육하는 것이다.

2) 학제적 관점에서 본 아동

아동은 태어나자마자 직·간접적으로 무엇이든 배우기 시작한다. 왜냐하면 특별히 의도적인 개입이 아니라 하더라도 살아 있는 환경 그 자체가 '배움터'이고, 주변에 있는 사람들 모두가 교육적 의미를 지닌 사람들이기 때문이다. 그리고 소위 학제(學制)에 준한 법적 연령이 되면 성장발달을 촉진하기 위해 의도적으로 조성된 '학교'라는 곳에 다니게 된다.

학제(School System)는 학교를 중심으로 접근하는 교육제도를 말한다. 우리나라의 학제는 교육법에 기반하고 있으며, 단선제(單線制, single ladder system)를 채택하고 있는데, 초등학교(6년), 중학교(3년), 고등학교(3년), 대학(4년)으로 규정하여 6-3-3-4제라고 부르고 있다. 이러한 학제는 나라마다 약간 차이가 있지만 거의 유사한데, 그것은 아동발달의 문화적 보편성 때문이다. 우리나라 「헌법」 제31조 제1항에는 모든 국민은 능력에 따라 균등하게 교육받을 권리를 가진다고 규정하고 있다.

(1) 취학 전과 취학 후의 교육

우리 사회에서 '취학(就學)'은 상당히 보편적으로 사용되고 있는데, 그 뜻은 아동이 배우기 위해 제도적 차원에서 법에 기반하여 설립된 '학교'에 다니는 것을 말한다. 특히 아동은 성장과정 중에 있으며, 중요한 미래의 인적 자원이기 때문에 교육은 매우 중요하고, 그 교육은 주로 학교에서 이루어진다는 점에서 학제적 접근은 세계사적으로 오랫동안 폭넓은 공감대와 지지를 받고 있다.

우리나라에서는 영아(嬰兒)와 유아(幼兒)는 '취학 전(前)' 아동으로, 그리고 초등학생부터는 '취학 후(後)'를 사용하고 있다. 이렇듯 학제적 시각으로 아동을 볼 때, 공통성과 일반성으로 인해 아동을 인식하기에는 편리하지만, 아동복지는 법제에 근거하여 이루어지므로 관계법의 규정을 반드시 고려해야 한다.[4]

한편 이 '취학'은 아동의 권리와 밀접히 관련된다. 우리나라 「헌법」 제31조에 의하면 "모든 국민은 능력에 따라 균등하게 교육을 받을 권리를 가지며, 모든 국민은 그 보호하는 자녀에게 적어도 초등교육과 법률이 정하는 교육을 받게 할 의무를 지며, 의무교육은 무상으로 한다"고 규정하고 있다. 이는 국민의 한 사람인 부모가 교육의 의무를 수월하게 이행할 수 있도록 한 조치이다. 그러므로 부모가 자녀에 대한 의무를 수행하지 않으면 법적 제재를 받도록 규정하고 있다. 실제로 부모의 방임적 태도와 가정불화 및 질병과 사고 등으로 취학을 시키지 않는 경우가 다수 발생하고 있어 사회적인 이슈가 되고 있다.

---

4) '취학'은 다양한 아동·청소년복지정책 중에서 '학교교육'과 관련된 정책 및 행정에서 사용된다. 다시 말하면 「영유아보육법」에서는 6세 미만의 자를 영유아라고 정의하며, 「아동복지법」에서는 18세 미만의 자를 아동으로 정의하며, 「청소년 기본법」에서는 9세부터 24세 이하의 자로 정의하여 각종 복지서비스를 실시하고 있다. 다시 말하면 학제를 기반으로 아동복지를 실시하는 것만은 아니라는 점이다.

아동권리 & 아동복지 이야기

서울 양천경찰서

A(45)씨, 9세 **아들을 한 학기 동안 학교에 보내지 않음.**
아들이 학교에서 말썽을 피운 것이 이유.
A씨는 "대리운전 기사로 생계를 어렵게 이어가느라 돌볼 틈이 없었다."라고 진술

경북 경산경찰서

B(38)씨, 12세 **딸을 6년간 학교에 보내지 않음.**
B씨는 전국을 떠돌며 일용직으로 일하면서 딸을 여동생 집에 맡김.
B씨는 **"아이를 학교에 보내지 않는 게 죄가 되는지 몰랐다."**라고 진술

국제아동인권센터
International Child Rights Center

아동방임

국제인권법적 근거: 아동권리협약(CRC)
✔제4조
"부모 또는 법정 후견인이 아동을 양육하는 책임을 다하게 하기 위해 적절한 지원을 해야 함"
✔교육적 방임:
양육자가 출석 등을 통해 아동이 교육을 이수하도록 하는 법을 따르지 않음

출처: 보건복지부, 국제아동인권센터, 중앙아동보호전문기관(2017).
아동방임에 대한 국제동향과 국내인식 제고방안.

Q & A

의무교육을 이행하지 않는 부모에 대해 법은 어떤 조치를 취하고 있는가?
실제 이러한 사례가 있는가?

그만큼 교육은 중요한 것이며, 아동과 부모 모두의 중대한 발달과업이다. 최근에는 초등교육만으로는 역부족이기 때문에 중·고등학교의 무상교육이 실시되고 있다. 그렇지만 장애를 지닌 영유아를 위한 의무교육과 무상교육은 부분적으로 시행되고 있다.[5] 이는 아동의 권리를 위한 국제협약에서 추구하고 있는 생존권,

5) 우리나라의 경우 「특수교육법」(1994)에 의해 3~5세 장애 유아들이 무상교육을 받게 되었으며, 0~5세 장애 영유아들은 「영유아보육법」(2004)에 의거하여 무상보육이 제공되었다. 「장애인 등에 대한 특수교육법」이 2007년에 제정되어 2008년 5월 25일부터 전면 시행되었는 바, 제15조 제1항에 의하면 만 3세 미만의 장애 영아는 무상교육 대상자로 선정되었으며, 만 3~6세의 장애 유아는

발달권, 보호권, 참여권에 위배된다. 더구나 장애를 지닌 영유아는 일반아동에 비해 우선적인 복지실천의 대상자가 되어야 한다. 왜냐하면 교육이 아동의 성장발달을 위한 최선의 대책이라는 점을 고려할 때, 그 누구보다도 열악한 환경에서 자라는 장애를 지닌 영유아가 더 우선적으로 고려되어야 하기 때문이다. 나아가 일반 자녀보다 장애를 지닌 자녀를 둔 경우에는 부모와 가족의 양육부담이 더 크므로 그 누구보다도 우선적인 복지대책의 대상자가 되어야 한다. 그래서 장애를 지닌 아동과 그 가족은 선별적 서비스의 대상자가 되는 것이다.

아동권리 & 아동복지 이야기

출처: KBS 뉴스, 2018.9.13.

토 의

유아특수교사를 증원시켜야 하는 타당성에 대해 토의해 보자.

동시에 장애를 지닌 아동을 위해서는 진정한 통합교육과 보육이 되어야 하며, 따라서 장애를 지닌 아동의 특수교육을 위한 교사 양성에 힘을 기울여야 한다(이정림, 김은영 외, 2012). 한편, 저개발의 후진국에서는 설립된 학교의 수도 매우 부족하고 열악한 환경일 뿐 아니라, 여자아이에게는 아예 취학 자체를 금지하거나 제한

의무교육 대상자로 규정되었다. 가장 최근에는 「장애아동 복지지원법」이 2011년 8월에 제정되어 2012년 8월에 시행되었다. 이 법의 제정으로 지원 대상이나 내용이 확대되었는데, 이 법은 기존의 저소득층 위주의 선별적 복지를 지양하고 복지지원 전달체계나 협력 체계의 보완 및 장애아동과 그 가족에 대한 종합적인 지원 대책을 수립하는 것을 그 목적으로 하여 제정되었다.

하고 있다. 물론 이러한 제한적 조치는 오래전 우리나라에서도 발생하였던 슬픈 역사 중의 하나로써 분명한 교육받을 권리의 박탈이자, 극단적인 차별대우라고 할 수 있다.

실제적으로 이러한 관점은 일찍이 세계인권선언(1948)에서 명시된 바 있는데, 제26조에서는 "모든 사람은 교육받을 권리가 있으며, 적어도 초등교육과 기본교육 단계에서는 무상교육을 실시해야 하며, 초등교육은 의무적으로 실시해야 한다."고 규정하고 있다. 이러한 교육권은 우리나라를 비롯한 세계 여러 나라에 반영되어 실시되고 있지만, 아직도 저개발국가에서는 여전히 이러한 교육권이 보장되고 있지 않는 실정이며, 국제적인 영향력을 지닌 아동복지기관이 주축이 되어서 교육차별로부터 벗어날 수 있도록 힘쓰고 있다. 그 예로 아프리카의 여아들을 대상으로 전개하는 스쿨미(School Me) 프로그램을 들 수 있다.

아동권리 & 아동복지 이야기

출처: https://www.youtube.com/watch?v=E3FHU9CP1wY
세이브더칠드런(https://www.sc.or.kr)

토 의

〈아동의 권리를 위한 국제협약〉 제2조에는 아동을 차별하지 말아야 한다는 조항과 함께 제28조에는 아동의 교육권과 학교생활보호권에 대해 명시하고 있다.
아직도 '소녀'에게 학교교육을 시키지 않는 이유에 대해 토의해 보자.

(2) 학교 안 교육과 학교 밖 교육

교육상황에서 취학은 출발점에 해당한다. 따라서 취학을 한 후, 정상적으로 학교에 출석하게 되면 재학생이 된다. 역으로 취학은 했지만 자발적으로 학교를 중퇴하거나 여러 가지 비행으로 퇴학을 당하게 되면 학교를 떠나게 된다. 그러므로 재학생에 대비할 때, '학교 밖 아동 또는 청소년'이 된다.

학교 안 재학생은 교육정책과 행정체계에서 보호를 받지만, 학교 밖 청소년은 그렇지 못하다. 학교 밖 아동 · 청소년의 비중은 초등학생과 고등학생보다 중학생이 더 많다(경기도여성가족연구원, 2019; 여성가족부, 2019). 그리고 이들은 학교 밖 청소년이 된 후, 거리를 배회하거나, 가출하거나, 비행으로 보호관찰을 받거나, 소년원에 입소하기도 한다. 그렇지만 진로 욕구는 강한 것으로 나타나고 있다(김영희, 최보영, 2015).

'취학'을 기준으로 아동복지 및 청소년복지제도를 입안하거나 실시하지는 않지만, 학교 밖 청소년의 경우, 「청소년 기본법」과 「학교 밖 청소년 지원에 관한 법률」에 의해 이들이 건강한 사회구성원으로 성장할 수 있도록 지원하고 있다. 이 법에서 말하는 학교 밖 청소년은 다음 상황에 있는 자이다.

- 초등학교 · 중학교 또는 이와 동일한 과정을 교육하는 학교에 입학한 후 3개월 이상 결석하거나 취학의무를 유예한 청소년
- 고등학교 또는 이와 동일한 과정을 교육하는 학교에서 제적 · 퇴학처분을 받거나 자퇴한 청소년
- 고등학교 또는 이와 동일한 과정을 교육하는 학교에 진학하지 아니한 청소년

이렇게 볼 때 학교 밖 아동 · 청소년을 위한 실제적 대책을 강화해야 할 필요가 크다(문성호, 노지혜, 2020).

아동권리 & 아동복지 이야기

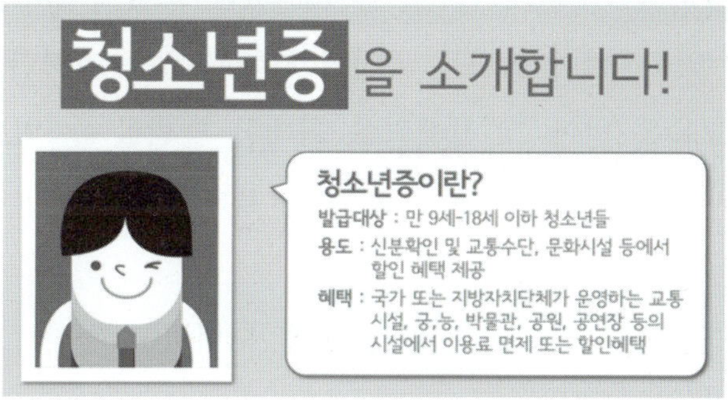

출처: 국민생각함(https://idea.epeople.go.kr/idea/ideaView.do?ideaCd=170301-00006)

正 論

재학생은 학생증에 의해 학생 신분을 인정하고, 수반되는 복지서비스를 받을 수 있다. 학교 밖 청소년은 학생증은 없으나, '청소년증(靑少年證)'이 이 기능을 대신하고 있다. 청소년증은 「청소년 기본법」 제3조 및 「청소년복지 지원법」 제4조에 따라 만 9세에서 만 18세 사이의 청소년을 위해 여성가족부에서 발급하는 신분증이다. 청소년증 발급은 2011년 국가인권위원회 설립 10주년 기념에 따른 대한민국 10대 차별시정 3번째로 선정된 바 있다.

그리고 학교생활 적응에서 문제가 발생될 소지가 있거나, 발생되었을 경우, 좁은 의미에서는 학교사회사업(School Social Work) 차원에서 전문적인 복지서비스를 받으며, 넓은 의미에서는 교육복지(Education Welfare)라는 차원에서 이루어지고 있다(김경숙, 김인희, 2016; 황준성, 이희현 외, 2018; 정영수, 2009).

① 학교사회사업

학교사회사업은 학교를 중심으로 이루어지는 사회적 서비스를 말한다. 초기의 학교사회사업은 여러 가지 장애로 학교생활에 적응하지 못하고 학습 효과도 문제가 있는 학생을 돕는 치료적 활동으로 개별사회사업(개별지도)에 초점을 두었다. 그 후, 오랜 발달과정을 거치면서 학생 개인뿐 아니라 가족, 학교, 지역사회 등의 환경적 요소와 예방적 접근까지 포함하고 있다.

② 교육복지

교육복지는 적어도 한 사회에서 이루어지고 있는 교육에서의 최소 기준에 모든 국민이 도달할 수 있고, 나아가 모든 국민이 처하고 있는 어떠한 상황에도 불구하고 각자 필요한 교육을 받아 그 잠재력을 최대한 발휘할 수 있도록 하거나 또는 이를 보장하기 위한 공적 지원(public service)을 말한다(김종민, 이현주 외, 2017; 장덕호, 2012).

우리나라도 이러한 교육복지의 실현을 위해 노력하고 있다. 그 대표적인 예가 의무교육, 무상교육 등이다.

(3) 대안교육과 홈스쿨링

대안교육(代案敎育, alternative education)은 제도권 밖에서 이루어지는 교육형태를 말한다. 최근 우리나라를 포함하여 전 세계적으로 관심이 높아진 교육형태이다. 홈스쿨링(Home schooling)은 제도권 및 비제도권 교육을 모두 수용하지 않고 가정에서 이루어지는 교육을 말한다. 이러한 교육형태는 국가주도의 학제에 의한 공교육이 지닌 한계를 인식한 학부모-학생-교육관계자가 모색한 새로운 형태의 교육이다.

① 대안교육

대안학교는 학교마다 고유한 철학과 교육목표 및 교육방법을 지니고 소규모로 진행된다. 그러므로 학생과 학부모가 저마다의 교육에 대한 기호에 따라 선택이 가능하다. 즉, 학생과 학부모의 특성과 환경을 중시하는 교육을 다양한 학교행정으로 지원하고, 지역사회자원을 최대한 활용하면서 서로 만족하는 교육을 실시하는 데 의미를 둔다.

우리나라 대안교육은 1990년대부터 사회적 관심사로 떠올랐다. 그것은 지나친 입시경쟁과 만연된 학벌주의 심화에 따라 학교생활에 적응하지 못하는 학생들이 증가하고, 중도탈락과 따돌림, 비행이 증가하였기 때문이다. 뿐만 아니라, 높은 사교육 의존도에 따라 사교육의 증가로 가정경제가 위기에 노출되는 등 사회문제화됨에 따라 진정한 교육의 참모습이 무엇인가에 대한 고민으로부터 등장한 대안책이었다. 이에 따라 관심을 가진 각계각층의 전문가들이 새로운 교육의 가능성을 찾아 나름대로 고민하면서 교육의 형식이나 내용을 바꾸기 위한 실천을 모색하고 있다. 대안교육의 시도에서 실패를 경험한 사례도 있지만, 성공적인 사례들도 매스컴을 통해 알려지면서 관심이 더욱 높아지고 있다. 동시에 대안교육의 장·단점이 알려지면서 사회적 이슈로 등장하고 있다. 구체적으로 다소 치우친 종교교육과 대학교의 진학을 위한 검정고시 등 또 다른 교육의 필요성에 따른 문제점 등이 그것이다.

실제로 현재 대안교육은 제도권교육이 아니므로 문제를 지니고 있다. 실사례로 한국일보(1998.3.5.; 2016.1.19)에서는 '홈스쿨링 하려면 초등교육 의무… 학교장 허가가 있어야 입학유예'와 '아이 학교 안 보내도 내버려 두는 의무교육'이라는 기사 등으로 아동의 교육받을 권리에 대한 문제를 쟁점화한 바 있다. 문제는 「헌법」 규정 자체는 '취학' 자체의 의무화를 규정하고 있을 뿐, 일단 취학을 시킨 후에 자녀를 학교에 보내지 않는 것에 대해서는 제한규정이 부실하다는 데 있다.

② 홈스쿨링

홈스쿨링은 대안교육의 한 형태지만, 공교육제도는 물론, 대안책으로 등장한 대안학교에서도 의미와 만족을 찾지 못한 가정에서 부모를 중심으로 이루어지는 교육형태를 말한다. 우리나라의 경우, 중등교육 과정에서 학교에 전혀 다니지 않거나 25시간 미만의 수업에만 참석하고, 가정에서 별도의 교육을 받는 경우를 말한다. 제도권 학교에 등교하지 않는다는 사실을 강조하여 '언스쿨링(Un-Schooling)'이라고 부르기도 한다.

홈스쿨링은 부모와 가족과의 친밀한 상호작용을 통해서 지식편중의 단편적인 교육을 지양하고 자율적인 선택에 의한 다양한 체험활동이 시공간의 제한을 적게 받고 이루어짐으로써 학생이 지닌 호기심, 재능과 강점을 키울 수 있다는 장점을 지닌다(한국일보, 2019.11.28).

반면에 비체계적인 교육과정과 또래는 물론 교육자들인 선생님과의 상호작용

제한으로 사회화교육의 도모라는 측면에서 제한점을 지닌다. 그럼에도 불구하고 입시과열에서 벗어나 인성과 창의성을 보다 강도 높게 신장시킬 수 있다는 측면에서 참여대상은 점점 늘어나고 있으며, 홈스쿨링을 지원하는 교육산업도 그 질적 수준을 점점 높혀가고 있다.

아동권리 & 아동복지 이야기

제26조
모든 사람은 교육을 받을 권리를 가진다. 초등교육과 기초교육은 무상이어야 하며, 특히 초등교육은 의무적이어야 한다. 부모는 자기 자녀가 어떤 교육을 받을지 '우선적으로 선택할 권리'가 있다.

발 표

우리나라 「헌법」 제31조에서 규정된 사항과 〈세계인권선언〉 26조에서 규정한 사항은 서로 상치되는 점이 있다. 공교육제도에 대한 대안으로서 자녀의 교육형태와 방식을 선택할 수 있는 부모의 권리에 대해 나의 소견을 말해 보자.

3) 법제적 시각에서 본 아동

"법 없어도 살 수 있는 사람이 누구일까?"라고 묻는다면? 상당수의 사람이 '어린 아동'이라고 답할 것이다. 거의 그러하다. 「아동복지법」을 포함한 아동복지 관계법은 아동을 보호하기 위한 성인들의 행동과 효과적인 조직체계에 대한 개입이라고 볼 수 있다. 그렇지만 '아동'의 행동규제에 대한 법도 있는데 대표적인 법이

비행과 범죄에 관한 법이며, 이러한 법에서 아동의 발달특성을 고려한 연령규정을 두고 있다.

이와 같이 법(法, Law)의 본질은 국가의 강제력을 수반하는 사회규범이므로, 국민은 법을 준수해야 하고, 만약 법을 위반하면, 법에 규정된 바대로 제재를 받아야 한다. 그러므로 법은 힘이 세다. 마찬가지로 오늘날 아동복지는 법적 기반에 의해 실시되는 제도이다.

가장 근원이 되는 법은 「헌법」이며, 아동복지의 기본법이라고 할 수 있는 「아동복지법」과 「영유아보육법」과 「청소년 기본법」 등 아동복지 관계법을 제정하고, 이 법에 준해 아동복지를 실시하게 된다. 물론 아동과 사회의 변화에 따라 각종 아동복지 관계법은 개정되고, 폐지되는 과정을 거치게 된다. 이러한 관계법의 규정은 기본적으로 초기의 발달론적 관점인 '발달설'이 근간이 되며, 대부분의 나라에서도 그러하다. 대표적으로 '아동'의 정의에 대한 규정을 들 수 있는데, 우리나라와 일본, 영국, 미국 및 〈아동의 권리에 관한 국제협약〉 등에서 아동은 18세 미만의 자를 말한다고 동일하게 규정하고 있다. 이러한 정의가 가능한 것은 아동발달의 문화적 보편성에 기인한다.

(1) 헌법과 복지

「헌법」은 국가와 국민의 권리 · 의무에 관한 국가 최고의 법으로써 국민의 생존권과 생활권을 보장하며, 나아가 개별 사회복지법의 제정과 운영에 있어서 강령 내지는 틀을 제공하는 기능을 한다. 그러므로 「헌법」은 하위법인 각각의 개별법의 기반이 되는 최고의 법이다. 이렇듯 수직적 체계에서 최고의 상위법에 해당하므로 하위의 법체계인 법(법률), 명령, 규칙 등이 「헌법」에 위배되면, 위헌이 되기 때문에 법적 효력을 상실한다.

「헌법」에서 규정한 복지 관련 주요 내용은 〈표 1-1〉과 같다.

〈표 1-1〉 헌법의 복지 관련 규정

조항	권리	내용
제10조	기본 인권	모든 국민은 인간으로서의 존엄과 가치를 가지며, 행복을 추구할 권리를 가진다. 국가는 개인이 가지는 불가침의 기본적 인권을 확인하고 이를 보장할 의무를 진다.
제11조	평등권	① 모든 국민은 법 앞에 평등하다. 누구든지 성별·종교 또는 사회적 신분에 의하여 정치적·경제적·사회적·문화적 생활의 모든 영역에 있어서 차별을 받지 아니한다.
제31조	교육권	① 모든 국민은 능력에 따라 균등하게 교육을 받을 권리를 가진다. ② 모든 국민은 그 보호하는 자녀에게 적어도 초등교육과 법률이 정하는 교육을 받게 할 의무를 진다. ③ 의무교육은 무상으로 한다.
제34조	사회보장·복지권	① 모든 국민은 인간다운 생활을 할 권리를 가진다. ② 국가는 사회보장·사회복지의 증진에 노력할 의무를 진다. ③ 국가는 여자의 복지와 권익의 향상을 위하여 노력하여야 한다. ④ 국가는 노인과 청소년의 복지향상을 위한 정책을 실시할 의무를 진다. ⑤ 신체장애자 및 질병·노령 기타의 사유로 생활능력이 없는 국민은 법률이 정하는 바에 의하여 국가의 보호를 받는다. ⑥ 국가는 재해를 예방하고 그 위험으로부터 국민을 보호하기 위하여 노력하여야 한다.

이렇게 볼 때, 국민의 한 사람으로서 아동은 기본적 인권을 지니며, 국가로부터 존중받고 보장받을 권리를 지닌다. 동시에 모든 생활영역에서 차별을 받지 아니하며, 아동다운 생활을 하고, 보장받을 권리를 지닌다. 나아가 의무교육을 무상으로 규정하고 있는 것은 교육복지의 실현과 밀접한 관련을 지닌다.

(2) 아동의 복지와 아동복지법

「아동복지법」은 우리나라의 아동복지에서 기본법적 성격을 지니며, 각종 아동복지시책의 실시에서 근거가 된다. 「아동복지법」(1981)은 「아동복리법」(1961)이 전면 개정된 것으로 요보호아동에서 모든 아동을 대상으로 하는 법으로 그 성격이 변화하였다.

「아동복지법」은 아동이 건강하게 출생하여 행복하고 안전하게 자랄 수 있도록 아동의 복지를 보장하는 것을 목적으로 하며(제1조), 아동은 자신 또는 부모의 성별, 연령, 종교, 사회적 신분, 재산, 장애 유무, 출생지역, 인종 등에 따른 어떠한 종류의 차별도 받지 아니하고 자라나야 한다고 규정하고 있다(제2조 제1항). 그리고 아동에 관한 모든 활동에 있어서 아동의 이익이 최우선적으로 고려되어야 하며(제2조 제3항), 아동은 아동의 권리보장과 복지증진을 위하여 이 법에 따른 보호와 지원을 받을 권리를 가진다(제2조 제4항)고 규정함으로써 법을 통해 아동의 권리를 보장하는 의도를 담고 있다.

이렇게 볼 때, 우리나라의 「아동복지법」에서는 국제협약CRC[6]에서 중요하게 고려하는 비차별의 원칙과 아동 최상의 이익원칙이 반영되어 있으며, 생존권, 발달권, 보호권 및 참여권 등의 이념을 추구하고 있음을 알 수 있다.

「아동복지법」에서 규정하고 있는 아동에 관한 주요 용어의 정의는 다음과 같다.

- 아동이란 18세 미만인 사람을 말한다.
- 보호자란 친권자, 후견인, 아동을 보호·양육·교육하거나 그러한 의무가 있는 자 또는 업무·고용 등의 관계로 사실상 아동을 보호·감독하는 자를 말한다.
- 보호대상아동이란 보호자가 없거나 보호자로부터 이탈된 아동 또는 보호자가 아동을 학대하는 경우 등 그 보호자가 아동을 양육하기에 적당하지 아니하거나 양육할 능력이 없는 경우의 아동을 말한다.

아동은 국제협약CRC에서의 규정과 같이 18세 미만의 자로 규정하고 있다.

(3) 아동복지 관계법

아동의 복지를 증진하기 위해서는 아동발달의 주요 영역에서 다양한 관계법이 제정되어야 하며, 이렇게 제정된 법들을 아동복지 관계법이라고 한다.

우리나라 아동복지 관계법은 몇 가지 점에서 특징적이다.

---

6) 「아동의 권리에 관한 국제협약(Convention on the Rights of the Child)」의 약칭으로 이후부터 국제협약CRC로 표현한다.

- 아동복지 관계법의 제정 목적에 따라 아동의 호칭과 연령 등에 차이가 있다. 그 예로 「아동복지법」에서는 18세 미만의 아동으로 명시되지만, 「영유아보육법」에는 6세 미만의 영유아로 명시되어 있다.
- 법의 명칭에는 포괄적으로 '아동'으로 표기되어 있지만, 내용적으로는 일정한 연령에 해당되기만 하면 다른 발달단계에 해당되는 아동이 포함되는 법이 있다. 그 예로 「아동복지법」을 들 수 있다. 즉, 이 법은 영아와 유아 모두를 아동이라는 넓은 범주에서 보고 규정하고 있으며, 두 가지 발달단계 이상의 아동을 포괄한다. 그 예로 「영유아보육법」의 영아와 유아 및 「아동 · 청소년의 성보호에 관한 법률」에서의 아동과 청소년을 들 수 있다.
- 연령은 동일하지만, 법의 명칭과 아동의 호칭이 다른 법도 있다. 그 예로 「소년법」과 「보호시설에 있는 미성년자의 후견 직무에 관한 법률」을 들 수 있다.
- 아동은 가족과 가정의 구성원이므로 가족관계법에 포함되어 구체적으로 정의되고 있다. 그 예로 「건강가정기본법」, 「한부모가족지원법」과 「다문화가족지원법」 등을 들 수 있다.
- 법의 명칭에서는 아동이 포함되어 있지 않으나, 그 법의 내용 속에 아동이 정의되는 법이 있는데, 그 예로 「근로기준법」, 「입양특례법」, 「민법」, 「형법」 등을 들 수 있다.

〈표 1-2〉 영아 · 유아 · 아동 · 청소년을 직접 대상으로 한 아동복지 관계법

법	호칭	연령 정의
아동복지법	아동	18세 미만인 사람
아이돌봄지원법	아이	만 12세 이하 아동
영유아보육법	영유아	6세 미만의 취학 전 아동
유아교육법	유아	만 3세부터 초등학교 취학 전 어린이
어린이놀이시설 안전관리법	어린이	만 13세 이하의 어린이 (*어린이 제품 안전 특별법 제2조 제1호에 근거)
모자보건법	신생아	출생 후 28일 이내의 영유아
	영유아	출생 후 6년 미만의 사람

법	호칭	연령 정의
실종아동 등의 보호 및 지원에 관한 법률	아동	실종 당시 18세 미만인 아동
청소년 기본법	청소년	9세 이상 24세 이하인 사람
청소년복지 지원법	청소년	9세 이상 24세 이하인 사람 (*청소년 기본법 제3조 1호에 근거)
청소년활동 진흥법	청소년	9세 이상 24세 이하인 사람 (*청소년 기본법 제3조 1호에 근거)
청소년 보호법	청소년	만 19세 미만인 사람
아동 · 청소년의 성보호에 관한 법률	아동 · 청소년	19세 미만의 자
아동의 빈곤예방 및 지원 등에 관한 법률	아동	18세 미만의 사람 (*아동복지법 제3조 1호에 근거)
아동학대범죄의 처벌 등에 관한 특례법	아동	18세 미만의 사람 (*아동복지법 제3조 1호에 근거)
학교 밖 청소년 지원에 관한 법률	청소년	9세 이상 24세 이하인 사람 (*청소년 기본법 제3조 제1호에 근거)
소년법	소년	19세 미만의 자
	우범소년	10세 이상인 소년
	촉법소년	10세 이상 14세 미만인 소년
장애아동 복지지원법	장애아동	18세 미만의 사람 (*장애인복지법 제32조에 근거)

〈표 1-3〉 아동복지 관계법으로서의 교육에 관한 법

법	호칭	연령 정의
교육기본법		학교 공간에서 생활하는 학생
초 · 중등교육법		
독서문화진흥법		
문화예술교육지원법		
인성교육진흥법		
공교육 정상화 촉진 및 선행교육 규제에 관한 특별법		
장애인 등에 대한 특수교육법	특수교육대상자	만 3세부터 만 17세까지의 특수교육대상자 (*제15조에 따라 특수교육을 필요로 하는 사람)

〈표 1-4〉 아동복지 관계법으로서의 보건 및 안전에 관한 법

법	호칭	연령 정의
모자보건법	신생아	출생 후 28일 이내의 영유아
	영유아	출생 후 6년 미만의 사람
학교보건법		학교 공간에서 생활하는 학생
학교급식법		
학교체육진흥법		
학교안전사고예방 및 보상에 관한 법률		
교통안전법	어린이	만 13세 이하의 어린이
재난 및 안전관리기본법	유아 학생	유아교육법 제2조 제2호 및 초·중등교육법 제2조에 근거

〈표 1-5〉 아동복지 관계법으로서의 신분 및 경제에 관한 법

법	호칭	연령 정의
민법	미성년자	19세에 이르지 않은 사람
형법	형사 미성년자	14세가 되지 아니한 자
입양특례법	아동	18세 미만의 사람
보호시설에 있는 미성년자의 후견직무에 관한 법률	미성년자	19세에 이르지 않은 사람 (*민법 제4조에 근거)
한부모가족지원법	아동	18세 미만의 사람 (*취학 중인 경우에는 22세 미만)
	청소년한부모	24세 이하의 모 또는 부
국민기초생활 보장법	아동	18세 미만의 사람

이렇듯 아동복지 관계법에서 아동을 다르게 정의하는 것은 각 법의 지향과 목표에 따른 법 적용을 용이하게 할 수 있다는 장점을 가질 수는 있다. 그러나 다른 한편으로는 아동복지의 적용과 범위 및 처우에 있어서 누락과 중복을 야기하는 원인이 되어서 체계적이며 통합적인 아동복지의 실천이 어려울 수도 있다. 이렇게 볼 때, 아동을 정의한다는 것은 간단하지 않음을 알 수 있다.

나아가 국제법이지만, 국내법으로서 효력을 지니는 국제협약CRC, 곧 〈아동의 권리에 관한 국제협약〉도 있다. 따라서 광범위한 영역에서 아동의 복지를 보장하고 증진시키기 위해서는 아동복지 관계법에 대한 충분한 이해가 필요하다.[7)]

Child First!

아이들에 대하여

– 칼릴 지브란 –

그대의 아이는 그대의 아이가 아니다.
아이들은 스스로 자신의 삶을 갈망하는 큰 생명의 아들딸이니
그들은 그대를 거쳐서 왔을 뿐 그대로부터 온 것이 아니다
또 그들이 그대와 함께 있을지라도 그대의 소유가 아닌 것을
그대는 아이에게 사랑을 줄 수 있으나,
그대의 생각까지 주려고 하지 말라
아이들에게는 아이들의 생각이 있으므로.

그대는 아이들에게 육신의 집을 줄 수 있으나
영혼의 집까지 주려고 하지 말라
아이들의 영혼은 그대는 결코 찾아갈 수 없는
꿈속에서조차 갈 수 없는 내일의 집에 살고 있으므로.
그대가 아이들과 같이 되려고 애쓰는 것은 좋으나
아이들을 그대와 같이 만들려고 애쓰지는 말라
큰 생명은 뒤로 물러가지 않으며 결코 어제에 머무는 법이 없으므로.

글쓰기

위 시를 읽고, 아동의 권리를 생각하게 하는 시 구절에 밑줄을 그어 보자.

---

7) 이러한 맥락에서 사회복지사 자격을 취득하기 위한 필수과목으로 사회복지법제(社會福祉法制) 과목이 개설되어 다각적인 이해를 돕고 있다.

2. 아동복지를 보는 관점과 의미

"저 산 너머 행복이 있다기에 나 또한 그 행복을 찾아 남을 따라나섰지만, 눈물만 머금고 되돌아왔다네"라고 칼 부세(Karl Busse)는 『저 산 너머 행복』에서 읊었다. 이 시는 '행복'이 어디에 있는가에 대해 함축하는 바가 매우 크다.

오늘날 '복지(福祉, welfare)'는 사회복지, 가족복지, 아동복지 등으로 주변에서 많이 사용하고 있는 용어로써 추상적이면서도 실천적인 개념을 공유하고 있다. 그리고 관련 분야의 특성을 고려하여 특수한 관점으로 재구성되어 사용되고 있기도 하며, 그 수용도는 높은 편이다. 따라서 복지의 개념을 잘 이해하기 위해서는 복지 관련 학문 및 실천 분야는 물론, 국내 및 국제사회의 정치 · 경제 · 문화 · 종교의 흐름을 파악할 필요가 크다. 크게 철학적 시각 및 실천적 시각으로 세분화할 수 있다.

1) 복지를 보는 관점과 의미

아동복지는 '아동'과 '복지'의 합성어이기 때문에 기본적으로 아동과 복지를 이해한 후에, 진정한 아동의 복지를 위해 통합된 시각을 가져야 하며, 제도적으로 뒷받침되어야 한다.

아동복지의 입장에서 볼 때, 복지의 철학적 개념은 복지실천에서 근원적인 의미를 지닌다. 아동은 정신적, 신체적으로 미성숙할 뿐 아니라, 이와 관련하여 경제적인 능력이 없다. 따라서 부모와 가족 및 사회구성원이 아동의 이러한 욕구를 충족시켜 주지 못하면 스스로 생존하고 생활하는데 상당한 한계를 지니게 된다.

(1) 철학적 시각에서 본 복지

철학(哲學, Philosophy)은 어떤 사물과 현상의 인식과 행동에서 전제가 되는 핵심적인 생각을 말한다. 아동복지를 포함한 사회복지 전반에 걸쳐 복지를 보는 철학적 시각이 지니는 의미는 매우 크다. 왜냐하면 행복을 포함한 복지에서의 개인 및 사회적 책임에 대한 인식을 재확인함으로써 진정한 인간의 삶과 자유에 대한 성찰을 제공해 주기 때문이고, 이와 관련하여 복지실천에서의 우선적인 대상자의 선정 및 대책에서의 우선순위를 결정할 때 합리적인 관점을 제공해 주기 때문이다.

철학적 시각에서의 복지는 인간이 잘사는 상태(a life of well-being)를 말하며(김정래, 1997; Parker, 1994), 칸트(Kant, 1964)의 주장을 통해 복지의 의미를 더 자세히 파악할 수 있다. 잘산다는 말은 계속해서 개인의 유익이 점증된 삶을 사는 것을 말하며, 유익의 형태는 다양할 뿐만 아니라, 충족의 과정에서 우선순위도 다르다. 구체적으로 유익은 욕망과는 다소 구분되는 것으로 대체 불가능한 속성(non-substitution)이 있으며, '필요'의 의미가 더 강하다. 이를 '정언적 필요(categorical need)'[8]라고 하며, 다시 두 가지로 구분된다. 즉, 공기, 물, 수면 등과 관련되는 '생존적 필요(substantial need)'와 기초교육과 발표권, 선거권 행사 등의 삶의 질과 연관되는 '보편적 필요(universal need)'가 그것이다. 그러므로 이 정언적 필요는 한 개인이 하고 싶은 것(the desired)으로서의 '수단적 필요(instrumental need)'와는 차이가 있다. 그렇기 때문에 복지의 개념에 있어 무엇보다 우선적으로 중요한 것은 '정언적 필요'이다.

아동권리 & 아동복지 이야기

[가없는 '母情'] 아들 구하려 불길 속으로…
아들과 함께 질식사

[가없는 '母情'] 추락위기 차량 온몸으로 막아
아들 살리고 끝내 희생

출처: 부산일보(2006.10.04)

---

8) Kant가 사용한 '정언적(categorical)'이란 '가언적(hypothetical)'의 반대되는 말로써 '어느 상황에서도 조건 없이 요구된다'는 뜻을 내포하고 있다. 따라서 정언적 필요가 충족되지 않으면 인간의 삶은 치명적인 영향을 받아서 생존의 위협을 받게 되므로 결코 잘사는 상태의 삶이라고 볼 수 없다.

발 표

"부모가 자녀를 위해 강하게 지켜야 할 것은 무엇일까?" 나의 소견을 말해 보자.

(2) 주 · 객관적 시각으로 본 행복과 복지

'주관적이다' 및 '객관적이다'라는 말은 상당히 일상적으로 사용하고 있으며, 이 두 가지 말은 모두 필요하고 또 중요하다. 실제로 이 두 가지 용어는 '상대적'이라고 할 수 있다. 물론 복지의 개념과 관련할 때도 그러하다. 가장 비근한 용어로 행복(happiness)과 복지(welfare)를 들 수 있으며, 이 두 용어는 비슷하게 인식되는 경향이 있지만 분명한 차이가 있다(이소희, 2018d).

① 주관적 관점의 행복

주관(主觀)의 사전적 의미는 생활에서 자기 스스로가 생각하고 행동하는 것을 말한다. 그리고 행복(幸福)은 생활에서 자기 스스로 매우 만족하고 기쁨을 누리는 것을 말한다(서은국, 2014; Ben-Shahar, 2007, 2009). 이렇게 볼 때, 행복은 다분히 주관적이며, 다른 사람과 비교하지 않는다는 특징이 있다.

행복의 주관성에 관한 대표적인 사례로 디오게네스와 알렉산더 대왕이 주고받은 대화[9]를 들 수 있다. 이 사례는 정언적 필요가 충족되면 행복할 수 있다는 점을 함축하고 있을 뿐, 가언적 필요를 무시하라는 것은 아니다. 다시 말하면 디오게네스의 사례는 너무 물질적인 행복을 추구하지 말라는 의미로 받아들일 필요가 있다. 실제로 아동이 느끼는 행복은 인지적 미성숙으로 인하여 어른이 느끼는 행

9) 디오게네스는 무소유 노숙 생활을 하던 철학자였다. 알렉산더 대왕과 관련된 일화는 지금까지도 널리 회자되고 있다. 어느 추운 겨울날 온기라곤 찾아볼 수도 없는 디오게네스의 거처(큰 항아리)로 알렉산더 대왕이 찾아 왔다. 디오게네스와 몇 마디 대화를 나눈 알렉산더 대왕이 소원이 있으면 말해 보라고 하자 디오게네스는 '지금 내가 간절히 원하는 것은 햇볕을 막고 있는 대왕이 잠시 비켜주는 것'이라고 말했다고 한다.
출처: 매일경제('철학자 디오게네스', 2010.10.03)

복보다 훨씬 더 주관적이라고 볼 수 있다. 옛날식으로 표현하면 아이는 초가삼간에서 풀죽을 먹고 벌거벗고 살아도 엄마만 있으면 만사형통일 가능성이 매우 높다. 즉, 행복의 극치를 느낄 수 있다. 그렇지만 목숨을 연명할 정도의 풀죽도 없다면 생존이 불가능하며, '행복' 자체를 말하기가 어렵다.

아동권리 & 아동복지 이야기

출처: 한국컴패션, 대구광역시교육청

正 論

'격세지감(隔世之感)'이라는 말이 있다.
이 말은 '밥 좀 주이소'라고 깡통을 들고 구걸하는 1950~1960년대 아동들과 학교밥상경연대회를 할 정도의 오늘날의 학교에서 급식하는 아동을 비교할 때 적용된다.

또한 아동도 점점 성장하면서 생활반경이 확장되고 교육에 의한 인권의식과 상대적인 비교의 시각이 발달되어 주관적 행복감은 점점 줄어들고 있다. 이에 따라 여러 가지 아동문제 및 나아가 가족과 사회적 문제를 야기시킬 가능성도 점점 높아진다.

OECD 국가 간 비교연구 결과, 연구대상 아동 중에서 5명 중 1명꼴로 자살의 충동을 느꼈다는 보고는 오늘날 세계적으로 당면한 아동문제의 심각성을 말해준다. 특히 우리나라 아동은 물질적으로는 비교적 풍요롭지만, 주관적 행복감은 조사대상 12개국의 아동 가운데 가장 낮은 것으로 나타났다(한국방정환재단, 연세대 사회발전연구소, 2011~2018).

아동복지현장에서는 이 결과에 매우 주목해야 한다. 그것은 아동이 '자기 자신'과 '선택의 자유'에 대해 낮은 만족도를 보인 결과이기 때문이다. 여기에서 자기 자신에 대한 주요 요인으로는 외모와 신체를 들고 있으며, 선택과 관련된 주변 환경에 대한 요인으로는 학업과 부모의 기대감 등을 들고 있다(세이브더칠드런, 서울대 사회복지연구소, 2015). 한편 가정환경 요인으로는 형제자매가 많을수록, 그리고 부모와 함께 생활하면서 대화의 시간이 많을수록 높은 주관적 행복감 수준을 나타내었다(문수경 · 이무영, 2009). 아동의 행복감은 아동 개인의 특성뿐 아니라 아동의 가족환경이 지대한 영향을 미친다.

그럼에도 불구하고 아동복지를 포함한 가족 및 사회복지가 제도적 차원에서 제대로 이루어지기가 힘들기 때문에 주관적 행복을 누리기 위한 자구적 노력과 함께 사회적 지원도 계속되어야 한다. 동시에 아무리 객관적인 사회적 복지상태에 도달되어 있다고 하더라도 본인이 느끼고 수용하지 못한다면 별 소용이 없다. 따라서 주관적 행복감의 중요성도 절대로 간과할 수는 없는데, 최근 '자기 위로'와 '자기 격려'라는 용어가 코칭과 교육 및 상담 등의 아동복지실천현장에서 자주 등장하는 것은 바로 이런 이유 때문이라고 할 수 있으며(박창규 · 이소희, 2007), 아동에게도 당연히 적용된다(임현주, 2012). 따라서 아동의 주관적 행복도를 높이기 위해서는 아동이 자신을 어떻게 바라보는가 및 자신의 삶에 어떤 선택을 할 수 있는가에 대해 좀 더 많은 관심을 가질 필요가 있으며, 더 다양한 각도에서 자신을 볼 수 있도록 하는 복지교육도 필요하다.

② 객관적 관점의 복지

객관(客觀)의 사전적 의미는 자기중심의 관점에서 벗어나 신뢰할 만한 제삼자(第三者) 또는 사실(fact)에 입각하여 생각하고 판단하는 것이며, 주관과 반대의 성격을 지닌다. 복지(welfare)라는 말은 '잘(well)'과 '살아간다(fare)'를 합성한 단어다. 그러므로 복지는 앞서 언급한 행복과 개념적으로 매우 유사함을 알 수 있다.

그렇지만 다른 한편으로 복지는 '복지'만 독립적으로 사용되기보다는 다른 용어와 함께 복합어로 사용되는 경우가 더 많기 때문에 행복과는 또 다른 성격을 지닌다고 볼 수 있다. 그 예로 아동복지 외에 복지국가, 복지정책, 복지서비스, 복지행정, 복지지표, 복지감 등을 들 수 있다.

이러한 복합용어에서 볼 수 있듯이 복지의 개념은 상당히 추상적이면서도 실천적인 개념을 공유하고 있으므로 다면적 성격을 띤다. 나아가 아동복지는 아동과 복지의 복합용어이므로 아동의 발달적 특성과 아동기가 지니는 사회문화적인 의미를 동시에 고려해야 진정한 아동복지를 실현할 수 있다. 따라서 '복지'는 어떠한 상태에서, 어떠한 용어와 함께 사용되느냐를 고려하여 개념화하고 사용할 필요가 있다. 이러한 맥락에서 현외성(2011)은 복지는 '개인'이 아니라 다수인 '집단'이 강조되어야 한다고 보았다. 이와 같이 다수를 고려하게 되면 복지감은 주관성보다는 객관성에 비중을 두게 되며, 자연스럽게 상대적인 비교개념에 의해 인식하고 평가될 수 있다(오미숙, 심우찬, 2014).

이렇게 보면 복지는 다수의 안녕이라는 상태로 발전하기 위한 어떤 노력, 즉 실천적이고도 능동적인 행동을 모두 포함하는 용어라 할 수 있으며, 그 예로 아동복지대책으로서의 영유아무상보육을 들 수 있다. 영유아 무상보육은 영유아의 복지는 물론, 여성과 가족의 복지를 모두 고려한 사회복지 차원에서의 실천적 개념이다. 즉, 주관적 행복의 주체와 책임은 주로 개개인에게 있지만 영유아보육정책은 모든 영유아를 대상으로 하는 것이며, 영유아복지가 발달할수록 선별적 지원에서 보편적 지원으로 나아가게 된다. 그 결과, 모든 영유아들은 무상보육정책에 따라 동일한 서비스를 받게 된다.

(3) 실천적 시각으로 본 복지

실천(實踐, practice)의 요체는 행(行)하는 것이다. 다시 말하면 복지는 이념과 구호만으로는 역부족이라는 것이다. 구체적으로 행복은 주관적이며, 개인적인 특성이 농후하지만, 복지는 객관적이며, 집단적이다. 따라서 사회적 차원에서 공동의 책임과 협력이 강조되고 있다.

복지를 일컬어 높은 삶의 질을 사회적으로 보장하는 것이라고 할 때(김성이, 2002), 더 중요한 것은 이 보장이 현실화되어야 한다는 점이다. 즉, 복지는 다수의 안녕이라는 상태로 발전하기 위한 실천적이고도 능동적인 행동을 말한다(현외성, 이광석 외, 2014). 이렇게 볼 때, 복지는 인간 생활의 만족스러운 이상적 상태를 의미함과 동시에, 그 이상을 향해 목표를 설정하고 나아가는 구체적 실천 활동까지 포함하는 개념으로 볼 수 있다(남세진, 조흥식, 1995).

이와 같이 진정한 복지는 구체적이고 적극적인 실천으로 가시화되어야 한다. 일례로 우리는 '스웨덴은 복지제도가 잘 발달되어 있다'는 말을 자주 한다. 또한 최근 우리나라에서 무상보육이 실시되면서 복지권의 보장이라는 긍정적 지지와 함께 재원 부족으로 인해 아직은 시기상조라는 부정적 견해가 대립되고 있다. 그리고 이에 대한 대안으로 '증세없는 복지는 없다'라면서 증세를 요구하는 주장은 과연 복지가 무엇인가에 대해 사회 전체가 숙고하도록 만들고 있다. 이와 같이 복지는 관념 또는 이상(理想)으로서의 복지가 아니라, 실제로 상부상조하거나, 공공선과 사회적 책임이라는 복지관을 바탕으로 제공되는 것을 누리는 '좋은 삶'인 것이다.

아동복지의 입장에서 볼 때, 복지의 실천적 개념은 아동의 발달적 특성과 생활환경적 특성을 고려하여 가시적으로 제공되는 직접적인 서비스라고 할 수 있다. 핵심적인 것은 아동이 직면하고 있는 발달 및 환경상의 개인 차이를 적극적으로 고려하는 것이다. 그 예로 아동수당과 양육수당의 제공,[10] 장애를 지닌 아동을 위한 재활용 보장구의 제공, 모든 아동을 위한 무상보육의 실시 및 취업 여성을 위한 출산휴가제도 등을 들 수 있다.

2) 아동복지를 보는 관점과 개념

아동복지의 이해에서 아동복지의 실천대상은 매우 중요한 개념적 및 실천적 요

10) 제5장 참조

소가 된다. 이러한 관점에서 아동복지는 크게 좁은 의미의 아동복지와 넓은 의미의 아동복지로 대별된다.

'저 하늘 무지개를 바라보면, 내 가슴은 뛰노라. 나 어린 시절에도 그러했고 어른 된 지금도 그러하거늘'이라고 윌리엄 워즈워스(William Wordworth)는 『무지개』에서 읊었다. 이 시는 태어나 아이를 거쳐 어른이 되고, 죽음에 이르기 전까지 평생 어떤 삶을 사는 것이 좋은지에 대해 통찰력을 제공해 준다. 다시 말하면 좁고, 넓은 의미의 아동복지는 성인이 되었을 때의 삶의 수준과 직결된다. 발달 초기의 아동들이 행복하게 생활한다면, 성인이 되어서도 행복한 삶을 살 가능성이 높을 것이다.

(1) 좁은 의미의 아동복지

좁은 시각에서 본 아동복지는 특별한 보호가 필요한 아동을 중심으로 한 서비스를 말한다. 역사적으로 볼 때, 좁은 의미의 아동복지는 초기 아동복지가 잘 발달되지 못한 시대나 국가에서 먼저 시작되었으나. 근래에 들어서는 이러한 아동에 대한 보호의 수준이 향상되고 있다. 구체적으로 선천적 및 후천적 요인에 의해 신체적, 정서적 및 행동장애를 가진 아동이 해당된다. 그리고 구조적으로나 기능적으로 부적절한 양육 환경에서 자라는 아동을 들 수 있는데, 그 예로 빈곤 가정이나 학대와 폭력 및 해체가정에서 자라는 아동을 들 수 있다.

이렇듯 특별한 보호가 필요한 아동을 위한 부모와 가족의 역할은 한계가 있기 때문에 국가와 지방자치단체의 지원이 매우 강조된다. 나아가 국가와 지방자치단체의 지원을 보충할 수 있는 민간 아동복지기관 및 후원자인 개인의 역할도 중요한 역할을 한다.

(2) 넓은 의미의 아동복지

넓은 시각에서 본 아동복지는 특별한 보호가 필요한 아동 및 보호의 정도가 낮은 일반아동과 부모 및 그 가족을 대상으로 한 서비스를 말한다.11) 역사적으로 볼 때, 넓은 의미의 아동복지는 산업화 이후, 아동을 포함한 사회복지문제의 발생 및 이에 따른 대책은 사회적 책임 영역으로 간주되면서부터 발달되기 시작하였다.

이러한 범주에 드는 아동을 위해서는 국가와 지방자치단체 및 민간아동복지기관과 후원자인 개인 모두가 참여하지만, 그 우선순위와 비중에는 차이가 있다. 다시 말하면 특별한 보호가 필요한 아동을 위한 치료적 대책에 우선순위를 두지만, 특별한 문제의 발생을 예방하기 위한 차원에서의 복지도 매우 강화되고 있다. 특히 오늘날은 아동을 포함한 모든 국민의 복지 보장을 하나의 권리로 보고 있다. 이와 관련하여 그 책임 주체를 국가로 간주하기 때문에 대부분의 나라에서는 넓은 의미의 아동복지 개념을 수용함과 동시에 그에 따른 실천적 노력을 경주하고 있는 편이며, 우리나라도 그러하다. 동시에 국내법의 효력을 지니는 국제협약 CRC에서도 모든 아동을 위한 대상으로 하고 있다.

11) 부모에 대한 각종 복지서비스는 최광의의 아동복지에 해당된다. - 제2장 참조

Child First!

저 산 너머 행복

– 칼 부세 –

저 산 너머 저 하늘 멀리에
행복이 있다고 사람들은 말하네
아, 나 또한 행복을 찾아 남을 따라갔지만,
눈물만 머금고 되돌아 왔다네
하늘 너머 저쪽 멀리
행복이 있다고 사람들은 말하네

글쓰기

이 시인이 생각하는 행복은 과연 무엇일까? 내가 생각하는 '나의 행복'은 무엇일까? 그리고 아이들이 생각하는 '나의 행복'은 무엇일까?
두세 줄 정도의 글쓰기를 해보자.

____

____

제2장

아동복지실천 원칙과 대상별 지향점

아동복지실천은 기본 원칙하에 따라 실시된다. 아동복지의 대상은 크게 특별한 도움이 필요한 아동과 일반아동으로 나누어지며, 이 아동들의 부모와 가족도 포함된다.

아동복지실천 원칙하에 효과적으로 아동복지를 실시하기 위해서는 대상별 서비스의 지향점을 설정해야 한다.

이러한 지향점은 대상아동의 발달 및 환경적 특성에 따른 개별적인 욕구와 필요를 고려하여 설정하게 되며, 사회구성원이 모두 '내 아이, 내 가족'이라는 태도로 적극적으로 실천할 때 이루어진다.

제2장에서는 아동복지의 실천원칙과 대상별 복지실천을 효과적으로 이루기 위한 지향점에 대해 살펴보기로 한다.

1. 아동복지실천 원칙

“예외 없는 원칙은 없다”라는 말이 있다. 이 말에 함축된 의미는 두 가지이다. 하나는 모든 상황을 다 고려한 후에, 불변하는 원칙을 세우기는 거의 불가능하다는 것이고 다른 하나는 예외 없는 원칙이 전혀 없을 수는 없지만, 가능한 한 삶의 지혜와 연구를 통하여 지킬 수 있는 원칙을 설정한 다음, 최대한 지켜야 한다는 것이다.

한편 이미 설정한 원칙의 경우, 해당 조건을 충족시킬 수 있도록 공평하게 대우·처리되어야 한다. 이것은 나침반의 기능과 같다. 주지하다시피 나침반의 원칙은 정북과 정남을 가리킨다. 이는 아동복지실천에서도 동일하게 적용되며, 특별한 도움이 필요한 아동을 포함한 모든 아동이 그 대상이 된다. 구체적으로 공통의 일반원칙과 대상별 우선원칙으로 대별할 수 있으며, 서로 유기적인 관련성을 지닌다.

1) 공통의 일반적 원칙

원칙의 사전적 정의는 어떤 행동이나 이론 따위에서 일관되게 지켜야 하는 기본적인 규칙이나 법칙을 말한다.

아동복지에서 공통의 일반적 원칙이란 아동복지를 실천할 때, 그야말로 공통적으로 적용되는 원칙을 말한다. 이는 국제협약CRC에서 제시되고 있는 네 가지 일반원칙이 아동의 권리보장을 위한 모든 아동복지실천에서 적용되는 것과 같은 맥락이다.

아동복지를 실천할 때 기본이 된다고 할 정도로 공통이 되는 일반적 원칙은 권리와 책임의 원칙 및 전문성과 통합성의 원칙이다. 그것은 아동이 지닌 존재론적 가치 및 역할 가치를 최대한 존중하기 위해 사회구성원은 물론 아동이 다 함께 협력해야 함을 의미한다. 그리고 아동복지에서의 질적 수준을 제고하기 위해서는 아동의 다양한 발달영역에서 최대한 전문성을 바탕으로 통합적으로 이루어져야 한다.

(1) 권리와 책임의 원칙

권리와 책임의 원칙은 서로 상보적이다. 다시 말하면 권리의 향유와 함께 책임의 준수, 즉 의무가 동반하게 되는 것이다.

'권리'의 사전적 정의는 어떤 일을 하거나 누릴 힘이나 자격을 말한다. 이 권리는 의무를 수반하며, 법적인 차원에서 강제성을 띄어서 규정되기도 한다. 주지하다시피 사회가 점점 발달함과 동시에 인권의식에 대한 인식이 강화되면서 권리에 대한 사회적 관심은 더욱 고조되고 있다. 더구나 최근에 들어서는 복지에 대한 사회성 내지는 공공성(公共性)이 더욱 강조되면서 권리는 법으로 규정되어 강제성을 띠고 있다.

① 아동의 권리와 책임

아동은 아동복지의 주체로서 권리와 책임을 가진다. 이는 아동권리에 대한 여러 선언에서 찾을 수 있다. 그 대표적인 예로 〈세계아동의 권리선언〉(1959)에서 '아동은 가능한 한 양친의 보호와 책임 아래서 자라날 권리가 있다'고 규정한 것을 들 수 있으며, 〈아동의 권리에 관한 국제협약〉(1989)에서는 아동을 위한 권리로 생존권, 발달권, 보호권, 참여권을 제시하고 있다.

아동권리 & 아동복지 이야기

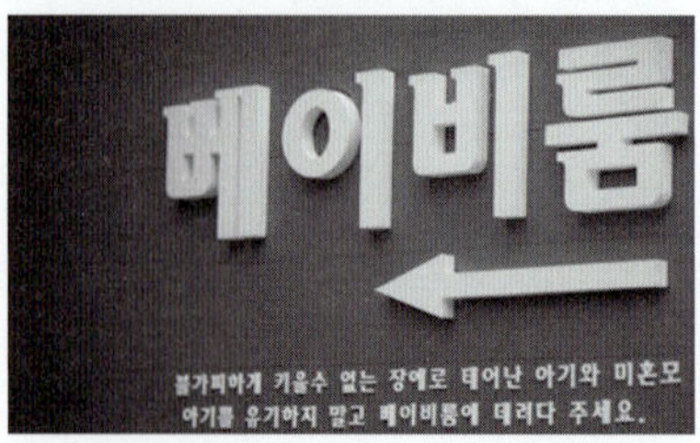

출처: http://mnews.imaeil.com/Society/20181108183851399 79
https://sv-se.facebook.com/babyboxkorea/

토 의

이 베이비박스는 아동복지실천에 긍정 및 부정의 영향을 동시에 미친다고 보고 있다. 긍정적인 영향은 '모두가 우리 아이'라는 관점에서 아동의 생명을 보호하는 마지막 보루와 같다는 점이다. 한편 부정적인 영향 중의 하나는 '베이비박스'가 있음을 믿고, 스스로 양육하기를 포기하는 사태가 점증한다는 것이다. 부모와 자녀의 입장에서 적절한 대안은 무엇일까 토의해 보자.

한편 아동복지의 주체로서 아동은 권리뿐만 아니라, 그에 상응하는 책임도 준수해야 한다. 이렇게 하기 위해서 아동은 자신의 성장과 발달을 책임지고 있는 부모 및 성인의 긍정적이고 합리적인 기대와 지도에 부응해야 한다. 다시 말하면 '아직 어린 아동'이라는 미명으로 책임을 소홀히 하거나 회피하지 않도록 아동의 발달특성에 적합하도록 지도해야 한다. 특히 아동은 성장과정 중에 있기 때문에 자신에게 의미 있는 성인들의 지도에 따르지 않으면 생존 · 발달하기가 매우 어렵기 때문이다. 나아가 아동은 성인의 보호를 받는 수동적인 존재에만 머무르지 않고, 자신의 삶을 주도적으로 이끌어나갈 수 있도록 리더십을 발휘하면서 성장해야 하며, 다음과 같이 요약 · 정리된다(이소희, 2018b).

- 아동은 자신의 성장과 발달을 책임지고 있는 부모 및 성인의 긍정적이고 합리적인 기대와 지도에 부응해야 한다.
- 아동은 자신에게 부과되는 합리적 요구를 수용하고, 사회의 구성원으로서 자신의 본분과 도리를 지켜야 한다.
- 아동은 성인의 보호를 받지만, 점점 독립된 개체로서 생활이 가능하도록 적극적으로 행동해야 한다.
- 아동이라 할지라도 사회에서 합의하여 규정하고 있는 질서를 지켜야 한다.

따라서 아동도 건강하고 건전하게 성장 · 발달할 수 있도록 노력해야 하며, 그렇지 못하고 사회적 규범을 어길 경우, 법적인 제재를 받게 된다. 그 예로 「소년법」

의 적용을 들 수 있다. 그러나 이러한 과정에서도 아동의 발달특성을 반드시 고려해야만 하며, 이러한 차원에서의 고려는 국제협약CRC에도 규정되어 있다.

아동권리 & 아동복지 이야기

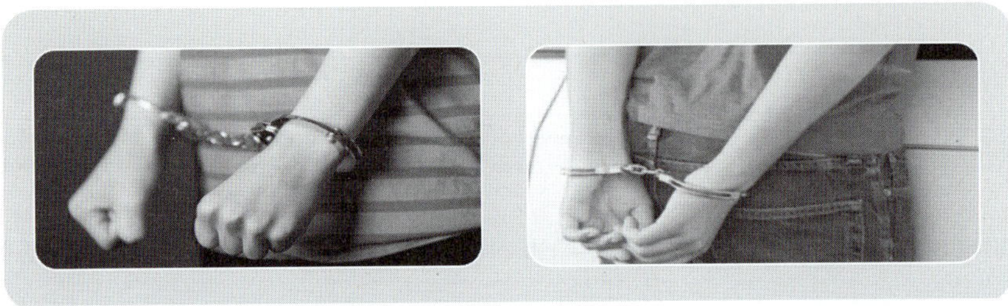

출처: https://ashlingsoareslaw.com/juvenile-delinquency/
https://www.rand.org/topics/juvenile-delinquency.

발 표

'수갑'은 도주의 가능성이 높은 비행 및 범죄자에게 사용하는 도구이다. 이 아동들이 법에 위배되는 비행을 저질렀다고 하더라도 수갑을 채워야 하는지에 대해 나의 의견을 피력해 보자. 그 대안에 대해서도 말해 보자.

② 부모의 권리와 책임

부모-자녀의 관계를 천륜(天倫)이라고 한다. 이 말은 부모와 자녀 사이는 인위적으로 형성된 관계가 아니라는 점이다. 부모는 자녀가 출생한 순간부터 자녀에 대한 공식적인 보호자요 후견인으로서의 지위를 가지며, 자녀의 올바른 성장과 발달을 위해 신체적 보호, 경제적 지원, 정서적 지원, 사회적 안전과 같은 총체적 책임을 수행해야 한다. 물론 예전에 비해 자녀양육에 대한 권리와 책임이 다소 약화되었다 할지라도 아동복지에 대한 일차적 책임은 부모에게 있으며, 이는 아동복지 관계법에 규정되어 있다. 동시에 국내법과 동일한 효력을 지니는 국제협약 CRC 제3조 제2항에는 '당사국은 아동의 부모, 후견인 및 기타 아동에 대해 법적 책임이 있는 자의 권리와 의무를 고려해 아동복지에 필요한 보호와 배려를 보장하고, 이를 위해 입법적, 행정적으로 모든 적절한 조치를 취해야 한다.'고 명시되어 있다. 그러나 우리나라의 여건상 아동복지에 대한 투자와 사회보장 수준이 미약하기 때문에 부모가 감당해야 할 책임이 상대적으로 큰 편이다.

한편 부모는 아동의 생활방식과 행동기준을 결정할 권리를 가지고 있다. 자녀를 보호하고 양육하는 과정에서 발생하는 수많은 의사결정 상황에서 부모는 스스로 자신에 대한 사안을 결정할 만큼 판단능력이 부족한 자녀를 대신하여 판단하고 결정할 수 있는 권리를 지닌다. 물론 그에 대한 책임도 져야 한다(이소희, 1989).

그렇지만 부모가 양육의 책임을 소홀히 하여 아동에게 치명적인 위해를 가하는 경우가 점증하고 있는데(안동현, 김경희 외, 2017). 이는 부모역할을 소홀히 하는 것이기 때문에 부모의 권리는 제한되거나 박탈되어야만 한다(이양희, 2015). 이러한 규정은 아동복지 관계법에서는 물론, 국제협약CRC에 명시되어 있다.

아동권리 & 아동복지 이야기

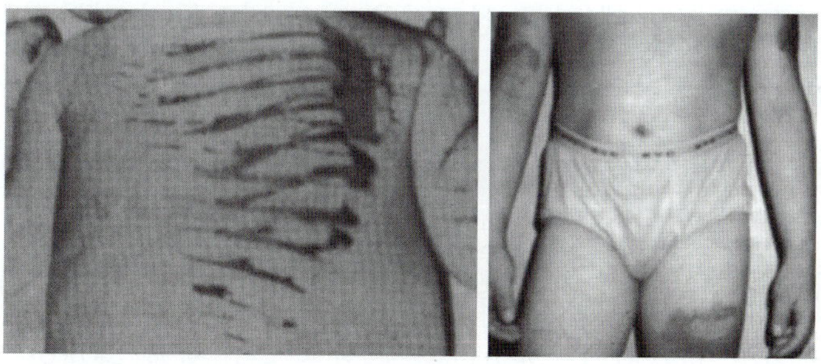

출처: 이소희(2002). 그것은 아동학대예요.

Q & A

이 아동들은 얼마나 아팠을까요? 이 아동을 학대한 부모도 아팠을까요?

그럼에도 불구하고 특별한 경우를 제외하고는 부모와 자녀의 동거권이 보장되어야 하므로 매우 신중한 조치가 이루어져야 한다.

③ 사회와 국가의 권리와 책임

'인간은 사회적 동물'이라고 말한다. 이것은 부모와 자녀와의 관계에서처럼 인간과 사회와의 관계를 한마디로 나타내 준다, 다시 말하면 아동을 포함한 인간의 삶은 사회를 떠나서는 이루어질 수 없을 정도로 서로 불가분의 관계를 지니고 있으므로 서로 윈윈(Win-Win)할 수 있어야 한다.

이러한 맥락에서 오래전, '한 사회의 미래는 그 사회가 아동을 어떻게 보호하고 교육하느냐에 의해서 예측할 수 있다(Moynihan, 1986)'라는 말은 아동복지에 대한 사회와 국가 책임의 중요성을 단적으로 표현하고 있다. 이러한 맥락에서 아동복지의 실현에서 국가의 책임은 더욱 강조되고 있다. 즉, 국가가 아동복지에 대한 책임을 다하기 위해서는 아동복지의 중요성에 대한 인식을 고취하고, 아동을 위한 제반 복지환경과 복지제도를 확충함으로써 아동복지의 인프라를 구축해야 한다. 이러한 아동복지실천에서 준거와 지향점이 되는 것이 국제협약CRC이며, 이 협약의 비준국은 자국에서의 아동권리에 관한 이행사항에 대해 보고하도록 규정하고 있을 뿐만 아니라. 그 평가에 따른 권고안을 다시 받아들여 아동권익을 위한 제반 조치를 수립하고 이행해야 한다. 이는 아동권리를 보장하기 위한 사회적 책임을 강조한 것이며, 이러한 이행조치는 거의 아동복지 관계법의 제정 및 개정으로 반영하게 된다.

한편 아동의 권리보장을 통한 아동복지의 증진이 효과적으로 이루어지기 위해서는 막대한 재정이 필요하다. 그러므로 국가는 국민에게 납세의 의무를 부과할 권리를 갖게 되는 것이며, 이 과정에서 적절한 수준을 유지하기 위해 정치이념, 곧 복지이념을 중요한 요소로 고려하게 된다(George & Widing, 1996). 우리나라는 「헌법」에 명시한 '자유민주주의'에 기반하게 된다.

아동복지를 포함한 오늘날의 사회복지는 예전의 시혜적 개념에서 진일보하여 천부적인 권리를 누리고, 보장하는 제도적 개념으로 변화하였으며, 그 어느 시대보다 국가의 역할이 예방 및 치료적 차원에서 강조되고 있다(김영지, 김희진, 2015). 또한 인간발달학과 사회과학의 발달에 따라 소위 전문적 실천이 매우 강화되고 있다. 동시에 아동을 포함한 모든 사회구성원도 권리에 상응한 의무의 차원에서 주도적으로 자기 삶의 수준을 향상시키도록 노력해야 할 것에 대한 사회적 인식과 요구가 증대되고 있다.

(2) 전문성과 통합성의 원칙

오늘날 아동복지는 개인의 뜻에 따라 간헐적으로 실시되거나, 위정자의 시혜적 조치로 이루어지는 것은 아니다. 다시 말하면 아동을 포함한 국민들이 인간다운 삶을 살 수 있도록 보장하기 위해 제도적 차원에서 실시된다. 따라서 고도의 전문성이 필요한 영역이며, 아동복지대상이 생활하고 있는 여러 상황적 특성을 고려하여 매우 효과적으로 이루어질 수 있도록 통합되어야 한다. 그러므로 아동복지종사자와 시설운영에서의 전문성을 확보하기 위한 조건을 법적으로 규정하고 있는 것이다.

이와 같이 아동복지대책에서 전문성과 통합성의 원칙은 독립적이되, 보완 및 지지적 관계에 있으며, 아동복지 전문가와 전문기관에서 유기적으로 이루어져야 한다. 다시 말하면 아동복지실천영역이 아동중심에서 가족, 학교, 지역사회, 국가에 이르기까지 확대됨에 따라 아동과 다양한 체계들의 상호작용을 동시에 고려하여 개입하는 통합적 접근(함인희, 2005)을 모색하게 된 것이다.

① 전문성의 원칙

아동복지 분야에서의 전문성의 원칙은 아동의 성장을 도모하고, 아동문제를 해결할 때, 활용하는 지식과 기술이 탁월해야 하는 것을 말한다.

아동복지는 크게 예방적 서비스와 치료적 서비스로 대별되는데, 아동복지효과를 거두기 위해서는 아동에 관한 과학적 정보를 제대로 활용해야 하며, 동시에 아동복지전문가는 고도의 전문지식과 기술을 지닐 수 있도록 교육되고 훈련받아야 한다. 다시 말하면 '선무당이 사람 잡는다'는 속담처럼 되지 않기 위해서이며, 이렇게 되기 위해서는 아동을 이해할 수 있는 전문적인 실천도구를 효과적으로 활용할 수 있어야 한다. 효과적인 실천도구의 예로서 아동의 발달과 환경을 평가할 수 있는 검사, 척도, 코딩, 사정 및 평가도구를 들 수 있다.

예〉 성격판별척도: 비전에니어그램

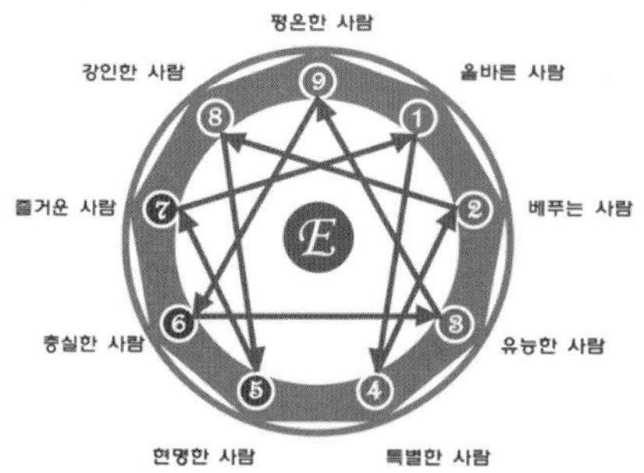

비전에니어그램척도는 인간의 성격유형을 확인하기 위해 이소희(2012)에 의해 개발되었으며, 총 90 문항으로 구성되어 있다. 부모, 교사, 아동복지전문가용으로 활용할 수 있다.

예〉 상호작용평가척도: TREASURE Talk 상호작용

TREASURE Talk 코딩

날짜: ______ 년 ____ 월 ____ 일 (____ 요일)

이름: ____________

TRE - 1회

3분	코딩규칙		1	2	3	4	5	6	7	8	9	10
T	T-a	아이와 함께하겠다는 의도로 다가가기										
	T-b	아이가 움직이는 대로 온몸을 따라가기										
	T-c	아이가 행동하는 모습을 그대로 말로 묘사하기										
R	R1-a	아이가 하는 말에 고개를 끄덕이기										
	R1-b	아이가 하는 말에 인정하는 추임새 넣기										
	R1-c	아이가 하는 말을 그대로 따라 말하기										
E	E1-a	아이가 한 언행에 내재된 긍정적 의도를 읽어주기										
	E1-b	아이가 한 언행에 대해 구체적인 말로 칭찬하기										
	E1-c	아이가 한 언행에 대해 구체적인 행동으로 지지하기										

(순차적 기록: 1–10)

이 코딩은 TREASURE Talk 코칭 프로그램의 일환으로 실시되며, 부모와 교사의 상호작용 수준을 평가하기 위해 이소희(2015b)에 개발되었다.

TREASURE Talk 상호작용 연구소

따라서 오늘날 아동복지전문가들은 아동에 대해 코칭, 교육, 상담 및 치료 등의 다양한 수준의 개입에서부터 지역사회의 네트워크를 개발하고 더 나아가 국가의 아동 관련 정책과 제도적 측면을 변화시키는 역할의 수행에 이르기까지 고도의 전문성을 발휘해야 한다.

② 통합성의 원칙

통합성의 원칙은 아동복지영역에서 활용할 수 있는 여러 가지 전문적인 지식과 기술을 유기적으로 결합시켜 목적하는 바를 달성하도록 구조화하여 실천하는 것을 말한다. 그러므로 아동복지에 영향을 미치는 각각의 요소들을 고려하여 적절하게 통합시켜서 효과성을 제고해야 한다. 이러한 관점에서 브론펜브레너(1979)가 제시한 생태체계이론은 통합의 취지를 잘 설명해 주고 있다.

생태체계이론은 체계이론과 생태학의 개념을 통합한 용어이며, 인간과 환경 간의 상호 이해관계에 초점을 둔다. 이 이론은 환경이 인간에게 미치는 영향과 그 방식, 그리고 인간이 환경에 영향을 미치는 방식을 이해하기 위한 준거틀을 제공한다.

생태체계이론의 핵심은 환경과 지속적인 상호작용하며 존재하는 하나의 체계, 즉 '환경 속의 인간(person in environment)'이라는 개념으로 설명하며, 아동도 '환경 속의 아동'이 된다. 그러므로 아동의 행동을 단순한 원인과 결과의 단선적인 시각으로 이해하던 견해에서 탈피하여 아동의 행동에 영향을 미치는 다양한 주변 환경을 비중 있게 고려하게 되는 것이다. 다시 말하면 생태체계적 접근이 도입되기 이전에는 전통적인 정신분석이론, 인지이론, 행동주의 이론, 인본주의 이론 등의 주요 이론에 의존하여 아동의 성격이나 행동을 이해하고, 아동의 문제나 욕구를 각각의 이론이 설명하는 관점에 따른 부분적인 해석과 접근에 머물렀으나, 생태체계이론은 국지적인 이론적 편협성을 극복하고 아동에 대한 통합적 이해와 포괄적 접근을 가능케 하고 있다.

특히 아동은 성장과정에 있으므로 부모를 중심으로 가족 등 다양한 환경으로부터 영향을 받는다. 따라서 생태체계적 접근은 아동복지실천에서 매우 설명력이 높은 실천원칙이자 방법으로 인정되고 있다(이경님, 2008; 정선아 · 장화정 외, 2018). 청소년의 인터넷 중독에 대한 생태학적 접근연구에서 청소년의 자존감, 충동성, 우울, 부모와의 의사소통, 부모와의 갈등 정도, 또래친밀감, 학교생활 만족도 등이 영향요인으로 밝혀졌으며(김진희, 김경신, 2004), 또한 청소년의 또래폭력 가해경험에 대한 생태체계적 영향요인에 관한 연구결과, 집단따돌림을 제외하고는 전반적으로 남학생의 가해 비율이 여학생보다는 높게 나타났으며, 개인적 특성요인으로는 공격성·충동성, 일탈적 자아개념, 남성 역할 고정관념이, 가족요인으로는 가족갈등 노출 정도가, 또래집단요인으로 비행친구와의 교류 여부가, 학교환경 요인으로 학교생활의 부적응 및 교사와의 관계친밀도 등이 유의미한 요인으로 보고되었다(김도연, 양혜정, 2014; 이상균, 2000).

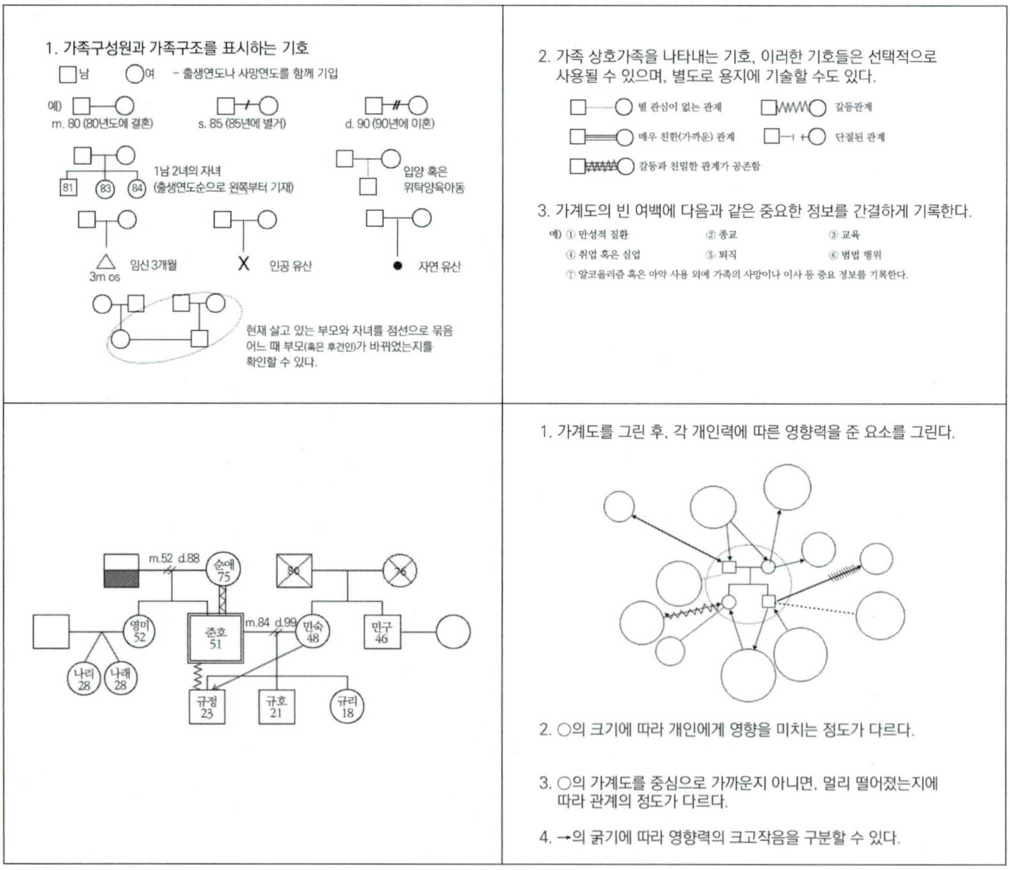

[그림 2-1] 가계도와 생태도

이러한 연구결과는 아동복지의 실천을 위해 아동의 개인적 특성의 변화와 함께 가족, 또래집단의 영향을 동시에 고려하는 개입 및 학급·학교 단위의 예방프로그램 실시 등은 물론, 또래폭력의 문제를 학교 안에서 적시에 개입할 수 있는 전문적인 원조체계의 수립 등이 필요함을 알 수 있다. 따라서 생태학적 접근은 매우 효과적인 접근이며, 가계도와 생태도 등이 사정 및 평가도구로 활용되고 있다.

2) 대상별 우선 원칙

'Child First!'는 아동복지인(兒童福祉人)의 입장에서 볼 때, 굉장한 말이다. 사랑과 책임의 멋진 발로이며, 아동을 보호하고, 양육하고, 교육하고, 치료하는 등 모든 아동복지실천에서 든든한 파수꾼의 역할을 하는 사람들의 마음가짐이자 행동의 근간이 된다.

무릇 모든 세상사에는 순서와 선택이 있게 마련이며, 여러 가지 관련 요인이 작용하게 된다. 그렇기 때문에 누가, 언제, 어디서, 왜, 어떻게 결정하느냐에 따라 크고 작은 효과를 중·장기적으로 미친다. 아동복지실천에서도 마찬가지이다. 그러므로 특별한 도움이 필요한 아동이 우선 대상자가 된다. 이러한 우선순위의 결정에서 중요한 요인은 아동과 아동복지에 대한 사회적 인식과 한 나라의 복지이념 및 가용할 수 있는 아동복지재정의 수준 등이다.

아동복지는 1차적으로는 부모의 양육에 의해 성장·발달한다. 그러나 부모의 생활환경 여건에 한계가 있어서 자녀를 제대로 키우기가 어려운 경우가 적지 않으므로 사회와 국가는 부모와 가족의 지원을 통해 아동의 복지를 보장하게 된다. 이러한 맥락에서 볼 때 각각의 원칙은 부모-가족-사회의 역동적 협력을 통해 이루어져야 한다.

(1) 선별성과 보편성의 원칙

선별성과 보편성의 원칙은 서로 대립적인 성격을 띠고 있되, 아동복지의 실천에서는 선별성이 보편성에 우선한다.

특히 '최대 다수의 최대 행복'이라는 맥락에서는 복지가 보편성을 지향해야 하며, 이러한 관점은 바로 인간다운 삶을 누리게 하는 인권의 보장에 해당되며, 제도적 복지를 통해 비로소 구현이 되는 것이다.

사회가 발달하여 특별한 상황적 조건을 거의 누구에게라도 공통적으로 적용할 수 있는 상황으로 발전하면, 선별성의 원칙은 그 필요성이 약화되고 보편성의 원칙이 지배하는 것으로 변화하게 되는 것이 논리적이지만, 실제상황에서는 매우 어렵다.

① 선별성의 원칙

선별성의 원칙이란 특별한 상황적 조건에 의해 그 누구보다도 우선적인 대상으로 고려하는 것을 말한다. 즉, 개인과 가정 및 사회적 원인에서 발생되는 문제를 보완하거나 해소하기 위해 국가가 공적(公的)으로 지원할 때 적용하는 원칙이며, 사후적, 일시적, 보충적, 치료적, 잔여적 성격으로 요약된다. 이러한 상황적 조건들의 예로는 선천적 및 후천적인 장애와 질병, 보호자의 유무와 보호능력, 아동을 포함한 인간의 발달특성, 정치와 경제 및 사회적인 이념과 함께 천재지변과 전쟁 등의 급박한 위기상황을 들 수 있다.

특별히 아동복지 분야에서의 예를 들면, 부모를 잃은 아동에 대한 시설양육, 방학 중 결식아동에 대한 급식 지원, 장애를 지닌 아동을 대상으로 하는 보장구의 무상지급, 한부모가정에 대한 주거자금 무이자 대출, 저소득층 맞벌이부부의 자녀를 위한 방과 후 돌봄서비스 등을 들 수 있다.

② 보편성의 원칙

보편성의 원칙이란 특별한 상황적 조건에 관계없이 동일하게 대응하는 것을 말한다. 즉, 성별, 계층, 인종, 민족, 장애와 질병 유무와 수준, 보호자의 유무와 수준에 차이를 두지 않고 평등하게 지원할 때, 적용하는 원칙이다. 비교적 사전적이고 예방적인 성격을 지니며, 제도적 차원에서 이루어진다.

아동복지 분야에서의 예를 들면 「교육기본법」과 「영유아보육법」에 의거하여 만 5세아의 교육과 보육을 무상으로 실시함과 동시에 초등교육과 중등교육의 무상실시와 무상학교급식을 들 수 있다.

(2) 보호성과 계발성의 원칙

모든 인간은 그 존재만으로도 가치가 있다. 나아가 아동은 성장과정을 통해 역사를 계승한다는 차원에서 더욱 보배로운 존재이다.

그러나 격동과 격변의 세상사에 따른 역동적인 삶의 유지로 인해 평안하고 안전하게 생활하기가 그리 쉽지 않다. 더구나 성장과정에 있는 아동의 경우는 부모를 비롯한 보호자의 보호가 없으면 생존 자체가 불가능하다. 그렇기 때문에 아동복지 관계법에는 아동을 보호할 책임에 대해 규정하고 있는 것이다.

나아가 단순한 보호가 아니라, 보호를 통해 정상적인 생활이 가능해야 할 뿐만 아니라, 역경을 극복하고 잔존능력을 최대한 계발하도록 지원하고 서로 협력해야 하는 것이다. 이러한 맥락에서 볼 때, 크고 작은 다양한 역경과 시련과 실패를 오히려 도약의 발판으로 삼아 더 높이 튀어 오르는 마음의 근력을 말하는 회복탄력성(resilience)의 개념은 이러한 보호성과 계발성의 원칙을 지지하는 이론이라고 할 수 있으며, 여러 아동복지 분야에서 효과성이 검증되고 있다(길현주, 2015; 손창영, 2018; 이가경, 2018; 정은주, 2017).

① 보호성의 원칙

보호성의 원칙은 도움이 필요한 사회구성원을 대상으로 잔존능력을 보호하고, 정상화에 이르도록 지원하는 것을 말한다. 이 보호성의 원칙은 선별성의 원칙 및 치료성의 원칙과 밀접한 관련을 지닌다.

아동복지 분야에서의 예를 들면 「장애아동 복지지원법」, 「특수교육진흥법」, 「아동학대범죄의 처벌에 등에 관한 특례법」에 의거하여 각종 대책을 실시하는 것을 말한다. 그렇기 때문에 특별한 욕구와 요구를 지닌 아동과 그 보호자에 적용되는 바가 크므로 보다 높은 전문성이 필요하다. 물론 앞서 언급한 바와 같이 전문성은 비단 특별한 보호가 필요한 아동만이 아니라, 모든 아동복지대상자에게 적용된다.

② 계발성의 원칙

계발성의 원칙은 모든 일반 구성원을 대상으로 잠재능력을 최대한 계발할 수 있도록 지원하는 것을 말한다. 이 계발성의 원칙은 비단 특별한 도움이 필요한 사람뿐만 아니라, 모든 사람에게 적용되는 원칙으로 그 대응하는 성격이 다를 뿐이다. 즉, 보호에 대응한 상대적인 개념으로서의 계발성이라는 것이다.

실제적으로 과거에 비해 오늘날 아동을 둘러싸고 있는 사회구조와 환경이 급변하고 있다는 점과 이에 따라 아동복지적 요구와 욕구도 매우 다양해졌다는 점, 그리고 복지를 시혜가 아닌 권리의 개념으로 인식함으로써 복지에 대한 주장과 기대가 고조되고 있다는 현실 인식은 계발성의 원칙을 더욱 강조하고 있다.

아동복지 분야에서의 창의와 인성을 겸비한 글로벌 인재로 육성하기 위한 각종 교육정책(김재춘, 2012, 2018; 교육과학기술부, 2010; 교육부, 2012)과 함께 민간 차원에서 실시하는 영리더십 교육을 들 수 있다(한국영리더십센터, 2019).

(3) 치료성과 예방성의 원칙

'한 온스의 예방은 한 파운드의 치료보다 낫다'라는 영국의 격언은 치료성과 예방성의 관계를 아주 잘 설명해 준다. 그래서 가장 큰 복(福)은 건강하여서 신체적, 정신적, 경제적, 관계적 손실을 입지 않고 즐겁게 사는 것으로 보는 것이다. 특히 아동기는 전 인간발달의 초기에 해당되므로 발달의 기제인 기초성-적기성-누적성-불가역성이 크게 작용한다. 따라서 아동복지에서는 예방성의 원칙을 매우 강조하게 된다.

① 치료성의 원칙

치료성의 원칙은 사회구성원의 상황을 고려했을 때, 특별한 도움이 필요한 대상자(client)일 경우, 그 무엇보다도 적합한 '치료'를 먼저 실시해야 하는 것을 말한다. 이는 일반적으로 보건 · 의료상황에서 응급환자의 예로 설명될 수 있다. 특히 아동의 경우, 적기를 놓치면 장애는 더욱 악화되어 돌이킬 수 없는 상처를 남기기 때문이다.

이는 아동발달에서 말하는 기초성, 적기성, 누적성, 불가역성의 원리가 적용되는 것과 동일한 맥락이며, '결정적 시기'의 개념과 상통한다. 실제적으로 치료가 필요한 아동의 경우, 아동은 물론 부모와 가족의 신체적 · 정신적 · 경제적 부담을 가중시키게 될 뿐만 아니라, 사회적으로도 인적 및 물적 자원의 낭비를 초래하게 된다. 따라서 아동의 복지를 위해서는 아동의 상태를 고려한 최적의 치료가 이루어져야 한다는 원칙이다.

② 예방성의 원칙

예방성의 원칙은 아동과 부모 및 가족이 지닌 장애나 문제의 발생을 미리 방지하기 위해 적용하는 것을 말한다. 예방은 모든 사회구성원으로 하여금 안전하고 안정된 생활을 할 수 있도록 지지함으로써 지속가능한 성장과 번영된 삶을 약속한다. 이는 특별한 도움을 필요로 하는 아동과 부모 및 가족뿐만 아니라 전체 아동과 그 가족의 행복과 복지를 보장하기 때문에 훨씬 경제적이고 바람직하다.

예방성의 원칙이 지니는 의미는 보편성의 원칙 적용과 매우 밀접한 관련성이 있다. 그러므로 이 원칙이 적용되기 위해서는 국가재정의 뒷받침이 있어야 하고, 장기적으로 아동복지 인프라를 구축하기 위한 청사진을 마련해야 한다. 특별히 아동복지에 대한 투자는 국가 장래를 보장하는 가장 가치 있는 투자라는 점에 방점을 두어야 한다.

Child First!

다르게 크는 어린이

– 송근영 –

코가 큰 어린이는 코가 커서 귀엽고
눈이 작은 어린이는 눈이 작아서 귀엽다.
이 빠진 어린이는 이가 빠져서 예쁘고
왼쪽 오른쪽 신을 바꿔 신는 어린이는 신기해서 예쁘다.
서로 다르게 커나가는 어린이
누가 누가 잘하나?
기죽이지 말고 모두 모두 잘 하자.
용기를 주어 밝게 곧게
무럭무럭 자라게 하자.

글쓰기

위 시를 읽고, 아동의 발달특성을 고려한 아동복지서비스를 더 잘하기 위해 나도 시 한 줄 써보자. 또는 어떤 어린이가 귀엽고 예쁜지에 관해 몇 줄로 써보자.

____

____

2. 아동복지대상별 복지실천에서의 지향점

'아동은 한 우주다'라고 말한다. 우주이기 때문에 우주다운 삶을 살도록 양육해야 한다. 모든 아동은 미성숙하지만 엄연히 독립된 한 인격체이다. 따라서 아동은 그의 발달상태 및 상황에 관계없이 발달 초기에 있는 인간으로서 아동다운 삶을 살 권리가 있다. 이것은 우리나라를 비롯하여 전 세계적으로 일어난 아동권리운동사와 발달사가 확인해 주고 있다.

동시에 아동을 보호하고 양육하는 부모와 가족도 사회로부터 상황에 적합한 지원을 받아야 한다. 주지하다시피 피붙이인 자녀를 사랑과 정성으로 잘 기르고 싶어도 여러 가지 상황으로 제대로 양육하기가 어려운 경우들이 자주, 지속적으로 발생하고 있기 때문이다.

1) 특별한 도움이 필요한 아동

아동 개인 및 아동이 생활하고 있는 부모와 가족 등의 가정환경의 문제로 인해 특별한 도움이 필요한 아동의 경우는 선별적 서비스 차원에서 우선적인 치료 대상이 되며, 일반아동은 보편적 서비스 차원에서 예방 및 능력 강화를 위한 실천이 이루어진다.

(1) 특별한 도움이 필요한 아동의 정의와 범주

특별한 도움이 필요한 아동은 일반아동에 비해 발달상의 문제나 장애를 가지고 있거나 부적합한 가정 및 사회환경에서 생활하는 아동을 말한다. 따라서 특별한 가정 내에서의 부모와 가족으로부터의 보호와 양육은 물론, 가정 외부로부터의 지원이 필요한 아동을 말하며, 구체적으로 다음 세 가지 범주에 해당된다.[1)]

1) 특별한 도움이 필요한 아동은 일반적으로 '요보호아동'으로 표기되었으나, 낙인감이 강하므로 '특별한 도움이 필요한 아동'으로 풀어서 사용한다.

- 부모 개인과 가족 및 사회적 요인으로 자녀를 제대로 키우기 힘든 가정의 아동
- 선천적 및 후천적으로 유전적 요인, 질병, 사고에 의해 정상적으로 성장 발달하기 어려운 아동
- 부모와 가족이 적절한 방법으로 적절한 기간 동안 자녀를 양육하고자 하였음에도 불구하고 그 자녀가 불응함에 따라 바르게 성장·발달하지 못한 아동

(2) 특별한 도움이 필요한 아동을 위한 복지실천의 지향점

특별한 도움이 필요한 아동을 위한 복지실천의 지향점은 기본적으로 한 인간인 아동으로서 아동다운 생활을 할 권리가 있다는 점을 바탕으로 할 뿐만 아니라, 이를 위해서는 아동의 상태와 상황을 고려한 부가적인 서비스가 필요하다는 관점에서 비롯한다.

더구나 특별한 도움이 필요한 아동은 특별하게, 시급하게 해결해야 할 어떠한 장애 혹은 문제를 복합적으로 지니고 있다는 점에서 '보호'와 '계발'을 그 지향점으로 설정할 수 있다.

- 보호: 특별한 도움이 필요한 상황에서 더 이상 악화되지 않도록 최대한 잔존능력을 유지함
- 계발: 특별한 도움이 필요한 상황에서 더 이상 악화되지 않을 뿐만 아니라 잔존하고 있는 능력 및 외부 자원을 최대한 활용하여 잠재능력을 최대한 계발함

이를 구체적으로 말하면 아동에게 남아있는 잔존능력이 더 이상 소멸되거나 약화되지 않도록 역량을 강화하여 정상의 수준에 이르도록 하는 것이다. 대표적인 예로 장애를 지닌 아동을 들 수 있다. 그리고 현재 나타내고 있는 행동특성을 수정하는 것으로써 그 예로 비행아동과 청소년을 들 수 있다.

나아가 새로운 상황에 적응하고 성장하기 위해서 아동 자신이 감당해야 할 역할을 재조정하는 것으로써 그 예로 한부모가정의 아동, 다문화가정의 아동, 입양가정의 아동 및 시설에서 양육받는 아동을 들 수 있다.

이 모든 경우에 있어서 1차적 목표는 가능한 한 일반아동과 같은 유사한 수준, 즉 정상에 도달하는 것이며, 2차적으로는 일반아동처럼 자신의 잠재력을 최대한 발휘하여 성장하는 것이다. 물론 출발점이 다르기 때문에 일반아동과는 차이가 날 수 있지만, 가능한 개인 간 차이가 아닌 개인내차 중에서도 강점이 되는 부분을 강화하는 것에 초점을 둔다.2) 나아가 이렇게 성장발달하기 위해서는 부모와 가족의 보호와 양육은 물론, 가정 외부에서의 특별한 지원이 지속적으로 제공되어야 한다는 것이 전제된다.

이렇듯 특별한 도움이 필요한 아동을 위한 아동복지실천은 선별주의 원칙에 따른 것으로 주로 사후의 치료적 관점에서 이루어진다. 그렇기 때문에 개별적 및 소수의 집단을 대상으로 한 전문적인 실천이 더욱 요구된다. 물론 보편주의 원칙에 따라 일반아동이 받는 사전의 예방적 관점에서 이루어지는 지원은 모두 받을 수 있다.

또한 특별한 도움이 필요한 아동을 위한 복지실천은 일반아동보다도 더 많은 사회적 관심과 실제적인 노력을 필요로 하며, 동시에 아동 자신의 노력도 더 많이 요구된다.

아동권리 & 아동복지 이야기

출처: 초록우산 어린이재단
(https://support.childfund.or.kr/regularSpon/regular.do)

2) 개인 간(間) 차이는 주로 아동과 아동들 사이에서 나타나는 차이를 말하며, 그 예로 장애를 지닌 아동과 그렇지 않는 아동과의 포괄적인 차이를 말한다. 그리고 개인 내(內) 차이는 일반아동과 특별한 어려움을 필요로 하는 모든 아동에게 나타나는 것으로 각 개인아동에게서 나타나는 차이를 말한다. 개성, 강점, 약점 등의 개념으로 설명될 수 있다.

발 표

아이를 사랑하는 마음은 특별한 도움이 필요한 아이들을 살릴 수 있다. 매우 값진 행동이다. 어떤 사람들이 아이들을 살릴 수 있는 복지재단의 회원이 될까?

---

2) 일반아동

대부분의 아동은 부모와 가족의 보호와 양육으로 비교적 건강하고, 건전하게 생활하고 있다. 만약 그렇지 않다면 이 땅에는 문제아동들로 넘쳐나게 될 것이다. 다시 말하면 실제로 문제를 지녔거나 아픈 아이들보다는 꿈을 꾸는 희망찬 아이들이 더 많다. 그러므로 이러한 아이들에게 발생할 수 있는 어떤 문제나 장애를 예방할 뿐만 아니라, 타고난 잠재력을 계발하여 더 나은 성장을 할 수 있도록 도와줄 필요가 크다. 그래야 사회도 지속적인 번영과 성장을 이루기 쉽다. 곧 아동복지는 가족복지로 연결되며, 사회의 기초단위인 가족복지는 사회복지의 굳건한 바탕이 되기 때문이다.

(1) 일반아동의 정의와 범주

일반아동은 특별한 도움이 필요한 아동에 대비되는 발달특성과 환경에서 생활하는 아동을 말한다. 따라서 부모와 가족의 보호와 양육 외에는 특별한 외부적 지원이 없이 성장발달이 가능한 아동을 말하며, 구체적으로 다음 세 가지 범주에 해당된다.[3)]

- 특별한 어려움이 없이 부모와 가족의 보호와 양육을 받으며 자신의 가정에서 생활하고 있는 아동

3) 특별한 도움이 필요한 아동은 일반적으로 '요보호아동'으로 표기되었으나, 낙인감이 강하므로 '특별한 도움이 필요한 아동'으로 풀어서 사용한다.

- 선천적 및 후천적으로 유전적 요인, 질병, 사고가 없이 정상적으로 성장발달하고 있는 아동
- 부모와 가족이 적절한 방법으로 적절한 기간 동안 양육할 때, 믿고 따르므로 정상적으로 성장발달하고 있는 아동

(2) 일반아동복지실천에서의 지향점

일반아동을 위한 복지실천의 관점은 기본적으로 모든 아동이 한 인간인 아동으로서 아동다운 생활을 할 권리가 있다는 점을 바탕으로 한다. 그리고 특별하게, 시급하게 해결해야 할 어떠한 장애 혹은 문제를 지니고 있지 않는다는 점에서 '보존'과 '육성'을 그 지향점으로 설정할 수 있다.

- 보존: 타고난 잠재능력이 손상되지 않도록 최대한 보존함
- 육성: 타고난 잠재능력을 보존할 뿐 아니라, 외부 자원을 활용하여 최대한 육성함

이를 구체적으로 말하면 대부분의 아동이 지니고 있는 잠재능력이 개인-가정-학교-사회적인 여러 요인에 의해 훼손되지 않도록 1차적으로 보존되어야 한다는 것이다. 보존되지 않으면 문제나 장애로 이어져 더 이상 성장발달하기 어렵기 때문이다. 나아가 보존된 능력에서 아동이 지닌 강점을 발견하고, 더욱 발달할 수 있도록 개발해야 한다는 것이다. 이렇듯 일반아동에게 적용되는 보존과 개발은 개인-가정-학교-사회가 함께 협력하여 나아가야 할 아동복지의 지향점이자, 책임이다.

3) 부모와 가족을 위한 복지실천에서의 지향점

'어버이'와 '어린이'는 순수한 우리말이되, 서로 좋은 상대적 관계에 있다. 어버이는 어린이를 낳고, 기르며, 어린이는 길러진다. 이 분명한 사실 때문에 법은 어

버이인 부모로 하여금 '친권자' 및 '법적 보호자'의 신분을 부여하며 거룩한 책임을 지게 하는 것이다.

그렇지만 급변하는 사회에서 자녀를 제대로 양육하기가 어려운 경우가 발생하고 있으며, 점점 증폭되고 있다. 따라서 아동의 복지를 위해 부모를 도와야만 할 상황에 이르고 있으며, 이러한 접근의 목적과 방식을 크게 세 가지로 구분하고 있다(Kadushin, 1984).

부모에 대한 세 가지 차원의 지원은 부모로서의 역할수행에 대한 가능성과 믿음으로부터 출발하며, 독립적으로 구분되어있는 것만은 아니며, 부모의 상황에 따라서 부모역할의 지지와 보충이 상호 연계성을 가진다. 특히 부모역할의 지지는 부모역할의 보충 및 부모역할의 대리 차원에서도 중요한 비중을 차지한다. 왜냐하면 부모역할을 지지하지 않으면 부모역할을 보충하거나 대리해야 하는 상황이 더 많이 발생하기 때문이다.

(1) 부모역할의 지지를 통한 아동복지실천

지지(支持, support)는 상대의 입장과 기능의 가능성을 인정하고 힘을 북돋우는 것을 말한다. 비근한 예로 식물을 기를 때 넘어지지 않고 제대로 꼿꼿이 자라도록 지지대인 받침대를 받혀주듯이 부모에게도 어떤 지지대를 세워 줌으로써 부모역할을 제대로 할 수 있도록 지원하는 것을 말한다.

부모역할의 지지는 아동이 특별한 도움이 필요한 상태의 아동으로 자라도록 하는 것을 지양하고, 건강하고 건전하게 성장하도록 양육하기 위해 다음과 같은 구체적인 지향점을 지닌다.

- 아동발달에 대한 지식과 기술을 향상시킴
- 원만하고 화목한 부모-자녀관계, 부부관계를 도모함
- 풍요로운 생활환경을 조성하여 잠재능력을 계발함

이러한 부모역할의 지지가 지니는 의의는 아동이 자신의 집에서 부모와 함께 생활할 수 있으며, 부모의 양육기능을 강화하게 된다는 점이다. 그래서 아동의 복지를 보장하기 위한 1차 방어선의 기능을 한다고 본다. 다시 말하면 가정외부의 도움을 받아 여러 가지 아동 양육 및 부부문제가 발생될 가능성을 미연에 방지하여 정상적인 가정생활 및 부모역할을 수행하기 위해서이다. 왜냐하면 아동에 대한 이해가 부족하며 긴장과 갈등이 지속된다면, 아동의 복지는 위협을 받을 수 있기 때문이다. 구체적인 복지실천의 예로 아동방임과 학대, 별거와 이혼 등의 발생을 들 수 있으며, 복지실천을 위한 대표적인 접근으로는 교육과 상담 및 치료를 들 수 있다. 이 경우, 부모가 적절한 전문기관을 이용하거나, 또는 전문가의 방문에 의해 이루어진다.

(2) 부모역할의 보충을 통한 아동복지실천

보충(補充, supplement)은 해야 할 과업을 제대로 수행하기가 어려울 때, 일정 부분을 외부에서 보충해 줌으로써 정상적인 역할을 수행할 수 있도록 지원해 주는 것을 말한다. 즉, 자녀양육에서 발생할 수 있는 문제와 장애를 미연에 방지하여 건강하고 건전하게 성장하도록 양육하기 위해 부모역할의 지지만을 받는 것만이 아니라, 다음과 같은 구체적인 지향점을 지니고 부모의 역할을 보충하는 차원에서 도움을 받는다.

- 가정관리에서 나타날 수 있는 한계를 보충받음
- 외부로부터 자녀양육에서 부족한 부분을 보충받음
- 외부로부터 가정경제의 안정을 위한 부분을 보충받음

이러한 부모역할의 보충이 지니는 의의는 아동이 가정에서 그 부모와 함께 생활할 수 있도록 보장하기 위해 사회가 부분적으로 양육책임을 진다는 것이다. 왜냐하면 이러한 실천이 이루어지지 않으면 아동은 가정과 부모로부터 분리되기가 쉽기 때문이다. 그래서 아동의 복지를 보장하기 위한 2차 방어선의 기능을 한다고 본다. 이때 부모가 가정 외부의 도움을 받아 여러 가지 아동 양육 및 부부 문제의 발생을 가능한 미연에 방지하여 정상적인 가정생활 및 부모역할을 수행하도록 하는 것은 부모역할의 지지와 동일하다.

그러나 1차 방어선의 기능을 하는 조치만으로는 역부족이며, 보다 강도 높은 도움을 필요로 한다. 왜냐하면 부모의 역할의 일부에 해당되는 서비스를 적극적으로 보충받지 못하면 아동의 복지는 보다 더 위협을 받을 수 있기 때문이다. 구체적인 복지실천의 예로 가사도우미 서비스, 빈곤 및 맞벌이 가정의 아동과 장애를 지닌 아동을 위한 보육서비스, 가정경제의 안정을 위한 각종 보험과 공적 부조를 들 수 있다. 특히 양육역할에 대한 보충은 어린이집과 같은 가정 외부의 기관을 활용하거나, 가정을 방문한 아이돌보미를 통해 이루어진다.

(3) 부모역할의 대리를 통한 아동복지실천

대리(代理, substitute)는 당사자가 해야 할 역할을 다른 사람이나 기관이 하는 것을 말한다. 아동복지에서는 자녀양육에서 발생할 수 있는 문제와 장애를 미연에 방지하여 건강하고 건전하게 성장하도록 양육하기 위해 부모역할을 지지받고, 보충받는 것만으로는 역부족이어서 다음과 같은 구체적인 지향점을 가지고 부모의 역할을 대리하는 차원에서 도움을 받는다.

- 친부모로서 친가정에서의 자녀양육을 일시적으로 내려놓고 다른 가정에 위탁함
- 친부모로서 친가정에서의 자녀양육을 영구히 포기하고, 법에 따라 다른 부모의 다른 가정으로 입양 보냄
- 어떠한 가정의 어떠한 부모에 의한 양육이 불가능하여 전문양육시설에서 양육함

이러한 부모역할의 대리가 지니는 의의는 아동이 더 이상 '부모'의 신분을 지닌 사람과 '가정'이라는 환경에서 양육되기 어려울 때, 사회가 아동 양육의 책임을

진다는 차원에서 대리양육이 제공되는 것이다. 주로 친부모가 아닌 다른 성인이나 시설에서 이루어진다. 왜냐하면 이러한 실천이 이루어지지 않으면 아동의 생존과 생활이 매우 위협받기 때문이다. 그래서 아동의 복지를 보장하기 위한 3차 방어선의 기능을 한다고 본다. 구체적인 복지실천의 예로 가정위탁양육서비스, 입양서비스, 시설양육서비스를 들 수 있다. 특히 시설양육은 관계법에 규정된 시설에서 생활하게 되며, 우리나라에서는 「아동복지법」에 '아동양육시설'로 규정되어 있다.

Child First!

좋은 이름

– 엄기원 –

'아버지'
그 이름만으로도
우리 가족에겐
하늘이다.

우리는 날개를 펴고
마음대로 날 수 있는 새들이다.

'어머니'
그 이름만으로도
우리 가족에겐
보금자리다.

우리는 날개를 접고
포근히 잠들 수 있는 새들이다.

글쓰기

위 시를 읽고, 아이들이 느끼는 '좋은 이름'의 아버지와 어머니는 어떤 아버지와 어머니일까? 한두 줄 써 보자.

____

____

제3장

아동권리의 의미와 아동복지

오늘날 아동의 권리를 근간으로 하지 않고서는 아동의 복지를 논하기 어려울 만큼 아동의 권리는 아동복지와 불가분의 관계에 있다.

아동의 권리는 우리나라를 비롯한 세계 각국에서 뜻있는 선각자들의 아동애호 운동으로부터 출발하였으며, 특히 UN을 중심으로 한 수차례의 아동권리선언의 공표를 통해 오늘날 가장 영향력 있는 아동들의 권리를 위한 국제협약으로 발달하기에 이르렀다.

제3장에서는 아동의 권리운동의 발현 배경과 발달과정이 지니는 아동복지의 의미에 대해 살펴보고자 한다.

1. 아동권리의 의미와 배경

"아동은 온 천하보다 귀하다"라고 말한다. 아동의 가치를 단적으로 표현한 것이다. 그러므로 아동은 한 인간으로서 '아동다운' 삶을 살아야 하며, 이것은 아동의 천부적 권리에 해당된다.

주지하다시피 아동은 성장 과정 중에 있는 미성숙한 존재이기 때문에 스스로 노력하여 자신의 권리를 향유하기에는 제한점이 많다. 그렇기 때문에 아동에게 의미 있는 타자들은 아동의 권리가 실현될 수 있도록 각종의 대책을 강구해 주어야 한다. 바로 제도적 체계를 통한 아동복지의 보장이 그것이다.

이렇게 볼 때, 아동의 권리보장은 바로 아동복지의 증진과 직결된다고 할 수 있다. 특히 「아동복지법」을 포함한 아동복지 관계법은 아동에 대해 사회구성원이 지향해야 할 점과 이에 바탕을 두고 실천해야 할 것을 규정한 것이기 때문이다.

1) 권리의 의미와 법

권리의 사전적 정의는 두 가지 관점으로 대별된다. 하나는 어떤 일을 하거나 누릴 힘이나 자격 및 의무 등을 말하며, 다른 하나는 특정한 생활상의 유익을 누리기 위해 법에 의하여 부여된 힘을 말한다. 그러므로 권리는 법과 매우 밀접한 관련을 지니고 있다.

아동의 권리란 아동이 한 인간으로서, 사회의 구성원으로서 향유할 권리를 말한다. 이는 기본적으로 아동의 성과 연령과 신분을 막론하고 인간으로서 천부적으로 부여받은 존엄성에 근거한다. 나아가 오늘날 아동복지는 제도에 의하므로 아동복지 관계법에 근거하며, 이에 따른 실천으로 이어진다. 그렇기 때문에 권리는 법에 의하여 허용될 힘일 뿐만 아니라, 법에 의거하여 누릴 수 있는 권한이다. 이를 '권리 본위'에 의한다고 말한다.

또한 권리는 의무와 매우 밀접한 관련을 지니며, 법의 성격과도 매우 관련이 깊다. 다시 말하면 법은 사회구성원의 권리와 의무관계를 구체적으로 구성한 체계이다. 따라서 아동을 포함한 사회구성원의 입장에서 보면 주어진 권리를 제대로 향유하기 위해서는 맡은 바 의무를 수행해야 한다. 이와 같이 권리가 있으면 이에 대응하는 의무가 있듯이, 법률관계도 권리-의무관계라고 말할 수 있다. 그 예로 아동인 자녀는 교육을 받을 권리도 있지만, 부모는 자녀로 하여금 교육을 받게 할 의무도 있는 것이다. 특히 '복지'는 사회성 내지는 공공성(公共性)을 강조하고 있으므로 법적 규정에 따른 권리는 상당한 의미가 있으며, 아동에게도 마찬가지로 적용된다.

2) 아동의 권리와 법

법은 권리와 의무를 총체적으로 명문화한 것이다. 실제적으로 한 나라의 아동복지 관계법을 보면, 그 나라에서의 아동권리와 연계된 아동복지의 수준을 파악할 수 있다. 더구나 국제협약CRC에 비준한 당사국은 정기적으로 이행보고를 해야 한다. 이를 위한 가장 확실한 아동복지실천은 아동복지 관계법의 제정 및 개정인데, 왜냐하면 국제협약CRC는 국제법으로서 국내법과 동일한 지위를 가지고 있으며, 그 이행보고와 권고사항의 준수는 국제적인 강제성을 지니고 있기 때문이다. 그러므로 아동의 권리에 대한 이해를 통해 아동의 복지증진에 기여하기 위해서는 먼저 아동복지 관계법을 제대로 파악하는 것이 매우 필요하다. 이러한 접근은 일반아동은 물론, 특별한 보호를 필요로 하는 아동 및 자녀를 양육하는 부모와 가족 모두에게도 동일하게 적용된다.

우리나라에서의 아동복지에 관한 첫 법은 1961년에 제정된 「아동복리법」이며, 이 법은 다시 1981년 아동복지에서 기본법적 성격을 지니는 「아동복지법」으로 전문 개정되었는데, 이는 1979년 '세계아동의 해'의 선포에 영향을 받았다. 다시 말하면 세계아동의 해가 지닌 의미를 구현하기 위한 방법으로 아동복지의 실질적 보장을 위한 전문개정으로 제도화시킨 것이라고 할 수 있다.

이렇게 개정된 「아동복지법」은 사회변동에 따라 여러 차례의 개정을 거쳤으며,

특히 국제협약CRC의 비준에 따라 각종의 아동복지에 관한 실천을 이행하기 위해 다수의 법이 제정-개정-폐지되었다. 이는 '아동에 관한 모든 활동에 있어서 아동의 이익이 최우선적으로 고려되어야 한다.'를 반영한 것이다(「아동복지법」 제2조 제3항). 이러한 맥락에서 이루어진 아동복지 관계법의 제·개정 조치는 다음과 같다.

- 일반아동을 대상으로 한 예: 영양과 안전 등의 영역에서 아동의 권리를 보장하기 위해 근거가 되는 「학교급식법」, 「어린이놀이시설 안전관리법」
- 특별한 도움이 필요한 아동을 대상으로 한 예: 입양과 학대 및 장애 등의 영역에서 아동의 권리를 보장하기 위해 근거가 되는 「입양특례법」, 「아동복지법」, 「장애아동 복지지원법」
- 모든 부모를 대상으로 한 예: 맞벌이가정의 부모와 한부모가정의 부모 및 다문화가정의 부모 등에 대한 간접적 지원을 통해 아동의 권리를 보장하기 위해 근거가 되는 「영유아보육법」, 「한부모가족지원법」, 「다문화가족지원법」

3) 아동권리운동의 배경

"인간은 만물의 영장이다" 및 "인간은 사회적 동물"이라고 일컫는다. 이 말에 함축된 것은 인간은 뭇 동물과 다르게 남녀노소, 지위고하, 빈부귀천, 인종, 종교를 막론하고 존귀하게 살 수 있는 본질적인 능력을 지녔다는 것을 의미한다. 동시에 모든 인간은 성, 발달상태, 가족, 생활환경, 인종, 국적, 종교 등에 관계없이 인간으로서 동일한 권리를 지니며, 물론 인간인 아동도 마찬가지이다. 나아가 아동은 발달적 특성으로 인하여 특별한 보호를 우선적으로 받아야 하며, 그런 만큼 보호자의 지도에도 부응해야 한다.

그러나 역사를 통해 볼 때, 아동은 오랫동안 인간으로서의 존엄성을 인정받지 못했다. 특히 선천적인 장애를 지니고 태어난 아동은 부모와 가족 및 사회에 부담이 된다는 이유로 생명을 빼앗겼으며(주정일, 이소희, 1981), 단순작업에 도움이 된다는 이유로 노동력을 착취당했다. 후일 아동전문가들은 이러한 아동의 상태를 일컬어 아동기의 실종(The Erosion of Childhood, 폴라코우 수란스키, 1992) 및 빼앗긴 아동기(Stolen Childhood, 세이브더칠드런, 2017)라고 불렀다.

아동권리 & 아동복지 이야기

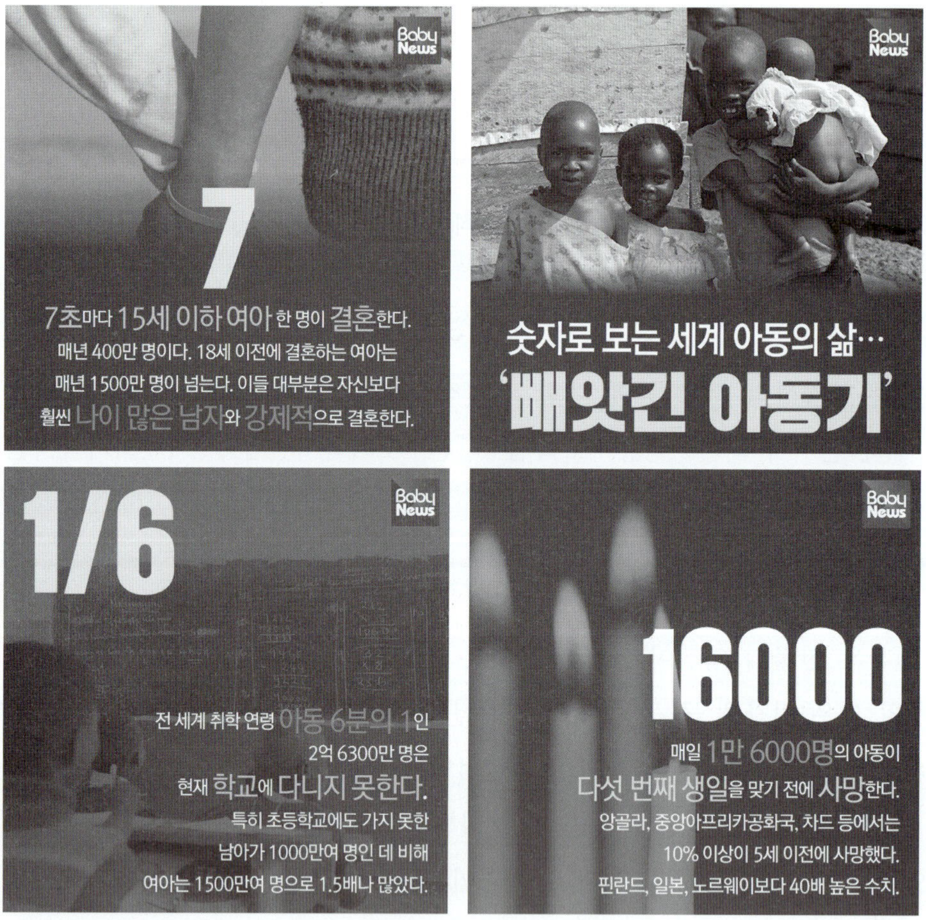

출처: 세이브더칠드런. 2017년 세계 아동기 보고서/
Baby News(2017.6.2). 카드뉴스-숫자로 보는 세계 아동의 삶.

토 의

어떤 아동의 수는 많아야 하고, 어떤 아동의 수는 적어야 좋을까?

한편, 세계사적 과정에서 존재 그 자체로서 가치를 지닌 아동과 그 아동의 발달적 특성에 주목한 소수의 선각자들은 아동으로 하여금 아동다운 삶을 살도록 해주고자 하는 운동을 일으켰다. 우리나라도 예외는 아니었으며, 대표적인 예로 색동회와 소년보호운동협회의 조직과 활약을 들 수 있다(방정환, 1923). 국제적으로도 20세기에 들어 꽃을 피우고 열매를 맺기 시작하였다(Jebb, 1923). 이러한 배경은 교육사상과 발달심리학의 연구결과에 힘입은 바 크다.

Child First!

아동을 존중한다는 것은?

– 마리아 몬테소리 –

우리가 어린아이들에게 해 줄 수 있는 가장 큰 도움은
조용히 함께 있어 주고
아이들이 나름의 방식으로 자유롭게 자신을
개발할 수 있도록 해 주는 것입니다.
내가 한 일이라고는 아이들이 스스로의 잠재력을 끄집어낼 수 있도록
조금 도와준 것일 뿐입니다.

글쓰기

이 말을 듣고, 진정 조용히 있어 준다는 것이 어떤 것인가? 그리고 나름의 방식대로 자신을 개발할 수 있도록 해 준다는 것은 어떻게 하는 것인지 간단하게 써 보자.

____

____

2. 우리나라에서의 아동권리운동

'천부적 인권'이라는 말이 있다. 하늘로부터 부여받은 사람의 권리라는 뜻이다. 물론 아동도 인간이므로 천부적인 권리를 지니고 있다.

우리나라에서의 본격적인 아동권리의 발달은 소파 방정환 선생님을 주축으로 한 선각자들의 아동애호운동으로부터 시작되었다고 볼 수 있다. 이후 여러 가지 정치 · 경제 · 사회의 급변을 겪으면서 다양한 관점에서 다양한 성격을 지닌 각종의 아동애호와 보호운동이 점진적으로 이루어지면서 법제화되기 시작했다. 그리고 이러한 법제화는 아동권리의 신장에 결정적인 역할을 하였다.

나아가 UN이 주도한 각종의 아동권리운동은 우리나라 아동의 권리발달에 직 · 간접적인 영향을 미쳤으며, 지속적으로 아동복지 관계법에 반영됨으로써 아동복지의 증진을 도모하고 있다. 이러한 아동권리운동의 결과는 어린이날의 제정, 소년공약 3장의 선포, 어린이헌장의 선포, 아동복지 관계법의 제정, 국제협약CRC의 비준과 이행 등으로 나타나고 있다.

1) 어린이날의 제정과 아동의 권리공약 3장의 선포

부모가 자녀를 사랑하는 모습은 부모의 언행을 보면 금방 알 수 있다. 부모가 아닌 일반 사람들의 아동애호도 그러하며, 특히 조직화를 통한 활약은 아동복지의 증진에 크게 기여한다. 1923년 결성된 색동회와 소년운동협회 및 오늘날의 여러 아동복지기관의 국내 · 외적 활동을 그 예로 들 수 있다. 특히 조직적 활동을 통한 어린이날과 아동의 권리공약의 공포는 압권이다.

(1) 어린이날의 공포와 법제화

어린이날은 사회구성원 모두가 어린이를 사랑하고 건강하고 건전하게 육성시키기 위한 약속으로 제정된 특별하고도 의미 있는 날이다. 이 어린이날의 성격은 성년의 날에 대비해 보면 분명히 알 수 있는데, 어린이날은 사회구성원들이 모두 협력하여 새싹 같은 어린이의 '육성의 지원'에 의미가 있다면, 성년의 날은 어른으로서의 '주도적 자기 책임'에 의미가 있기 때문이다.

우리나라에서의 어린이날은 1923년 소파 방정환 선생님을 주축으로 결성된 색동회와 소년운동협회의 노력에 의해 선포되었으며, 이 날은 아동애호운동을 통한 아동권리의 향상을 위해 획기적인 전환점이 되었다.

아동권리 & 아동복지 이야기

나라 장래 말하려면 '소파 정신' 이어나가야…

한국 방정환 재단

'방정환재단'은 무엇을 하려고 하는가?

한국 사람치고 소파 방정환을 모르는 이는 없을 것이다. 꿈 많던 초등학교 시절, 교과서를 통해 처음 대면한 중절모를 쓴 소파의 넉넉한 모습이 아직도 우리 기억에 남아있다. 하지만 세월이 많이 흐른 탓일까, 소파에 대한 지식은 태부족이다. '어린이날'을 처음 제정한 선각자라는 막연한 인상만 남아있을 뿐이다.

제4차 산업혁명을 통한 거대한 변화를 앞두고 있는 지금, 120여 년 전의 한 인물을 새삼 주목하는 이유는 다른 데 있지 않다. 정치가의 입에서, 학자의 글에서, 그리고 언론의 계몽기사에서 수도 없이 강조된 '어린이 사랑과 나라 장래'의 숭고한 가치에도 불구하고, 일회성 구호에 머물러 왔음은, 뜻 있는 이들의 마음을 아프게 하고 있다.

우리는 다시 한번 묻지 않을 수 없다. 지금 우리는 진정 나라 장래를 이끌 어린이들을 위해 무엇을 하고 있는가. 그들에게 꿈과 희망을 안겨줄 앞 세대로서의 역할을 다하고 있는가. 이 시대 어린이들을 위해 소파의 정신을 올바르게 실천하는 후예는 있는가, 없는가. 이 물음에 우리는 침묵할 수밖에 없다.

어제와 오늘, 그리고 내일도 우리의 어린이들을 위해 자신을 아낌없이 바친 이는 누구인가. 망설임 없는 대답-소파 방정환이다. 어린이 사랑의 불모지인 이 땅에서 그의 정신은 시대가 흐를수록 보석처럼 빛난다.

출처: 한국방정환재단

돋보기

이 글을 읽고 가슴이 뛰는가? 공감하는 정도를 100을 기준으로 표현해 보자!

(　　)/100

특히 "어린이를 내려다보지 마시고 쳐다보아 주시오."라는 당부가 적힌 '어린이날의 약속'이라는 제목의 전단지의 배포는 뿌리 깊게 남아있던 유교적 전통에 정면 도전한 일이었으며, 이후의 어린이에 대한 가치관과 태도의 형성에 지대한 영향을 미쳤다. 뿐만 아니라, 이때는 일제의 통치를 받고 있던 암울한 시대였기 때문에 어린이날의 공포는 비단 어린이만을 위한 활약에 그치는 것이 아니라, 장기적으로 볼 때, 아동애호만이 민족을 살리고 부흥시키는 것이라는 믿음이 그 바탕이 되었다. 따라서 이 운동은 어린이를 통한 애국애족의 성격을 지녔었다.

아동권리 & 아동복지 이야기

출처: 박윤석의 시간여행(2016)

발 표

색동회 창립 모임에 방정환의 이름이 나온다. '한국방정환재단' 홈페이지를 방문해 방정환의 업적을 알아보고 이야기해보자.

이후 어린이날은 아동복지실천에서 그 실질적인 의미와 효과가 매우 크므로 어린이날을 법정 공휴일로 지정했을 뿐 아니라, 이 어린이날이 속해 있는 주간을 어린이주간으로 「아동복지법」에 규정되기에 이르렀다. 즉, 광복 이후인 1946년, 어린이날은 5월 1일에서 5월 5일로 변경되었으며, 이에 따라 1961년 제정된 「아동복리법」에서는 5월 5일로 확정 규정하였다. 이로써 어린이날은 법적 기반 위에서 본격적인 활동을 더 펼칠 수 있게 된 것이다. 그리고 어린이날이 지닌 의미를 더욱 강화하기 위해 1970년, '관공서의 공휴일에 관한 규정'에 의해 공휴일로 지정함으로써 어린이 사랑과 나라 사랑이 지닌 의미를 더욱 공고히 하였다. 나아가 1981년 전면 개정된 「아동복지법」 제4조에 '어린이에 대한 사랑과 보호의 정신을 높임으로써 이들을 옳고 아름답고 슬기로우며 씩씩하게 자라나도록 하기 위해 매년 5월 5일 어린이날을 포함하여 5월 1일부터 5월 7일까지를 어린이주간으로 한다'고 규정하였다.

아동권리 & 아동복지 이야기

출처: 초록우산 어린이재단(2013). 어린이날 주간의 어린이 행사

발 표

'아이는 어른의 아버지'라고 워즈워스 시인은 읊었다. 이 아동들이 꿈꾸는 세상과 어른이 꿈꾸는 세상은 차이가 있을까? 나의 소신을 피력해 보자.

____

____

이러한 법제화를 통해 어린이날은 일회성 행사에 그쳐야 하는 것이 아니라, 전 국민이 매일 생활화해야 하는 공동의 약속임을 재천명한 것이라고 할 수 있다. 그러므로 아동복지의 증진에서 어린이날이 지니는 실질적 의미는 물론 상징적 의미와 함께 그 영향력은 매우 크다.

(2) 아동의 권리공약 3장 공표

'공약'은 널리 지키도록 하기 위해 알리는 약속이다. 나아가 공약이라고 하는 용어를 사용한 것은 한두 사람들이 지켜야 하는 것이 아니라, 전 국민이 함께 아동을 건강하고 건전하게 육성하기 위해 강하게 인식하고 실천해야 한다는 것을 강조하기 위해 공개적으로 선언하는 것을 말한다.

소년운동협회에서 주관하였던 1923년 5월 1일의 어린이날 행사에서 '아동의 권리공약 3장'이 공표되었다. 공약은 단 세 가지였으나, 함축된 의미는 매우 강력하다.[1] 즉, 아동이 한 인간이라고 하는 천부적 존재가치와 함께 아동의 발달적 특성을 고려하여 아동다운 생활을 할 수 있도록 육성되어야 한다는 의지를 표명하였기 때문이다. 더구나 이 공약은 1924년 제네바의 국제연맹에서 채택된 국제아동인권선언보다도 1년 앞섰음을 볼 때, 우리나라 선각자들의 아동애호사상에 대한 선견지명을 읽을 수 있다는 점에서 가히 기념비적인 의의를 지닌다고 할 수 있다.

아동권리 & 아동복지 이야기

출처: 색동회; 동아일보

1) 소년운동협회 발족 이후, 크고 작은 단체가 생겨나서 혼돈을 겪기도 했고, 일제의 탄압으로 제대로 활동하기 어려운 적도 있었다.

Q & A

넓은 의미의 아동복지전문가가 되기 위해 '아동권리와 아동복지'를 배우는 학생으로서, 내가 아동을 위해 '깃발'을 미리 들어본다면, 그 깃발에 무슨 글을 써넣을 수 있을까? 표어를 만들어 보자(20자 정도)

____

____

2) 우리나라 어린이헌장의 선포

역사적으로 아동과 관련한 여러 헌장이 선포되었다. 대표적으로 우리나라의 국민교육헌장과 어린이헌장 및 청소년헌장을 들 수 있다. 이러한 헌장은 전 국민의 각오와 합심·노력을 명문화한 멋진 약속이다.

(1) 1957년 대한민국 어린이헌장

헌장의 사전적 뜻은 기본적으로 지켜야 할 대준칙(大準則)을 말한다. 법과 같은 강제성을 지니는 것은 아니지만, 그 헌장의 대상이 되는 사람들에게는 강한 지향점이 됨과 동시에 실천강령이 되는 것을 말한다.

이러한 헌장은 사회구성원의 의식 속에 각인되어 긍정적으로 사회를 변화시키는 기능을 하며, 어린이헌장은 어린이를 위한 성인의 생각과 행동을 변화시켜 아동의 복지를 증진시키는 데 기여한다.

우리나라에서 공표된 첫 어린이헌장은 어린이날처럼 소수의 아동애호가에 의해 발의되었는데, 동화작가들인 마해송과 강소천 선생님 등이 중심이 되어서 1957년 2월에 작성되었다. 그리고 같은 해에 다시 전문과 9개 항의 어린이헌장으로 보완하여 제35회 어린이날인 5월 5일을 기해 공표하였는데, 이는 어린이날 제정 이후 약 30년 만에 이루어진 것이다. 이러한 활약은 계속 이어지는 국난(國難) 속에서도 오직 아동애호와 육성이 나라의 번영을 약속한다는 점을 천명했다는 점에서 기념비적인 의의를 지닌다.

1957년 어린이헌장은 어린이들을 건강하고 건전하게 육성하기 위해서 성인을 중심으로 한 사회구성원들이 지녀야 할 책임과 의무를 강조하고 있다. 예시로 9가지 조항들은 모두 '어린이는'으로 시작하고는 있지만, '~ 구출하여야 한다', '~ 이끌어야 한다' 및 '~ 키워야 한다' 등의 표현을 사용하면서 어린이 육성의 책임을 위한 실행 주체가 바로 사회구성원들이라는 점을 강조하고 있다.

어린이헌장

어린이는 나라와 겨레의 앞날을 이어나갈 새 사람이므로 그들의 몸과 마음을 귀히 여겨 옳고 아름답고 씩씩하게 자라도록 힘써야 한다.

① 어린이는 인간으로서 존중하여야 하며 사회의 한 사람으로서 올바르게 키워야 한다.
② 어린이는 튼튼하게 낳아 가정과 사회에서 참된 애정으로 교육하여야 한다.
③ 어린이에게는 마음껏 놀고 공부할 수 있는 시설과 환경을 마련해주어야 한다.
④ 어린이는 공부나 일이 몸과 마음에 짐이 되지 않아야 한다.
⑤ 어린이는 위험한 때 맨 먼저 구출하여야 한다.
⑥ 어린이는 어떠한 경우도 악용의 대상이 되어서는 아니 된다.
⑦ 굶주린 어린이는 먹여야 한다. 병든 어린이는 치료해주어야 하고, 신체와 정신에 결함이 있는 어린이는 도와주어야 한다. 불량아는 교화하여야 하고 고아나 부랑아는 구호하여야 한다.
⑧ 어린이는 자연과 예술을 사랑하고 과학을 탐구하며 도의를 존중하도록 이끌어야 한다.
⑨ 어린이는 좋은 국민으로서 인류의 자유와 평화와 문화발전에 공헌할 수 있도록 키워야 한다.

(2) 1988년 어린이헌장

아동복지의 포괄적 주 행정부서인 보건복지부는 1988년 제66회 어린이날을 기해 1957년의 어린이헌장을 보완한 11개 항목의 어린이헌장을 재공포하였다. 1988년 어린이헌장은 역시 '어린이는'으로 시작하고 있지만, 1957년의 어린이헌장과 비교할 때, 그 표현에서 변화된 차이를 읽을 수 있다. 바로 '어린이'가 바로 주체가 되고 있다는 점인데, 구체적으로 예시하면, '~스스로를 이기며 책임을 다하는 민주시민으로 자라야 한다'와 '~마음과 태도를 길러야 한다' 및 '~이바지할 수 있는 세계인으로 자라야 한다' 등이 그것이다.

어린이헌장

대한민국 어린이헌장은 어린이날의 참뜻을 바탕으로 하여, 모든 어린이가 차별 없이 인간으로서의 존엄성을 지니고, 나라의 앞날을 이어나갈 새사람으로 존중되며, 바르고 아름답고 씩씩하게 자라나도록 함을 길잡이로 삼는다.

① 어린이는 건전하게 태어나 따뜻한 가정의 사랑 속에서 자라야 한다.
② 어린이는 고른 영양을 섭취하고, 질병의 예방과 치료를 받으며, 맑고 깨끗한 환경에서 살아야 한다.
③ 어린이는 좋은 교육시설에서 개인의 능력과 소질에 따라 교육을 받아야 한다.
④ 어린이는 빛나는 우리 문화를 이어받아 새롭게 창조하고 널리 펴나가는 힘을 길러야 한다.
⑤ 어린이는 즐겁고 유익한 놀이와 오락을 위한 시설과 공간을 제공받아야 한다.
⑥ 어린이는 예절과 질서를 지키며 한겨레로서 서로 돕고 스스로를 이기며 책임을 다하는 민주시민으로 자라야 한다.
⑦ 어린이는 자연과 예술을 사랑하고 과학을 탐구하는 마음과 태도를 길러야 한다.
⑧ 어린이는 해로운 사회 환경과 위험으로부터 먼저 보호되어야 한다.
⑨ 어린이는 학대를 받거나 버림을 당해서는 안 되고, 나쁜 일과 힘겨운 노동에 이용되지 말아야 한다.
⑩ 몸이나 마음에 장애를 가진 어린이는 필요한 교육과 치료를 받아야 하고, 빗나간 어린이는 선도되어야 한다.
⑪ 어린이는 우리의 내일이며 소망이다. 나라의 앞날을 짊어질 한국인으로 인류의 평화에 이바지할 수 있는 세계인으로 자라야 한다.

다시 말하면 어린이다운 질 높은 삶은 사회가 제공해야 한다는 점은 유사하다. 그러나 어린이의 존재론적 가치를 앞세우면서 어린이로서의 역할 가치를 수행하여 세계평화와 안정에 나름대로 기여해야 한다는 책임의식을 강조하고 있다는 점에서 의미 있는 차이를 발견할 수 있다. 바로 이러한 접근의식은 아동이 보호 또는 통제의 대상만은 아니라는 것을 재확인해 주고 있는 것이다(이소희, 2018b).

다만 1988년 어린이헌장은 아동과 나라를 사랑하는 소수의 선각자들에 의해 발의되었던 어린이헌장을 국가적 차원으로 승격시킨 것으로 이해할 수 있으나, 보건복지부라고 하는 행정부서 차원을 넘어 범국가적 차원에서의 어린이헌장으로 거듭날 필요가 있다.

3) 대한민국 아동권리선언의 선포

아동권리의 발달과정에서 보면, '아동권리선언'은 1923년에 처음으로 공포한 에글렌타인 젭(Eglantyne Jebb, 1876.8.25.~1928.12.17.) 여사를 제외하고는 거의 유엔과 같은 국제기관에서 공포되어 왔다. 그것은 국제적인 공신력으로 아동권리를 통한 아동복지의 증진에 적극적으로 기여할 수 있기 때문이다.

한편 국제협약CRC에 비준한 국가라고 할지라도 각각 자국의 정치·경제·사회복지적 특성과 문화를 고려하여 대폭 수용하거나, 보다 더 강조해야 할 부분이 있다. 이러한 차원에서 우리나라 보건복지부에서는 2016년 어린이날을 맞아 '아동권리헌장'을 선포하였다. 아동애호운동의 역사에서 보면, 1957년에 제정된 어린이헌장을 1988년에 개정한 이후, 거의 30년 만에 이루어진 아동애호실천이라고 할 수 있다.

아동권리헌장은 전문과 9개 조항으로 구성되었으며, 이는 국제협약CRC를 바탕으로 하되, 아동복지전문가들의 중지를 모아 간결하게 정리하였다.

아동권리 & 아동복지 이야기

아동권리헌장

- 모든 아동은 독립된 인격체로 존중받고 차별받지 않아야 한다.
  또한 생명을 존중받고 보호받으며 발달하고 참여할 수 있는 고유한 권리가 있다.
- 부모와 사회, 국가와 지방자치단체는 아동의 이익을 최우선적으로 고려해야 하며, 다음과 같은 아동의 권리를 확인하고 실현할 책임이 있다.

1. 아동은 생명을 존중받아야 하며 부모와 가족의 보살핌을 받을 권리가 있다.
2. 아동은 모든 형태의 학대와 방임, 폭력과 착취로부터 보호받을 권리가 있다.
3. 아동은 출신, 성별, 언어, 인종, 종교, 사회 경제적 배경, 학력, 생애 등의 이유로 차별받지 않을 권리가 있다.
4. 아동은 개인적인 생활이 부당하게 공개되지 않고 보호받을 권리가 있다.
5. 아동은 신체적, 정신적, 사회적으로 건강하게 성장하고 발달하는 데 필요한 기본적인 영양, 주거, 의료 등을 지원받을 권리가 있다.
6. 아동은 자신이 살아가는 데 필요한 지식과 정보를 알 권리가 있다.

7. 아동은 자유롭게 상상하고 도전하며 창의적으로 활동하고 자신의 능력과 소질에 따라 교육받을 권리가 있다.
8. 아동은 휴식과 더불어 여가를 누리며 다양한 놀이와 오락, 문화, 예술 활동에 자유롭고 즐겁게 참여할 권리가 있다.
9. 아동은 자신의 생각이나 느낌을 자유롭게 표현할 수 있으며, 자신에게 영향을 주는 결정에 대해 의견을 말하고 이를 존중받을 권리가 있다.

출처: 보건복지부(2016). 어린이주간- 대한민국아동권리헌장 선포

Q & A

정부가 대한민국 아동권리헌장의 선포를 알리면서 다음과 같이 물었다.

"정부, 아동권리헌장 선포, 당신은 좋은 어른입니까?"

예비아동복지전문가로서 나에게도 묻고, 답해 보자.

"당신은 좋은 어른입니까?"

(예__ / 아니오__)

공약과 헌장은 공표 그 자체에도 의미가 있지만, 더욱 중요한 것은 공약과 헌장의 정신을 새겨서 현장에서 적용하는 것이다.

4) 아동의 권리에 관한 국제협약의 비준과 이행

「아동의 권리에 관한 국제협약, UN Convention on the Rights of the Child」는 아동을 독립된 권리를 지닌 주체로 본 국제인권조약으로, 1959년 〈세계아동의 권리선언〉 및 1979년 〈세계아동의 해〉로 선포한 10년이 경과할 즈음, 1989년 11월 20일 유엔총회에서 만장일치로 채택되어 1990년 9월 2일 발효되었다.

이 국제협약CRC는 전문과 총 3부로 구성되어 있으며, 제2부에서는 협약의 이행조치를 다루고 있다.[2] 2017년 기준으로 할 때, 전 세계 196개국이 협약에 비

2) 본 장의 '3. 국제사회에서의 아동권리운동' 중, UN의 〈아동의 권리에 관한 국제협약〉에서 구체적으로 다룸

준하였기 때문에 그야말로 국제적인 영향력을 지니는 세계적 약속이다.

(1) 아동의 권리에 관한 국제협약에의 비준

우리나라는 국제협약CRC에 1990년 9월 25일에 서명하고, 1991년 11월 20일 비준함으로써 협약 당사국이 되었다. 그러므로 우리나라는 비준 당사국으로서의 의무를 다해야 한다.

이미 살펴본 바와 같이 오늘날 우리나라를 포함한 대부분의 나라에서는 권리 본위에 의한 법 체계에 준하고 있기 때문에 국제협약CRC는 국내법과 동일한 효력을 가진다. 그러므로 국제협약CRC를 준수하기 위해서는 국제협약CRC를 반영한 법체계를 마련해야 하며, 관계법을 제정하고, 개정해야 한다. 이러한 맥락에서 우리나라에서는 아동복지에서의 모법(母法)에 해당하는 「아동복지법」을 개정하고, 또한 아동복지 관계법을 제정 · 개정하였으며, 이러한 과정에서 점진적인 아동권리의 보장이 이루어지고 있다.

(2) 아동의 권리에 관한 국제협약에 준한 이행보고

국제협약CRC는 아동권리의 증진을 위한 국가 및 국제적 당위성을 천명한 선언이다. 따라서 비준국은 협약 제44조에 의거하여 협약의 정신을 숙지하고 협약이 정한 바대로 아동의 권리보장에 최대한 노력하여야 하며, 그 결과를 국가보고서 형식으로 제출할 의무를 지니고 있다. 즉, 협약비준국은 비준 후 2년 이내에 그리고 그 이후에는 5년마다 협약이행보고서를 제출하여야 한다.

이와 같은 조치들이 이루어지는 이유는 명백하다. 그것은 아동은 발달적 · 사회적으로 미성숙하여 여러 권리침해로부터 자신을 적절히 보호하기 어려울 뿐만 아니라, 그러한 기회가 있어도 적절히 활용하기 어렵기 때문이다. 따라서 아동의 권리를 보장하기 위해서는 특별한 방법이 필요한데, 바로 아동권리 모니터링(monitering)이다.

아동권리 모니터링은 아동이 어떤 상황에 처해 있는지에 상관없이 생존에 필요한 기본 조건들을 국가로부터 제공받을 권리가 있고, 국가는 이를 제공할 의무가 있다는 관점에서 출발한다. 구체적으로 아동의 권리가 침해되지 않고 잘 보장되고 있는가를 판단하는 제도적 장치라고 할 수 있으며, 그 단적인 예로 5년마다 아동권리이행보고서를 제출하는 것은 국제적 차원의 아동권리모니터링이라고 할 수 있다(김승권, 2007).

이와 같이 국제협약CRC가 아동발달의 보편성과 인권에 대한 보편적 가치에 기반했음에도 불구하고 그 이행은 그리 쉬운 일은 아니다. 그것은 우리나라를 비롯한 여러 비준 당사국의 정치 · 경제 · 역사 · 문화와 상치될 수 있기 때문이다. 특히 우리나라는 장유유서를 미덕으로 존중하는 전통적인 유교문화의 영향으로 연령차별과 남녀차이에 대한 고정관념이 남아 있기 때문에 더욱 그러하다(이혜원, 2001). 그럼에도 불구하고 우리나라는 국제협약CRC의 비준에 따른 이행조치에 관한 국가보고서를 제출해 오고 있다.

우리나라는 국가보고서를 제출하고, 권고안을 받은 후 시기별로 여러 아동 관련 법령들을 제 · 개정하였다.

〈표 3-1〉 제1차 국가보고서 제출 이후의 아동 관련 주요 법령의 제 · 개정

구분	시기	법령	관련 내용
개정	1993. 12	출입국관리법	아동을 포함한 난민에 대한 보호를 대폭 강화
	1997. 03	근로기준법	최저연금연령을 만 13세 미만에서 만 15세 미만자로 조정
	1997. 12	교육법 → 교육기본법으로 개정	세계화, 국제화에 맞는 교육제도의 법적 기반을 제공하기 위하여 기존의 교육법을 교육기본법으로 개정
	1997. 12	민법	제781조 제1항: '부가 외국인 때에는 모의 성과 본을 따를 수가 있고 모가에 입적한다'는 규정을 신설하여 출생아동의 국적취득과 호적 등재를 가능하게 하는 조치를 강구
	1997. 12	국적법	제2조 제1항: '출생 당시 부 또는 모가 대한민국 국민인 자는 대한민국 국적을 취득하는 것'으로 개정하여 부모양계 혈통주의를 채택 제10조 제2항: 본인의 의사에도 불구하고 원 국적을 상실할 수 없는 아동이 우리 국적을 상실하지 아니하도록 예외 규정을 신설
	1997. 01	형사소송법	종전에 구속 이유만 통지하던 것을 협의사실의 요지까지 통지하도록 함으로써 아동권리 협약의 취지를 보다 충실히 이행
	1997. 12	직업안정법	미성년자들이 유흥업소 등 유해업소에 유인 고용되는 사례를 방지하기 위해 18세 미만 자에 대한 직업소개제한규정(직업안정법 제21조의3 및 동법 시행령 제26조의2)을 신설
	2003. 12	아동복지법	아동학대 및 방임에 대한 전문적인 개입을 위하여 아동학대 신고, 아동학대 범죄자에 대한 조치, 전문아동보호기관 신설, 긴급전화 설치 등을 개정안에 포함
제정	1997. 07	청소년 보호법	각종 유해환경으로부터 청소년 보호
	1997. 12	가정폭력범죄의 처벌 등에 관한 특례법	가정폭력으로부터 아동보호

출처: 이양희(2015)의 유엔아동권리협약이행을 위한 법적 제도화 방안 연구를 재정리함.

〈표 3-2〉 제2차 국가보고서 이후의 아동관련 주요 법령 개정

구분	시기	법령	관련 내용
개정	2004~2007	아동복지법	아동정책조정위원회 설치, 아동학대신고의무자 확대, 가정위탁의 개념, 가정위탁센터에 대한 근거규정 마련, 학대 아동보호체계 확대
	2004	영유아보육법	표준보육과정 개정
		성폭력범죄의 처벌 및 피해자 보호 등에 관한 법률	전담검사 경찰관 지정 운영, 진술녹화제도 도입 조사 시 신뢰관계가 있는 자의 동석 13세 미만 아동 및 장애인 성폭력 피해자 조사 시점 개정
		소년원법	비정규학교로 운영되어 온 소년원 학교를 정규학교화함
		정보통신망 이용촉진 및 정보보호 등에 관한 법률	불법 청소년유해정보 차단, 온라인상 청소년보호 강화 청소년보호책임자 지정제도
		입양촉진 및 절차에 관한 특례법	입양의 날, 입양주간 국내입양 활성화 대책 마련
		청소년 기본법	청소년정책관계기관 협의회 마련 청소년특별회의 개최 등 참여기회 확대
		학교보건법	보건교육강화, 학교 주변 유해환경 설치금지 강화
	2005~2007	민법	호주제 폐지, 친양자입양제도 도입(05), 여성의 결혼연령 상한 조정, 아동의 부모면접교섭권 신설, 협의이혼 시 아동 양육자 결정
		청소년 성보호에 관한 법률	청소년대상 성범죄자 취업제한제도 및 정보등록 열람제도 신설(2005), 청소년 대상 성범죄자 신상정보 등록열람제도, 취업제한제도 강화 및 신고제에서 반의사불벌죄로 변경(2007)
	2007	소년법	교화 선도 중심의 소년사법체계 개선 적용연령 20세 미만에서 19세 미만으로 조정 검사의 결정권 조사제도 마련
		초·중등 교육법	「헌법」과 국제인권조약에 명시된 학생인권보장제도 의무화 규정 신설
		형사소송법	13세 미만의 피해자에 대한 수사상 진술 및 재판상 증언 시 신뢰관계에 있는 자의 동석 의무화
		형의 집행 및 수용자의 처우에 관한 법률	구금자 보호·장비가 징벌의 수단이 되지 않도록 함

출처: 이양희(2015)의 유엔아동권리협약이행을 위한 법적 제도화 방안 연구를 재정리함.

〈표 3-3〉 제2차 국가보고서 이후의 아동 관련 주요 법령의 제·개정

구분	시기	법령	관련 내용
제정	2004 (2007 개정)	유아교육법	교육과정 운영을 위한 프로그램 개발 보급
		성매매방지 및 피해자 보호 등에 관한 법률	성매매 방지 및 피해자 보호, 자립지원
		성매매 알선 등 행위의 처벌에 관한 법률	성매매 알선 성매매 목적 인신매매 근절, 피해자의 인권보호
		청소년복지 지원법	청소년복지 및 권리보장 유엔아동권리협약 홍보 등
		청소년활동 진흥법	청소년의 다양한 활동보장 및 참여
		학교폭력예방 및 대책에 관한 법률	학교폭력 피해학생보호 및 가해학생 선도보호 등
	2007	가족관계의 등록 등에 관한 법률	출생 혼인 사망 등 가족관계 등록제도 마련 가족관계 등록 등의 사무를 대법원 관장
		가족친화 사회환경의 조성 촉진에 관한 법률	가정생활과 직장생활을 조화롭게 병행할 수 있는 사회적 분위기 및 제도적 장치 마련
	2008	다문화가족지원법	다문화가족의 복지 및 인권보장
	2005	문화예술교육지원법	문화예술교육활성화 학교문화예술교육지원
		실종아동 등의 보호지원에 관한 법률	실종아동 등 발생 예방 조속한 발견과 복귀 및 복귀 이후의 사회적응 지원
	2007	장애인 등에 대한 특수교육법	장애아동에 대한 통합된 교육환경 지원
		장애인 차별금지 및 권리구제 등에 관한 법률	장애인의 완전한 사회참여와 평등권 실현, 모든 생활영역에서의 차별금지 및 정당한 편의 제공
		재한 외국인 처우 기본법	재한 외국인 및 자녀에 대한 차별금지
		특정 성폭력범죄자에 대한 위치추적 전자장치 부착에 관한 법률	아동성폭력 범죄자 등에 대한 전자위치 추적제도 도입

출처: 이양희(2015)의 유엔아동권리협약이행을 위한 법적 제도화 방안 연구를 재정리함.

한편 이러한 보고서를 제출한 이후, 아동복지전문가들은 이행보고에 대한 평가 연구를 지속하고 있는데, 여전히 한국사회에서 아동은 정책의 우선순위에 있지 않은 상태이며, 특히 사회문제로서의 요보호대상 아동이 아닌 경우에는 정책대상과는 거리가 있다고 보고하면서 다음과 같은 제안을 한 바 있다. 즉, 첫째, 아동권리모니터링 체계의 내실화, 둘째, 아동권리에 대한 지방자치단체의 적극적인 관심, 셋째, 아동권리모니터링을 위한 타당성 있고 합의된 지표를 개발 및 정기적 측정, 넷째, 유엔 아동권리위원회의 '유보조항 철회'를 위한 보다 적극적인 노력으로 관련 법의 조속한 개정, 다섯째, 아동권리 중심의 「아동복지법」 개정, 여섯째, 학교체벌 방지를 위한 적극적, 능동적 제도개선, 일곱째, 아동학대예방 및 재발방지와 피학대아동의 신변보호 및 비밀보장 명문화, 마지막으로 등록 및 미등록 이주노동자 자녀에 대한 복지와 권리보장 등이다(김승권, 2007; 김승권, 김유경 외, 2008). 또한 국가에서도 이행보고서를 제출할 때, 그 이행을 요약하고 있다. 이를 통해 우리나라 아동 권리의 현주소를 파악할 수 있다.

2017년 제5·6차 보고서 요약문

- 대한민국 정부는 지난 6년간 아동권리협약 및 유엔아동권리위원회의 권고사항을 고려하여, 아동의 이익을 최우선으로 고려해야 한다는 책임감을 갖고 아동의 권리 실현을 위해 노력해왔다. 그 결과 입양허가제 도입으로 협약 유보조항 철회, 아동 이익 최우선의 원칙을 반영한 제1차 아동정책기본계획 수립, 국가인권위원회 내 아동 청소년 전담조직 및 아동권리위원회설치로 독립적 모니터링 체계 구축 등의 성과를 이루었다. 또한 정부는 영유아 무상보육실시, 학교폭력예방 및 대책에 관한 법률 및 아동학대범죄의 처벌 등에 관한 특례법제정을 통한 폭력과 학대 방지대책 강화, 드림스타트 청소년 방과 후 아카데미 지역아동센터 등 취약아동 지원 인프라 확대, 다문화 및 학교 밖 아동 청소년 등 취약집단 지원 보호강화 등을 위해 노력하였다. 자유학기제 운영과 진로교육 활성화, 그리고 지방자치단체와 시·도교육청의 아동·청소년 관련 인권조례 제정 등도 의미 있는 정책 성과라 할 수 있다.

- 그러나 아동을 독립된 인격체로 존중하는 사회적 인식이 부족하고, 아동 지원 보호 인프라의 지역 간 격차, 경쟁적 입시문화로 인한 스트레스, 놀이 여가의 부족 등은 아동권리실현의 장애요인으로 지적되고 있다. 또한 포괄적 차별금지법 제정, 보편적 출생등록제 마련, 협약의 국내 법규 반영 및 확산, '개인청원권에 대한 제3선택의 정서' 논의 필요성도

> 지속적으로 제기되고 있다. 정부는 이러한 미흡사항을 보완하고 보다 확고히 아동권리를 보장하기 위해 노력하고자 한다. 제5·6차 통합 국가보고서는 보건복지부와 관련 부처의 협업으로 2012년부터 2017년 현재까지의 아동청소년정책 추진성과와 인권 진전사항을 작성한 것이다. 이 과정에서 아동청소년 관련 연구자, 시설 종사자, 시민단체 등의 의견을 반영했으며, 국가인권위원회와 아동정책조정위원회의 검토를 거쳤다. 대한민국 정부는 제5·6차 국가보고서 제출을 계기로 민간부문과 적극적인 협력을 통해 비차별, 아동 이익 최우선 고려, 생존 발달권 보장 그리고 아동의견 존중 등 협약의 원칙을 지키며 아동권리 실현을 위해 모든 입법적 행정적 노력을 해나갈 것이다.

이와 같이 국제협약CRC 비준 20년을 넘기면서 나타난 이행분석결과를 놓고 볼 때, 아동복지 관계법 영역에서 좀 더 적극적인 행보가 요청된다고 보고 있다.

Child First!

어린애들

– 천상병 –

정오께 집 대문 밖을 나서니
여섯 일곱쯤 되는 어린이들이
활기차게 뛰놀고 있다.

앞으로 저놈들이 어른이 돼서
이 나라 주인이 될 걸 생각하니
발걸음을 멈추고 그들을 본다.

총명하게 생긴 놈들이
아기자기하게 잘도 놀고 있다.
그들의 영리한 눈에 축복이 있기를 빈다.

글쓰기

위 시를 읽고, 앞으로 이 나라 주인이 될 아이들을 생각하며, 아이들에게 무슨 말을 해 주고 싶은지 한 줄 써 보자.

____

____

3. 국제사회에서의 아동권리운동

"세계는 하나다" UN은 이러한 관점에서 전 세계 사람들의 평화와 행복을 위해 중지를 모아 노력하는 국제적 조직으로써 아동을 포함하여 인류의 복지를 위해 매우 큰 영향력을 오랫동안 발휘한 기관이다. 아동복지 분야에서의 가장 큰 공헌은 끊임없이 전 세계 아동의 권리 향상을 통해 아동복지를 증진시킨 것이라고 할 수 있다. 특히 1959년의 아동권리선언을 공표한 이후 20주년을 맞이하여 〈세계 아동의 해〉와 함께 공표한 1989년 〈아동의 권리에 관한 국제협약〉의 공표는 가히 압권이라 할 수 있다. 왜냐하면 이 협약은 각국에서의 국내법과 동일한 효력을 발생하므로 전 세계 아동을 위한 복지실천에서 좌표 역할을 실질적으로 하고 있기 때문이다.

1) 아동권리선언의 발달과 내용

아동의 권리를 위한 국제적 활동은 1900년대 초반부터 시작되었으며, 거의 한 세기를 통해 점진적으로 지속되었다. 그것은 세계 여러 나라가 처한 상황이 다를 뿐 아니라, 다양하고도 급변하는 국제정세로 인하여 아동의 권리 향상을 통한 복지가 장기적으로 볼 때, 전 인류의 복지를 가름할 수 있는 중요한 요인이라는 것을 갈파하였기 때문이다.

아동권리운동에서 마중물이 되어 결정적인 영향을 미친 사람은 영국의 여성사회복지가인 에글렌타인 젭(Eglantyne Jebb) 여사이다. 이는 '한 사람'의 영향력으로 세상을 바꿀 수 있다는 것을 실증한 사례이다.

(1) 1923년 아동의 권리선언

국제적으로 인정하는 최초의 아동권리선언은 우리나라에서처럼 조직이 아닌 개인에 의해 공표되었다.[3)] 에글렌타인 젭은 5개 조항의 아동권리선언을 공표하였다. 이 선언은 이듬해인 1924년에 〈제네바 아동권리선언〉이 공표되는 데 결정적인 역할을 하였다. 그리고 〈제네바 아동권리선언〉은 계속 보강되어 〈아동의 권리에 관한 국제협약〉이 공표되기까지 지대한 영향을 미쳤다.

세계 최초의 아동권리선언 5개 조항

① 아동은 정상적인 발달을 위해 필요한 물질적, 도덕적, 정서적 지원을 받아야 한다.
② 굶주린 아동은 먹여야 하고, 아픈 아동은 치료해야 하며, 발달에 뒤처진 아동은 도와야 하고, 엇나간 아동은 돌아올 기회를 주어야 하고, 고아와 부랑아에게는 주거와 원조를 제공하여야 한다.
③ 재난이 닥칠 경우, 아동은 최우선적으로 보호받아야 한다.
④ 아동은 생존이 보장되는 환경에 있어야 하며 모든 형태의 착취로부터 보호받아야 한다.
⑤ 아동은 자신의 재능이 인류발전을 위해 사용되어야 함을 이해하도록 양육되어야 한다.

이후, 에글렌타인 젭은 국제세이브더칠드런연맹(The International Save the Children Union)을 창설하였으며, 이 기관은 우리나라에서도 설립되어 아동권리운동을 비롯한 다양한 아동복지사업을 펼치고 있다.

아동권리 & 아동복지 이야기

2015년 시작한 세이브더칠드런 아동권리영화제는 영화상영과 함께 다양한 행사를 통해 아동권리가 침해받는 다양한 상황을 살펴보고 이에 대한 대중의 인식을 개선하고자 진행하는 행사이다.

3) 우리나라 방정환 선생님(1923.5.1.)이 주도적인 역할을 한 소년운동협회의 소년공약 3장이라고 보는 전문가도 있다. 이양희 국제아동인권센터장은 2013 세미나에서 이러한 요지의 내용을 발표하였으나, 권리(right)라는 용어를 사용하지 않았다는 점을 고려할 필요는 있다.

正 論

우리에게는 단 한 가지 원칙이 있습니다. 그 아이가 어느 나라 아이건, 어떤 종교를 가졌건 상관없이 구해야 한다는 것입니다.

- 세이브더칠드런 창립자, 에글렌타인 젭-

(2) 1924년 및 1948년의 제네바 아동권리선언

국제연맹(League of Nations)과 국제연합(United Nations)에서는 각각 1924년과 1948년, 〈제네바 아동의 권리선언〉을 공표하였다. 1924년 선언은 에글렌타인 젭에 의해 1923년 공표된 5개 조항의 아동권리선언에 영향을 받아 그 내용을 수정하여 공표하였으며, 1948년 선언은 국제연맹에서 국제연합으로 조직명을 바꾼 다음, 1924년의 선언을 수정하고 2개 조항을 첨가하여 총 7개 조항으로 다시 수정하여 공표하였다. '제네바 선언'이라는 명칭을 붙인 것은 제네바에서 공표하였기 때문이다.

이 두 제네바 아동권리선언은 이후에 공표된 1948년과 1959년 및 1979년의 아동권리선언의 기초가 될 만큼 의미 있는 기여를 하였다.

① 1924년 국제연맹의 제네바 아동권리선언

제1차 세계대전을 경험한 세계 각국에서는 전쟁으로 인한 참상은 어린 아동들의 생애에 매우 치명적인 영향을 미칠 뿐만 아니라 장기적으로 볼 때, 전 세계의 평화와 번영을 위협한다는 것을 직시하였다. 이에 국제적 차원에서 아동의 성장을 통한 국제적 번영을 위해서는 조직적인 협력이 매우 필요하다고 보고, 1924년 제네바에서 열린 국제연맹총회에서 5개 조항의 〈아동의 권리에 관한 제네바 선언〉을 공표하였다.

제네바 아동권리선언

① 어린이는 신체적으로 정신적으로 정상적인 발달을 위해 요구되는 모든 수단을 강구해야 한다.
② 굶주린 어린이에게 먹을 것을, 병든 어린이에게 치료의 혜택을, 지능발달이 뒤늦은 어린이에게는 도움을, 불량한 어린이에게는 감화를 고아와 부랑아에게는 주거를 마련하여 보호해 주어야 한다.
③ 위기에 직면하였을 때, 최우선적으로 어린이를 구해야 한다.
④ 어린이에게 장래 설계를 세울 수 있는 지위로 이끌며, 모든 종류의 착취에서 보호받을 수 있어야 한다.
⑤ 어린이에게 자기의 능력은 인류 동포에게 봉사하기 위한 것이라는 자각을 주며 교육을 해야 한다.

이 선언에서는 아동의 전반적인 발달보장, 요보호 상태 아동의 보호, 위기 아동의 최우선적인 구호, 착취로부터의 보호, 아동의 능력계발을 위한 교육기회의 부여 등을 핵심적으로 다루었다.

② 1948년 국제연합의 제네바 아동권리선언

국제연합(UN)은 국제연맹이 개칭된 국제조직이다. UN에서는 1924년의 〈제네바 아동권리선언〉의 정신을 계승함과 동시에 2개 조항을 첨가하여 총 7개 조항의 〈제네바 아동권리선언〉을 재공표하였다. 그 배경은 두 가지로 요약된다. 하나는 미국과 같은 강대국이 빠져 있었기 때문에 아동권리의 중요성을 널리 알리기에 역부족이었다는 점과 다른 하나는 1945년에 공표된 세계인권선언 속에 아동의 권리가 포함되었지만, 아동의 권리를 실질적으로 향상시키기 위해서는 체계적인 국제적 노력이 더욱 필요하다는 점에 인식을 같이하였다는 것이다.[4)]

이 선언에서는 특히 가정양육의 중요성과 아동의 자립능력 배양과 함께 인류애를 지닌 인간으로 육성되어야 한다는 것을 강조하였다.

---

4) 수많은 사람이 희생된 제1차 세계대전을 치르고도 다시 터진 제2차 세계대전은 세계인으로 하여금 인권은 국내 차원에서 다루어야 할 것이 아니라 범국제적 차원에서 다루어야 할 매우 중요한 문제로 보도록 하였다. 이러한 인식에 기초하여 국제연합은 인권 수준의 향상을 위해 〈세계인권선언〉을 공표한 것이다.

제네바 아동권리선언

① 어린이는 인종, 국적 및 종교적 신조의 문제를 초월하여 보호되어야 한다.
② 어린이는 하나의 실체로서의 가정을 존중하며 보호를 받아야 한다.
③ 어린이는 물질적, 도덕적, 정신적으로 정상적인 발달을 위해 필요한 조건이 충족되어야 한다.
④ 굶주린 어린이는 먹여야 하며, 병든 어린이는 간호를 받아야 하고 신체적으로 정신적으로 장애가 있는 어린이는 도움을 받아야 하며, 부적응 어린이는 재교육을 받아야 하며, 고아나 부랑아는 수용·보호되어야 한다.
⑤ 어린이는 위험을 당했을 때 제일 먼저 구조되어야 한다.
⑥ 어린이는 사회복지나 사회보장의 혜택을 받아야 하며 적절한 시기에 생계를 세울 수 있는 훈련을 받아야 하며 모든 형태의 착취로부터 보호를 받아야 한다.
⑦ 어린이는 그의 능력을 동포를 위해 봉사해야 한다는 지각 속에서 양육되어야 한다.

(3) 1959년 국제연합의 아동권리선언

국제연합의 회원국들은 인류에게 엄청난 재앙을 초래한 제1·2차 세계대전을 치르면서 인권과 복지를 한층 더 강화시켜야 한다는 데 국제적인 공감대를 형성하였으며, 이를 위해서는 아동의 권리를 보장하는 것으로부터 출발해야 한다고 보고, 1959년 11월에 개최된 제14차 총회에서 10개 조항의 아동권리선언을 공표하였다. 이 선언은 1948년의 제네바 아동권리선언을 더욱 확충한 것으로 핵심기조는 "아동은 충분한 발달을 위해 애정과 물질적인 안정 속에서 성장할 권리가 있으며, 부모와 사회는 그 책임을 진다"는 것이었다.

UN아동권리선언 10조항

① 인종, 피부색, 성, 언어, 종교, 정치적 견해, 국가적 또는 사회적 출신, 재산, 문벌, 기타의 지위로 인하여 차별받는 일이 없이 이들의 권리가 부여되어야 한다.
② 아동은 특별한 보호를 받으며 또한 건전하며 정상적인 방법 및 자유와 존엄의 상태하에서 신체적, 지능적, 도덕적, 정서적 및 사회적으로 성장할 수 있는 기회나 혜택이 법률과 기타의 수단으로써 제공되어야 한다. 이 목적을 위해 법률을 제정함에 있어 아동의 최선이 이익에 대하여 최대한 고려해야 한다.
③ 아동은 이름과 국적을 가질 권리를 가진다.
④ 아동은 사회보장 혜택을 받을 권리를 가진다.

⑤ 신체적, 정신적 또는 사회적으로 장애가 있는 아동은 그 특수 사정에 의해 필요한 특별한 치료, 교육 및 보호를 제공받을 권리를 가진다.
⑥ 아동은 가능한 한 양친의 사랑과 책임 하에 또한 어떠한 경우에도 애정과 도덕적 및 물리적 보장이 있는 환경 하에서 양육되어야 한다.
⑦ 아동은 교육을 받을 권리를 가진다.
⑧ 아동은 우선 보호와 혜택을 받을 권리를 가진다.
⑨ 아동은 방임이나 학대 및 착취 등으로 보호받을 권리를 가진다.
⑩ 아동은 인종적, 종교적, 기타의 형태에 의한 차별을 조장할 우려가 있는 관습으로부터 보호받을 권리를 가진다.

이 선언은 전 세계 아동의 권리보장과 이를 위한 각 국가의 각성 및 실질적인 노력에 큰 반향을 불러일으켰다.

(4) 1979년 국제연합의 아동권리선언

UN에서는 1959년 〈세계아동의 권리선언〉이 공표된 후, 20주년을 맞이하면서 그동안 아동권리선언 이후 세계아동의 삶의 질을 분석한 결과, 아동의 권리보장을 통한 아동복지의 수준이 미흡함을 인식하였다. 이에 다시금 1959년의 아동권리선언을 보완한 10개 조항의 아동권리선언을 다시 선포하기에 이르렀다.

UN 아동권리선언 10조항

① 아동은 모든 면에서 사랑과 이해를 바탕으로 아동의 발달을 뒷받침해 줄 수 있는 부모나 가족에 의해 양육되어야 한다.
② 아동은 신체가 필요로 하는 만큼의 충분한 음식을 섭취해야 한다.
③ 아동은 건강과 발달을 위해 필요한 지원을 받아야 한다.
④ 아동은 정해진 주거지가 있어야 한다.
⑤ 아동은 최소한의 기본적 교육을 받아야 한다.
⑥ 아동은 자신의 생활을 영위하고 국가의 정체성과 유산을 유지할 능력을 갖추도록 양육되어야 한다.
⑦ 아동은 자신의 소질과 능력 그리고 관심에 알맞은 직업 선택을 위한 준비로서 지식과 기술 등의 교육을 받아야 한다.
⑧ 아동은 자신의 의견을 표현할 기회와 능력을 가져야 한다.
⑨ 아동은 정부나 민간단체의 기본적인 혜택을 누릴 권리가 있다.
⑩ 아동은 자신의 기본적 권리와 관심 있는 분야를 인식하고 지킬 수 있는 권리를 가져야 한다.

이전의 선언과 다르게 이 선언에서 매우 강조한 것은 아동의 삶에 직접적인 생존에 영향을 미치는 음식과 주거 등에서의 복지 조치는 물론, 한 인간 아동으로서 자신의 의견을 표현하고, 직업 준비를 하는 등 자립적이고 독립적인 생활권을 누릴 수 있도록 육성해야 한다는 점이 부각되었다. 이는 아동의 미성숙 때문에 시혜적 존재로 보호하고 대우하는 것이 능사가 아니라, 주도적이고 주체적인 인간으로 육성하는 것의 중요성을 더욱 확인한 것이라고 할 수 있다.

1959년 아동권리선언 20주년이 되는 1979년은 아동인권운동에 헌신했던 야누슈 코르착(Janusz Korczak)의 탄생 100주년이 되는 해였으므로 야누슈의 아동애호정신을 계승·발전시켜야 한다는 국제적 인식과 책임감도 가세하였다.

아동권리 & 아동복지 이야기

[야누슈 코르착의 생각과 동상 및 무덤]

발 표

'야누슈 코르착'의 일대기에 대해 검색해 보고, '삶, 생명, 죽음 그리고 아동'에 관한 나의 생각과 마음을 예비아동복지전문가로서 말해 보자.

____

____

2) 1979년의 세계아동의 해 선포

UN에서는 1959년의 아동권리선언의 정신을 더욱 공고히 하기 위해 1979년,

다시 아동권리선언을 다시 공표함과 동시에 '아동은 충분한 성장을 위하여 애정과 물질적인 안정 속에서 성장할 권리가 있으며 부모와 사회는 그 책임을 진다'는 인식을 강화하기 위해 '세계아동의 해(International Year of the Child)'를 선포하였다. 이러한 조치는 선언에 명시한 정신을 더욱 구체화하여 실천으로 옮길 수 있도록 강조하기 위해서이다.

실제로 국제적인 차원의 아동권리와 복지운동은 다양한 형태로 나타나며, 세계 여러 나라에 큰 영향을 미친다. 이러한 운동에서 쉽고도 효과적인 접근은 인식의 제고를 위한 특별한 선언문 채택과 함께 특별한 날 또는 해를 지정하는 것이다. 그 예로 '어린이날', '아동의 해'를 들 수 있으며, 10주년 또는 20주년 및 50주년이 되는 때를 기념하여 특별한 활동과 운동을 벌이는 것이다.

우리나라에서도 이 '세계아동의 해'를 맞아 기념행사는 물론, 각종 기념품의 발행과 함께 「아동복지법」을 전문 개정하였다.

아동권리 & 아동복지 이야기

출처: 우체국, 월드비전.

토 의

향후, 세계아동의 해(1979)의 50주년이 되는 해, 어떠한 기념행사, 기념물품 제작을 창의적으로 할 수 있을까? 토의해 보자.

이 법은 요보호 아동중심의 선별적 복지에서 모든 아동을 대상으로 하는 보편적 아동복지로 나아가는 계기를 마련하였다(이소희, 2018b).

3) UN의 아동의 권리에 관한 국제협약

UN은 1979년 아동의 권리선언 10주년이 되는 해인 1979년, 다시 10년간의 작업을 거쳐 10주년이 되는 해인 1989년 UN총회에서 〈아동의 권리에 관한 국제협약〉을 만장일치로 채택하였다. 이어서 법적 발효에 필요한 20개국 비준이 이루어져서 국제협약CRC는 마침내 1991년 9월 2일을 기해 국제법으로 공포되었다. 이로써 국제협약CRC는 단순히 아동의 복지를 위한 인식제고의 선언적 수준을 넘어 법적 구속력을 지닌 국제법적 협약의 성격을 지니게 되었다.

(1) 국제협약CRC의 의의

국제협약CRC는 그동안 여러 차례 공표된 아동의 권리선언과는 다른 의미를 지니며, 그 특징은 크게 여섯 가지로 요약될 수 있다.

- 국제연합총회에서 만장일치로 채택된 협약이다.
- 아동의 권리보호만을 목적으로 한 최초의 국제협약이다.
- 아동을 인권의 적극적 향유 주체로 인정하고 있는 유일한 협약이다.
- 협약 당사국에 대한 모니터링 및 그 이행결과에 대한 보고를 의무화한 협약이다.
- 단기간에 가장 많은 나라가 협약에 비준하고 의무를 다하고자 노력하는 협약이다.
- 국제간의 신뢰에 기반한 것으로 국내법과 동일한 효력과 구속력을 지니는 국제법으로 자발적으로 이행해야만 하는 협약이다.

아동권리 & 아동복지 이야기

출처: 국제SOS 마을/ 한국SOS 마을

正 論

<아동의 권리에 관한 국제협약> 제20조에는 부모로부터 분리된 아동의 보호권에 대해 명시하고 있다. 아동은 혼자 살 수 없다. 그 누구보다도 자신의 친가정에서 친부모, 특히 어머니와 살 수 있어야 한다. 그러나 크고 작은 어려움 때문에 그렇게 살 수 없다면, 아동은 친가정과 같은 공간에서 친어머니와 친가족과 같은 사람으로부터 양육받을 수 있도록 온 사회는 지원해야 한다. 한 아이를 키우기 위해서는 온 마을이 필요하다.

(2) 국제협약의 구성과 내용

국제협약CRC는 전문과 54개 조항으로 구성되며, 제1조부터 제40조까지는 아동의 권리에 대한 실질적인 내용을 수록하고 있다. 이 중에서도 특히 네 가지 원칙과 네 가지 권리는 핵심적인 내용이다.

〈표 3-4〉 국제협약CRC의 구성체계

구성	조항	핵심내용
전문	아동권리의 배경과 기본 이념 및 의의	
제1부	제1~41조	실제적으로 아동이 보장받아야 할 권리(제1~40조)의 종류와 비준국의 의무에 관한 규정(제41조)
제2부	제42~45조	협약의 이행조치에 관한 규정
제3부	제46~54조	부칙들

① 전문

전문(前文, Preamble)의 사전적 뜻은 법적 효력을 지니는 글 앞에 있는 문장을 말한다. 대부분 전문의 내용은 법령의 제정과정과 목적 또는 기본원칙을 제시하는 것으로써 매우 중요한 의미를 가진다. 다시 말하면 그 법과 법령을 견인하는 포괄적 가치를 천명하는 것이기 때문이다.

국제협약CRC의 전문이 지니는 의의는 아동의 권리가 보장되어야 하는 필요성과 중요성을 명시하고, 이에 따라 구체적인 실천을 견인하는 데 있다.

아동의 권리에 관한 국제협약 - 전문

이 협약의 당사국은,

국제연합헌장에 선언된 원칙에 따라, 인류사회의 모든 구성원의 고유 존엄성 및 평등하고 양도할 수 없는 권리를 인정하는 것이 세계의 자유, 정의 및 평화의 기초가 됨을 고려하고, 국제연합체제하의 모든 국민들은 기본적인 인권과 인간의 존엄성 및 가치에 대한 신념을 헌장에서 재확인하였고, 확대된 자유 속에서 사회진보와 생활 수준의 향상을 촉진하기로 결의하였음에 유념한다.

국제연합이 세계인권선언과 국제인권규약에서 모든 사람은 인종, 피부색, 성별, 언어, 종교, 정치적 또는 기타의 의견, 민족적 또는 사회적 출신, 재산, 출생 또는 기타의 신분 등 어떠한 종류 구분에 의한 차별 없이 동 선언 및 규약에 규정된 모든 권리와 자유를 향유할 자격이 있음을 선언하고 동의하였음을 인정하고, 국제연합이 세계인권선언을 아동시절에는 특별한 보호와 원조를 받을 권리가 있다고 선언하였음을 상기한다.

사회의 기초집단이며 모든 구성원 특히 아동의 성장과 복지를 위한 자연적 환경으로서의 가족에게는 공동체 내에서 그 책임을 충분히 감당할 수 있도록 필요한 보호와 원조가 부여되어야 함을 확신한다.

아동은, 완전하고 조화로운 인격 발달을 위하여, 가족적 환경과 행복, 사랑 및 이해의 분위기 속에서 성장하여야 함을 인정한다.

아동은 사회에서 한 개인으로서의 삶을 영위할 수 있도록 충분히 준비되어야 하며, 국제연합 헌장에서 선언된 이상의 정신과 특히 평화, 존엄, 관용, 자유, 평등, 연대의 정신 속에서 양육되어야 함을 고려한다.

아동에게 각별한 보호를 제공하여야 할 필요성은 1924년 아동권리에 관한 제네바 선언과 1959년 11월 20일 총회에 의하여 채택된 아동권리선언에 명시되어 있으며, 세계인권선언, 시민적 및 정치적 권리에 관한 국제규약(특히 제23조와 제24조), 경제적, 사회적 및 문화적 권리에 관한 국제협약(특히 제10조) 및 아동의 복지와 관련된 전문기구와 국제기구의 규정 및 관련 문서에서 인정되었음을 유념한다.

아동권리에 나타나 있는 바와 같이, "아동은 신체적, 정신적 미성숙으로 인하여 출생 전후를 막론하고 적절한 법적 보호를 포함한 특별한 보호와 배려를 필요로 한다"는 점에 유념하고, "국내적 또는 국제적 양육위탁과 입양을 별도로 규정하는 아동의 보호와 복지에 관한 사회적 및 법적 원칙에 관한 선언"의 제 규정, "소년법 운영을 위한 국제연합 최소표준규격"(베이징규칙) 및 "비상시 및 무력 충돌 시 부녀자와 아동의 보호에 관한 선언"을 상기하고, 세계 모든 국가에 예외적으로 어려운 여건하에 생활하고 있는 아동들이 있으며, 이 아동들은 특별한 고려를 필요로 함을 인정하고, 아동의 보호와 조화로운 발전을 위하여 각 민족의 전통과 문화적 가치의 중요성을 충분히 고려하고, 모든 국가, 특히 개발도상국가 아동의 생활여건을 향상시키기 위한 국제협력의 중요성을 인정하면서, 다음과 같이 합의하였다.

② 제1부의 내용과 핵심

국제협약CRC에서 아동의 권리에 관한 내용을 주로 다룬 것은 제1부이며, 여기에서 명시된 40가지의 아동의 권리는 서로 연결되어 있다. 제1부를 여는 첫 번째 핵심내용은 아동을 정의하는 것이며, 제1조에 규정되어 있다. 이 정의는 아동이라는 특수성을 고려함과 동시에 전 세계에서 수용될 수 있는 보편성을 고려하여 만 18세 미만의 모든 사람을 의미한다고 규정하였다. 국제협약CRC에 규정된 40가지 권리의 내용은 전 세계 아동의 발달특성과 생활환경을 고려한 복지와 직결된 것이다(유니세프 한국위원회, 2018).

제1조(아동의 범위) 18세가 안 된 모든 아동은 이 협약에 적힌 권리를 가지고 있다.
제2조(차별 안 하기) 아동은 절대 차별받아서는 안 된다. 아동과 그 부모님이 어떤 사람이건, 어떤 인종이건, 어떤 종교를 믿건, 어떤 언어를 사용하건, 부자건 가난하건, 장애가 있건 없건 어린이는 모두 동등한 권리를 누려야 한다.
제3조(아동을 제일 먼저) 정부나 사회복지기관, 법원 등 아동과 관련된 일을 하는 모든 기관은

아동에게 무엇이 가장 이익이 되는지 그 점을 가장 먼저 생각해야 한다.

제4조(국가의 할 일) 국가는 아동의 권리를 지켜주기 위해 필요한 모든 일을 해야 한다.

제5조(부모의 지도) 아동의 부모님이나 아동을 보호하는 다른 어른들은 아동을 지도할 권리와 책임이 있다.

제6조(생존과 발달) 아동은 타고난 생명을 보호받고 건강하게 자랄 권리가 있다.

제7조(이름과 국적) 아동은 이름과 국적을 가질 권리가 있으며 부모가 누구인지 알고 부모의 보살핌을 받을 권리가 있다.

제8조(신분 되찾기) 아동이 이름과 국적을 빼앗긴 경우 국가는 이를 신속하게 되찾을 수 있도록 도와주어야 한다.

제9조(부모와의 이별) 부모와 함께 사는 것이 아동에게 나쁜 영향을 미치지 않는 한 아동은 부모와 함께 살아야 한다. 어쩔 수 없이 헤어져 살아야 하는 경우에도 정기적으로 부모를 만날 수 있어야 한다.

제10조(가족과의 재결합) 아동이 부모와 떨어져 다른 나라에 살고 있는 경우 국가는 아동과 함께 살거나 계속 만날 수 있도록 입국이나 출국을 쉽게 허가해 주어야 한다.

제11조(내 나라에서 살기) 아동을 강제적으로 외국에 보내서는 안 된다. 그런 경우 국가는 아동이 돌아갈 수 있도록 모든 노력을 다해야 한다.

제12조(의견 존중) 아동에게 영향을 미치는 문제를 결정할 때 아동은 자신의 의견을 말할 권리가 있으며, 어른들은 아동의 의견에 귀를 기울여야 한다.

제13조(표현의 자유) 아동은 말이나 글, 예술을 통해 아동의 생각을 표현할 권리가 있으며, 국경을 넘어 모든 정보와 생각을 서로 주고받을 수 있는 권리도 있다.

제14조(양심과 종교의 자유) 아동은 자유롭게 생각하고 아동의 양심에 따라 행동하며 원하는 종교를 가질 수 있어야 한다.

제15조(모임의 자유) 아동은 모임을 자유롭게 조작할 수 있어야 하며 평화로운 방법이어야 한다.

제16조(사생활 보호) 아동은 사생활을 간섭받지 않아야 한다. 아동이 주고받는 전화나 메일 등은 다른 사람이 마음대로 보아서는 안 된다.

제17조(유익한 정보 얻기) 아동은 신문이나 방송, 잡지 등을 통해 자신에게 도움이 되는 정보를 얻을 수 있어야 한다. 국가는 나쁜 영향을 미치는 정보로부터 아동을 보호하는 한편, 아동에게 유익한 도서의 제작 등을 장려해야 한다.

제18조(부모의 책임) 부모는 아동의 양육과 발달에 공동책임을 지닌다.

제19조(폭력과 학대) 아동의 부모나 보호자가 정신적·신체적으로 아동에게 폭력을 쓰거나 학대하거나 돌보지 않고 방치하는 일이 없도록 국가는 모든 노력을 하여야 한다.

제20조(가족 없는 아동) 부모가 없거나 부모와 함께 사는 것이 아동에게 이롭지 않아서 부모와 헤어져 사는 경우 특별한 보호와 도움을 받아야 한다.

제21조(입양) 아동이 입양되어야 할 때, 입양을 결정하는 곳은 믿을 만한 정부기관이어야 하며 부모나 친척 등 아동과 관련된 어른들의 동의를 얻어야 한다.

제22조(난민 아동) 전쟁이나 자연재해 등으로 난민이 되었을 때 아동은 특별하게 보호되어야 하며, 아동이 가족과 헤어졌을 때 가족을 찾아주려는 노력을 해야 한다.

제23조(장애 아동 보호) 아동의 몸이나 마음에 장애가 있을 때 특별한 보호를 받아야 하며 돌보는 부모나 보호자가 잘 돌볼 수 있도록 필요한 지원을 해 주어야 한다.

제24조(영양과 보건) 아동은 건강하게 자랄 권리가 있다. 충분한 영양을 섭취하고 질병이 없어야 하며 병원이나 보건소 등에서 치료를 받을 수 있어야 한다.

제25조(시설아동 실태조사) 아동을 잘 보호하고 치료하기 위해 국가가 아동을 특정한 시설에서 키우도록 한 경우, 국가는 아동이 어떻게 자라고 있는지 정기적으로 조사해야 한다.

제26조(사회보장제도) 국가는 아동의 권리를 지켜줄 수 있는 사회보장제도를 만들어 주어야 한다.

제27조(적절한 생활수준) 아동이 제대로 먹고 입고 교육받을 수 있는 생활 수준에서 자라야 한다. 필요한 경우, 부모나 보호자가 아동을 적절한 생활 수준에서 키울 수 있도록 지원해 주어야 한다.

제28조(교육) 아동은 교육받을 권리가 있다. 초등교육을 무료로 받을 수 있어야 하며, 능력에 맞게 더 높은 교육도 받을 수 있어야 한다. 또한 학교 규율은 아동의 인격을 존중하는 방법으로 운영되어야 한다.

제29조(교육의 목적) 아동은 교육을 통해 인격과 재능, 정신적・신체적 능력을 마음껏 개발하고 인권과 자유, 이해와 평화의 정신을 배우고 다른 문화를 존중하는 방법, 자연을 사랑하는 방법을 배울 수 있어야 한다.

제30조(소수 민족 아동) 소수 민족 아동은 고유의 문화 속에서 자신의 종교를 믿고 자신의 언어를 사용할 수 있는 권리가 있다.

제31조(여가와 놀이) 아동은 충분히 쉬고 놀 권리가 있다. 국가는 아동이 문화와 예술 활동에 참여할 수 있도록 해 주어야 하며 아동 모두가 이런 권리를 누릴 수 있도록 동등한 기회를 주어야 한다.

제32조(아동노동) 아동은 위험하거나 교육에 방해가 되거나 아동의 몸과 마음에 해가 되는 노동을 해서는 안 된다.

제33조(해로운 약물) 아동은 마약을 만들고 판매하는 행위에 이용되어서는 안 된다.

제34조(성 착취) 아동을 성적으로 학대하거나 성과 관련된 활동에 이용해서는 안 된다.

제35조(인신매매와 유괴) 아동은 국내・외로부터 유인되거나 매매되는 것으로부터 보호받을 권리를 지닌다.

제36조(모든 착취로부터의 보호) 국가는 아동을 나쁜 방법으로 이용하여 어른들의 모든 이기적인 행동으로부터 어린이를 보호해야 한다.

제37조(아동의 범죄와 보호) 아동에게 사형이나 종신형을 내릴 수 없으며 고문해도 안 된다. 체포하거나 가두는 일은 최후의 방법으로 선택해야 한다. 아동을 어른 범죄자와 함께 지내게 해서도 안 된다.

제38조(전쟁 속의 아동) 아동은 전쟁지역에서 특별한 보호를 받아야 하며 15세 미만일 때에 군대에 들어가거나 전투행위에 참여해서는 안 된다.

제39조(몸과 마음의 회복) 아동은 학대를 받거나 버려지거나 고문을 당했거나 전쟁 중에 고통을 당하는 경우, 아동이 몸과 마음을 회복할 수 있도록 모든 노력을 해야 한다.

제40조(공정한 재판과 대우) 범죄 혐의를 받은 경우 변호사의 도움을 받아야 하고 신속하고 공정한 재판을 받아야 한다. 아동에게 증언이나 자백을 강요해서도 안 된다. 재판과정에서 사생활을 보호받아야 하며 사법절차의 모든 단계를 거쳐야 한다. 국가는 아동이 형벌보다는 상담이나 보호, 직업 훈련 등 아동에게 맞는 다른 처분을 하도록 노력해야 한다.

③ 제2부의 내용과 핵심

국제협약CRC의 제2부, 제42~45조의 핵심은 협약의 이행조치에 관한 규정이다. 그 핵심은 국제협약CRC를 제대로 이행하도록 UN아동권리위원회를 두고 모니터링하는 것이다. 구체적으로 말하면 이 협약에 비준한 나라는 협약 제44조의 규정에 따라 최초 2년 내에 국제협약CRC 이행에 따른 국가보고서를 제출해야 하며, 그 이후부터는 5년마다 제출하도록 의무화하고 있다.

이러한 과정을 통해 UN 아동권리위원회는 제출 2년 내에 다각도로 검토한 사항에 대해 질의형식으로 다시 비준 국가에 보내면, 해당 비준 국가에서는 1.5개월 내에 질의서에 대한 답변서를 보내도록 조치하는 과정을 거친다. 한편 비준 국가의 답변서를 검토한 UN 아동권리위원회에서는 최종 견해를 권고문의 형태로 구성하여 비준 국가에 보내게 된다. 이후, 해당 비준 국가에서는 권고문에 따라 입법, 사법, 행정 등의 여러 영역에서 실행하고, 다시 모니터링을 받는 형식을 반복하게 된다.

물론 우리나라는 이 국제협약CRC에 비준한 나라이기 때문에 이 협약에서 명시한 바를 국내법에 준한 차원에서 적극적으로 실현할 의무를 지니게 되는 것이다. 다만 국제협약CRC 비준 20년을 넘기면서 나타난 이행분석결과를 놓고 볼 때, 좀 더 적극적인 행보가 요청된다고 보고 있다.

(3) 아동의 권리에 관한 국제협약에서의 네 가지 일반원칙

국제협약CRC 제1부에서는 구체적인 아동의 권리를 제시하고 있으며, 네 가지 일반원칙에 준해 실천적 의미를 가지게 된다. 원칙은 어떤 행동이나 이론 따위에서 일관되게 지켜야 하는 기본적인 규칙이나 법칙을 말한다.[5] 그렇기 때문에 네 가지 일반원칙의 내용은 다른 아동권리에도 직·간접적으로 적용된다.

국제협약CRC 제1조에 규정된 아동의 정의에 이은 제2조는 소위 말하는 일반원칙에서 첫 번째로 언급된 것으로 비차별의 원칙이다.[6] 그다음 제3조에서는 아동최상의 원칙이며, 제6조에서는 생존 및 발달의 원칙이며, 제12조에서는 아동의 의견 표현의 원칙이 제시되어 있다.[7]

① 비차별의 원칙

비차별의 원칙(Non-discrimination)은 국제협약CRC 제2조에 명시되어 있다.

조	내용
제2조	• 당사국은 자국의 관할권내에서 아동 또는 그의 부모나 법정 후견인의 인종, 피부색, 성별, 언어, 종교, 정치적 또는 기타의 의견, 민족적, 인종적 또는 사회적 출신, 재산, 무능력, 출생 또는 기타의 신분에 관계없이 그리고 어떠한 종류의 차별을 함이 없이 이 협약에 규정된 권리를 존중하고, 각 아동에게 보장하여야 한다. • 당사국은 아동이 그의 부모나 법정 후견인 또는 가족 구성원의 신분, 활동, 표명된 의견 또는 신분을 이유로 하는 모든 형태의 차별이나 처벌로부터 보호되도록 보장하는 모든 적절한 조치를 취하여야 한다.

5) 연구자에 따라 기본원칙(이경은, 2016) 또는 일반원칙으로 부른다(유니세프 한국위원회). 이 책에서는 일반원칙으로 표기한다.

6) 연구자에 따라 무차별의 법칙 또는 비차별의 법칙 또는 차별금지의 원칙이라고 부른다. 이 책에서는 아동권리의 주무 행정부서인 보건복지부의 연구용역 결과에 따라(이양희, 2015), 비차별의 원칙으로 사용한다.

7) 이에 대해 이경은(2016)은 〈UN 아동권리협약상 아동최상의 이익(Best Interests Of the Child) 법리와 한국의 아동보호 법제〉에서 다음과 같이 쓰고 있다. 제9조는 아동을 부모로부터 분리시키는 것에 대한 규정으로 반드시 사법적 검토(judicial review)에 의해 권한 당국(법원 및 행정기관 포함)이 그러한 분리조치가 아동최선의 이익에 부합한다고 판단한 경우에만 시행하도록 규정하고 있다. 또한 제10조 아동의 가정과의 재결합에 대해서도 동일하게 적용된다고 볼 수 있다.

② 아동최상의 이익원칙

아동최상의 이익원칙(Best interests of the Child)은 국제협약CRC 제3조에 명시되어 있다.

조	내용
제3조	• 공공 또는 민간 사회복지기관, 법원, 행정당국, 또는 입법기관 등에 의하여 실시되는 아동에 관한 모든 활동에 있어서 아동의 최상의 이익이 최우선적으로 고려되어야 한다. • 당사국은 아동의 부모, 법정 후견인, 또는 여타 아동에 대하여 법적 책임이 있는 자의 권리와 의무를 고려하여, 아동복지에 필요한 보호와 배려를 아동에게 보장하고, 이를 위하여 모든 적절한 입법적, 행정적 조치를 취하여야 한다. • 당사국은 아동에 대한 배려와 보호에 책임 있는 기관, 편의 및 시설이 관계당국이 설정한 기준 특히 안전과 위생 분야 그리고 직원의 수 및 적격성은 물론 충분한 감독 면에서의 기준에 따를 것을 보장하여야 한다.

③ 생존 및 발달보장의 원칙

생존 및 발달보장의 원칙(Survival and Developmental Rights)은 국제협약CRC 제6조에 기술되어 있다.

조	내용
제6조	• 당사국은 모든 아동이 고유의 생명권을 가지고 있음을 인정한다. • 당사국은 가능한 최대한도로 아동의 생존과 발달을 보장하여야 한다. 당사국은 아동의 생존과 발달을 최대한 보장해야 한다.

④ 참여의 원칙

참여의 원칙(Respect for the views of the child)은 국제협약CRC 제12조에 기술되어 있다.

조	내용
제12조	• 당사국은 자신의 견해를 형성할 능력이 있는 아동에 대하여 본인에게 영향을 미치는 모든 문제에 있어서 자신의 견해를 자유스럽게 표시할 권리를 보장하며, 아동의 견해에 대하여는 아동의 연령과 성숙 정도에 따라 정당한 비중이 부여되어야 한다. • 이러한 목적을 위하여, 아동에게는 특히 아동에게 영향을 미치는 어떠한 사법적, 행정적 절차에 있어서도 직접 또는 대표자나 적절한 기관을 통하여 진술할 기회가 국내법상 절차규칙에 합치되는 방법으로 주어져야 한다.

예를 들어 국제협약CRC를 이행하기 위한 우리나라의 관계법 개정을 보면 여러 일반원칙이 적용되고 있음을 알 수 있다.

〈표 3-5〉 예시-아동학대범죄의 처벌 등에 관한 특례법의 개정

개정 전	개정 후
제12조(피해아동에 대한 응급조치) ① 제11조 제1항에 따라 현장에 출동하거나 아동학대범죄 현장을 발견한 사법경찰관리 또는 아동보호전문기관의 직원은 피해아동 보호를 위하여 즉시 다음 각호의 조치(이하 "응급조치")를 하여야 한다. ① 아동학대범죄 행위의 제지 ② 아동학대행위자를 피해아동으로부터 격리 ③ 피해아동을 아동학대 관련 보호시설로 인도 ④ 긴급치료가 필요한 피해아동을 의료기관으로 인도	제12조(피해아동에 대한 응급조치) ① 제11조 제1항에 따라 현장에 출동하거나 아동학대범죄 현장을 발견한 사법경찰관리 또는 아동보호전문기관의 직원은 피해아동 보호를 위하여 즉시 다음 각호의 조치(이하 "응급조치")를 하여야 한다. 이 경우 제3호의 조치를 하는 때에는 피해아동의 의사를 존중하여야 한다(다만, 피해아동을 보호하여야 할 필요가 있는 등 특별한 사정이 있는 경우에는 그러하지 아니하다). 〈개정 2016.5.29.〉 ① 아동학대범죄 행위의 제지 ② 아동학대행위자를 피해아동으로부터 격리 ③ 피해아동을 아동학대 관련 보호시설로 인도 ④ 긴급치료가 필요한 피해아동을 의료기관으로 인도

(4) 아동의 권리에 관한 국제협약에서의 네 가지 기본권

국제협약CRC에는 40가지 권리가 제시되어 있다. 그중에서도 특히 인권의 보편성 및 평등성이 보장되어야 하는 기본권적 성격을 지니는 권리를 네 가지로 구분하고 있는데, 생존권, 보호권, 발달권, 참여권이다.[8] 이러한 규범적 특징으로 인해 네 가지 기본권들은 전 세계적인 차원에서 아동복지의 수준을 판단하는 지표의 기능을 하고 있다. 동시에 일반원칙 네 가지, 즉 비차별의 원칙, 아동 최상의 이익원칙, 생존 및 발달보장의 원칙, 참여의 원칙과도 밀접한 관련을 지닌다.

① 생존권

생존권(Right to Survival)은 아동이 생명을 유지하는 데 필요한 권리를 말하며, 이 생존권이 지니는 의의는 삶의 유지에 가장 기본이 되는 권리라는 점에 있다. 특히 발달적으로 미성숙한 아동의 경우, 생존권의 보장은 바로 1차적인 생명선의 기능

8) 네 가지 권리의 보장 자체를 비전으로 삼고 있는 아동복지재단의 예로 세이브더칠드런을 들 수 있다.

을 하는데, 적절한 생활 수준을 누릴 권리, 안전한 주거지에서 살아갈 권리, 충분한 영양을 섭취하고 기본적인 보건서비스를 받을 권리 등이 포함된다.

② 보호권

보호권(Right to Protection)은 아동이 안전하게 생활하는 데 필요한 권리를 말하며, 이 보호권이 지니는 의의는 한 인간이 스스로 자신의 생명을 보호하기가 어려울 때, 주변의 도움을 받아야만 생존·발달하는 권리라는 점에 있다. 특히 미성숙한 아동의 경우, 보호권의 보장은 2차적인 생명선의 기능을 하는데, 제대로 성장·발달하기 위해서는 성인의 특별한 보호가 반드시 필요하다는 데 있다. 그렇다고 해서 아동이 성인에게 종속된 존재라는 것을 의미하지는 않는다. 모든 형태의 학대와 방임, 차별, 폭력, 고문, 징집, 부당한 형사처벌, 과도한 노동, 약물과 성폭력 등 아동에게 유해한 것으로부터 보호 등이 포함된다.

③ 발달권

발달권(Right to Development)은 아동이 타고난 잠재능력을 최대한 발휘하는 데 필요한 권리를 말하며, 이 발달권이 지니는 의의는 인간이 궁극적으로 추구하는 것은 풍요로운 삶을 향유하는 데 필요한 권리라는 점에 있다. 특히 생존권을 스스로 지키기 어려운 미성숙한 아동의 경우, 발달권의 보장은 2차적인 생명선의 기능을 하는데, 구체적으로 교육받을 권리, 여가를 즐길 권리, 문화생활을 하고 정보를 얻을 권리, 생각과 양심과 종교의 자유를 누릴 수 있는 권리 등이 포함된다.

④ 참여권

참여권(Right to Participation)은 아동이 자신의 나라와 지역사회활동에 적극적으로 참여할 권리를 말하며, 이 참여권이 지닌 의의는 인간으로서 자신의 삶에 영향을 주는 일에 대해 참여를 통해 존중받는 데 있다(서문희 외, 2003). 특히 아동의 경우, 미성숙하다는 이유만으로 참여가 제한되는 관점에서 자유로울 수 있으며, 구체적으로 아동 자신의 생활에 영향을 미치는 일에 자신의 의견을 말하고, 존중받을 권리, 표현의 자유, 양심과 종교의 자유, 평화로운 방법으로 모임을 자유롭게 열 수 있는 권리, 사생활을 보호받을 권리, 유익한 정보를 얻을 권리 등이 포함된다.

아동권리 & 아동복지 이야기

출처: 보건복지부(2016). 아동권리헌장의 선포

正 論

우리가 더 많은 아기를 구하면 더 좋은 세상을 만들 수 있습니다.

- 세이브더칠드런 -

그리고 이러한 권리는 다시 즉각적인 권리영역과 점진적인 권리영역으로 나누기도 한다. 전자에 해당하는 권리는 시민 · 정치적 권리영역으로서 아동의 생명을 보호받을 권리, 국적을 취득할 권리, 가족과 재결합할 수 있는 권리, 아동에게 차별과 형사상의 문제가 있을 경우, 독립적인 제도하에서 다루어지고 보호받을 권리 등이 포함되며, 후자는 점진적으로 이행되는 경제 · 사회 · 문화적 권리로, 그 예로서는 아동의 건강권, 교육권, 사회보장수급권, 여가권 등으로 전자에 포함되지 않는 권리들을 말한다(안동현, 1999).

Child First!

무지개

– 윌리엄 워즈워스 –

저 하늘 무지개를 바라보면
내 가슴은 뛰노라
나 어린 시절에도 그러했고
어른 된 지금도 그러하거늘
나 늙어서도 그러하리
그렇지 않다면 차라리 죽는 게 나으리!
아이는 어른의 아버지
내 삶의 하루하루가
자연의 숭고함 속에 있기를

글쓰기

위 시를 읽고, 어떤 생각이 드는지 한두 단어로 요약해 보자.
(예: 소중한 아이, 소중한 삶…)

____

____

"아동에 관한 모든 활동에서는

아동을 위해 최상의 이익이 최우선적으로 고려되어야 한다."

- 〈아동의 권리에 관한 국제협약〉 제3조 -

★

"한 아이를 키우기 위해서는 온 마을이 필요하다."

- 아프리카 속담 -

제 2 부

아동복지실천체계의 이해

제2부 에서는 아동권리에 대한 이해를 바탕으로 아동복지실천에서의 주요 접근 방법인 법, 정책, 행정 및 전문적인 기술을 유기적으로 살펴봄으로써 아동복지를 증진시키는 이해와 태도를 함양한다.

제4장

아동복지실천과 법

초기의 자선적인 시혜가 이루어졌던 시대와는 다르게 오늘날의 아동복지는 법적 기반하에 실시되는 사회복지제도이다. 더구나 국제협약CRC의 비준국이 된 이후부터는 국내는 물론, 국외법의 적용을 받는다.

따라서 아동의 권리에 입각한 진정한 아동복지의 실현을 위해서는 현재의 「아동복지법」 및 아동복지 관계법의 현주소를 자세히 파악하고, 향후 어떠한 법제도하에서 아동복지실천을 해야 할 것인지에 대한 숙고와 대응이 매우 필요하다.

제4장에서는 법을 통한 아동복지실천에 대해 살펴보도록 한다.

1952년 한국 컴패션 시작
에버렛 스완슨(Everett Swanson) 목사

"한 아이를 위해 싸우라"
- 웨스 스태포드(* 초대 한국컴패션 총재) -

1. 법체계의 이해

'법이 없어도 살 수 있는 사람'이란 말을 자주 듣는다. 이 말은 매우 도덕적이고 인품이 좋은 사람을 일컬으며, 모든 사회구성원이 지향하는 바라고 할 수 있다. 또한 "사회가 있는 곳에 법이 있다"고 말한다. 이 말은 법과 사회는 불가분의 관계를 지니고 있음을 뜻한다. 이는 사람마다 세상을 보는 관점 및 이에 따른 언행이 다를 수 있으며, 또한 함께 사는 과정에서 서로 상충되는 이해(利害)가 발생하기 때문에 법과 같은 통제적인 사회적 수단이 필요하기 때문이다.

한편 오늘날의 복지는 법과 불가분의 관계에 있다. 바로 법적 근거를 바탕으로 제도적인 복지가 이루어지고 있기 때문이다. 실제적으로 아동을 포함한 사회복지의 법체계는 그 나라의 사회적·역사적 배경과 밀접한 관계가 있을 뿐만 아니라 아동에 대한 사회적 태도를 반영한 것이라고 할 때, 아동복지 관계법은 그 나라의 아동의 권리 및 복지의 수준을 파악할 수 있는 중요한 한 단서가 된다.

1) 법의 정의와 함의

"법이 합의된 정의를 가지게 된다면, 매우 아름다울 수 있겠지만, 그만큼이나 어렵다."라고 철학자 칸트(Kant)는 일찍이 갈파하였다. 이는 법의 다목적성을 시사한 것으로 어떠한 관점에 중점을 두느냐에 따라 법의 의미와 적용이 달라질 수 있음을 뜻한다.

이러한 법은 다음과 같은 특성이 있다.

- 법의 속성은 강제이다.
- 강제가 없는 법은 타지 않는 불꽃과 같다.
- 법 없으면 범죄 없고, 법 없으면 형벌 없다.
- 법은 사회적 규범의 하나이지만, 다른 규범들과 달리 강제성이 있고 그 강도가 매우 크다.

- 법은 사회의 공동 목적을 달성하기 위하여 인간이 해야 할 것과 하지 말아야 할 것을 정해 놓은 당위(當爲)의 법칙이다.
- 법은 사회의 공동생활에 있어서 인간이 스스로 만들어 지켜야 할 행위의 준칙(準則)으로써 국가권력에 의하여 강행되는 사회규범이다.

2) 법의 체계와 특징

법은 사회유지와 번영을 위해 존재하는 사회적 규범으로서 독특한 체계와 특징을 지닌다. 나아가 제도를 제도답게 유지시키는 수단적 장치로서의 기능을 한다. 법의 체계는 다양한 법이 통일성을 이루도록 구조화된다. 따라서 법의 기능과 제도로서의 체계에 대한 이해는 아동복지를 발전시키는 데 크게 기여한다. 왜냐하면 한 국가의 정책이나 제도는 법적인 근거가 마련되어야 비로소 공식적인 제도로 존재할 수 있기 때문이다(이소희, 2019b).

(1) 법원(法源)의 의미

성문법 계열에서의 각각의 법들은 「헌법」에 규정되어 있는 제도상의 권한을 지닌 기관에서 제정되며, 「헌법」을 필두로 하여 법(법률), 명령, 규칙 등의 수직적 체계를 취하고 있다. 따라서 최고법인 「헌법」은 하위법인 각각의 개별법에도 그 목적과 실천 방향을 이끄는 기능을 하며, 「헌법」에 위배되면 위헌이 되는 것으로 법적 효력을 기대할 수 없다.

① 헌법

「헌법」은 국가와 국민의 권리 · 의무에 관한 법으로써 생존권과 생활권을 보장하며, 개별 사회복지법의 제정과 운영에 있어서 강령 내지는 틀을 제공하는 기능을 하는 최고의 법이다. 그러므로 사회복지법을 포함한 다른 모든 법들의 기반이 된다.

아동복지를 포함한 가장 넓은 의미의 사회복지 분야에서 권리와 관련된 주요한

「헌법」 규정은 〈표 4-1〉과 같다.

〈표 4-1〉 헌법과 복지

조항	권리	내용
第10조	기본 인권	• 모든 국민은 인간으로서의 존엄과 가치를 가지며, 행복을 추구할 권리를 가진다. • 국가는 개인이 가지는 불가침의 기본적 인권을 확인하고 이를 보장할 의무를 진다.
第11조	평등권	• 모든 국민은 법 앞에 평등하다. • 누구든지 성별·종교 또는 사회적 신분에 의하여 정치적·경제적·사회적·문화적 생활의 모든 영역에 있어서 차별을 받지 아니한다.
第31조	교육권	• 모든 국민은 능력에 따라 균등하게 교육을 받을 권리를 가진다. • 모든 국민은 그 보호하는 자녀에게 적어도 초등교육과 법률이 정하는 교육을 받게 할 의무를 진다. • 의무교육은 무상으로 한다.
第34조	사회보장·복지권	• 모든 국민은 인간다운 생활을 할 권리를 가진다. • 국가는 사회보장·사회복지의 증진에 노력할 의무를 진다. • 국가는 여자의 복지와 권익의 향상을 위하여 노력하여야 한다. • 국가는 노인과 청소년의 복지향상을 위한 정책을 실시할 의무를 진다. • 신체장애자 및 질병·노령 기타의 사유로 생활능력이 없는 국민은 법률이 정하는 바에 의하여 국가의 보호를 받는다. • 국가는 재해를 예방하고 그 위험으로부터 국민을 보호하기 위하여 노력하여야 한다.

「헌법」 규정과 관련할 때, 아동은 국민의 한 사람으로서 기본적 인권을 지니며, 국가로부터 모든 생활영역에서 차별을 받지 아니하며, 아동다운 생활을 하고, 보장받을 권리를 지닌다. 나아가 의무교육을 무상으로 규정하고 있는 것은 교육복지권의 실현과 밀접한 관련을 지닌다.

② **법(률)**[1)]

법(률)은 「헌법」을 제외한 각 법(법률)을 말한다. 이 법들은 법체계에서 「헌법」 다

1) 법과 법률을 엄격하게 구분하면, 법은 추상적이고 포괄적이지만, 법률은 명료하고, 구체적이며, 입법기관인 국회의 의결을 거쳐 대통령이 서명, 공포한 경우에 해당된다. 대통령은 법률안 거부권을 행사할 수 있다.

음에 해당된다. 아동복지 분야에서 대표적인 법으로 「아동복지법」과 「아동학대범죄의 처벌 등에 관한 특례법」을 들 수 있다. 「아동복지법」은 그 목적에 규정된 바와 같이 모든 아동의 복지보장과 증진을 위한 나침반의 기능을 한다.[2)]

③ **명령**(시행령)

명령은 국회가 스스로 입법하여 의결을 거치지 않고 「헌법」과 법(률)에 근거하여 권한이 있는 행정기관에 위임하여 제정된 경우에 해당된다. 개별법이 있으므로 반드시 명령이 존재해야 하는 것은 아니지만, 모든 사항을 국회에서 규정한다는 것이 한계가 있으므로 효율성과 전문성을 고려하여 관련 행정부에서 세부사항을 정하게 된다. 명령의 주체에 따라 대통령령, 총리령, 부령 등이 있다.

④ **자치법규**(조례와 규칙)

자치법규는 특별시, 광역시, 시, 도, 군, 구가 제정하는 자치에 관한 법을 말하며, 조례와 규칙으로 대별된다. 조례는 지방의회의 의결을 거쳐 제정되며, 규칙은 지방자치단체의 장이 제정한다.

(2) 법의 형태

우리나라의 법은 독일과 프랑스에서 발달된 대륙법계를 따르고 있으며, 성문법 형태를 취하고 있으며,[3)] 국내법은 공법, 사법, 사회법의 세 가지 구조로 체계화된다. 아동복지는 사회복지처럼 사회법에 속한다(이상광, 2018). 그리고 이 사회법에는 노동법과 경제법도 포함된다.

① **공법**

공법은 공익의 추구에 관한 법이다. 일반적으로 국가나 지방자치단체 등 공권

2) 「아동복지법」 참조

3) 법원(法源)의 표현형식은 성문법(成文法)과 불문법(不文法)으로 구분된다. 성문법은 제도상의 권한을 가진 기관에 의해 그 내용이 문자로써 표기되는 형태로 제정된 법으로 일정한 형식 및 절차에 따라 제정된다.

력의 주체가 개인에 대하여 일반적으로 명령하고 강제하는 구조를 지닌다. 따라서 공법은 국가와 국민과의 관계에서 불평등한 권력관계를 규율하는 법이며, 「형법」과 「행정법」, 「형사소송법」, 「민사소송법」 등을 들 수 있다. 사회법에 속하는 법 중에서 「입양특례법」은 공법에 포함된다.

② 사법

사법은 개인의 이해관계에 관한 법이다. 그러므로 개인과의 합의에 바탕을 두게 되며, 「민법」과 「상법」 등을 들 수 있다. 사회법에 속하는 법 중에서 「사회보험법」은 사법에 포함된다.

③ 사회법

사회법은 사법과 공법의 중간영역에 속하는 법이다. 사회법은 사회구성원 상호간의 관계를 규정한다는 점에서 사법과 유사하며, 공권력이 직접적으로 가해지거나 적극적인 기능을 한다는 점에서는 공법과 유사한 점이 있다. 목적은 행동하도록 이끄는 힘을 지니며, 이 힘이 제대로 발휘되려면 목적을 이끄는 의미가 있어야 한다. 사회법의 목적은 사회의 안정과 번영을 위한 것이며, 사회법에 포함되는 「아동복지법」도 동일하다. 아동복지는 아동의 멋진 성장을 위한 것이다.

Child First!

살 펴 보 기

법문화 체험캠프에서 다루어지는 내용 중에서 아동복지와 관련된 것은 무엇인지 살펴보자.

2. 아동복지법의 이해

사회학자인 파슨즈(Parsons)는 '법은 최소의 희생으로 최대의 효과를 얻을 수 있는 사회제도'로 보았다. 이는 법의 특성과 의의를 나타낸 것이라고 할 수 있으며, 특히 성장 중인 아동과 법과의 관계에서는 더 의미 있게 적용된다고 할 수 있다. 다시 말하면 아동을 위한 성인들과 사회의 법적 행위는 장기적으로 볼 때 아동은 물론, 국가의 지속적인 번영에 긍정적인 영향을 미치기 때문이다.

또한 "법은 권리 위에 잠자는 자들을 보호하지 않는다"라는 격언이 있다. 이는 권리의 보장을 위해 노력해야만 타당한 법적 지원을 받을 수 있다는 것을 강조한 것이다. 권리의 요구에 한계가 있는 아동을 위한 사회구성원들의 책임을 환기시키는 영향력 있는 말이라고 할 수 있다.

「아동복지법」을 포함한 아동복지 관계법은 아동복지를 실천하기 위해 근거가 되는 사회적 규범이다. 그러므로 진정으로 아동복지를 실천한다는 것은 아동의 발달과 생활환경 특성을 고려하여 아동을 보호하고, 양육하고, 교육할 뿐만 아니라, 더 나은 성장을 위해 법의 정신과 법체계를 고려하여 적절한 시기에 제정하고, 개정하여 현장에 적용되어야 한다.

1) 아동복지법의 변천

현행 「아동복지법」은 해방과 6·25 전쟁, 4·19와 5·16을 거치는 등 격동의 사회에서 발생한 요보호 상태의 아동을 돕기 위해 1961년에 제정된 「아동복리법」이 20년 만에 전면 개정된 것이다.

그리고 현행법으로의 전면 개정은 이미 언급한 바와 같이 〈세계아동의 권리선언〉과 '세계아동의 해' 선언에 영향을 받았다. 그리고 전면 개정된 이후에는 국제협약CRC의 비준국가로서의 이행을 위해 관련법을 제·개정되었다.

(1) 변화된 아동복리법과 아동복지법의 목적

「아동복리법」과 「아동복지법」의 차이는 '복리법'이 '복지법'으로 법명이 변화한 것도 있지만, 가장 중요한 변화는 법의 대상과 그 대상을 위한 목적이며, 이러한 변화는 아동복지정책과 행정체계에도 큰 변화를 초래하였다. 즉, 예전의 「아동복리법」의 대상은 특별한 도움이 필요한 아동, 당시의 용어로는 '요보호 아동'이었으나, 「아동복지법」은 요보호아동을 포함한 모든 아동으로 확대되었다는 점이다. 이러한 변화는 아동에 대한 인식의 변화와 함께 사회의 변화에 따라 아동지향적인 복지를 도모하고자 선별적 복지를 지양하고, 보편적 견지에서 아동복지를 지향하고자 하는 사회적 합의에 의한 것이다.

〈표 4-2〉 아동복리법과 아동복지법의 목적 비교

구분	아동복리법	아동복지법
목적	이 법은 아동이 그 보호자로부터 유실, 유기 또는 이탈되었을 경우, 그 보호자가 아동을 육성하기에 부적당하거나 양육할 수 없는 경우, 아동의 건전한 출생을 기할 수 없는 경우 또는 기타의 경우에 아동이 건전하고 행복하게 육성되도록 그 복리를 보장함을 목적으로 한다.	이 법은 아동이 건강하게 출생하여 행복하고 안전하게 자랄 수 있도록 아동의 복지를 보장하는 것을 목적으로 한다.

(2) 아동과 청소년의 법적 권리와 책임

아동과 청소년은 발달의 연계성에 놓여 있다. 발달단계를 세분했을 때, 아동의 복지를 위해 기본법적 성격을 지니는 법은 「아동복지법」이며, 청소년의 경우는 기본법이 제정되어 있으며, '복지'를 강화한 관계법으로 「청소년복지 지원법」이 있다. 그리고 아동과 청소년의 복지를 위한 책임에서 아동의 경우는 보호자와 국가와 지방자치단체가 지는 것으로 규정되어 있으나, 아동보다 좀 더 성장하고 성숙한 청소년의 경우, 청소년의 권리와 책임에 대해서도 명시하고 있다.

〈표 4-3〉 아동복지법과 청소년 기본법에 규정된 책임

아동복지법(1981)	청소년 기본법
제4조(국가와 지방자치단체의 책무) ① 국가와 지방자치단체는 아동의 안전 · 건강 및 복지 증진을 위하여 아동과 그 보호자 및 가정을 지원하기 위한 정책을 수립 · 시행하여야 한다. ② 국가와 지방자치단체는 보호대상아동 및 지원 대상아동의 권익을 증진하기 위한 정책을 수립 · 시행하여야 한다. ③ 국가와 지방자치단체는 장애아동의 권익을 보호하기 위하여 필요한 시책을 강구하여야 한다. ④ 국가와 지방자치단체는 아동이 자신 또는 부모의 성별, 연령, 종교, 사회적 신분, 재산, 장애유무, 출생지역 또는 인종 등에 따른 어떠한 종류의 차별도 받지 아니하도록 필요한 시책을 강구하여야 한다. ⑤ 국가와 지방자치단체는 〈아동의 권리에 관한 협약〉에서 규정한 아동의 권리 및 복지 증진 등을 위하여 필요한 시책을 수립 · 시행하고, 이에 필요한 교육과 홍보를 하여야 한다.	제5조(청소년의 권리와 책임) ① 청소년의 기본적 인권은 청소년활동 · 청소년복지 · 청소년 보호 등 청소년 육성의 모든 영역에서 존중되어야 한다. ② 청소년은 인종 · 종교 · 성별 · 나이 · 학력 · 신체조건 등에 따른 어떠한 종류의 차별도 받지 아니한다. ③ 청소년은 외부적 영향에 구애받지 아니하면서 자기 의사를 자유롭게 밝히고 스스로 결정할 권리를 가진다. ④ 청소년은 안전하고 쾌적한 환경에서 자기발전을 추구하고 정신적 · 신체적 건강을 해치거나 해칠 우려가 있는 모든 형태의 환경으로부터 보호받을 권리를 가진다. ⑤ 청소년은 자신의 능력을 개발하고 건전한 가치관을 확립하며 가정 · 사회 및 국가의 구성원으로서의 책임을 다하도록 노력하여야 한다.

2) 아동복지법의 의의

"악법도 법이다"라고 소크라테스는 말했지만, "악법은 법이 아니다"라고 강신영 변호사는 일갈하였다. 아동복지는 사회복지의 중요한 한 분야이되, 구조 및 기능적인 측면에서 보았을 때, 하위 분야에 해당된다. 따라서 아동복지 관계법도 사회복지 관계법과 유사한 맥락에서 파악할 수 있다. 즉, 사회복지 관계법이 사회법에 속하듯이 「아동복지법」을 포함한 아동복지 관계법 역시 사회법에 속하는 것이다.

중요한 것은 법은 법으로써의 존재가치를 발휘해야만 한다는 것이다. 구체적으로 아동복지 관계법은 사회복지 관계법 중에서 특히 아동의 복지와 지위에 관한 법의 총체이며, 아동복지실천에서의 근거가 되기 때문에 궁극적으로 아동의 복지를 보장해야만 한다. 사회복지제도가 법제적 형식으로 존재할 때 국가와 국민 간의 사회복지적 권리와 의무관계가 형성되듯이 아동복지도 법제적 형식으로 존재

할 때 국가와 아동과의 관계에서 복지적인 권리와 의무관계에 따라 복지실천이 이루어진다.

이렇게 볼 때, 「아동복지법」의 의의는 다음 세 가지로 정리할 수 있다.

- 개정된 「아동복지법」은 〈아동의 권리에 관한 국제협약〉의 내용을 반영하기 위해 노력함으로써 국제적 요구에 부응하였다(제1조).
- 아동을 '육성의 대상'에서 '성장의 주체'로 인식하는 관점의 변화를 반영하였다. 이것은 아동에 대한 차별 금지, 안정된 가정환경 제공, 아동 이익의 최우선적 고려를 명시한 것에서 나타난다(제3조 제3항).
- 아동의 권리를 최우선적으로 보장함과 동시에 친권자를 포함한 보호자의 권리도 보장하고 있다. 특히 시설보호아동의 경우 가정복귀 여부를 결정할 때 부모의 상담과 지도를 병행하도록 하였는데(제18조), 이것은 아동복지에서 시설보호와 가정보호의 조화를 강조하는 관점을 반영한 것이다.

3) 아동복지법의 주요 내용

「아동복지법」은 특별한 도움을 필요로 하는 아동을 포함한 모든 아동의 복지를 위한 여러 가지 내용을 규정하고 있다.

〈표 4-4〉 아동복지법의 주요 내용

조항	구분	내용
제1조	목적	아동복지법의 목적은 아동이 건강하게 출생하여 행복하고 안전하게 자랄 수 있도록 아동의 복지를 보장하는 것이다.
제2조	기본 이념	① 아동은 자신 또는 부모의 성별, 연령, 종교, 사회적 신분, 재산, 장애유무, 출생지역, 인종 등에 따른 어떠한 종류의 차별도 받지 아니하고 자라나야 한다. ② 아동은 완전하고 조화로운 인격발달을 위하여 안정된 가정환경에서 행복하게 자라나야 한다. ③ 아동에 관한 모든 활동에 있어서 아동의 이익이 최우선적으로 고려되어야 한다. ④ 아동은 아동의 권리보장과 복지증진을 위하여 이 법에 따른 보호와 지원을 받을 권리를 가진다.

조항	구분	내용
제3조	정의	이 법에서 사용하는 용어의 뜻은 다음과 같다. - 아동이란 18세 미만인 사람을 말한다. - 아동복지란 아동이 행복한 삶을 누릴 수 있는 기본적인 여건을 조성하고 조화롭게 성장·발달할 수 있도록 하기 위한 경제적·사회적·정서적 지원을 말한다. - 보호자란 친권자, 후견인, 아동을 보호·양육·교육하거나 그러한 의무가 있는 자 또는 업무·고용 등의 관계로 사실상 아동을 보호·감독하는 자를 말한다. - 보호대상아동이란 보호자가 없거나 보호자로부터 이탈된 아동 또는 보호자가 아동을 학대하는 경우 등 그 보호자가 아동을 양육하기에 적당하지 아니하거나 양육할 능력이 없는 경우의 아동을 말한다. - 지원대상아동이란 아동이 조화롭고 건강하게 성장하는 데에 필요한 기초적인 조건이 갖추어지지 아니하여 사회적·경제적·정서적 지원이 필요한 아동을 말한다. - 가정위탁이란 보호대상아동의 보호를 위하여 성범죄, 가정폭력, 아동학대, 정신질환 등의 전력이 없는 보건복지부령으로 정하는 기준에 적합한 가정에 보호대상아동을 일정 기간 위탁하는 것을 말한다. - 아동학대란 보호자를 포함한 성인이 아동의 건강 또는 복지를 해치거나 정상적 발달을 저해할 수 있는 신체적·정신적·성적 폭력이나 가혹행위를 하는 것과 아동의 보호자가 아동을 유기하거나 방임하는 것을 말한다.
제4조	국가와 지방 자치 단체 책무	- 국가와 지방자치단체는 아동의 안전·건강 및 복지증진을 위하여 아동과 그 보호자 및 가정을 지원하기 위한 정책을 수립·시행하여야 한다. - 국가와 지방자치단체는 보호대상아동 및 지원대상아동의 권익을 증진하기 위한 정책을 수립·시행하여야 한다. - 국가와 지방자치단체는 아동이 태어난 가정에서 성장할 수 있도록 지원하고, 아동이 태어난 가정에서 성장할 수 없을 때는 가정과 유사한 환경에서 성장할 수 있도록 조치하며, 아동을 가정에서 분리하여 보호할 경우에는 신속히 가정으로 복귀할 수 있도록 지원하여야 한다. - 국가와 지방자치단체는 장애아동의 권익을 보호하기 위하여 필요한 시책을 강구하여야 한다. - 국가와 지방자치단체는 아동이 자신 또는 부모의 성별, 연령, 종교, 사회적 신분, 재산, 장애유무, 출생지역 또는 인종 등에 따른 어떠한 종류의 차별도 받지 아니하도록 필요한 시책을 강구하여야 한다. - 국가와 지방자치단체는 〈아동의 권리에 관한 국제협약〉에서 규정한 아동의 권리 및 복지증진 등을 위하여 필요한 시책을 수립·시행하고, 이에 필요한 교육과 홍보를 하여야 한다. - 국가와 지방자치단체는 아동의 보호자가 아동을 행복하고 안전하게 양육하기 위하여 필요한 교육을 지원하여야 한다.
제5조	보호자 책무	- 아동의 보호자는 아동을 가정에서 그의 성장 시기에 맞추어 건강하고 안전하게 양육하여야 한다. - 아동의 보호자는 아동에게 신체적 고통이나 폭언 등의 정신적 고통을 가하여서는 아니 된다. - 모든 국민은 아동의 권익과 안전을 존중하여야 하며, 아동을 건강하게 양육하여야 한다.

이 외에 어린이날과 어린이주간, 아동권리보장원의 설립과 운영, 아동복지시설의 종류와 운영, 중앙아동보호기관의 설립과 운영, 가정위탁보호센터의 설치와 운영, 아동에 대한 보호조치와 금지행위, 아동안전과 아동학대 등에 대해 규정하고 있다.4) 특히 아동권리보장원은 아동정책에 대한 종합적인 수행과 아동복지 관련 사업의 효과적인 추진을 위하여 필요한 정책의 수립을 지원하고 사업평가 등의 업무를 수행하도록 최근 설립되었으며, 중요한 업무는 다음과 같다.

- 아동정책 수립을 위한 자료 개발 및 정책 분석
- 아동정책영향평가 지원
- 아동 관련 조사 및 통계 구축
- 아동 관련 교육 및 홍보
- 아동 관련 해외정책 조사 및 사례분석
- 아동보호서비스에 대한 지원
- 아동학대의 예방과 방지 지원
- 가정위탁사업 활성화 지원
- 지역 아동복지사업 및 아동복지시설의 원활한 운영을 위한 지원
- 「입양특례법」에 따른 국내입양 활성화 및 입양 사후관리를 위한 지원

그리고 「아동복지법」은 시대 상황에 따라 개정되므로 자주 국가법령정보센터를 찾아 필요한 부분에 대해 점검할 필요가 있다.

4) 이에 대한 구체적 내용에 대해서는 중복을 피하기 위해 제3·4부의 해당부분에서 다루게 된다.

Child First!

국제아동인권센터
International Child Rights Center

InCRC 국제아동인권센터는 대한민국 서울에 본부를 둔 비영리단체입니다. 국제아동인권센터는 모든 아동이 그들의 권리, 존엄성, 진실성이 존중받는 환경 속에서 자신들의 잠재력을 최대한 개발하여 그들이 삶을 증진하는 데 최선을 다합니다.

InCRC 국제아동인권센터는 모든 아동이 그들의 권리, 존엄성, 진실성을 존중받는 환경 속에서 잠재력을 최대한으로 개발하여 보다 나은 세상에서 삶을 살 수 있도록 활동하고 있는 단체로 InCRC의 모든 활동은 유엔아동권리협약과 세계인권교육 선언문을 기반으로 인류 보편적 가치를 따르고 글로벌 경험과 지식을 통해 인권문화 형성에 앞장서고 있습니다.

출처: 국제아동인권센터

살 펴 보 기

국제아동인권센터 홈페이지를 방문하여 어떠한 아동복지 사업이 이루어지고 있는지 살펴보자.

___

___

3. 아동복지 관계법의 이해

“세상을 다스리는 것은 사람이지 결코 법이 아니다”라고 순자는 말했다. 물론이다. 이것은 법의 지나친 강제력을 말한 것이다. 그럼에도 불구하고 세상을 선하게 이끌기 위해 법이 반드시 필요하다는 것이다. 그렇지 않으면 ‘이상한’ 그리고 ‘잘못된’ 힘에 의해 강제로 다스려지기 때문이다.

다른 한편 “백성을 사랑하는 것은 오히려 백성을 해롭게 하는 시작이 된다. 가령 법을 제정하는 것은 백성을 사랑하기 때문이지만, 그 보호의 도가 지나치면 오히려 백성을 해롭게 하는 것이 된다”라고 장자가 말했다. ‘아동’도 마찬가지이다. 법을 만드는 것만이 능사가 아니며, 진정으로 아동의 권리와 복지를 위할 수 있는 법을 제정하고, 개정해야 하는 것이며, 이를 위해서는 법을 잘 이해해야 한다.

1) 아동복지 관계법의 체계와 종류

아동의 복지에 관한 개별법은 모든 아동을 대상으로 하는 포괄적인 법과 특별한 도움이 필요한 요보호상태의 아동을 중심으로 하는 개별법으로 구분할 수 있다. 그리고 아동을 직접 대상으로 하는 법과 아동이 그 법의 대상으로 포함되는 법을 들 수 있는데, 예를 들어 법의 명칭이나 목적, 그리고 법의 적용 대상에서 아동이 명시된 법의 예로 「아동복지법」과 「영유아보육법」을 들 수 있으며, 후자의 예로 「장애인복지법」을 들 수 있다.

〈표 4-5〉 아동복지 관계법의 호칭과 연령

법	호칭	연령 정의
아동복지법	아동	18세 미만인 사람
영유아보육법	영유아	6세 미만의 취학 전 아동
유아교육법	유아	만 3세부터 초등학교 취학 전 어린이

<table>
<tr><th>법</th><th>호칭</th><th>연령 정의</th></tr>
<tr><td>교육기본법</td><td colspan="2" rowspan="6">학교 공간에서 생활하는 학생</td></tr>
<tr><td>초 · 중등교육법</td></tr>
<tr><td>독서문화진흥법</td></tr>
<tr><td>문화예술교육 지원법</td></tr>
<tr><td>인성교육진흥법</td></tr>
<tr><td>공교육 정상화 촉진 및
선행교육 규제에 관한 특별법</td></tr>
<tr><td>어린이놀이시설 안전관리법</td><td>어린이</td><td>만 13세 이하의 어린이
(*어린이 제품 안전 특별법 제2조 제1호에 근거)</td></tr>
<tr><td rowspan="2">모자보건법</td><td>신생아</td><td>출생 후 28일 이내의 영유아</td></tr>
<tr><td>영유아</td><td>출생 후 6년 미만의 사람</td></tr>
<tr><td>학교보건법</td><td colspan="2" rowspan="5">학교 공간에서 생활하는 학생
(학생: 학교에 입학하여 수학하고 있는 자)</td></tr>
<tr><td>학교급식법</td></tr>
<tr><td>학교체육 진흥법</td></tr>
<tr><td>학교안전사고예방 및 보상에 관한 법률</td></tr>
<tr><td>학교폭력예방 및 대책에 관한 법률</td></tr>
<tr><td>민법</td><td>미성년자</td><td>19세에 이르지 않은 사람</td></tr>
<tr><td>입양특례법</td><td>아동</td><td>18세 미만의 사람</td></tr>
<tr><td>실종아동 등의 보호 및 지원에 관한 법률</td><td>아동</td><td>실종 당시 18세 미만인 아동</td></tr>
<tr><td>형법</td><td>형사미성년자</td><td>14세가 되지 아니한 자</td></tr>
<tr><td>형의 집행 및 수용자의 처우에 관한 법률</td><td>소년</td><td>19세 미만인 자</td></tr>
<tr><td>보호시설에 있는 미성년자의 후견직무에 관한 법률</td><td>미성년자</td><td>19세에 이르지 않은 사람
(*민법 제4조에 근거)</td></tr>
<tr><td>보호소년 등의 처우에 관한 법률</td><td>소년</td><td>19세 미만인 자
(*소년법 제2조에 근거)</td></tr>
<tr><td>소년법</td><td>소년</td><td>19세 미만인 자</td></tr>
<tr><td>근로기준법</td><td>소년</td><td>15세 미만인 자
(초 · 중등교육법에 따른 중학교에 재학 중인 18세 미만인 자를 포함)</td></tr>
<tr><td>도로교통법</td><td>어린이</td><td>13세 이하의 어린이</td></tr>
<tr><td>교통안전법</td><td>어린이</td><td>13세 이하의 어린이</td></tr>
<tr><td>재난 및 안전관리 기본법</td><td>유아
학생</td><td>유아교육법 제2조 제2호 및
초 · 중등교육법 제2조에 근거</td></tr>
<tr><td>청소년 기본법</td><td>청소년</td><td>9세 이상 24세 이하인 사람</td></tr>
</table>

법	호칭	연령 정의
청소년복지 지원법	청소년	9세 이상 24세 이하인 사람 (*청소년 기본법 제3조 1호에 근거)
청소년활동 진흥법	청소년	9세 이상 24세 이하인 사람 (*청소년 기본법 제3조 1호에 근거)
청소년 보호법	청소년	만 19세 미만인 사람
성매매알선 등 행위의 처벌에 관한 법률	청소년	9세 이상 24세 이하인 사람 (*청소년 기본법 제3조 1호에 근거)
성폭력방지 및 피해자 보호 등에 관한 법률	미성년자	19세 미만의 자 (*아동 · 청소년의 성보호에 관한 법률 제2조 1호에 근거)
	아동 · 청소년	
성폭력범죄의 처벌 등에 관한 특례법	미성년자	19세에 이르지 않은 사람
가정폭력방지 및 피해자보호 등에 관한 법률	아동	18세 미만인 자
가정폭력범죄의 처벌 등에 관한 특례법	아동	18세 미만인 사람 (*아동복지법 제3조 제1호에 근거)
아동의 빈곤예방 및 지원 등에 관한 법률	아동	18세 미만인 사람 (*아동복지법 제3조 제1호에 근거)
아동학대범죄의 처벌 등에 관한 특례법	아동	18세 미만인 사람 (*아동복지법 제3조 제1호에 근거)
아동 · 청소년의 성보호에 관한 법률	아동 · 청소년	19세 미만의 자
학교 밖 청소년 지원에 관한 법률	청소년	9세 이상 24세 이하인 사람 (*청소년 기본법 제3조 1호에 근거)
장애아동 복지지원법	장애아동	18세 미만의 사람 (*장애인복지법 제32조에 근거)
장애인 등에 대한 특수교육법	장애영아	만 3세 미만의 영아
장애인 차별금지 및 권리구제 등에 관한 법률	아동	18세 미만인 사람 (*아동복지법 제3조 제1호에 근거)
한부모가족지원법	아동	18세 미만의 사람 (*취학 중인 경우에는 22세 미만)
	청소년한부모	24세 이하의 모 또는 부
건강가정기본법	청소년한부모	24세 이하의 모 또는 부
헤이그 국제아동탈취협약 이행에 관한 법률	아동	16세 미만의 아동 (*국제적 아동탈취의 민사적 측면에 관한 협약 제4조에 근거)

아동의 포괄적, 보편적 발달과 복지를 위해서 관련 아동복지 관계법이 매우 필요하다. 그러나 이 경우, 전제되어야 할 것은 아동 및 아동복지에 대한 시각 및 지향점에 관한 사회적 합의이다.

그리고 「아동복지법」은 여러 아동복지 관계법과 긴밀히 연계되어 있다. 그 예로 제3조 7항과 제13조, 제15조, 제22조 등을 들 수 있다.

제3조(정의) "아동학대"란 보호자를 포함한 성인이 아동의 건강 또는 복지를 해치거나 정상적 발달을 저해할 수 있는 신체적·정신적·성적 폭력이나 가혹 행위를 하는 것과 아동의 보호자가 아동을 유기하거나 방임하는 것을 말한다. "아동학대 관련 범죄"란 다음 각 목의 어느 하나에 해당하는 죄를 말한다.

가. 아동학대범죄의 처벌 등에 관한 특례법 제2조 제4호에 따른 아동학대범죄

나. 아동에 대한 형법 제2편 제24장 살인의 죄 중 제250조부터 제255조까지의 죄

제13조(아동복지전담공무원) ① 아동복지에 관한 업무를 담당하기 위하여 특별시·광역시·도·특별자치도(이하 "시·도") 및 시·군·구(자치구를 말한다. 이하 같다)에 각각 아동복지전담공무원(이하 "전담공무원")을 둘 수 있다.

② 전담공무원은 「사회복지사업법」 제11조에 따른 사회복지사의 자격을 가진 사람으로 하고 그 임용 등에 필요한 사항은 해당 시·도 및 시·군·구의 조례로 정한다.

③ 전담공무원은 아동에 대한 상담 및 보호조치, 가정환경에 대한 조사, 아동복지시설에 대한 지도·감독, 아동범죄 예방을 위한 현장확인 및 지도·감독 등 지역 단위에서 아동의 복지증진을 위한 업무를 수행한다.

④ 관계 행정기관, 아동복지시설 및 아동복지단체(아동의 권리를 보장하고 복지증진을 목적으로 설립된 기관 및 단체를 말한다. 이하 같다)를 설치·운영하는 자는 전담공무원이 협조를 요청하는 경우 정당한 사유가 없는 한 이에 따라야 한다.

제15조(보호조치) ① 전담공무원 또는 아동위원에게 보호대상아동 또는 그 보호자에 대한 상담·지도를 수행하게 하는 것

② 보호자 또는 대리양육을 원하는 연고자에 대하여 그 가정에서 아동을 보호·양육할 수 있도록 필요한 조치를 하는 것

③ 아동의 보호를 희망하는 사람에게 가정위탁하는 것

④ 보호대상아동을 그 보호조치에 적합한 아동복지시설에 입소시키는 것

⑤ 약물 및 알코올 중독, 정서·행동·발달장애, 성폭력·아동학대 피해 등으로 특수한 치료나 요양 등의 보호를 필요로 하는 아동을 전문치료기관 또는 요양소에 입원 또는 입소시키는 것

⑥ 「입양특례법」에 따른 입양과 관련하여 필요한 조치를 하는 것

제22조의2(학생 등에 대한 학대 예방 및 지원 등) ① 국가와 지방자치단체는 「유아교육법」에 따른 유치원의 유아 및 「초·중등교육법」에 따른 학교의 학생(이하 이 조에서 "학생 등")에 대한 아동학대의 조기 발견 체계 및 제45조에 따른 지역아동보호전문기관(이하 "지역아동보호전문기관") 등 관련 기관과의 연계 체계를 구축하고, 학대피해 학생 등이 유치원 또는 학교에 안정적으로 적응할 수 있도록 지원하여야 한다.

② 교육부장관은 아동학대의 조기 발견과 신속한 보호조치를 위하여 대통령령으로 정하는 바에 따라 장기결석 학생 등의 정보 등을 보건복지부장관과 공유하여야 한다.

③ 제1항에 따른 학교 적응 지원 등 대통령령으로 정하는 업무는 교육부장관 또는 「지방교육자치에 관한 법률」에 따른 교육감이 지정하는 기관에 위탁할 수 있다.

그러나 현재 우리나라의 아동복지 관계법은 규정의 모호성과 임의성이라는 한계를 지적받고 있다. 먼저 대상과 연령이 통일되지 않고 있을 뿐만 아니라 아동을 지칭하는 용어도 영아, 유아, 아동, 청소년, 소년, 미성년자 등으로 법의 성격에 따라 다양하다는 것이다. 그러나 아동복지의 다양한 영역이 지니는 특수성을 고려해 볼 때, 법 적용 대상자의 정의와 호칭에서 일관성과 통일성을 유지하는 것은 결코 쉬운 일이 아니다. 또한 요보호상태의 아동과 보호자에 대한 규정이 분명하지 않기 때문에 임의적 해석과 적용이 가능하여 자칫 아동에게 불리하게 사용될 위험성을 안고 있다. 예를 들면, '…양육하기에 부적당하거나 양육할 능력이 없는…'과 같은 표현 등이다. 나아가 아동복지 관련 행정부처와 기관의 역할과 책임을 '…부담할 수 있다' 등과 같이 임의성을 띠고 있기 때문에 책임 이행에서의 적극성을 기대하기가 어려울 수 있다는 점이다. 따라서 아동복지 관계법의 효과적 적용을 위해 관계 전문가들의 협력적 노력이 매우 필요하다.

아동권리 & 아동복지 이야기

출처: 국제컴패션

발 표

'What we do'의 글과 그림을 연계하여 나의 느낌을 말해 보자.

2) 아동복지 행정부서와 아동복지 관계법

「아동복지법」에 근거하여 효과적으로 아동복지정책을 수립하고 집행하기 위해 주무(主務) 행정부서를 두고 있으며, 이는 아동복지 관계법에 명시하고 있다. 이러한 조치는 아동복지의 보장과 증진에 대한 책임 행정을 공고히 하기 위해서이다.

이러한 맥락에서 우리나라 아동복지의 근간을 이루는 「아동복지법」은 보건복지부에서 관장하고 있으며, 각 행정부서에서는 부서의 성격을 고려한 아동복지 관계법에 근거하여 아동권리의 보장과 아동복지증진을 도모하고 있다. 아동복지 관계법만이 아니라, 다른 복지 및 보장 관련법에도 동일하다. 그 예로 「국민건강보험법」을 들 수 있으며, 이 법에서는 주무부서와 장관을 명시화하고 있다.

제1조(목적) 이 법은 국민의 질병 · 부상에 대한 예방 · 진단 · 치료 · 재활과 출산 · 사망 및 건강증진에 대하여 보험급여를 실시함으로써 국민보건 향상과 사회보장 증진에 이바지함을 목적으로 한다.
제2조(관장) 이 법에 따른 건강보험사업은 보건복지부장관이 맡아 주관한다.

각각의 아동복지 관계법은 적절한 소관 행정부서를 통해 전달되며, 그 이후 피드백을 통해 개정-폐지 과정을 거치게 되며, 새로운 법을 제정하기도 한다.

〈표 4-6〉 중앙행정부서와 아동복지 관계법

중앙행정조직	아동복지 관계법
보건복지부	아동복지법, 영유아보육법, 모자보건법, 아동의 빈곤예방 및 지원 등에 관한 법률, 입양특례법, 장애아동 복지지원법, 장애인차별금지 및 권리구제 등에 관한 법률, 보호시설에 있는 미성년자의 후견직무에 관한 법률, 실종아동 등의 보호 및 지원에 관한 법률, 저출산고령화지원법, 사회보장기본법, 국민건강보험법
여성가족부	건강가정기본법, 한부모가족지원법, 아동청소년 성보호에 관한 법률, 성폭력방지 및 피해자보호 등에 관한 법률, 청소년 기본법, 청소년 보호법, 청소년활동 진흥법, 학교 밖 청소년 지원에 관한 법률, 한국청소년연맹 육성에 관한 법률
교육부	교육기본법, 유아교육법, 초·중등교육법, 인성교육진흥법, 학교급식법, 학교보건법, 장애인 등에 대한 특수교육법, 학교안전사고예방 및 대책에 관한 법률, 학교폭력예방 및 대책에 관한 법률, 학원의 설립·운영 및 과외교습에 관한 법률
법무부	아동학대범죄의 처벌 등에 관한 법률, 보호소년처우 등에 관한 법률, 성폭력범죄의 처벌 등에 관한 특례법, 가정폭력범죄의 처벌 등에 관한 특례법, 성매매 알선 등 행위의 처벌에 관한 법률, 소년법, 형법, 성폭력범죄의 처벌 등에 관한 특례법,
문화체육관광부	학교체육진흥법, 독서문화진흥법, 문화예술교육진흥법
고용노동부	근로기준법
산업통상지원부	어린이 제품 안전특별법,
식품의약품안전처	어린이 식생활관리 특별법, 식품안전기본법
국민안전처	어린이 놀이시설 안전관리법, 재난 및 안전관리기본법

특히 〈아동의 권리에 관한 국제협약〉에 비준한 우리나라의 입장에서는 국제협약CRC를 준수하기 위해 이러한 과정을 빈번하게 거치게 되며, 이는 국가보고서를 작성하여 UN에 보고하게 된다.

Child First!

출처: http://www.sisunnews.co.kr/news/articleView

살 펴 보 기

소위 말하는 '민식이법'의 제정과정을 살펴보고 실제적 타당성과 유효성을 거두기 위해 어떠한 조치가 필요한가에 관해 이야기 나누어보자. (※참고: 도로교통법)

제5장

아동복지실천과 정책

아동복지는 다양한 주체들에 의해 실천되며, 특히 적극적인 아동권리의 보장이라는 차원에서 국가의 역할이 매우 강조되고 있으며, 지방자치단체도 그러하다. 아동복지정책은 국가가 지향하는 복지이념에 근거하여 수립되어 다양한 조직을 통해 전달된다.

제5장에서는 정책을 통한 아동복지실천에 대해 살펴보기로 한다.

1. 정책과정의 이해

"국가는 사람을 위해 만들어졌지 사람이 국가를 위해 만들어지지 않았다."라고 세기적 과학자로서 평화를 갈망한 아인슈타인이 말했다. 이 말은 진정한 국가의 역할을 강조한 것으로, 국가의 역할은 단적으로 정책으로 가시화되며, 이는 이념과 밀접한 관련을 지니고 있다. 그러므로 복지이념에 대한 이해는 실제 아동복지 정책결정과 실시에서의 비판적 성찰을 가능케 해 주고, 이후의 정책결정에 큰 시사점을 제공해 준다.

최근에 들어서는 아동의 발달권과 복지권을 보장함으로써 아동의 건강하고 건전한 성장을 도모할 뿐만 아니라, 아동문제와 장애의 발생 예방 및 치료 등을 적극적으로 수행하기 위한 국가정책의 역할이 매우 강조되고 있다. 〈아동의 권리에 관한 국제협약〉에 비준한 이후는 더욱 그러하다.

한편 "가난은 나라도 못 구한다"라는 말이 있는데, 이는 국가가 지닌 역할의 한계성을 드러내 주고 있다. 따라서 지나친 국가 의존은 복지서비스의 지속적인 제공을 저하시키므로 지혜로운 접근이 필요하다.

1) 정책의 정의와 함의

정책의 사전적 정의는 '목표를 이루기 위한 지침'을 말한다. 일반적으로 정책은 정책의 주체와 정책의 내용에 따라 크게 두 가지로 대별할 수 있다. 하나는 넓은 의미로 공적 기관은 물론, 사적 기관에서도 폭넓게 활용할 수 있는 정의이다. 정책학의 시조인 라스웰(Lasswell, 2017)은 목적가치와 실행을 투사한 계획(course of action)이라고 정의하였으며, 김형렬(2000)은 조직체의 이상, 목적 및 목표를 달성하기 위한 방침이라고 정의하였다.

다른 하나는 좁은 의미로 정책의 공공성을 강조하여 정부의 기능에 초점을 맞춘 정의이다. 박동서(2004)는 정부의 주요한 활동지침으로 정의하였으며, 남궁근

(2017)은 정부가 어떤 목적을 달성하기 위해 간략히 제시하는 지침이라고 유사하게 정의하였다.

한편 복지를 고려한 정책의 의미는 사회복지정책에서 파악할 수 있는데, 송근원(2018)과 최성재와 남기민(2016) 등은 사회복지의 목표를 이루기 위해 필요한 행동들에 관한 원칙을 사회복지정책으로 정의하였다. 이러한 정의를 고려하여 아동복지정책은 아동복지의 목표를 이루기 위해 필요한 행동들에 관한 원칙으로 정의할 수 있다.

공공성의 차원에서 정책적 접근을 할 때, 정책은 한 나라가 지향하는 정치이념과 밀접한 관련을 지닌다.[1] 더구나 복지증진을 이루기 위해서는 막대한 재정이 투입되어야 하므로 복지이념과 관련된 정책이슈는 매우 다양하게 제기된다. 따라서 우리나라의 역사적 상황과 직면한 문제를 고려하여 복지이념에 대한 바른 이해를 바탕으로 정책과정에 직·간접적으로 지혜롭게 참여하여야 한다(신영석, 윤강재 외, 2013; 여유진, 2014).

일반적으로 국가원수가 국가를 통치할 때, '통치이념'이라는 말을 쓴다. 국가가 국가를 경영할 때는 '국정이념' 또는 '정치이념'이라는 말을 쓰며, 국가경영 중에서 복지와 관련할 때는 '복지이념'이라는 말을 사용한다.

2) 정책과 복지이념

아동복지를 포함한 사회복지정책에서 근간을 이루는 복지이념은 「헌법」에 명시되어 있는데, 그 전문에는 '자율과 조화를 바탕으로 자유민주적 기본질서를 더욱 확고히 하여'라고 명시되어 있으며, 제4조에는 '대한민국은 통일을 지향하며, 자유민주적 기본질서에 입각한 평화적 통일 정책을 수립하고 이를 추진한다'고 되어 있다.

1) 정치이념은 복지이념과 동일한 맥락에서 사용되기도 한다. 다시 말하면, 국가는 아동의 복지권을 인정하고 보장해 주기 위해 노력해야 한다는 기본 원칙은 준수하되, 그 실제적인 대책은 소위 복지이념이라고 하는 기준에 따라 선택적으로 조절하여 실시하게 된다.

그리고 「헌법」 제34조 제1항에 "국가는 사회복지, 사회보장의 증진에 노력하여야 한다"고 명시되어 있는 점을 고려할 때, 아동복지정책의 수립 및 실시에서는 기본적으로 자유민주주의 이념에 기반해야 하며, 동시에 지방자치단체에서도 적용되어야 한다. 이러한 접근에서 중요한 것은 아동복지의 실천원칙을 고려하여 정책의 우선순위와 비중을 조율하는 것이다.

아동권리 & 아동복지 이야기

출처: 부산시 다복동 성과발표회(2016, 2017); 매일신문.

발 표

'다복동'은 부산광역시 최고의 정책으로 선정되었다고 한다. 만약 내가 시장이라면, 아동의 권리를 위해 어떤 정책을 펼 것인지 창조적 상상으로 말해 보자. (예: Child First, 내 아이 우리 아이…)

___

___

복지이념에 관한 이론 중에서 우리나라의 복지이념인 '자유민주주의'가 포함된 복지이념은 조지와 윌딩(George & Wilding, 2003)의 4분류법이다. 그러므로 이 분류에 따른 복지이념의 성격을 이해하면, 우리나라 아동복지정책을 포함한 전반적인 복지정책의 지향점과 실천방법을 쉽게 이해할 수 있다(이소희, 2019b).

(1) 자유방임주의와 복지정책

자유방임주의(반집합주의, anti-collectivism) 복지모형이 내세우는 근본 가치는 자유, 개인주의, 불평등으로서 상호 밀접한 관계를 갖는다. 자유란 강제의 부재로써 개인이 그 자신의 이익을 추구하고 행동결과에 책임질 수 있을 만큼 자유롭다면 그 자신과 국가를 위하여 최대한 능력을 발휘할 것으로 본다. 따라서 개인의 자유에 영향을 미칠지도 모르는 어떠한 정부의 시책도 허용하지 않으며 국가의 개입이나 강제에 의해 풍요로워지기보다는 차라리 가난할 것을 주장한다.

그리고 인간의 지위나 소득은 그 자신의 능력과 노력에 의해 영향을 받으므로 불평등은 정당화되며, 이러한 측면은 경제성장에 긍정적인 작용을 한다고 본다. 경제적으로는 사유재산제도, 영리추구, 자유경쟁의 원칙이 지배하며, 국민경제의 질서는 스미스(Smith)의 이른바 '보이지 않는 손'에 의해 자연스럽게 조화를 이루며 나가므로 국가는 이러한 경제체계에 간섭하지 않는 것이 좋다는 입장을 취한다.

따라서 개인주의에 입각하여 경제성장과 부의 극대화에 최대의 가치를 부여하며 소득 · 교육 · 의료서비스 및 시설보호의 형태는 생산제도에 의해 좌우되고 빈곤한 자에 대한 국가의 원조와 개입은 극히 최소한에 그치되 자산조사에 의한다. 즉, 국가의 역할은 경제질서가 시장을 통하여 조정될 수 없거나, 비용이 많이 들어서 정치적인 경로를 통하는 것이 더 바람직한 경우로 제한된다. 또한 실업은 나태에서 비롯된다고 보기 때문에 죄악시한다. 따라서 자조와 자립이 강조되고 문제해결의 책임은 개인이 지며, 빈민구제도 사설기구나 자선단체에 의존하게 된다.

이러한 관점에서 복지국가는 다음의 세 가지 방향에서 그 축소가 요구되는데, 사회봉사의 범위 및 원조 대상자의 축소, 최소한의 서비스 수준 유지, 사회봉사에서 행정관리의 방향을 중앙에서 지방으로, 정부에서 민간으로 하여 개인주의와 자유를 최대한 보장하도록 하는 것이다. 정치적으로는 의회민주주의를 고수하나 국가는 치안질서를 유지하기 위하여 야경국가의 기능에 머문다.

(2) 자유민주주의와 복지정책

자유민주주의(소극적 집합주의, reluctant-collectivism) 복지모형이 내세우는 근본 가치는 자유, 개인주의, 경쟁적인 사기업의 강조, 자조로서, 자유방임주의와 비슷하지만, 지적 실용주의에 의하여 다소 실용적이고 제한적이다. 여기에서 자유란 정부의 독단적인 권력으로부터의 자유를 의미함과 동시에 결여, 불평등 및 사회악으로 인한 경제적 예속으로부터의 자유를 포함한다.

그렇다고 해서 평등주의자는 아니다. 이것은 자본주의가 자립규제적이지 못하고 낭비적이고 비효율적이며, 자원의 배분을 잘못하여 스스로 불의와 빈곤을 해결하지 못하기 때문에 다소간 정부개입의 유익성을 주장한다. 이러한 주장의 기초가 되는 것은 지적 실용주의, 즉 인간의 이성적 사고에 대한 신뢰에서 비롯한다. 그리고 근본적으로는 자유시장제도에 대한 신뢰 때문에 정부의 역할은 한계성을 지니고 있다고 본다.

정부의 가장 중요한 역할은 국민 개개인이 이미 수행하고 있는 기능에 관한 것이 아니라, 국민 개개인의 외부에 놓여 있는 기능, 다시 말하면 정부 이외의 누구도 행할 수 없는 기능에 관한 것으로써 이때의 부조는 최저수준으로 제한된다. 왜냐하면 이 입장에서의 사회정책의 원리는 국민으로부터 모든 책임을 제거하자는 것이 아니라, 국민 자신과 가족이 최저생활을 영위할 수 있도록 그의 능력을 조장하는 데 있기 때문이다.

따라서 정부의 역할은 현저한 사회악의 해소, 사회불평등의 완화, 사회복지계획에서의 우선순위의 결정, 민간기업의 조장에 있는 것으로 이를 위해서 민간복지, 사회보험, 국민 최저수준의 사회복지사업의 실시를 주장한다. 정치적으로는 의회민주주의하에서 사회개혁을 그 방법론으로 채택하고 있다.

(3) 사회민주주의와 복지정책

사회민주주의(페이비언 사회주의, Fabian-Socialism) 복지모형이 내세우는 중심 가치는 평등 · 자유 · 우애이며, 파생적 가치로 인도주의를 들 수 있다. 평등이란 사실상 모든 사회이론의 핵심이 되는 주요한 가치이다. 사회적 조화, 사회적 효율, 사회적 정의 및 개인이 자신의 잠재능력을 발휘하여 자아실현을 할 수 있는 기회가 보장된 사회를 의미한다. 따라서 불평등은 능력보다는 기회의 차이에서 발생한다고 본다. 그리고 우애라는 것은 경쟁보다는 평등, 권리보다는 의무, 개인보다는 공동체의 선(善)을, 자조보다는 이타심을 강조하는 것의 총합체이다.

파생적 가치로써 인도주의는 어떠한 범주 내에서는 자신의 몫을 완수할 수 있어야 하지만, 동시에 어떠한 사회적 불안도 가능한 한 일소되어야 한다고 본다. 이러한 인도주의는 사회성장에 관한 태도에서 분명히 나타나는데, 예컨대 경제성장보다는 사회적 성장이 우선되어져야 한다고 본다. 예를 들면, 교육적으로 정상아동보다 장애아동에게 더 많은 예산을 사용하고 일반적인 질병을 가진 아동보다는 만성질환을 가진 아동에게 더 많은 의료혜택이 주어져야 사회가 성장할 수 있다는 입장을 취한다. 이러한 관점은 자유민주주의에서처럼 자본주의가 자기규제적이지 못하고, 빈곤을 해소시키지 못하며, 이로 인해 부의 불평등을 야기한다고 보기 때문이다. 즉, 자유시장제도의 실패로부터 국가개입의 필요성을 찾는다.

따라서 국가는 어려운 생활 상태에 놓여 있는 자에 대한 사회적 원조를 중요시 여기며, 분배정책을 통해서 사회적 평등을 실시하여 복지국가를 이루려고 한다. 이러한 측면에서 복지국가는 사회경제적 기능을 가지고 있으며, 이에 의한 사회정책이 산업사회에 의해 파생된 욕구와 문제에 대한 대응책이라고 본다. 그렇기 때문에 가족의 역할과 기능 변화에 적절히 대응하여 사회통합, 공동체의식 및 이타주의를 유지시켜야 되는 것을 과제로 보고 있다.

(4) 사회주의와 복지정책

사회주의(마르크스주의, Marxist) 복지모형이 내세우는 중심 가치는 자유 · 평등 · 박애이다. 그러나 민주사회에서 사용되는 자유와는 차이가 있다. 다시 말하면, 무엇으로부터의 자유인가 하는 것보다 무엇에 대한 자유인가 하는 것이다. 그리고 평등의 경우, 실제로 경제적 평등이 따르지 않는 정치적 평등은 있을 수 없다고 본다. 평등이란 개인의 이해와 지역사회의 이해를 타협시키는 차원에서 이루어질 수 있으며, 이것에 의해 우애로워질 수 있다고 보기 때문이다.

따라서 정부가 경제적인 측면에서 강력하고 능동적인 역할을 담당하게 되며, 이러한 차원에서 생산제도의 국유화는 정당화된다. 왜냐하면 자원의 배분이 성취도 기준이 아니라, 요구도 기준에 입각해 있기 때문에 이러한 요구에 대한 국가책임, 즉 무료서비스를 강조하는 것이다. 정치는 급진적인 사회개혁을 통해서 이루어질 수 있다고 보며 자본주의 체제의 종식이 사회의 평등을 가져다준다고 믿는다. 그러나 역사적으로 보면 사회주의체제가 진정한 국민의 복지를 실현했다고 보기 어렵다.

3) 사회보장정책

정책은 법에 따라 행동목표를 수립하고, 실천하고, 평가를 실시한다. 그리고 이러한 과정을 피드백하여 관계법의 제정과 개정 및 폐지를 이끌어낸다. 이렇게 볼 때 권리와 법이 긴밀한 관계를 지니는 것만이 아니라, 그 법과 정책도 그러하다. 그것은 권리선언이 단순한 선언을 넘어 바로 실천으로 이어지는 것이며, 그 실천 강령을 제도적으로 이행하는 것이 바로 정책이기 때문이다.

사회가 복지를 보장하는 것을 일컬어 사회보장이라고 하며, 이는 사회보장관계법에 근거하여 실시된다. 구체적으로 실질적인 대책은 '정책'이라는 것을 통해 결정되고, 전달되며, 정책이 지니는 복지 영향력을 고려할 때 날이 갈수록 사회보장정책은 그 강도와 비중이 점점 커지고 있다.

국제협약CRC 제26조에는 아동의 사회보장권이, 제27조에는 아동은 적절한 생활을 유지할 권리가 있음이 명시되어 있다. 이렇게 볼 때, 아동을 위한 사회보장은 시혜적 조치가 아니라, 엄연한 권리임을 알 수 있으며, 사회보장정책에서 아동복지가 차지하는 비중이 점증되고 있다.

(1) 사회보장기본법

'기본'의 일반적인 사전적 정의는 사물이나 현상, 이론, 시설 따위의 기초와 근본을 말하며, 기본법이란 어떤 분야(分野)에서 다른 여러 법(法)의 기본(基本)이 되는 법을 말한다. 이 법의 목적은 사회보장에 관한 국민의 권리와 국가 및 지방자치단체의 책임을 정하고 사회보장정책의 수립·추진과 관련 제도에 관한 기본적인 사항을 규정함으로써 국민의 복지증진에 이바지하는 것을 목적으로 하고 있다. 이 법에서 말하는 사회보장은 출산, 양육, 실업, 노령, 장애, 질병, 빈곤 및 사망 등의 사회적 위험으로부터 모든 국민을 보호하고 국민 삶의 질을 향상시키는 데 필요한 소득·서비스를 보장하는 사회보험, 공공부조, 사회서비스를 말한다.

그리고 이 법이 지향하는 이념은 국민이 다양한 사회적 위험에서 벗어나 행복하고 인간다운 생활을 향유할 수 있도록 자립을 지원하며, 사회참여·자아실현에 필요한 제도와 여건을 조성하여 사회통합과 행복한 복지사회를 실현하는 것을 기본 이념으로 하고 있다. 이렇게 볼 때, 「사회보장기본법」은 사회보장에 관한 법들에서 기본이 되는 법을 말하며, 그 예로 「국민기초생활 보장법」, 「국민건강보험법」, 「사회복지사업법」 등을 들 수 있다.

(2) 공공부조

「사회보장기본법」에 의하면 공공부조(公共扶助, Public Assistance)란 국가와 지방자치단체의 책임 하에 생활 유지 능력이 없거나 생활이 어려운 국민의 최저생활을 보장하고 자립을 지원하는 제도를 말한다. 그러므로 국민의 한 사람으로서 아동은 당연히 적용대상이 되지만, 아동은 발달적 특성 때문에 가족의 구성원으로서 부조의 대상이 된다.

그러나 공공부조의 대상이 되기 위해서는 생활 수준에 대한 객관성이 담보되어야 하므로 소득 및 재산조사를 실시하게 되며, 정부의 일반조세수입에 의해 그 재정이 충당된다. 이와 같이 공공부조가 실시되는 것은 사회보험만으로는 빈곤에 대한 대응이 불충분하기 때문이다.

(3) 사회보험

「사회보장기본법」에 의하면 사회보험이란 국민에게 발생하는 사회적 위험을 보험의 방식으로 대처함으로써 국민의 건강과 소득을 보장하는 제도를 말한다. 즉, 미래의 사회적 재난에 대비하여 미리 소정의 보험료를 징수하고, 축적해 둔 다음, 실제 재난이 발생했을 때 보험요건에 따라 급여를 제공하는 것을 말한다.

사회보험은 수급자의 기여를 원칙으로 하며, 공보험과 사보험으로 구분된다. 공보험은 강제보험의 성격을 지니고 있으며, 그 예로 국민연금과 의료보험을 들 수 있다. 사보험은 그야말로 개인의 필요에 의한 선택사항이고, 예방적 기능이 보다 더 강조되며, 저축의 성격도 지니고 있다. 아동과 관련된 대표적인 보험으로 여러 기업에서 판매하고 있는 각종 교육보험을 들 수 있다.

아동권리 & 아동복지 이야기

출처: 다이내믹부산(https://www.busan.go.kr/news/snsbusan04/view?dataNo=62058&curPage=20)
광주광역시 북구 공식블로그(http://m.blog.daum.net/gjbukgu/8767427?np_nil_b=2)

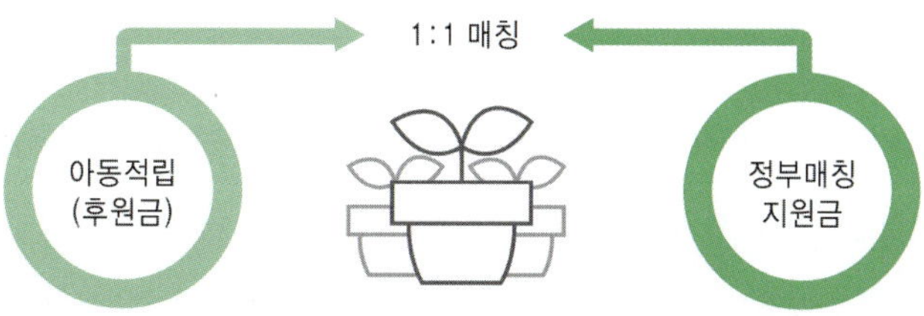

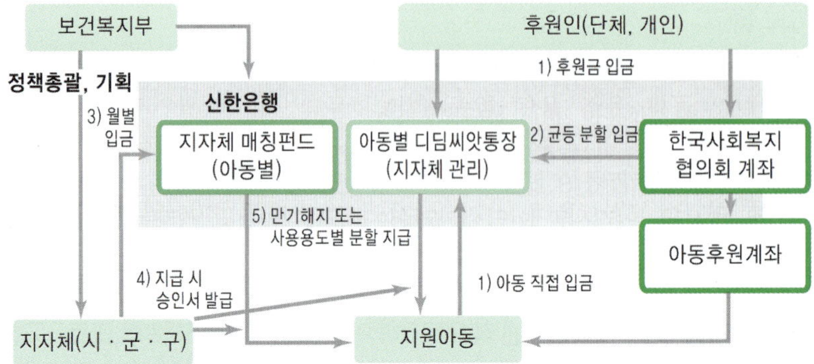

출처: 디딤씨앗통장(https://www.adongcda.or.kr/?goPage=107)

正 論

가장 확실한 투자는 아동에 대한 투자이다. 가장 효과적인 투자는 십시일반의 자세로 모두의 힘을 모으는 것이다. 십시일반은 열 사람이 한 숟가락 내어 보태면 한 사람 먹을 양(量)이 된다는 뜻으로, 여러 사람이 힘을 합(合)하면 한 사람을 돕기가 쉽다는 말이다.

(4) 사회서비스

「사회보장기본법」에 의하면 사회서비스란 국가 · 지방자치단체 및 민간부문의 도움이 필요한 모든 국민에게 복지, 보건의료, 교육, 고용, 주거, 문화, 환경 등의 분야에서 인간다운 생활을 보장하고 상담, 재활, 돌봄, 정보의 제공, 관련 시설의 이용, 역량 개발, 사회참여 지원 등을 통하여 국민의 삶의 질이 향상되도록 지원하는 제도를 말한다. 이러한 서비스의 유형은 모든 아동에게도 그대로 적용된다. 최근 사회서비스 이용 및 이용권 관리에 관한 법률에 따라 실시되는 바우처제도가 그 예이다(voucher.go.kr).

국가 바우처(voucher)는 국가가 복지대상자에게 직접 현금이나 서비스, 물품을 제공하는 대신, 정해진 이용처에서 서비스(또는 물품)로 교환할 수 있는 이용권을 제공하는 것을 말한다(보건복지부, 2020). 바우처는 현금이 아닌 서비스 이용권으로 제공함으로써 수혜자는 꼭 필요한 도움을 제공받을 수 있으며, 또한 서비스 제공을 통해 고용취약계층의 인력 고용에 도움이 된다.

아동을 위한 바우처는 부모와 보호자를 통해 전달되며, 다양하게 개발되어 있다. 주 대상자는 저소득 빈곤층의 아동과 가족들이다.

아동권리 & 아동복지 이야기

출처: 광주심리상담코칭센터(www.광주심리상담코칭센터.com)

발 표

아동을 위한 바우처는 아동에게 직접 제공되지 못한다. 진정 필요한 바우처가 아동에게 제대로 제공되기 위해서 아동복지 관련 기관이 해야 할 일은 무엇인가 말해 보자.

____

____

Child First!

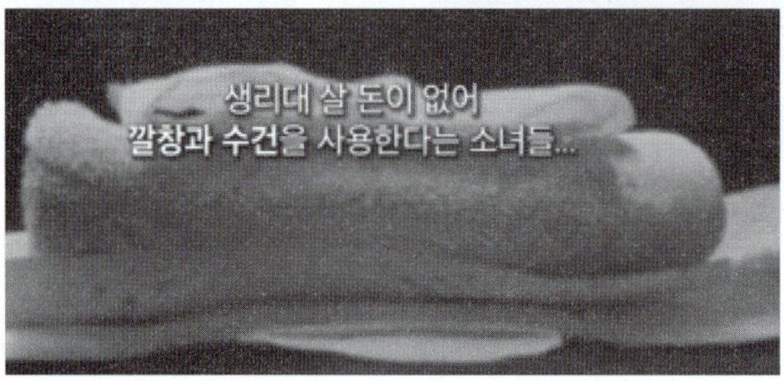

살 펴 보 기

빈곤가정의 여자 청소년이 생리대를 구입할 돈이 없어 신발창과 화장실 휴지로 대처하거나, 아예 학교를 결석하고 집에 가만히 누워있다고 한다. 어떤 지원책들이 나오고 있으며, 어떤 문제점들이 있는지 조사해 보자.

____

____

2. 정책을 통한 아동복지

아동복지는 전 사회복지 분야에서의 그 어느 분야보다도 우선이 되는 분야이다. 더구나 오늘날 저출산-고령화사회가 되면서부터 아동복지정책은 미래의 성장 동력이 된다는 점에서 사회적 관심이 한층 더 고조되고 있다.

한편 우리나라를 비롯한 세계의 아동복지발달사를 보면, 여러 아동복지 분야 중에서도 복지재정의 한계로 인하여 우선 대상과 우선 분야를 설정하게 되는데, 특별한 도움이 필요한 아동과 그 가족이 우선이 되어 왔다. 그리고 점점 일반아동으로 확대되었으며, 〈아동의 권리에 관한 국제협약〉이 선포된 이후에는 자국의 정치·경제·문화적 배경과 상황에 따라 다양한 아동복지실천이 이루어지고 있다.

1) 아동복지정책의 수립 및 시행

아동복지정책은 아동을 위한 국가의 방침이며, 「헌법」을 기본 바탕으로 하여 「아동복지법」과 아동복지 관계법에 의해 구체화되며, 국가와 지방자치단체 및 다양한 민간조직에 의해 전달된다.

기본적인 아동복지정책의 수립과 시행은 보건복지부에서 담당하며, 이를 위해 5년마다 아동의 양육 및 생활환경, 언어 및 인지발달, 정서적·신체적 건강, 아동안전, 아동학대 등 아동의 종합실태를 조사하여 그 결과를 공표하고, 이를 기본계획과 시행계획에 반영하게 된다(고제이, 2019; 조성은, 2019). 이 과정에서 한국의 역사적 배경과 향후 사회적 변화를 심도 있게 고려해야 한다. 단적인 예로 저출산 현상을 들 수 있다.

특별히 아동을 위한 공공부조 정책으로 아동수당(兒童手當, children's allowance)과 양육수당이 있다. 이 수당 중에서 아동수당은 보편성의 원칙에 따라 실시되는 공공부조이다.

(1) 아동수당

아동 양육에 따른 경제적 부담을 경감하고 건강한 성장환경을 조성함으로써 만 7세 미만의 아동의 기본적 권리와 복지를 증진하기 위한 목적으로 제공되는 급여로써 현금지급을 원칙으로 한다. 다만 시 · 군 · 구 조례로 정하는 경우 지역상품권으로도 지급이 가능하다.

아동권리 & 아동복지 이야기

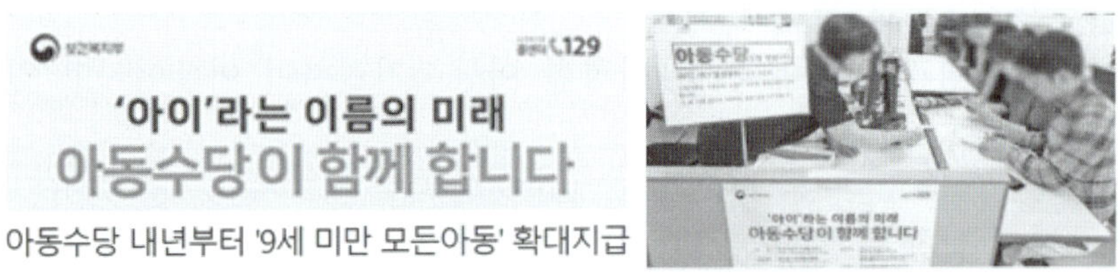

아동수당은 아동의 권리입니다.

출처: 보건복지부(2018).

Q & A

아동수당은 국제협약CRC에서 말하는 어떤 권리를 보장하는 것일까?(※ 제3장 4가지 기본권 참조)

____

____

(2) 양육수당

「영유아보육법」에 근거하여 보육료, 유아 학비, 종일제 아이돌봄서비스 등을 지원받지 않고 가정에서 아동을 양육할 때, 부모의 소득과 재산 등에 상관없이 초등학교 입학하는 해 2월까지, 전 계층 아동에 대해 연령별로 지원하는 현물급여를 말한다(84~86개월에 거의 해당된다).

2) 아동복지정책과 전문가의 역할

오늘날과 같이 부모와 가족에 의한 가정에서의 양육기능이 취약해진 상황을 주시할 때, 국가가 이러한 기능을 지지, 보충, 대리할 수 있는 양육정책이 절실히 요구되고 있으며, 동시에 아동복지전문가의 협력적 태도도 매우 필요해지고 있다. 왜냐하면 아동의 경우, 자신들의 권리를 지킬 수 있을 만큼 사회적 능력이 발달되어 있지 못하기 때문에 아동에게 의미 있는 성인, 그중에서도 아동의 발달특성과 환경에 대해 전문적인 지식과 기술을 지닌 전문가의 정책대응이 너무 중요하기 때문이다(이소희, 2018d).

(1) 아동복지전문가의 정책참여의 의의

아동복지현장에서 종사하는 전문가들은 아동이 지닌 욕구를 충족시킴과 동시에 발생한 문제를 진단하고 적절한 조치를 취해야 한다. 그러므로 관련되는 다른 복지기관에 연계하여 적절한 서비스를 제공받도록 도와주는 등 서비스 전달자로서의 역할에 충분히 만족하는 경우가 많으며, 정책의 전 과정에서는 방관자가 될 가능성이 높다.

물론 자신의 전문영역에서 전문성을 발휘하는 것이 아동을 실질적으로 지원하는 태도라고 생각할 수 있지만, 오늘날 정책과 임상적 접근이 통합적으로 이루어질 때, 그 효과가 제고되므로, 비중의 차이는 있다. 따라서 직·간접적으로 정책현장에 참여할 필요가 크다. 다시 말하면 여러 가지 측면에서 사회적 약자인 아동을 위해 개인적인 힘, 곧 전문적 지식과 기술만으로 아동을 도와주려고 할 것이 아니라, 여러 사람과 협조하여 여러 아동을 도와줄 수 있는 방안을 모색할 필요와 책무가 크다. 이러한 자세는 아동들만을 위한 아동복지가 아니라, 아동복지전문가인 자신을 위한 개인복지도 되며, 나아가서는 전체 사회구성원들의 안녕을 증진시키는 사회복지가 되기 때문이다. 구체적으로 아동복지전문가는 서비스 전달자로서의 역할만 충실하게 수행하면 족한 것인가 아니면 이슈 제기자, 정책형성, 정책집행, 정책평가 등의 과정에도 관여할 것인가 하는 문제라고 할 수 있다.

(2) 아동복지 전문가의 정책과정에의 참여과정

아동복지 전문가의 정책참여 준비는 해당 분야의 전문지식과 기술에 의해 달성된다. 특히 정책결정과정에 대한 이해가 매우 필요하며, 이 과정에서 아동복지전문가로서의 정체성을 확인하고 실천하여야 한다.

① 아동복지 분야에서의 정책적 내용과 과제

아동복지전문가는 무엇보다도 자신이 전문적으로 다루는 정책의 내용에 관한 지식을 갖추어야 한다. 왜냐하면 이러한 지식을 가져야만 분석할 수 있는 중요한 문제를 찾아내고, 이들의 해결에 필요한 대안들을 실시할 수 있는 관련 환경들을 규정할 수 있기 때문이다.

② 정책이론과 아동복지 분야에서의 활용 및 분석능력

정책이라는 접근방법을 통해 아동복지 증진에 기여하고자 한다면 정책에 대한 지식이 필요하다. 클라이언트인 아동이 가지고 있는 문제나 욕구가 어떻게 정책과정에서 논의되고, 그것이 어떻게 정책결정으로 연결되며, 산출된 정책이 어떻게 집행되고, 그 영향이나 결과가 어떻게 다시 정책체제에 환류되는가에 대한 지식들이다. 또한 정책의 정치적 성격도 파악할 수 있어야 한다. 이를테면 정치학, 이슈정치학, 사회세력들 사이의 권력관계 등에 관한 지식을 어느 정도 갖출 필요가 있는 것이다. 왜냐하면 이러한 이해는 공공 결정이 이루어지는 정치적 과정으로서의 정책과정에 대한 이해의 폭을 넓힐 수 있기 때문이다.

나아가 복지정책이라는 접근방법을 통해 달성하고자 한다면 분석적 능력을 필요로 한다. 왜냐하면 분석적 능력은 불확실성이라는 어둠 속에서 문제를 찾아내고 그 문제를 해결하는 방법을 모색하는 데 필수적일 뿐 아니라 정책집행 결과에 대한 평가도 가능케 하기 때문이다. 이러한 분석능력은 분석방법 및 통계처리에 대한 지식과 기술을 통해서 얻을 수 있다.

(3) 아동복지전문가로서의 정책참여 방법

아동복지전문가로서 정책에 참여하기 위해서는 전문가로서의 정체성과 아동복지에의 열망이 강함과 동시에 지속적으로 연구하고 현장경험을 쌓아야만 그 역할 의의를 제대로 감당할 수 있다.

정책결정이란 중요한 행동방침을 결정하는 것을 의미하는데, 이와 같은 결정은 복잡하고 동태적인 과정을 거쳐 이루어지며 또한 몇 단계의 연속적인 과정으로 이루어진다(이소희, 2018d).

아동권리 & 아동복지 이야기

출처: 서울특별시, 굿네이버스(2018).

Q & A

아동권리의 보장을 위해 아동복지정책의 결정과정에서 아동이 참여하는 것이 가능할까? 만약 참여하면 어떤 효과가 있을까? 발생할 수 있는 문제점은 무엇일까? 어떻게 극복할 수 있을까?

____

____

① 이슈 제기자로서의 참여

아동복지정책과정에서 아동복지전문가가 할 수 있고, 또 해야 할 중요한 일 중의 하나가 이슈 제기자로서의 역할이다. 여기에서 이슈란 어떤 문제(problem)나 요구(demand)가 '공공의 관심'을 끌어 '공공정책상의 논점'으로 제기되는 경우를 의미한다. 다시 말하면, 정치적 논점으로 부각된 문제나 요구로써 정치의 연료가 되는 것이다.

그리고 이슈 제기자로서의 역할이란, 곧 아동복지학 전반에서 해결해야 할 문제와 요구를 개발하고, 그것을 국민들에게 인식시켜, 정부의 정책과정에 올려놓음으로써 정책꾼들로 하여금 논의하도록 만드는 역할을 말한다.

아동복지전문가는 여러 아동복지 관계법에 근거하여 아동복지대상자인 특별한 대책이 필요한 아동과 일반아동 및 부모와 가족이 건강하고 풍요로운 생활을 하도록 보호하고 지원한다. 그러므로 아동복지전문가는 현장에 밝은 자이며, '문제는 현장에서 나온다'는 말을 실감할 수 있는 사람이다. 따라서 아동의 복지를 위해 해결해야 할 문제나 요구를 공공의 논의로 올려놓을 수 있으며, 또한 올려놓아야 하는 사람의 위치에 서 있으므로 이슈 제기자로서의 역할을 십분 수행할 수 있어야 한다. 최근에 제기된 이슈로 아동학대를 들 수 있다.

② 정책분석가로서의 아동복지전문가

정책분석이란 용어의 개념은 관점에 따라 다르지만, 일반적으로 수용도가 높은 개념은 정책결정을 위해 대안을 개발하고 각 대안의 효과 및 비용을 분석하는 정책학의 한 분야를 말한다.

아동복지전문가는 정도의 차이가 있지만 자신이 종사하고 있는 분야에서 발생하고 있는 문제가 무엇인지에 대해 인지하고 있을 뿐 아니라 그 문제를 해결하기 위한 대안도 어느 정도 가지고 있기는 하다. 그렇지만 분석과정은 고도의 전문적 지식을 요구하므로 전문성을 가진 전문가들과 공조체계를 형성하거나, 현장전문가로서 참여한다면 보다 나은 정책분석을 할 수 있다. 이를 위해 대학원 과정에서의 학습도 필요하다.

③ 정책결정자 및 관련자로서의 아동복지전문가

정책결정이란 문제해결을 위해 제시된 여러 대안들 가운데 하나 또는 우선순위를 선택하는 행위 또는 과정을 말한다.

실제적으로 이러한 정책결정은 1인 내지는 위임권을 받은 소수의 사람들이 협의를 통하여 결정하는 것이 상례이다. 물론 아동복지전문가는 여러 아동복지 관련 분야에 종사하고 있으며, 경력에 따라 그 지위도 다양하기 때문에 정책결정자의 역할을 하기도 하며, 또 정도의 차이가 있지만 해야 할 때가 있다. 그리고 이 경우는 시설(기관)의 존폐를 결정지을 수 있는 큰 결정을 내려야 할 경우 및 일상적이지만 꼭 필요한 작은 결정을 내려야 할 경우로 대별된다. 실제로 그 어떠한 정도의 결정이라고 하더라도 결정자로서의 전문지식, 기술, 통찰, 용기 및 리더십과 같은 통합적인 역량이 요구된다(이소희, 2018b, 2018c).

한편 정책결정 관련자로서의 역할도 못지않게 중요하다. 왜냐하면, 아동복지정책은 아동에 관한 지식과 기술을 요하는 전문 분야일 뿐 아니라 대내적으로는 행정관료, 단체장, 의사, 교수, 법률가 등 다른 분야의 전문가들과 함께 일을 해야 하는 경우가 많기 때문이다. 또 대외적으로는 클라이언트뿐만 아니라 지역사회의 주민 및 언론, 다른 복지기관, 유력한 정치인 등의 지지가 필요할 수도 있기 때문이다.

구체적으로 정책결정에는 정책 분야에 관한 정책대안 이외에도 다른 여러 가지 주변 상황을 종합적으로 파악할 수 있는 안목이 필요하다. 이를테면 여성정책이나 가족정책과 같은 대상별 정책이나, 교육정책이나 보건정책처럼 분야별 정책과의 관련성에 대한 이해도 필요하다. 나아가 그 지역주민들의 지지나 반대의 정도, 다른 기관들과의 관계, 언론의 영향 등을 종합적으로 파악하고 예측할 필요가 있다. 비근한 예로 장애를 지닌 아동을 위한 학교설립에 대한 지역사회와의 대립을 들 수 있다.

④ 정책감시자로서의 아동복지전문가

정책이란 결정된 그대로 늘 집행되는 것만은 아니다. 정책은 가치의 배분이 그

본질이기 때문에 그것에 의하여 이해관계가 얽힌 사람들에 의해 늘 그 영향을 받게끔 되어 있다. 그렇기 때문에 결정된 정책이 집행과정에서 왜곡되기도 하고 변질되기도 하며 때로는 안타깝게도 결정이 없었거나, 집행이 이루어지지 않았던 것처럼 무위의 상태로 돌아가기도 한다. 그러므로 정책결정의 전후 맥락을 고려한 가운데 분석과 평가를 토대로 한 새롭고도 지혜로운 결단이 필요하다.

⑤ 정책평가자로서의 아동복지전문가

정책평가란 정책활동의 가치를 평가하기 위해서 정보를 수집·분석·해석하는 일이다. 더 명료한 협의의 개념은 정책이 원래 의도한 문제의 해결에 얼마만한 영향을 미쳤는가를 파악하는 것이다. 이러한 정책평가의 의의는 그야말로 '어제의 경험을 오늘에 되살려 보다 나은 내일을 준비하기 위한' 것이다.

이러한 정책평가란 그리 쉬운 일이 아니다. 그것은 정책평가의 기준설정이 용이하지 않기 때문이다. 그래도 아동복지전문가는 자신의 분야와 관련된 정책이 의도했던 효과, 곧 정책이 아동과 가족 또는 자신에게 미친 여러 가지 영향과 예상하지 못했던 결과 및 일반 국민들의 반응 등에 대한 세세한 분석 내지는 분석결과에 대해 이해를 할 수 있어야 한다. 또한 그에 따른 영향이나 결과에 작용한 요인들을 찾아낼 줄 알아야 하며, 나아가 앞으로의 대책이나 정책방향 등을 제시하거나 견해를 밝힐 수 있어야 하는 것이다(김은정, 2018). 그러므로 끊임없는 노력이 필요하며, 필요한 경우 아동복지정책 전문가의 견해를 참조하고 도움을 구해야 한다.

또한 아동복지전문가는 자신이 종사하고 있는 분야에서 아동 관련 정책이 제대로 집행되고 있는가를 파악하는 감사자로서의 역할을 담당해야 한다. 만약 제대로 집행이 되지 않으면 새롭게 이슈화하거나 경우에 따라서는 민주적인 참여의 방식으로 정치적 압력을 행사하는 등 여러 가지 방법들을 강구하여야 한다. 예를 들면 학교급식제도를 들 수 있다.

Child First!

출처: 인천 중구 블로그(https://blog.naver.com/icjunggu/221436997964)
여성가족부 공식 블로그(https://blog.naver.com/mogefkorea/221038013238)
동방사회복지회 위탁가정 모집 홍보포스터(http://blog.daum.net/zzico/156)

살 펴 보 기

“한 아이를 키우기 위해서는 온 마을이 필요하다.”라는 말은 “내 아이는 우리 아이다.”라는 말과 상통한다. 어떤 사람들이 국민의 한 사람으로 다양한 아동복지정책에 참여하고 있는지 살펴보자(예: 시설양육, 아동장애, 아동학대, 아동보육, 아동위탁, 아동입양 등).

____

____

제 6 장

아동복지실천과 행정

아동복지는 사회과학이자, 실천과학이다. '사랑은 행동이다'라는 말처럼 사랑을 실천하지 않으면 울리는 꽹과리일 뿐이며, 의미 없는 공염불이 된다. 오늘날 아동복지행정은 공조체계를 이루며 정부와 지방자치단체와 산하기관 및 시설 등에서 다양하게 이루어지고 있다.

실제로 국가가 지향하는 복지이념에 근거하여 수립된 아동복지 정책결정은 다양한 조직을 통해 전달된다. 그러므로 중요한 것은 필요한 아동복지행정이 필요한 시기에 효과적으로 전달되어야 한다는 것이다.

제6장에서는 공 · 사 조직 중심의 행정을 통한 아동복지실천에 대해 살펴보기로 한다.

1. 행정체계의 이해

"고인 물은 썩는다."라는 말이 있다. 이 말이 시사하는 바는 무릇 모든 것은 흘러 움직여야 한다는 것이다.

법적 근거 및 정치사회적 합의에 의해 수립된 각종의 사회복지정책은 다양한 행정조직을 통해 국민에게 전달되며, 아동복지정책 또한 그러하다. 그래서 구체적으로 전달행정을 통해 아동과 아동의 삶에 매우 의미 있는 사람들에게 의도적으로, 직·간접적으로 개입하여 아동 및 가족의 복지를 포함한 전 사회복지의 향상에 기여하게 된다.

이러한 조직으로는 중앙정부와 지방자치단체 및 연구원, 협의회, 연구소 등과 같은 공적 조직과 함께 민간조직과 서비스시설이 주종을 이루는 사적 민간조직으로 구분·포함된다. 그리고 각각의 조직은 설립목적에 따라 전문가에 의해 전문적인 서비스가 제공된다.

1) 행정의 이해

행정의 간단명료한 사전적 정의는 '정책을 구체적인 서비스 형태로 전달'하는 것이며, 전달되는 조직의 형태와 전달 기능에 따라 크게 두 가지로 대별해 볼 수 있다.

- 행정은 법 아래에서 법의 규제를 받으면서 국가 목적 또는 공익을 실현하기 위해 행하는 능동적이고 적극적인 국가 작용을 말한다. 이 정의는 정부의 행정, 즉 공공행정(public administration)에 국한된 개념이다.
- 행정은 고도의 합리성을 지닌 협동적 인간 노력의 한 형태로써 어떤 특정의 목적을 달성하기 위하여 두 사람 이상이 모여 협동하는 행위이다.

한편 '인간은 층화적인 다섯 가지 욕구를 지니고 있는데, 소속의 욕구'가 있다고 매슬로우(Maslow, 1943)는 말했다. 이는 인간은 어떤 집단 내지는 조직에서 일할 때, 인간다움을 느낄 수 있음을 갈파한 것이다.

아동복지는 사회복지의 한 분야임을 고려할 때, 사회복지행정의 정의와 함의는 아동복지에도 적용된다. 즉, 사회복지행정은 사회복지의 목적과 그에 따른 목표를 이루기 위해 필요한 행동을 정부와 지방자치단체 및 민간기관이 조직적으로 전달하는 것을 말하며, 아동복지행정은 아동복지의 목적과 그에 따른 목표를 이루기 위해 필요한 행동을 정부와 지방자치단체 및 민간기관이 조직적으로 전달하는 것을 말한다(이소희, 2019b). 이러한 맥락에서 볼 때, 아동복지에 대한 국가정책이 아동의 복지를 위한 직·간접적인 서비스로 가시화된다는 점에서 아동복지행정에 대한 함의는 크게 두 가지로 요약할 수 있다.

- 아동복지정책의 목적달성을 위해 아동복지실천에서의 효과성을 최대화하기 위한 체계적 노력이다.
- 행정조치를 통한 서비스의 피드백 과정을 통해서 아동복지정책을 수정·보완하며, 전문적-기술적 실천을 보강한다.

따라서 아동복지전문가는 아동복지행정에 대한 바른 이해를 바탕으로 효과적으로 아동복지정책을 전달할 수 있도록 지혜롭게 노력하여야 한다.

2) 아동복지행정조직의 기능

우리나라 아동복지조직은 국가행정조직이라는 큰 틀에서 구체적인 아동복지의 목적을 달성하기 위해 기능적으로 조직되어 있으며, 아동복지 관계법에 근거하고 있다. 아동복지 분야에서의 정책을 아동복지에 관한 국가의 방침이라고 정의할 때, 아동복지행정은 중앙정부 및 지방자치단체에서 수립된 정책을 하부의 관련 행정조직을 거쳐 여러 전문가들을 통해 아동복지 주 대상자인 아동과 부모 및 가족들에게 전달하게 된다. 여기서 아동복지조직은 아동복지실천을 효과적으로 지원하기 위해 인적 및 물적 자원을 모으고 배치하고 효과적으로 전달하기 위해 설립된 조직이다. 따라서 설립된 아동복지조직은 각각의 목적을 지니게 됨과 동시에 아동복지정책의 효과적 실현을 위해 관련된 여러 다양한 조직들이 서로 유기적으로 협력하게 되며, 이를 위한 발전적 논의들이 지속적으로 이루어지고 있다(한국보건사회연구원, 2013).

최근에 들어서는 중앙정부의 역할이 매우 커지고 있음과 동시에 특히 지방자치제의 실시에 따른 역할도 점차 증대하고 있다(이현주, 유진영; 2015). 나아가 아동인권에 대한 인식이 고조되면서 국내는 물론 국제적 차원에서의 아동복지조직이 구성되고 국제간 상호협력에 의한 활동 또한 확충되고 있다. 특히 민간조직 및 국제적인 조직의 경우는 그 어느 분야보다도 아동복지조직의 활동이 활성화되고 있다.

한편 아동복지조직은 사회로부터 공익을 위한 활동을 하도록 인가를 받을 뿐 아니라 활동에 필요한 물질적 및 비물질적 후원도 받으면서 아동의 바람직하지 못한 상태를 예방하거나 향상시키거나 또는 현재 상태를 유지하거나 그것의 악화를 지연시키는 활동을 하게 된다. 그러므로 상당한 인적 자원과 함께 복지재정을 필요로 한다. 인적 자원은 아동복지실천의 전문성 때문에 국가자격 및 관련 기관이 인증하는 자격을 지닌 소지자로 제한하고 있으며, 재정은 조세에 의해 충당하고 있다. 최근 사회복지사의 전문성을 강화하기 위해 법적으로 이수해야 할 과목이 증가한 것을 들 수 있다(보건복지부, 2019).

이러한 변화는 장·단점을 지니게 된다. 즉, 시대변화에 부응할 수 있는 장점과 함께 잦은 변경으로 말미암아 지속적이고 일관성 있는 복지행정의 실현에 걸림돌로 작용하게 된다는 것이다. 그래서 이러한 현상을 두고 한편으로는 부처이기주의에서 비롯된다는 비판과 함께 소위 '밥그릇 싸움'이라고 하는 부정적인 용어도 빈번하게 회자되고 있으며, 아동복지 분야도 예외는 아니다. 특히 영유아와 가족 및 이 분야에 종사하는 전문가들과의 관계가 밀접한 '보육' 분야는 복지조직 사이에서 자주 쟁점이 되고 있다(서문희, 양기숙 외, 2016). 그 예로 양육수당과 보육수당을 들 수 있다. 나아가 아동청소년복지의 중요성을 고려하여 독립된 기구의 신설도 제안되고 있다(김진석, 2014).

또한 아동의 권리에 대한 인식이 강화되고, 국내법과 동일한 효력을 지니는 〈아동의 권리에 관한 국제협약〉의 비준국으로서 복지의 수준은 점점 향상되고 있다. 이러한 흐름의 일환으로 아동권리보장원의 신설을 들 수 있다.

주지하다시피 대부분의 복지재정은 조세에 의해 충당되므로 국민은 조세부담에 대해 수용성이 높아야 한다. '증세 없는 복지는 없다'는 말에서 알 수 있는 것처럼 조세저항이 높으면 지속적으로 복지의 수준을 향상하거나 유지하는 것은 매우 어렵다. 그러므로 복지이념과 우리나라의 실정을 고려하면서 아동의 권리를 보장하고 복지수준을 향상시킬 수 있는 지혜가 매우 필요하다.

Child First!

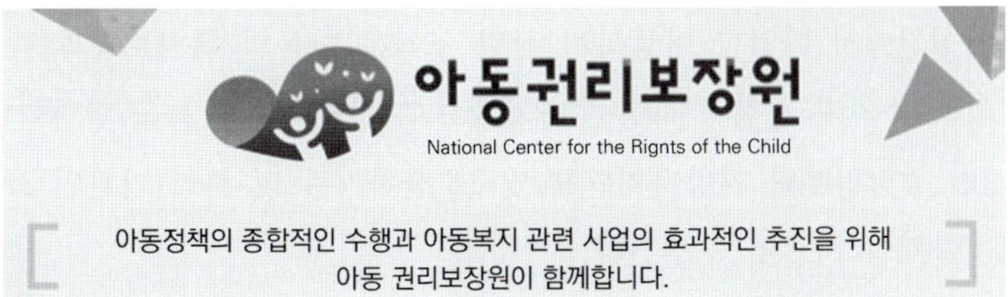

설립근거

아동복지법 제10조의2

설립목적

아동정책에 대한 종합적인 수행과 아동복지 관련 사업의 효과적인 추진을 위하여 정책의 수립을 지원하고 사업평가 등의 업무를 수행

주요기능

출처: 아동권리보장원(www.ncrc.or.kr).

살 펴 보 기

아동권리보장원의 미션과 비전을 살펴보고, 어떠한 마음이 드는지 이야기해 보자.

2. 행정을 통한 아동복지

아동복지실천에서 다양한 아동복지 관련 조직은 아동의 복지보장과 증진을 위해 법과 정책에 의해 결정된 사항을 체계적으로 전달하는 기능을 담당한다. 크게 공적 조직인 중앙정부와 지방자치단체 및 그 산하기관 및 사적 기관인 각종의 민간아동복지단체와 시설로 구분된다.

이러한 중앙정부조직과 지방자치단체조직은 각각 장·단점을 지니고 있지만, 두 조직형태가 상호·유기적으로 기능하는 혼합형이 더 바람직하다는 관점에 따라 실제적으로 많은 나라에서는 혼합형으로 실시하고 있으며, 우리나라 역시도 그러하다.

1) 중앙행정부서와 아동복지

아동복지실천에서의 중앙정부는 공적 전달체계에 해당하며, 아동복지의 기획, 운영, 지원을 총괄하되, 주로 아동복지의 기본 계획을 수립하는 데 역점을 둔다. 극히 부분적으로 공공기관이 직접 아동복지서비스를 제공하기도 하지만, 일반적으로는 민간기관에게 위탁하고 재정을 지원하는 방식을 따른다. 이때 중앙정부는 정치이념이라고도 할 수 있는 복지이념을 고려함과 동시에 아동복지대상자의 상황을 고려하게 된다.

아동복지발달의 초기, 중앙정부는 특별한 대책이 필요한 아동을 대상으로 우선적인 정책과 행정을 담당해 왔으나, 오늘날에는 모든 아동을 대상으로 복지실천으로 변화되고 있으며, 이에 따라 예방 및 성장대책은 매우 강화되고 있다. 다시 말하면 아동복지를 포함한 사회복지가 발달할수록 포괄적 지원은 중앙정부가 관장하고, 개별적인 서비스는 지방정부 및 민간복지조직에서 관장하는 비중이 높아진다. 그것은 아동복지의 한계상 모든 아동과 그 부모 및 가족이 지닌 욕구를 모두 그리고 효과적으로 수준 높게 충족시키기에는 역부족일 뿐 아니라, 바람직하지도 않다. 따라서 아동복지의 대상이 지닌 욕구와 문제의 성격을 고려한 서비스가 이루어져야 하며, 관련 부서에서 분담하여 전달하게 된다.

현재, 아동복지의 주무 행정부서는 보건복지부이며, 「아동복지법」을 비롯한 여러 관계법에 근거하여 실시한다. 이외 비중 높은 아동복지 관련 행정부서로 여성가족부, 교육부, 문화체육관광부, 법무부, 고용노동부 등이 있다.

아동복지실천에서 중앙정부 역할의 효과성은 다음의 네 가지로 요약된다.

- 아동과 부모 및 보호자를 포함한 국민을 대상으로 하는 의료 및 교육 서비스는 공공재적 속성이 강하므로 중앙정부가 담당할 수 있다.
- 중앙정부는 아동복지에 대한 다양한 욕구를 체계화하고 관련 프로그램을 통합하고 조정하는 정책을 수립하고 유지함에 있어 지속성과 안정성을 확보할 수 있다.
- 아동복지정책의 궁극적인 목표는 모든 아동의 보호와 개발인데, 이 두 가지 목적을 구현함에 있어 기본적인 보장이 가능하며 점점 발전시킬 수 있다.
- 아동을 위한 각종 수당과 같은 아동복지 재화는 중앙정부 차원에서 모든 아동과 그 보호자를 대상으로 포괄적인 관리를 할 수 있다.

지방자치 시대는 복지 분야 전반에 걸쳐 지방화 및 분권화가 진행되고 있지만, 우리나라 아동복지행정의 전달은 몇 가지 문제점을 지니고 있다고 본다. 구체적으로 지방자치단체 아동복지 담당 조직 및 인력은 부족한 실정이다. 그리고 서비스가 공급자 중심으로 이루어지면서 수요자 중심의 통합적 서비스 공급이 이루어지지 않고 있다는 점이다. 나아가 지방자치단체 수준의 아동복지 종합조정체계의 부재로써 아동복지 전반에 걸쳐 필수적인 서비스의 제공조차 민간영역에 의존하고 있을 뿐만 아니라, 공공이 관여하고 있는 영역에서조차 상이한 부처가 중첩되어 있다는 점이다(김진석, 2014; 조성호, 2015).

아동권리 & 아동복지 이야기

출처: 보건복지부

正 論

보건복지부의 슬로건은 '힘이 되는 평생친구'이다. 보건복지부의 각종 사회복지서비스는 결과적으로 아동의 권리를 보장하고 아동복지를 증진시킨다.

이러한 맥락에서 중앙정부에서 아동을 대상으로 하는 직접적 서비스를 실시하지는 않지만 법적 강제성이 요구되거나 공적으로 조정이 필요한 경우, 산하 조직을 통한 아동복지실천이 이루어져야 하는 바, '아동 중심'의 관점에서 아동보호서비스를 체계적 · 종합적으로 지원하기 위한 공공기관이 설립된다. 그 예로 최근 「아동복지법」의 통과에 따라 설립된 '아동권리보장원'을 들 수 있다(보건복지부, 2019).

아동권리보장원은 아동정책에 대한 종합적인 수행과 아동복지 관련 사업의 효과적인 추진을 위하여 다음과 같은 업무를 수행하게 된다.

- 아동정책 수립을 위한 자료 개발 및 정책 분석
- 아동정책영향평가 지원
- 아동보호서비스에 대한 기술지원
- 아동학대의 예방과 방지를 위한 업무
- 가정위탁사업 활성화 등에 관한 업무
- 지역 아동복지사업 및 아동복지시설의 원활한 운영을 위한 지원
- 국내입양 활성화 및 입양 사후관리를 위한 업무
- 아동 관련 조사 및 통계 구축
- 아동 관련 교육 및 홍보
- 아동 관련 해외정책 조사 및 사례분석

2) 지방자치단체와 아동복지행정

아동복지실천에서의 지방자치단체는 매우 익숙한 행정 용어로써 중앙정부에 대비한 지방정부를 말한다. 곧 지방자치단체는 기존의 중앙정부에서 하던 복지 업무를 지방에서 자치적으로 하는 것을 강조하기 위해서이다.

우리나라의 지방자치는 1995년부터 본격적으로 실시되기 시작되었으며, 기본적으로 중앙정부의 아동복지정책에 호응하면서 각 지방의 특수성을 고려하여 아동복지를 도모하는 업무를 공적으로 수행하게 된다. 이 경우에도 각 지방의 특수성을 고려하기 위하여 중앙정부와 같이 각종의 자문 및 심의위원회를 설치하여 협조를 받게 되지만 지역적 특성에 따라 차이가 있다.

실제적으로 우리나라의 경우, 지방자치제를 실시한 기간이 짧고, 또 재정자립도도 낮아 지방의 특성을 고려한 서비스를 실시하기에 제한점이 있다. 따라서 아직까지는 정부조직의 역할이 더 크다.

아동복지실천에서 지방자치단체가 지니는 효과성은 다음 네 가지로 요약된다.

- 해당 지역의 아동의 특수한 욕구에 대해 적극적으로 대응할 수 있다(예: 무상급식).
- 특정 아동복지사업에 대해 중앙정부의 기본 지원을 바탕으로 보다 수월하게 아동복지사업을 실시할 수 있다(예: 무상보육).
- 아동복지 관련 전문가 및 구성원들이 정책결정에 참여할 기회가 높아지고, 욕구를 효과적으로 해결할 수 있다(예: 공공놀이터 설치).
- 아동복지사업의 실시에서 지방자치단체 간 선의의 경쟁을 유발함으로써 창의적인 아동복지 수준이 향상될 수 있다(예: 지역특성화 사업 - 생태보육과 자연박물관).

이렇게 볼 때, 지방자치단체는 중앙정부와 밀접한 관련을 가지며 상호·유기적으로 협력하면서 아동복지서비스를 전달해야 한다. 서비스 조직의 예를 들면 육아종합지원센터, 건강가정지원센터, 다문화가정지원센터, 지역아동센터, 사회복지관, 가정법원, 소년경찰, 아동 및 근로청소년회관, 보건소 등을 들 수 있다.

3) 심의 및 자문기관과 아동복지행정

아동복지실천에서의 심의 및 자문기관은 중앙정부와 지방자치단체에서는 복지업무를 효율적으로 수행하기 위해 관계법에 근거하여 설치되어 협력하고 있다. 예를 들면 「아동복지법」에 의한 아동정책조정위원회와 아동정책실무위원회 및 「영유아보육법」에 따른 보육정책위원회를 들 수 있다.

이러한 조직은 아동복지행정의 전문화, 관련 부서 간의 업무 조정과 상호협조체계의 구축 및 복지대상자들의 의견을 반영하는 차원에서의 의의를 지닌다.

4) 민간아동복지기관과 아동복지행정

아동복지실천에서의 민간아동복지기관은 사적(私的) 차원에서 아동복지실천을 하는 비영리 조직체를 말한다. 민간아동복지기관의 기능은 공적인 중앙정부 및 지방자치단체와 비교할 때, 분명한 차이가 나타난다. 즉, 재정과 전문인력의 한계 및 아동복지 대상자의 특성으로 인해 아동복지서비스의 효과를 거두기가 어려울 수 있으므로 공적 조직이 지닌 한계점을 보완하거나 강화하기 위한 차원에서의 기능이 절대 필요한 것이다.

민간아동복지조직은 크게 국내와 국외조직으로 구분될 수 있으며, 직·간접적 실천을 하는 조직과 주로 직접적 실천을 하는 조직으로 구분된다.

(1) 국내 아동복지민간조직

아동복지실천에서 국내 아동복지 민간조직은 국가 자원의 한계와 복지의식의 결여로 아동애호에 뜻을 둔 개인에 의해 점진적으로 이루어져 왔다. 이후 개인의 힘만으로는 한계가 있기 때문에 뜻을 같이한 아동애호가들이 모여 여러 민간아동복지조직을 설립하였다.

민간아동복지조직이 담당하는 주요 아동복지 업무는 아동의 권리 옹호, 아동과 부모에 대한 상담 및 교육, 특별한 도움이 필요한 아동 및 가정 지원, 아동복지종사자 지원 및 교육 등을 들 수 있다. 민간 아동복지조직의 예로 굿네이버스, 초록우산 어린이재단, 컴패션, 홀트아동복지회 및 협의체 형태인 한국아동복지협회 등을 들 수 있다.

아동복지실천에서 민간아동복지조직이 지니는 역할의 효과성은 다음 세 가지로 요약된다.

- 중앙정부에서 실시하기 어려운 재정과 인적 자원을 제공할 수 있다.
- 지역 내 아동복지자원의 관심과 참여를 통한 네트워크 구축이 용이하다.
- 공적 아동복지서비스 활동에 대한 관심을 촉발시키고 압력을 가할 수 있다.

(2) 국제 아동복지민간단체

아동복지실천에서 국제기구는 국제간의 이해와 협력을 통해 세계 모든 나라의 평화와 발전을 공동으로 구현하기 위해 설치된 기구이다. 지구상에 존재하는 모든 아동은 각기 다른 인종과 문화, 제도 가운데 살아가고 있지만 공통적으로 인간으로서의 존엄성과 행복할 권리를 가지고 있다.

그러나 이러한 가치가 세계 모든 곳에서 실현되는 것은 아니다. 특히 일부 저개발국가에서는 유·아동이 생존권을 위협받을 정도로 열악한 생활을 하고 있다. 이에 따라 아동의 권리에 관한 제네바 선언, 유엔아동권리선언, 〈아동의 권리에 관한 국제협약〉 등의 정신을 바탕으로 국제적인 아동복지활동이 활성화되고 있는데, 특별히 유엔 산하기구에서의 활동이 두드러진다.

5) 아동복지시설과 아동복지행정

아동복지시설은 아동복지실천이 이루어지는 공간을 말하며, 아동복지서비스를 실시하는 최일선의 전달조직이다. 이러한 시설에서는 아동의 발달과 복지를 보장할 뿐 아니라, 아동이 당면하고 있는 욕구와 요구를 해결하기 위해 인적·물적 서비스를 제공하게 된다. 구체적으로 아동의 생존, 교육, 훈련, 치료, 오락과 같은 직접적 서비스를 제공하며, 시설은 몇 가지 형태로 분류된다.

(1) 아동복지시설의 분류

아동복지시설은 시설의 설립 및 운영주체, 이용자의 비용부담 여부, 이용자의 특성, 이용기간 등에 따라 〈표 6-1〉과 같이 구분된다.

〈표 6-1〉 아동복지시설의 분류

분류 기준	하위 분류	내 용
시설 설립 및 운영주체	공립공영시설	국가나 지방자치단체가 직접 설립, 운영하는 시설
	공립민영시설	국가나 지방자치단체가 설립한 후 민간법인에 위탁 운영하는 시설(예: 서울시 동부아동상담소)
	사립공영시설	민간이 설립한 후 국가나 지방자치단체에 위탁 또는 헌납한 시설
	사립민영시설	민간이 직접 설립, 운영하는 시설. 우리나라 아동시설의 대부분을 차지

분류 기준	하위 분류	내 용
이용자 비용 부담 여부	유료시설	이용자나 부양의무자로부터 시설이용 요금을 수납하여 운영하는 시설
	무료시설	전액 무료로 서비스를 제공하는 시설. 우리나라 시설의 대부분을 차지
시설 이용 방식	수용(생활)시설	시설에 수용하여 일정 기간 보호하는 시설
	이용시설	재가 또는 통원의 형태로 서비스를 제공하는 시설
시설의 이용 기간	장기보호시설	가정복귀가 가능할 때까지 거주 기간에 제한을 두지 않는 시설(예: 아동양육시설, 아동보호치료시설)
	단기보호시설	6개월에서 2년 정도로 거주기간에 제한을 두는 시설(예: 아동일시보호시설, 자립지원지설, 아동단기보호시설, 아동상담소)
	쉼터	가출이나 학대와 같은 상황에서 6개월 미만 동안 보호하면서 신속한 가정복귀를 도모하는 시설(예: 아동일시보호시설, 아동상담소)

(2) 아동복지시설의 종류와 행정

아동복지시설은 「아동복지법」 제52조에 명시되어 있으며, 아동복지시설의 운영 주체는 국가, 지방자치단체, 민간조직 및 개인으로, 「아동복지법」에 준한 인력과 시설 및 설비 요건을 갖추어야 한다.

① **아동양육시설**: 보호대상아동을 입소시켜 보호, 양육 및 취업훈련, 자립지원 서비스 등을 제공하는 것을 목적으로 하는 시설

② **아동일시보호시설**: 보호대상아동을 일시보호하고 아동에 대한 향후의 양육대책수립 및 보호조치를 행하는 것을 목적으로 하는 시설

③ **아동보호치료시설**: 아동에게 보호 및 치료 서비스를 제공하는 시설로 다음과 같은 시설이 포함된다.

가. 불량행위를 하거나 불량행위를 할 우려가 있는 아동으로서 보호자가 없거나 친권자나 후견인이 입소를 신청한 아동 또는 가정법원, 지방법원소년부지원에서 보호위탁된 19세 미만인 사람을 입소시켜 치료와 선도를 통하여 건전한 사회인으로 육성하는 것을 목적으로 하는 시설

나. 정서적 · 행동적 장애로 인하여 어려움을 겪고 있는 아동 또는 학대로 인하여 부모로부터 일시 격리되어 치료받을 필요가 있는 아동을 보호 · 치료하는 시설

④ **공동생활가정**: 보호대상아동에게 가정과 같은 주거여건과 보호, 양육, 자립지원 서비스를 제공하는 것을 목적으로 하는 시설

⑤ **자립지원시설**: 아동복지시설에서 퇴소한 사람에게 취업준비기간 또는 취업 후 일정 기간 동안 보호함으로써 자립을 지원하는 것을 목적으로 하는 시설

⑥ **아동상담소**: 아동과 그 가족의 문제에 관한 상담, 치료, 예방 및 연구 등을 목적으로 하는 시설

⑦ **아동전용시설**: 어린이공원, 어린이놀이터, 아동회관, 체육 · 연극 · 영화 · 과학실험전시 시설, 아동휴게숙박시설, 야영장 등 아동에게 건전한 놀이 · 오락, 그 밖의 각종 편의를 제공하여 심신의 건강유지와 복지증진에 필요한 서비스를 제공하는 것을 목적으로 하는 시설

⑧ **지역아동센터**: 지역사회 아동의 보호 · 교육, 건전한 놀이와 오락의 제공, 보호자와 지역사회의 연계 등 아동의 건전육성을 위하여 종합적인 아동복지서비스를 제공하는 시설

⑨ **아동보호전문기관**: 보호자를 포함한 성인이 아동의 건강 또는 복지를 해치거나 정상적 발달을 저해할 수 있는 신체적 · 정신적 · 성적 폭력이나 가혹 행위 및 아동의 보호자가 아동을 유기하거나 방임에 의한 아동을 보호하는 업무를 수행함[1]

⑩ **가정위탁지원센터**: 보호대상아동의 보호를 위하여 성범죄, 가정폭력, 아동학대, 정신질환 등의 전력이 없는 보건복지부령으로 정하는 기준에 적합한 가정에 보호대상아동을 일정 기간 위탁하는 업무를 수행함[2]

이러한 아동복지시설은 통합하여 설치할 수 있으며, 각 시설 고유의 목적 사업을 해치지 아니하고 각 시설별 설치기준 및 운영기준을 충족하는 경우 다

1) 「아동복지법」 제3조 제7항과 제22조, 제45~46조에 근거한다. 제3부 피학대아동에서 구체적으로 살펴본다.

2) 「아동복지법」 제3조 및 제48조에 근거한다. 제3부 가정위탁보호사업에서 구체적으로 살펴본다.

음 사업을 추가로 실시할 수 있다.

- 아동가정지원사업: 지역사회아동의 건전한 발달을 위하여 아동, 가정, 지역주민에게 상담, 조언 및 정보를 제공하여 주는 사업
- 아동주간보호사업: 부득이한 사유로 가정에서 낮 동안 보호를 받을 수 없는 아동을 대상으로 개별적 보호와 교육을 통해 아동의 건전한 성장을 도모하는 사업
- 아동전문상담사업: 학교부적응아동 등을 대상으로 올바른 인격형성을 위한 상담, 치료 및 학교폭력예방을 실시하는 사업
- 학대아동보호사업: 학대아동의 발견, 보호, 치료 및 아동학대의 예방 등을 전문적으로 실시하는 사업
- 공동생활가정사업: 보호대상아동에게 가정과 같은 주거여건과 보호를 제공하는 것을 목적으로 하는 사업
- 방과 후 아동지도사업: 저소득층 아동을 대상으로 방과 후 개별적인 보호와 교육을 통하여 건전한 인격형성을 목적으로 하는 사업

Child First!

"엄마, 아이 한 번 더 맡겨도 돼?"…
'우한폐렴' 문 닫는 어린이집에 맞벌이부모 '육아대란'

2020.02.08

'우한 폐렴' 어린이집 휴원령에 맞벌이 부부 '육아대란'
친정집 · 친척, 친구까지 동원… 아이돌봄 서비스는 '과부하'
반차 써가며, 맞교대… 학원 돌려보내는 '생계형 등원'도
靑 청원도 등장 "맞벌이 보호자 1인에게 휴가 보장해야"

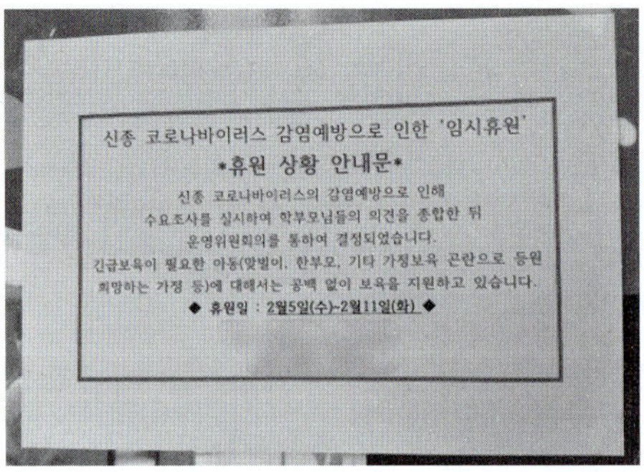

지난 6일 오전 서울시 영등포구의 한 어린이집 앞에 붙은 휴원 안내문.
이 어린이집은 신종코로나바이러스의 감염예방으로 인해 수요조사를 실시, 학부모들의 의견을 종합해 (휴원을) 결정했다는 내용의 공지를 붙였다.

출처: http://news.chosun.com/site/data/html_dir/2020/02/08/2020020800884.html

살 펴 보 기

'코로나 19 바이러스'로 인해 어린이집, 유치원을 포함하여 초등학교가 임시휴업을 하였다(2020년 3월). 맞벌이 부모를 둔 아동들은 어떻게 보호받을 수 있을까? 대안을 찾아보자.

제 7 장

아동복지실천과 전문기술

아동복지실천은 아동의 발달특성과 주변 환경에 대한 이해를 바탕으로 아동복지제도의 체계 내에서 여러 관련 전문가에 의해 다양한 방법으로 수행되는 중요한 활동이다.

아동복지의 실천은 날이 갈수록 축적된 연구 성과에 따라 효과성을 제고할 수 있는 다양한 기술이 발달되고 있다.

제7장에서는 아동복지를 실천할 때, 그 성격을 고려하여 대표적으로 활용하는 코칭, 상담, 치료에 대해 살펴보게 된다.

1. 코칭기술을 활용한 아동복지실천

"가장 어려운 기술은 살아가는 기술이다"라고 기업가 메이시는 말했다. 이 살아가기 어려운 삶을 잘 살도록 도와주는 매력적인 삶의 기술로서 코칭은 한 고객의 일상생활에 대한 질문으로부터 시작되었으며, 코칭계에서는 이 질문이 지니는 큰 힘 때문에 "질문은 코칭의 꽃이다"라고 말한다.

기본적으로 긍정의 힘에 기반한 코칭(coaching)은 아동복지분야에서도 단일 기술로 사용되고 있다. 뿐만 아니라, 교육과 상담 및 치료영역에서도 직·간접적으로 연계되어 통합적으로 활용되고 있다. 이러한 통합적 활용의 예로 교육코칭과 상담코칭 및 치료코칭을 들 수 있다.

동시에 다양한 아동복지 분야의 전문가들도 전문성 함양을 위해 코칭을 적극적으로 학습하고 활용하는 추세이다. 왜냐하면 코칭은 추구하는 목적을 달성하기 위한 특정의 모델과 다양한 대화기술을 사용하고 있기 때문에 다른 전문적 실천기술보다는 비교적 용이하게 활용할 수 있다는 강점이 있기 때문이다.

이렇게 볼 때, 미성숙한 아동과 이들을 보호하는 성인이 역동적으로 상호작용하게 되는 아동복지현장에서는 코칭이 매우 효과적인 실천기술이라고 할 수 있으며, 아동의 성장발달과 치료를 위해 점점 그 활용도가 높아지고 있다.

1) 코칭의 이해

기본적으로 코칭은 긍정과 성장의 철학에 기반하여 다양한 코칭기술을 활용하므로서 코치이가 추구하는 목표를 달성할 수 있도록 진행된다. 즉, 코칭은 소위 코칭을 하는 사람인 코치(coach)와 코칭을 받는 사람인 코치이(coachee) 사이에서 목적지향적인 관계의 파트너십을 통해 개인과 조직이 잠재력을 발휘하여 성장·발전하도록 지지하는 것이다.[1] 이러한 지지의 방법은 코칭대화모델과 코칭기술을

1) 코칭은 체육계에서 인식과 활용도가 높은 '코치'와 용어는 같으나 그 성격은 좀 다르다. 다시 말하면 과거 체육계에서의 전통적인 '코치'는 코칭하는 과정에서 지시나 명령 등의 부정적 언어도 사

적극적으로 활용하여 코치이가 원하는 목적을 성취하기 위한 방법을 찾을 수 있도록 지원하는 데 있다. 다양한 코칭기술들은 부정적인 언어보다도 긍정적인 '코칭언어'를 사용하게 된다. 따라서 코치와 코치이의 관계는 상하관계 내지는 주종관계라기보다는 파트너십을 지닌 수평적인 관계로 본다.

한편 코칭은 코칭과 관련된 개념들을 스펙트럼식으로 정리한 것에서 더 잘 이해할 수 있다.

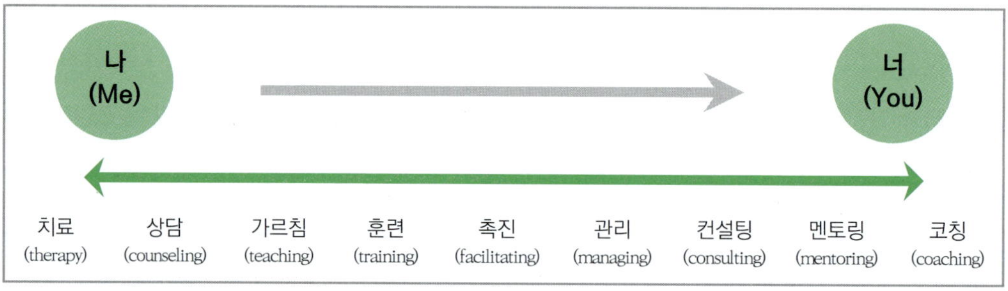

(1) 코칭의 정의와 형태

코칭에 대한 정의는 코칭을 연구하는 학자, 또는 코칭을 시행하고 있는 많은 기관에 의해 정의되고 있는데, 거의 대동소이하며, 코칭의 형태도 그러하다.

① 코칭의 정의

코칭의 정의는 기본적으로 코칭이 추구하는 목적 및 철학과 높은 관련을 지니게 된다. 그것은 기본적으로 코칭의 정의가 코칭의 철학에 바탕을 두고 있기 때문이다. 이러한 배경을 바탕으로 하되, 강조점에 따라 코칭의 정의는 차이가 있다(이소희, 길영환 외, 2014).

용하며, 수직적인 상하관계의 성격이 짙었다. 그러나 최근 체육계에서 활용하는 코칭은 오늘날의 현대적 코칭에서의 코치와 유사하다. 즉, 코칭의 정석을 따르고 있는 편이다.

〈표 7-1〉 코칭의 정의

전문가와 코칭전문기관	코칭의 정의
게리 콜린스	한 개인이나 집단을 현재 있는 시점에서 그들이 바라는 더 유능하고 만족스러운 지점까지 나아가도록 인도하는 기술이자 행위이다.
박정영	코칭은 자신만의 목표실현과 문제해결에서 최적의 방법을 스스로 찾아 이를 실현할 수 있도록 코치의 지지를 받는 것이다.
스즈키 요시유키	상대방의 자발적 행동을 촉진시키기 위한 의사소통기술이다.
이소희	'매일 멋진삶'을 살 수 있도록 지지하는 사랑과 지혜의 대화시스템이다.
한국코치협회	개인과 조직의 잠재력을 개발시켜 성공을 위한 자아실현과 나아가 조직의 성과를 한층 더 높일 수 있도록 도와주는 지속적인 파트너십이다
한국코칭센터	개인과 조직이 잠재력을 극대화하여 최상의 가치를 실현할 수 있도록 돕는 수평적인 파트너십이다.
CCU	개인과 코치와 발전하려고 하는 의지가 있는 개인이 잠재능력을 최대한 개발하고, 발견과정을 통해 목표설정, 전략적인 행동, 그리고 뛰어난 결과의 성취를 가능하게 해주는 강력하면서도 협력적인 관계이다

이렇게 볼 때, 코칭은 코치가 코치이의 의도와 목적을 최대로 존중하여 반영하는 것으로 이해할 수 있으며, 반면에 치료의 경우는 환자에 대해 치료자가 강하고 적극적으로 개입하고 있음을 알 수 있다. 다시 말하면 코칭은 그 어느 커뮤니케이션 기술보다도 '나'의 전문적인 지식과 기술을 활용하여 '너'를 치료하고, 상담하고 가르치기보다는 '너'의 욕구와 상황을 고려하여 '너'가 바라는 것이 '나'의 코칭을 통해 효과적으로 이루어질 수 있도록 도와주는 것을 지향하는 입장을 취하고 있다(이소희, 2019a).

② 코칭의 영역과 방법

모든 학문은 대영역과 소영역으로 구분될 수 있으며, 이는 학회의 설립과 구성에서 보면 잘 이해할 수 있다. 그 예로 교육학 분야에서 '교육학'이라는 대영역에서는 유아교육학, 초등교육학 등으로 세분하고, 사회복지학 영역에서는 아동복지학, 청소년복지학, 가족복지학 등으로 세분하는 것을 들 수 있다.

이러한 관점에서 코칭은 다시 삶의 전반에 걸쳐 인간다운 삶을 실현하기 위해 생리적 및 문화적 욕구를 충족시키고, 현재 직면하고 있거나 앞으로 발생할 수 있는 일을 예방하기 위해 코칭접근법을 활용하는 라이프(life) 코칭, 경력관리와 창출을 위해 코칭접근법을 활용하는 커리어(career) 코칭, 기업 조직 내 인간관계 향상과 개선 및 성과향상과 개선을 위해 코칭접근법을 활용하는 비즈니스(business) 코칭으로 세분된다. 사실 이러한 코칭영역은 대부분의 사람들이 활용할 수 있으며, 아동복지전문가의 관점에서 보면, 거의 라이프코칭과 커리어코칭영역을 우선으로 코칭접근법을 활용할 수 있다.

그리고 코칭하는 방법의 형태는 크게 개별 코칭과 그룹 코칭으로 구분될 수 있으며, 개별코칭의 구체적인 방법은 다시 셀프코칭과 동료코칭 등으로 세분된다.

(2) 코칭의 철학

철학이란 삶의 원리나 어떤 사물과 현상에서 전제가 되는 생각을 말한다. 그렇기 때문에 아동은 물론이고 모든 사람의 삶의 향방과 그 결과에 이르기까지 지대한 영향을 미친다. 코칭의 철학도 코칭의 과정에서 코칭의 본질을 잃지 않고, 코치이의 성장과 성과를 지향하면서 효과적으로 코칭할 수 있도록 돕는다는 점에서 매우 중요한 의미가 있다. 그리고 코칭의 목적은 기본적으로 긍정의 관점에서 코치이의 능력의 개발과 문제의 예방에 있으므로 이러한 관점에서 코칭전문가와 코칭전문기관에서 제시하는 코칭의 철학은 대동소이하다.

〈표 7-2〉 코칭의 철학

이소희	• 모든 인간은 무한한 가능성을 지닌 창의적인 존재이다. • 〈매일멋진삶〉을 살기 위한 해답은 자기 자신에게 있다. • 효과적으로 도전하고 실천하기 위해서는 코치가 필요하다.
한국코치협회	• 모든 사람은 창의적이다. • 모든 사람은 완전성을 추구하고자 하는 욕구가 있다. • 모든 사람은 누구나 내면에 자신의 문제를 스스로 해결할 수 있는 자원을 가지고 있다.
히데다케	• 모든 사람은 무한한 가능성이 있다. • 그 사람에게 필요한 해답은 모두 그 사람에게 있다. • 해답을 찾기 위해서는 파트너가 필요하다.

(3) 코칭환경과 구성요소

코칭 환경은 코칭 철학을 바탕으로 코칭의 준비 및 진행 과정에서 기본적으로 고려해야 할 주요 요소를 말하며, 크게 다섯 가지로 구성된다. 즉, 코치이와 코치 사이에는 신뢰가 있으며, 코치이가 설정한 목표를 향해 코치는 코칭언어를 사용하면서 코칭을 하는 환경을 말한다.

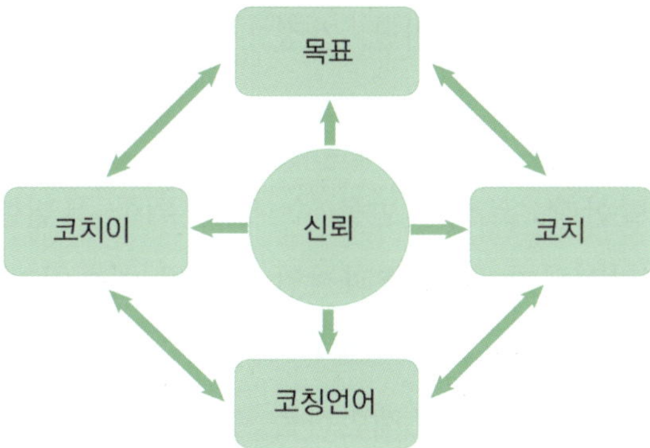

[그림 7-1] 코칭 환경

① 신뢰

인간발달에서 가장 기초가 되는 것은 신뢰감이다(Erikson, 1965). 그것은 신뢰하지 않고서는 진정한 관계를 형성하기 어려우며, 따라서 당사자들은 제대로 성장발달하거나 성공하기 어렵다. 코치이의 코치에 대한 신뢰의 핵심은 코치의 성품과 코칭 역량이며, 코치이에 대한 코치의 신뢰는 아동을 포함한 모든 사람은 잠재능력을 지니고 있으며, 코칭을 받으면 그 능력을 창조적으로 계발할 수 있다고 믿는 것이다.

② 목표

코칭에서의 목표는 코치이가 바라는 목표가 중심이 된다. 그러므로 코치의 목표는 자신이 코칭하는 코치이가 그 목표를 효과적으로 달성할 수 있도록 지지하는 것이 목표가 된다. 코칭에서는 그 어떠한 목표도 설정할 수 있으나, 대체로 이미 발생된 심각한 문제를 해결하기보다는 지금 적절하게 대응하지 않으면 문제가 발생하거나 또는 현재보다도 더 잘하고 싶은 욕구가 강할 때, 목표를 설정하게 된다.

③ 코칭언어

코칭언어는 코칭에서 사용하는 언어로 비언어와 언어를 모두 포함하되, 비언어가 상호 간에 미치는 영향이 매우 크다고 보고 있으며, 어조, 억양, 말의 높낮이, 말의 속도, 제스처 등을 들 수 있다. 한편 부정적 언어의 사용을 최대한 제한하기 위해 코치가 가능한 사실에 입각하되, 코치의 가치와 판단이 개입된 자기중심성을 버리고(Ego-less) 중립적 언어(Neutral Language)의 사용을 권장하고 있다. 구체적으로 섣부른 해석과 판단, 불평, 충고, 비난, 가정, 제언하지 않는 언어를 들 수 있다.

④ 코치이

코칭받는 사람을 말한다. 코칭을 받을 수 있기 위한 특별한 자격기준은 없다. 다만 코칭의 목표를 달성하기 위해 효과적인 코칭이 이루어지기 위해서는 자각능력이 필요하다고 보고 있다(진저 래피드 보그다, 2004). 다시 말하면 현저히 자기 이해가 낮을 경우는 당분간 코칭서비스를 제한하는 것이며, 에니어그램과 같은 도구를 활용한다.

⑤ 코치

코칭을 하는 사람을 말한다. 최근 코칭의 활성화에 따라 코칭 관련 조직에서 자체적으로 기준을 정하고 있다. 대표적으로 한국코치협회와 한국코칭학회를 들 수 있다. 이러한 기관에서는 코치 양성을 위한 과정을 두고 있다.

2) 아동복지현장에서의 코칭접근

코칭은 변화의 과학이다. 이 변화는 잘 준비된 환경에서 다양한 접근을 통해 지향하는 바를 이룰 수가 있다. 코칭의 방식은 크게 코칭하기(Doing Coaching)와 코칭접근법 활용하기(Applying Coaching Approaches)로 대별된다(박정영, 2009). 아동복지영역에서는 두 가지 코칭방식이 모두 사용되며, 특히 어린 영유아들에게는 코칭접근법 활용하기의 활용도가 높은 편이다(도미향, 이소희 외, 2012; 이소희, 2015a).

(1) 코칭의 접근방식

① 코칭접근법 활용하기

코칭접근법 활용하기는 코칭철학을 기반으로 하되, 코칭모델을 선택적으로 활용하면서 코치의 성장을 위해 일상적 환경에서 코칭하는 것을 말한다. 코칭에 대한 기본지식과 소정의 활용기술을 체득하고 있으면 가능하다. 대표적으로 부모와 교사들이 일상의 양육과 교육상황에서 활용할 수 있다(이소희, 엄마아빠사랑연구소, 2019; TREASURE 상호작용연구소, 2018c).

② 코칭하기

코칭하기는 분명한 목표와 욕구를 가진 코치이를 대상으로 코칭철학과 코칭모델에 기반하여 코칭기술을 활용하여 코칭하는 것을 말한다. 그러므로 대부분 전문코치가 코칭을 하게 된다.

(2) 코칭모델

모델은 특정한 프로그램이나 도구 또는 제품의 특성을 일목요연하게 나타낸 것을 말한다. 코칭모델은 코칭할 때, 일정한 순서나 단계에 따라 효과적으로 코칭할 수 있도록 구조화한 틀을 말하며, 코칭모델은 대체로 특정단어와 그 단어에 구성된 알파벳을 활용하게 되는데, 이때 모델명으로 선택된 그 단어의 의미는 모델의 목적이나 목표 및 가치를 구현하게 된다.[2)]

코칭은 다른 인간관계에서 활용되는 전문기술과 달리 '코칭모델'에 따라 체계적인 대화로 진행되는 시스템(system)이라는 것이 특징이다. 그렇다고 해서 코칭모델을 활용하여 전형적인 교육처럼 교사가 학생에게 의도적으로 가르쳐서 목적한 바를 달성하는 것이 아니다.

이러한 코칭모델은 모든 코칭과정에서 활용되는 일반모델과 특정한 영역에 활

---

2) 우리의 일상에서 구구단을 한번 외우면 평생 동안 잊어버리지 않는 효과가 있듯이 이니셜로 된 모델은 마치 구구단처럼 외우고 나면 쉽게 적용하는 데 효과가 크다. 그래서 코칭 분야에서는 '모델'의 이니셜을 '코칭공식'이라고 별명을 붙여 활용하기도 한다.

용하도록 개발된 모델로 구분된다. 그렇지만 코칭이 지향하는 바의 철학과 가치의 유사성 때문에 대부분의 코칭과정(Coaching process)은 유사하게 진행된다.

아동복지 분야에서 비교적 코칭이 활발하게 이루어지고 있는 분야는 상호작용이 중요하게 고려되는 유아-아동교육 분야이다. 그리고 청소년을 대상으로 한 코칭의 경우는 학습과 진로영역이다.

① 일반모델

일반모델은 코칭철학에 기반을 두고 개발된 모델로서 매우 범용성이 높다. 다시 말하면 아동복지현장에서 아동·청소년은 물론, 부모, 교사, 아동복지전문가 모두가 활용할 수 있으며, 일반 사회구성원도 모두 가능하다.

일반적으로 일반모델은 특정한 이론적 배경을 바탕으로 하지 않고 개발·실시된다. 또는 특정한 인간발달심리에 관한 이론을 바탕으로 개발되어 그 효과성을 제고시키기도 한다. 대표적인 이론으로 긍정심리학, 에니어그램, NLP 등을 들 수 있다. 이러한 관점에서 효과적으로 활용할 수 있는 모델의 예로 COACH 모델을 들 수 있다.[3]

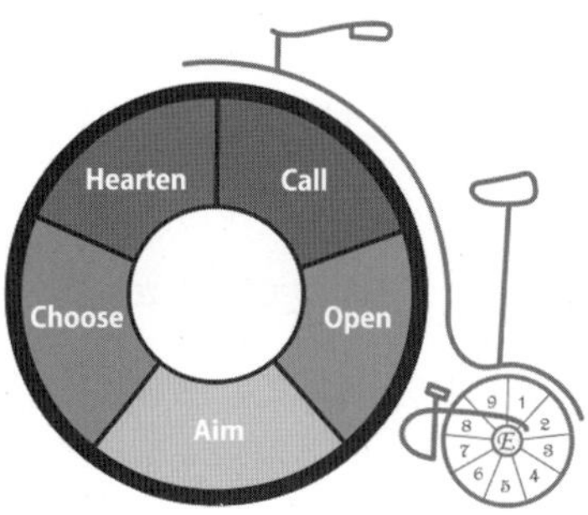

① Call(**주제 정하기**): 코치이가 현재 간절하게 코칭받고 싶은 주제를 이야기하는 단계
② Open(**가능성 열기**): 코치이가 온전히 마음과 생각을 열어 성장의 가능성을 찾아가는 단계
③ Aim(**목표 정하기**): 코치이가 진정으로 이루어지기를 원하는 최종 목표를 설정하는 단계
④ Choose(**해결책 찾기**): 코치이의 목표 성취를 위해 방법과 경로를 선택하고 실행계획을 세우는 단계
⑤ Hearten(**응원하기**): 코치이가 목표의 성취로 얻은 유익이 지속되도록 서로서로 응원하는 단계

3) COACH 모델은 A/B형으로 구분된다. A형은 일반모델이며, B형은 에니어그램도 적용할 수 있도록 구성한 모델이다.

이러한 COACH 코칭모델을 아동복지현장의 하나인 어린이집에서 활용한 사례는 다음과 같다.

〈표 7-3〉 코칭모델을 활용한 아동복지현장의 사례

이니셜	코치 - 원장	코치이 - 보육교사
Call 주제 찾기	오늘 저와 어떤 이야기를 나누고 싶으세요?	지시와 명령과 비판 등의 부정적 언어를 줄이고 중립적인 언어를 잘 사용하는 매일 멋진 보육교사가 되고 싶습니다.
Open 가능성 열기	어머! 매일 멋진 보육교사가 되기 위해 언어의 사용에 변화를 주고 싶군요. 원장으로서 너무 감사한 일이네요, 고마워요! 김 선생님이 말한 것을 요약해 보면 지금보다도 중립언어를 더 많이 사용하고 싶은 거군요. 그러면 지금까지 김 선생님은 어떤 중립언어를 사용하였고, 그 느낌이 좋았나요?	네, 주로, 그리고 조금이지만요(*웃음) "그랬구나"를 사용했어요. 소위 말하는 '구나타령'이요. 그렇지만. 사실은 비중립언어를 더 많이 사용했어요(TT). 이를테면 "네 짝꿍은 안 그러는데 너는 왜 그래?", "그래가지고 어쩌려고 그러니", "제발 시키는 대로 좀 해 봐" 등을 아주 많이 사용했어요. 아이들한테 좀 미안하지요.
Aim 목표 정하기	그렇다면 어떤 중립언어를 더 많이 사용하고 싶은 건가요? 그 언어의 사용이 오늘 코칭의 목적이 되겠어요.	네, 사실적인 언어예요. 그러니까 있는 그대로의 사실(fact)을 말하고 싶어요, 그러면 아이들은 저를 믿고 따르며, 저를 더 좋아할 것 같아요. 누구나 비난받는 것은 싫어하잖아요? 긍정적으로 말하면 아이들이 저를 좋아할 것 같아요. 저를 믿고 따르는 영리더십을 발휘할 것 같아요
Choose 해결책 찾기	중립언어에 대해 잘 알고 있군요. 그러면 그 사실적인 언어를 언제 사용하면 좋을까요? 또 어떻게 사용하면 좋을까요?	원장님, 그게 너무 힘들어요. 아이들이 제 마음에 들지 않는 행동을 할 때, 비난하거나 비판하지 않고 그냥 있는 그대로 말해주면 될 것 같아요. 예를 들면 컵에 "왜 컵에 손가락을 집어넣고 장난질이니? 손가락 빼"하고 빨리 말하지 않고, 숨을 들이쉰 다음, "손가락이 물컵 안에 있네"라고 사실 그대로를 말해주는 거예요.
Hearten! 응원하기	김 선생님이 사실적인 언어를 사용해서 느낌이 좋았다는 것을 어떻게 알 수 있을까요? 언제 스스로 칭찬할 수 있을까요?	아, 네, 원장님 그것은 아이의 표정을 보면 금방 알 수 있어요. 원장님 제 얼굴 좀 보세요. 지금의 제 얼굴이 아이 얼굴처럼 밝죠! 오늘의 코칭경험을 생각하고 더 잘해 보고 싶어요.

출처: 비전에니어그램교육연구소(2017). MOSAIC 9 코칭모델

이 사례를 보면, 코치는 코치이보다 말을 적게 할 뿐 아니라, 그 말도 질문이 주종을 이루고 있으며, 코치이를 격려하고 지지하는 것을 알 수 있다. 이러한 접근이 바로 코칭의 특징이자, 강점인 것이다.

그리고 질문형 일반모델도 있다. 다시 말하면 모델 자체가 질문으로 구성된 것으로 코칭의 특징을 매우 잘 반영하고 있는데, 예시로 WISE 모델을 들 수 있다. WISE의 이니셜로 시작되는 모델에서 코치의 질문은 네 가지로 구성된다(이소희, 길영환 외, 2014).

- 원하는 것은 무엇입니까?
- 그것이 이루어지는 것은 가능하다고 봅니까?
- 함께 시도해 보겠습니까?
- 이제 충분합니까?

WISE 모델

- What do you want?
- Is it possible?
- Shall we try?
- Enough of it?

T	Target	Task
R	Risk	Restart
Y	Yes!	Yes!

이 모델에서 'Try=시도'에서의 질문은 다음과 같이 구체화된다(숙명여대 박사과정 교재-부모코칭론, 2018c).

- 시도해야 할 과제와 목표를 정한다.
- 그 과제와 목표가 이루어질 수 있다고 다짐한다.
- 예스, 예스로 자성예언을 하면서 앵커링한다.

② 상호작용모델

육아와 아동보호 및 교육현장에서 상호작용은 매우 의미 있는 소통방법이다. 이러한 맥락에서 특히 상호작용에 초점을 맞추어 코칭방식의 모델이 개발·실시되고 있다. 그 대표적인 모델의 예로 TREASURE Talk 상호작용 코칭모델을 들 수 있다. 이 모델은 긍정심리학을 바탕으로 개발된 것이며, 'TREASURE'는 한국어로 귀하고 좋은 '보물'을 말하며, 8개의 이니셜인 T-R-E-A-S-U-R-E로 구성된다. 이 모델에서 제시된 이니셜의 내용은 규칙으로 간주하고 활용하게 된다.

〈표 7-4〉 TREASURE Talk 상호작용 코칭모델

카테고리	의미	코딩규칙
T (Tracking)	아이의 행동에 최대관심을 가지고 따라가기	아이와 함께하겠다는 의도로 다가가기
T (Tracking)	아이의 행동에 최대관심을 가지고 따라가기	아이가 움직이는 대로 온몸을 따라가기
T (Tracking)	아이의 행동에 최대관심을 가지고 따라가기	아이가 행동하는 모습을 그대로 말로 묘사하기
R1 (Reflecting)	아이가 한 말을 거울 보듯 반영하며 공감하기	아이가 하는 말에 고개를 끄덕이기
R1 (Reflecting)	아이가 한 말을 거울 보듯 반영하며 공감하기	아이가 하는 말에 인정하는 추임새 넣기
R1 (Reflecting)	아이가 한 말을 거울 보듯 반영하며 공감하기	아이가 하는 말을 그대로 따라 말하기
E1 (Encouraging)	아이가 한 언행을 구체적으로 격려하기	아이가 한 언행에 내재된 긍정적 의도를 읽어주기
E1 (Encouraging)	아이가 한 언행을 구체적으로 격려하기	아이가 한 언행에 대해 구체적인 말로 칭찬하기
E1 (Encouraging)	아이가 한 언행을 구체적으로 격려하기	아이가 한 언행에 대해 구체적인 행동으로 지지하기
A (Asking)	아이가 넓고 깊은 생각을 키우도록 질문하기	What?을 사용하여 질문하기
A (Asking)	아이가 넓고 깊은 생각을 키우도록 질문하기	Where?을 사용하여 질문하기
A (Asking)	아이가 넓고 깊은 생각을 키우도록 질문하기	When?을 사용하여 질문하기
A (Asking)	아이가 넓고 깊은 생각을 키우도록 질문하기	Who?를 사용하여 질문하기
A (Asking)	아이가 넓고 깊은 생각을 키우도록 질문하기	How?를 사용하여 질문하기
A (Asking)	아이가 넓고 깊은 생각을 키우도록 질문하기	If?를 사용하여 질문하기
S (Say-nothing)	아이가 대답할 때까지 무한존중하며 기다리기	아이를 부드럽게 응시하기
S (Say-nothing)	아이가 대답할 때까지 무한존중하며 기다리기	입술만 움직이며 self talking 하기
S (Say-nothing)	아이가 대답할 때까지 무한존중하며 기다리기	손가락으로 약 3~5초간 1, 2, 3을 세면서 아이의 대답을 기다리기
U (Understanding)	아이의 어떠한 대답에도 절대긍정으로 이해하기	아이가 대답한 것을 그대로 인정하고 수용하기
U (Understanding)	아이의 어떠한 대답에도 절대긍정으로 이해하기	아이가 대답한 것을 요약하고 명료화하기
U (Understanding)	아이의 어떠한 대답에도 절대긍정으로 이해하기	아이에게 추가적인 정보제공하기
R2 (Reminding)	아이가 완전 몰입한 상황을 기억하고 표현하기	아이가 기억나는 것을 말하도록 해보기
R2 (Reminding)	아이가 완전 몰입한 상황을 기억하고 표현하기	아이에게 기억나는 것을 말해주기
R2 (Reminding)	아이가 완전 몰입한 상황을 기억하고 표현하기	성인인 내 마음 표현하기
E2 (Enjoying)	아이와 함께한 시간을 축하하며 즐기기	아이에게 구체적인 언행으로 축하하기
E2 (Enjoying)	아이와 함께한 시간을 축하하며 즐기기	아이에게 구체적으로 보상하기
E2 (Enjoying)	아이와 함께한 시간을 축하하며 즐기기	아이에게 포트폴리오를 만들도록 제안하기

출처: 이소희(2014). TREASURE Talk 코칭모델 개발을 위한 연구(1). 코칭연구, 7(1), 5-35.

〈표 7-5〉 코칭모델을 어린이집에 활용한 사례

상황 구분	세부 상황	Oh, No! CCTV		Oh, Yes! TREASURE	
등원	보호자와 헤어질 때	아이	(현관문 앞에서 엄마가 내려놓고 가신다) 아~앙! 안 갈래~ 엄마 가지마!		
		교사 명령	(아이를 향해 눈을 크게 뜨며) 이리와! 얼른! 들어가야지! 네가 떼를 써도 소용없어. 봐라~ 엄마 거기 안 계시지.	교사	(아이를 보듬어 안으며) 하린이는 엄마가 많이 보고 싶은 거구나! 친구들과 재미있게 놀이하고 있으면 엄마는 회사 다녀오실 거야. 선생님과 무엇을 하며 놀이할까?
실내놀이	서로 엄마 역할 하려고 다툼이 일어날 때	아이	(큰 목소리로 친구에게) 얘들아! 오늘은 내가 치마 입었으니까 엄마 할 거야.		
		교사 꼬리표	(곱지 않은 시선으로) 너 지금 뭐라고 했어? 치마 입으면 엄마 역할 한다고 누가 그러니. 언제 네 맘대로 정하라고 했어? 네가 역할놀이 대장이냐고. 그러니까 너는 "제멋대로 대장"이구나.	교사	(아이의 긍정적 의도를 읽어주며) 혜원이가 치마를 입고 온 이유는 엄마 역할이 하고 싶었던 거였구나. 혜원아! 친구들과 오늘 역할놀이에서 엄마를 누구로 정할지를 먼저 이야기해 보는 것은 어떨까? 혜원이가 친구들에게 오늘은 내가 하고, 내일은 다른 친구 했으면 좋겠다고 말해도 좋을 것 같은데.
점심	식사시간	아이	(늦게 까지 먹으며 친구들 노는 것을 바라보는 아이)		
		교사 비난	(답답해 죽겠다는 표정으로) 그냥 빨리 먹자. 뭐가 그렇게 오래 걸리니. 옷에 다 묻히고, 넌 그래 가지고 언제 다 먹겠어. 치워야 하는데…	교사	(아이의 행동을 묘사하며) 예준이가 혼자 오른손으로 숟가락을 들고 밥을 떠서 입으로 쏘옥 먹고 있네. 마지막 반찬까지 먹으면 스스로 끝까지 해결하는 예은이를 선생님이 칭찬해 줄게!
화장실	화장실에서 양치질을 오랫동안 하고 있을 때	아이	(칫솔을 물고 거울을 쳐다보며 가만히 서 있는 아이)		
		교사 잔소리	(아이를 인상 쓰고 바라보며) 뭐 하고 있니. 친구들 기다리는데. 어서, 양치질해야지! 칫솔 물고만 있지 말고, 위아래 움직여야지! 빨리빨리 해! 시간 없어, 셋까지 숫자 센다… 하나! 둘! 셋!	교사	(최대관심 가지고 따라가며) 채원이가 양치질하는 동안 옆에 있을게. 옳지! 윗니 아랫니 구석구석 깨끗이 양치질하는 것이구나. 채원이가 다 할 때까지 선생님이 기다려 줄게!
실외놀이	놀이터에서 서로 시소에 올라타려고 할 때	아이	(시소를 두 손으로 가로막으면서) 선생님! 내가 타려고 했는데 친구가 밀고 왔어요.		
		교사 명령	(단호한 목소리로) 시소에 네 거라고 어디 이름이 쓰여 있니? 여기 있는 놀이기구는 친구들이 함께 타는 거야. 그러니까 고집부리지 말고 순서를 지켜서 타란 말이야! 빨리 줄 서도록 하세요!	교사	(선웅이에게 넓고 깊은 생각을 키우는 질문을 하며) 선웅이가 지금 시소를 타고 싶은 모양이구나. 시소는 어떻게 타는 거지?
				아이	두 명이서 올라갔다 내려갔다 하면 돼요.
				교사	그렇지. 지금은 선웅이 혼자인데, 누가 같이 탈 수 있을까?
				아이	아~ 친구랑 같이 타면 돼요. 아 저기 현태가 있어요! 현태야! 나랑 시소 재미있게 타지 않을래?

<table>
<tr><th>상황
구분</th><th>세부
상황</th><th colspan="2">Oh, No! CCTV</th><th colspan="2">Oh, Yes! TREASURE</th></tr>
<tr><td rowspan="2">하
원</td><td rowspan="2">엄마가
늦게 데리러
올 때</td><td>아이</td><td colspan="3">(친구들 귀가하는 것을 쳐다보며 훌쩍거리는 아이)
나도 빨리 집에 가고 싶어요!</td></tr>
<tr><td>교사
꼬리표</td><td>(손으로 아이를 가리키며)
선생님도 너의 엄마가 오시면 좋겠다. 보채지 말고 기다려야 엄마가 오시지. 왜 그렇게 징징거리니. 조용히 놀이하면 되잖아. 그러니까 너를 '징징이', '울보'라고 하는 거야.</td><td>교사</td><td>(아이를 부드럽게 바라보며)
찬희는 엄마가 데리러 와주시기를 바라고 있구나.
찬희 엄마가 회사에서 오시려면 조금 더 기다려야 한다고 연락이 왔었단다. 우리 무얼 하면서 기다리면 좋을까? 생각해 보기로 하자.</td></tr>
<tr><td rowspan="4">견
학</td><td rowspan="4">견학하며
줄서서
이동할 때</td><td>아이</td><td colspan="3">(여기저기 두리번거리며, 구경하는 아이) 와! 정말 신기한 게 많네.</td></tr>
<tr><td rowspan="3">교사
비난</td><td rowspan="3">(다그치는듯한 큰 소리로)
태경아!
앞에 보면서 걸으라고 했지. 너 그렇게 혼자 다니면 여기다 두고 갈 거야. 그러면 엄마, 아빠도 못 만나고 어떻게 할래? 줄도 제대로 서지 못하고 할 줄 아는 게 뭐니?</td><td>교사</td><td>(아이의 손을 살포시 잡으며)
태경이의 손을 선생님과 함께 잡고 걸어보면 어떨까?</td></tr>
<tr><td>아이</td><td>음, 좋아요.</td></tr>
<tr><td>교사</td><td>천천히 선생님과 발맞추어 걸어보자. 그래야 뒤에 따라오는 친구들과 함께 재미있는 구경을 할 수 있을 것 같구나.</td></tr>
<tr><td rowspan="4">안
전</td><td rowspan="4">복도에서
뛰다가
넘어져서
무릎에
상처가 났을
때</td><td></td><td colspan="3">(실외놀이 후 복도에서 뛰어가는 아이)
빨리 손 씻으러 가야지~ (꽈당 하고 넘어진다.)</td></tr>
<tr><td rowspan="3">교사
잔소리</td><td rowspan="3">(팔장을 끼고 아이를 쳐다보며)
저것 봐! 민호는 선생님이 몇 번을 말해야 알아듣는 거니. 실외놀이 한 다음에 복도에서는 한 줄로 서서 조용조용 걸어가야 한다고 했지. 그리고 화장실 가서 손 씻고, 교실로 들어와서 조용히 다른 놀이 하라고 했잖아! 그런데 그렇게 뛰니까 넘어져서 무릎이 다치지.</td><td>교사</td><td>민호가 뛰다가 그만 넘어졌구나.
많이 다치지 않았는지 어디 한 번 살펴보자. 민호야! 복도에서 어떻게 다녀야 멋진 모습일까?</td></tr>
<tr><td>아이</td><td>네. 걸어 다녀야 해요.</td></tr>
<tr><td>교사</td><td>네가 잘 알고 있네. 다음부터는 복도에서 걸어 다니는 멋진 민호의 모습을 기대해 볼게.</td></tr>
</table>

출처: TREASURE Talk 상호작용연구소(2019).

TREASURE Talk 상호작용 코칭모델은 다른 코칭모델과 다른 특징을 지니고 있다. 그것은 TREASURE 모델이 지닌 의미와 반대되는 CCTV 모델을 함께 활용할 수 있다는 것이다. 알다시피 'CCTV'는 문제의 발생을 예방하기 위해 감시하는 장치이므로 '부정'의 성격을 지닌다. 따라서 보물대화로 긍정의 상호작용이 이루어지지 않으면 부정의 대화가 되므로 감시의 대상이 되는 대화라고 할 수 있다.

그렇지만 이 CCTV 모델을 코칭모델이라고는 하지 않는다. 그것은 이 모델에는 코칭의 철학이 내재되어 있지 않고, 단지 바람직한 상호작용이 이루어지도록 하기 위한 전략적 접근으로 특수한 모델을 개발하여 활용하는 차원인 것이다.

(3) 코칭기술

코치는 코칭을 받는 코치이에게 코칭기술은 코칭이라고 하는 특수한 목적을 위해 사용하는 구체적인 행동기술을 말한다. 이 코칭기술은 코칭을 더욱 효율적이고, 효과적으로 진행할 수 있도록 이끌며, 코칭하기는 물론, 코칭접근법 활용하기 등 모든 코칭과정에 활용된다. 이소희(2014)는 코칭기술을 [그림 7-2]와 같이 명명함과 동시에 각 기술의 특성을 고려한 이미지를 구성하였다.

[그림 7-2] 코칭기술

① 중립언어기술

중립언어기술은 자기 중심의 판단이나 평가를 하지 않고 사실 그대로를 말하는 것이며, 코치이가 객관적으로 자신을 판단할 수 있도록 지지하는 멋진 힘을 가지고 있다.

② 온전한 경청기술

온전한 경청기술은 숨겨진, 표현된 의도를 다 듣는 수준을 의미하며, 코치이의 마음을 열게 하는 멋진 힘을 가지고 있다.

③ 진정한 동기부여기술

진정한 동기부여기술은 창의적인 가능성을 믿고 주도적으로 응원하는 것을 말하며, 코치이가 자신감을 지니고 도전하도록 이끄는 멋진 힘을 가지고 있다.

④ 깨닫는 질문기술

깨닫는 질문기술은 새로운 관점에서 생각할 수 있도록 전환하는 질문을 의미하며, 코치이로 하여금 더 깊은 생각을 통해 생각을 전환하도록 자극하는 멋진 힘을 가지고 있다.

⑤ 따뜻한 인정축하기술

따뜻한 인정축하기술은 긍정적 의도를 편견 없이 진심으로 인정해주는 것을 말하며, 코치이가 존재감을 가지고 더 전진하거나, 새롭게 시작하도록 격려하는 멋진 힘을 가지고 있다.

⑥ 분명한 목표성취기술

분명한 목표성취기술은 구체적인 목표와 실행계획을 세우는 것을 말하며, 코치이가 설정한 방향과 방법대로 이끌고 실천하도록 하는 멋진 힘을 가지고 있다.

⑦ 유익한 피드백기술

유익한 피드백기술은 목표의 수행과 달성 여부를 되돌아 평가하는 것을 말하며, 코치이가 이전보다 더 잘할 수 있도록 나아가게 하는 멋진 힘을 가지고 있다.

이러한 코칭기술은 코칭접근법 활용하기와 코칭하기에 모두 활용된다.

Child First!

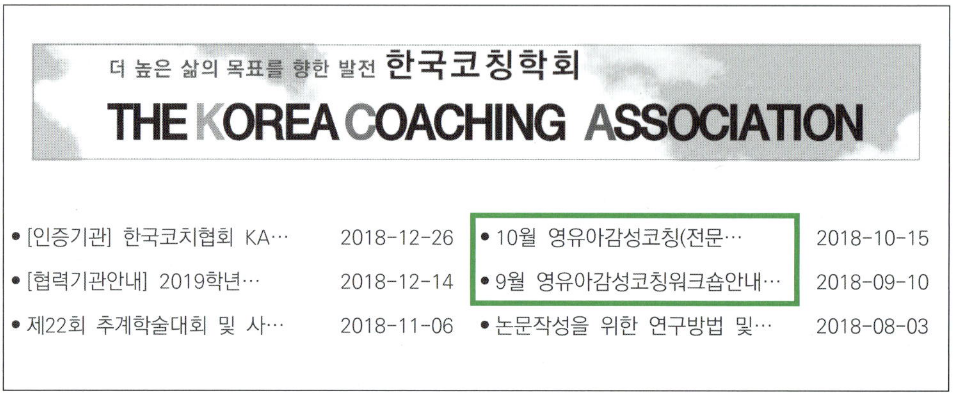

더 높은 삶의 목표를 향한 발전 한국코칭학회

THE KOREA COACHING ASSOCIATION

- [인증기관] 한국코치협회 KA… 2018-12-26
- [협력기관안내] 2019학년… 2018-12-14
- 제22회 추계학술대회 및 사… 2018-11-06
- 10월 영유아감성코칭(전문… 2018-10-15
- 9월 영유아감성코칭워크숍안내… 2018-09-10
- 논문작성을 위한 연구방법 및… 2018-08-03

살 펴 보 기

한국코칭학회 홈페이지를 방문하여 아동복지 관련 학회행사들을 파악해 보자.

2. 상담기술을 활용한 아동복지실천

"말하는 것은 지식의 영역이고 듣는 것은 지혜의 특권이다."라는 격언이 있다. 걱정과 고민과 아픔이 있는 사람이 말을 털어놓으면, 그 말을 들은 사람이 '말'로 그 사람의 걱정을 덜어주고, 고민을 해결하며, 아픔을 치유하기도 한다. 이러한 과정을 전문용어로 상담(相談)이라고 부르며, 상담은 마음의 세계를 다루므로 심리상담이라고 말한다.

인간발달 초기에 해당하는 아동의 마음은 매우 역동적이다. '울다가 웃고, 웃다가 우는' 과정을 끊임없이 되풀이한다. 이 과정에서 심리적 욕구와 요구가 충족되지 않으면 마음에 병이 든다. 그러므로 아동의 심리를 하이터치(High Touch) 할 수 있으려면 전문성을 갖추어야 하며, 오랜동안의 체계적인 수련이 필요하다. 그리고 아동은 전문가에 의한 심리상담을 통해 크고 작은 갖가지의 성장통을 극복할 수 있게 되며, 이에 따라 곤경에 처했던 아동은 다시금 즐거운 놀이 같은 생활로 되돌아가게 된다.

1) 상담의 이해

오늘날 상담은 매우 광범위한 영역에서 상당히 일상적으로 활용되고 있다. 따라서 상담영역의 성격에 따라 상담의 깊이는 편차가 큰 편이다. 특히 발달 초기에 발생한 문제를 완화하거나 해결하는 관점에서 실시되는 아동상담의 경우는 일반 성인상담에 비해 보다 역동적이며, 구조적으로 실시된다. 나아가 효과적으로 아동상담의 목적을 달성하기 위해 아동만이 아니라 부모와 가족이 직면하는 문제까지 함께 다루게 된다.

(1) 상담의 의미

상담(counseling)의 정의는 명료하다. 한자어로는 얼굴과 얼굴을 서로 마주 보고(面

對面) 말을 주고받는다는 뜻이다. 다만 그 말은 일상적인 말을 주고받는 것이 아니라, 욕구와 문제해결의 목적을 지닌 의도적 대화이며, 다음과 같은 개념적 특징을 지니고 있다.

- 도움이 필요한 사람에게 전문적인 도움을 줌
- 변화가 일어나게 하는 학습의 의미가 포함되어 있음

상담의 의미를 보다 잘 이해하기 위해서는 교육과 유사한 생활지도와 심리치료를 비교하여 이해할 필요가 있다. 이러한 비교 차원에서의 이해는 어떤 문제를 누가, 어디에서 하느냐와 관계된다.

〈표 7-6〉 생활지도 · 상담 · 심리치료의 개념 비교

구분	생활지도	상담	심리치료
정의	주로 가정의 아동 및 학교 내외에서의 학생들로 하여금 발달과 적응상의 문제를 돕기 위한 교육적 · 사회적 · 도덕적 · 직업적 영역 등의 계획적 지도활동	도움을 필요로 하는 사람에 대해 전문적 훈련을 받은 사람이 도와주는 상호작용의 인간관계 개선활동	정서적인 문제를 가진 환자와 전문적인 관계를 의도적으로 형성하여, 정서적 문제를 심리학적 방법으로 돕는 치료활동
목적	주로 가정의 아동 및 학 교내외의 학생들로 하여금 적절한 계획을 수립하고 실천해서 생활에서 만족할 만한 적응을 할 수 있도록 조력하는 것이 목적	개인의 장래 발달에 영향을 미치는 현명한 선택을 하도록 촉진하는 것이 목적	개인이 가진 무의식적인 욕구들, 동기들, 소망들, 기억들을 밝혀내어 문제를 해결하는 것이 목적
강조점	주로 가정의 아동 및 학교 내외의 학생들로 하여금 올바르게 기능하기 위해 지적 · 정서적 · 신체적 고른 발달을 강조	합리적인 계획, 문제해결, 상황적인 압력에 대한 지지 등을 강조	개인의 성격에 더 깊게 관여 좀 더 심각한 행동의 교정을 강조
대상자	아동과 보 · 교육기관 및 학교에 취학중인 학생	약간의 문제를 안고 있는 사람들	심리적 장애를 가진 사람들
자격	심리학 · 교육학 · 사회복지학 등 관련 분야의 국가와 학회 및 협회의 자격증 소지자. 가능한 한 석사 이상의 학력	상담심리학 관련 국가와 학회 및 협회의 자격 소지자, 가능한 한 석사 이상의 학력	임상심리학 관련 국가와 학회 및 협회 자격증 소지자. 가능한 한 석사 이상의 학력
실시장소	가정, 학교, 사회기관 등	학교, 지역봉사기관, 종교기관 등	클리닉센터, 병원, 진료기관 등

이렇게 볼 때, 생활지도에서는 주로 예방적 차원에서 일상적인 생활태도를 중심적으로 다루며, 상담은 비교적 정상적인 일상생활을 약간 벗어나 그대로 두면 문제가 발생할 가능성이 높을 때 접근하며, 상담만으로도 효과적인 문제를 해결하지 못했을 때 치료를 하게 된다.

(2) 상담의 방법

아동이 당면한 상황과 문제에 따라 효과성을 제고하기 위하여 적당한 상담방법이 활용된다. 이렇듯 다양한 방법은 상대적인 성격을 지닌다.

① 개별상담과 집단상담

가장 일반적이고, 역사성을 지닌 상담의 방법은 개별상담 및 집단상담방법이다.

개별상담은 가장 전형적인 상담의 방법이자, 모든 상담의 기초를 이루는 것으로 전문가가 내담자인 아동과 1 : 1로 상담하는 것을 말한다. 동시에 아동의 문제를 완화하거나 해결하기 위해 부모나 가족 및 교사 등이 포함되기도 한다.

집단상담은 대상자의 상황과 문제는 개별상담과 동일하지만, 이러한 대상자들이 표출할 수 있는 문제를 집단의 역동성을 활용하여 상담하는 방법을 말한다.

② 전문가상담과 또래상담

상담은 본질적으로 전문성에 근거하여 이루어진다. 그러므로 상담전문가들은 고도의 수련으로 전문성을 함양한다. 이렇듯 전문가 상담은 그야말로 상담에 관한 이론과 임상능력을 겸비한 전문가로부터 상담을 받는 것을 말한다. 그것은 아동과 아동을 둘러싼 주변 사람들이 가진 문제가 복잡, 다양하여 일반사람이 해결하기는 어렵기 때문이다.

다른 한편, "말하고 나니 속이 후련하다"라는 말을 자주 듣곤 하며, 동시에 "말을 하고 나니 문제가 다 풀렸다"라는 말도 자주 하곤 한다. 이 말들은 굳이 전문적인 상담을 받지 않아도 나름대로 어느 정도 효과를 볼 수 있음을 뜻한다. 대표적인 예로 또래상담을 들 수 있다. 또래상담은 비교적 최근에 들어 시도되고 있는 상담으로 활용도가 높은 방법이다. 즉, 동일 연령대의 사람들로 하여금 문제를 해결하는 방법이다. 그렇다고 해서 일상적인 대화를 주고받는 수준만은 아니다. 다시 말하면 정상적인 또래들에게 상담교육을 시킨 후, 이 또래들로 하여금 문제를 가진 다른 또래들을 상담케 하는 방법을 활용하고 있다. 또래상담은 개별상담 및 집단상담 모두에서 활용되고 있으며, 특히 청소년 상담에서 활용도가 높다.

③ 면대면과 통신에 의한 상담

상담의 어원에서 보듯이 상담은 서로 마주 보고 하는 것이 기본이다. 그러나 면대면의 상담이 반드시 최고의 효과를 내는 것만은 아니다. 다시 말하면 면대면 상담은 밀착된 상담으로 아주 구체적인 문제까지 심층적으로 다룸으로써 상담의 효과를 기대할 수 있는 장점이 있지만, 반면에 얼굴과 얼굴을 마주 대함으로써 발생하는 심리적 부담감 때문에 오히려 상담효과가 낮아질 수도 있다. 또한 시간적으로나 공간적으로 제약을 받는다는 제한점도 있다.

한편 놀라울 정도의 성능을 가진 컴퓨터와 인터넷의 발달에 따라 통신을 활용한 상담이 매우 활성화되고 있다. 이 방법은 내담자와 상담자 모두에게 이용상의 편의성뿐만 아니라, 비교적 경미한 문제는 쉽게 해결할 수 있으므로 아동복지 관련 기관에서는 홈페이지를 활용하여 상담을 활성화시키고 있다.[4]

2) 아동복지현장에서의 상담접근

아동은 신체적 · 정신적 · 사회적 미성숙 때문에 그들의 생활에 부정적인 영향을

4) 특히 부모상담에 유용하다: 즉, 자신의 자녀가 가진 문제를 공개하는 데 부담을 가진 부모가 익명으로 다른 부모로부터 체험적 동료상담을, 준전문상담가 및 전문상담가로부터 문제해결을 위한 다양한 도움을 공개적으로 받을 수가 있다. 그리고 다수의 전문가로부터 유사한, 또는 다양한 견해에 접할 수 있기 때문에 문제해결력을 강화시킬 수 있다. 동시에 전자우편과는 달리 문제를 지닌 부모가 알지 못했던 미지의 전문상담가로부터도 뜻밖의 좋은 도움을 받을 수가 있으며, 이는 다른 부모와 전문상담가에게도 소개해 주는 기회를 제공해 주게 된다. 또한 유사한 자녀문제를 가진 다른 부모에게도 문제해결에 관한 도움을 간접적으로 제공해 줄 수 있다. 나아가 상담전문가에게도 다른 상담전문가의 견해를 쉽게 파악할 수 있는 기회를 제공해 줌으로써 여러 전문상담가의 역량을 강화할 수 있는 기회를 제공하게 된다.

미치는 여러 인적·물적 환경을 통제하기가 어려울 뿐 아니라 바람직한 방향으로 나아가기는 더욱 어렵다. 따라서 아동을 대상으로 한 특별한 대응이 필요하다.[5]

(1) 아동상담의 목표

아동이 여러 가지 이유로 문제를 지니고 있을 경우, 문제의 성격과 수준에 따라 아동은 물론, 부모도 각각 또는 함께 교육과 상담을 받음으로써 문제를 경감시키거나 해결할 수 있다.

일반적으로 아동상담의 목표는 크게 다섯 가지로 대별할 수 있다.

- 본능적인 욕구를 적절히 충족시켜 준다.
- 자기 통제력의 전략습득을 적절히 도와준다.
- 각 발달과업에 따른 적절한 학습 및 경험을 하도록 배려한다.
- 아동 스스로가 주위환경에 보다 잘 대처해 나갈 수 있도록 능력을 길러 준다.
- 아동으로 하여금 문제를 발생시키지 않도록 유발한 환경을 새롭게 조성하도록 한다.

이러한 아동상담의 목표를 효과적으로 이루기 위해서는 아동 당사자는 물론, 성인 가족이나 주변 사람 등의 인적 환경뿐 아니라 물리적 환경에도 세심한 주의를 기울여서 바람직한 환경을 의도적으로 조성하여야 한다.

(2) 아동상담의 특징

아동이 지닌 문제를 보다 더 잘 해결하기 위하여 아동을 대상으로 상담을 실시하기 위해서는 먼저 아동행동의 정상 여부를 판단하는 것으로부터 시작되어야 한다. 그런데 성인과는 달리 아동은 한창 자라나는 과정 중에 있으므로 정상 여부를

5) 우리나라에서는 '상담소'와 '상담센터'라는 이름으로 현장에서 활동하고 있는데, 이 활동에 놀이치료, 심리치료 등이 포함되고 있다.

판단하는 것이 그리 쉽지 않다. 다시 말하면, 자라는 과정상에서 일시적으로, 그리고 심각한 수준이 아닌 문제와 발달장애와는 다르기 때문이다. 그렇기 때문에 아동의 연령에 따라, 부모의 역할이 달라야 하는 것처럼, 아동이라는 특수 연령층을 대상으로 하는 상담의 경우에는 상담자의 태세, 전략 및 접근이 달라야 한다.

이렇게 볼 때, 아동을 대상으로 한 상담은 아동이 발달초기에 있다는 점과 함께 다음과 같이 아동상담이 지니는 특징을 지닌다는 것을 염두에 두고 상담해야 한다.

- 아동은 성장 중이라는 점
- 아동은 언어능력이 덜 발달했다는 점
- 아동 스스로는 상담동기가 낮다는 점
- 아동문제는 부모와의 관계의 문제라는 점
- 아동의 정신세계를 성인 상담자가 잘 모른다는 점
- 아동에게는 미래 생활에 대한 선택의 폭이 넓다는 점

(3) 아동상담과 부모교육 및 상담의 관계

아동상담을 효과적으로 실시하기 위해서는 부모교육과 부모상담이 필요하다(이영애, 2016). 이때 부모교육은 기본적이고 일반적인 접근방법으로서의 의미와 가치를 지니며, 주로 부모의 양육관, 부모의 양육태도, 상호작용기술(이소희, 2017; 박현정, 2018) 등이 포함된다.

부모상담은 발생된 아동문제에 대한 부모의 양육문제와 스트레스 등을 감소시키거나 해결하기 위해 실시된다. 즉, 부모상담의 초기에는 아동에 대한 올바른 이해에 초점을 두다가 중기로 가면 부모의 양육태도의 수정으로 이어진다. 그리고 말기 과정에 이르면, 부모는 아동을 있는 그대로 수용함으로써 부모-자녀관계가 개선되도록 심화된 상담을 하게 된다.

Child First!

중앙 육아종합지원센터
(재)한국보육진흥원 위탁운영

온라인 양육 상담

사업소개

중앙육아종합지원센터에서는 아동발달, 문제행동, 양육방법과 관련하여, 전문상담위원을 위촉하여 선별된 내용을 중심으로 보다 전문적인 온라인 상담을 진행합니다.

사업내용

이용방법

상담요청	→	상담진행	→	상담완료
지역내 육아종합지원센터 홈페이지 상담게시판에 상담의뢰		육아종합지원센터 상담접수 및 전문상담진행 (최소 2일 ~ 최대 5일 소요)		상담을 의뢰한 육아종합지원센터 홈페이지에서 답변내용 확인

출처: 중앙육아종합지원센터(2018 기준)

살 펴 보 기

중앙육아종합지원센터의 온라인양육상담 코너에 방문하여 어떠한 상담이 이루어지고 있는지 그 주제를 살펴보자.

3. 치료기술을 활용한 아동복지실천

"아프지 말고 아프지 말고 행복하자…, 행복하자"라는 가사의 유명한 노래가 있다. 그렇다. 행복하려면 아프지 말아야 한다. 그래서 "예방의 1온스는 치료의 1파운드보다 낫다"고 말한다. 그래도 아프면 치료를 받아야 하는데, 특히 아동은 조기에 받아야 한다. 누적성과 불가역성이라는 발달의 원리 때문에 치료하지 않고 그대로 두면, 아픔이 누적되어 돌이킬 수 없는 결과를 초래하여 정상적으로 성장하기가 매우 어렵기 때문이다.

아동을 치료할 때, 직면하게 되는 큰 문제는 바로 아동이 어리기 때문에 자신의 생각과 느낌을 표현할 만큼 언어가 충분히 발달되어 있지 못하다는 것이다. 따라서 특히 아동의 경우, 놀이를 활용한 심리치료를 활용하게 되며, 효과가 매우 큰 것으로 보고되고 있다.

"아이가 아프면 부모가 아프다. 특히 엄마가 아프다"라는 말은 진실이다. "엄마가 아프면, 아이도 아프다"라는 말도 진실이다. 아동을 보호하는 여러 아동복지 전문가도 부모와 마찬가지이다. 그러므로 아이가 아프지 않도록 예방해야 함은 물론, 아픈 아이를 위해서는 모든 사회가 한마음으로 치료해야 한다. 이러한 점에서 바우처 제도는 아이와 부모의 심리적, 경제적 부담을 완화해 주고자 시도하는 사회의 공동노력의 일환이다.

1) 심리치료의 이해

심리치료는 문자 그대로 손상된 심리를 고치는 것을 말한다. 그리고 모든 치료 분야에서처럼 심리치료도 전문적인 수련과정을 거친 임상전문가가 담당하며, 아동심리치료 역시 아동의 발달 및 특정 질병과 장애에 대해 전문적인 지식과 기술을 지닌 전문가가 담당한다.

아동을 위한 심리치료는 다양하게 이루어지고 있는데, 아동복지전문가 또는 종사자의 입장에서는 신체·의료적 조치보다는 심리치료의 비중이 더 높은 편이다. 그런데 이러한 치료는 쉽기도 하고, 또 어렵기도 하다. 왜냐하면 아동은 자연치유력과 회복탄력성이 어른보다 커서 비교적 쉽게 회복되지만, 다른 한편으로는 아동은 언어가 미숙하여 소통이 어렵기 때문에 아동을 치료하기 위해서는 특별하고도 전문적인 접근이 필요한 것이다.

2) 아동복지현장에서의 치료접근

아동을 대상으로 한 심리치료는 상담에 이어 실시되는 강도 높은 위기개입방법이다. 즉, 아동이 지닌 심리적 문제를 해결하는 과정에서 마지막 방어선이라 할 수 있으며, 역사가 오래되었고, 치료의 효과도 높다(유미숙, 2014; 주정일, 유미숙 외, 2006; Axline, 1981). 왜냐하면 아동들이 문제를 가졌을 경우에는 언어를 매개로 한 상담이 여전히 제한점을 가지기 때문에 아동의 생활이자 교육인 놀이를 통해 문제해결을 시도하기 때문이다.

아동놀이치료는 크게 놀이치료와 치료놀이로 구분한다. 놀이치료에서는 특히 놀잇감이 중요한 기능을 하며, 치료놀이에서는 신체적 접촉을 통한 상호작용이 의미 있는 기능을 한다.

(1) 아동놀이치료의 가치와 성격

국제협약CRC 제31조에는 아동은 휴식과 여가를 즐기고, 자신의 연령에 적합한 놀이 및 예술과 문화활동에 자유롭게 참여할 수 있는 권리가 있다고 명시되어 있다. 이렇게 보면 놀이는 아동의 건강한 성장발달에 매우 의미가 있는 활동으로서 다음과 같은 구체적인 가치를 지닌다.

- 놀이는 탐색적이며 창의적이다.
- 놀이는 상징적이며 은유적이다.
- 놀이는 아동들이 가장 하고 싶어 하는 일이고 가장 즐거워하는 일이다.

- 놀이는 아동이 놀잇감을 매개로 하여 마음을 주고받는 활동이다.
- 놀이 속에서 아동은 진정으로 자유로우며 무엇이든지 자신의 선택에 의하여 실험해 볼 수 있다.
- 놀이는 감정을 자연스럽게 표출시켜 주며, 특히 억압된 감정을 놀이에 표현함으로써 긴장을 해소시켜 준다.
- 놀이는 자발적이다. 놀이는 내적 동기에 의하여 조성되고 실행되며, 절대로 외적 보상에 의하여 좌우되지 않는다.

한편, '놀이'는 건강하지 못한 아동을 놀이를 통하여 회복시킬 수 있다는 것을 말해준다. 구체적으로 놀이경험이 치료적인 이유는 놀이치료와 치료놀이에서 아동과 치료전문가 사이에서 안정적 관계를 제공하여 아동이 원하는 때에 원하는 방식으로 자신을 표현하는 자유와 여유를 주도록 매개하는 기능을 하기 때문이다(Axline, 1981, 1986). 따라서 놀이치료는 전반적으로 2~11세 이하의 아동들에게 적합한 심리치료방법으로 보고 있다(한국놀이치료학회, 2019).

〈표 7-7〉 아동놀이치료에서의 '놀이'

구 분	아동놀이치료의 특징
놀이의 의의	아동이 다양한 경험을 쌓아가는 동안 자아와 초자아가 발달하게 되며, 이러한 발달에서 놀이경험은 중요한 작용을 함
놀이의 동기	프로이트는 놀이를 '쾌락원리'로 설명함 놀이를 통해 쾌락을 맛보고, 희망을 지닌다고 함
놀잇감 선택	아동들의 흥미를 끌 수 있으며, 탐색적 접근이 가능하고, 정서적 표출이 용이한 창의적 놀잇감을 선택함
놀이의 초점	전반적인 발달장애를 지닌 아동들이 정서불안, 행동장애, 과격행동을 지양하고 나은 방향으로 성장하도록 돕는 것에 초점을 둠
놀이의 치료적 효과	놀이과정을 통해 인상(印象)이 정화될 뿐 아니라 여러 상황에 숙달되기도 하며, 때때로 놀이에 기분 나쁜 경험이 재현되면서 감정이 정화됨 - 창조적이고, 표현적이고, 정서적으로 확장될 수 있으며, 보다 큰 추진력으로 행동하는 모습을 보임

물론 놀이의 이러한 가치는 정상 아동들에게도 정서적 안정을 통해 잠재능력을 충분히 계발함으로써 의미 있는 성장을 이루게 한다.

(2) 아동놀이치료의 이론적 배경과 효과

놀이와 치료가 지니는 기능과 의의로 놀이치료는 다양한 이론적 배경을 바탕으로 실시된다.

〈표 7-8〉 아동놀이치료의 유형과 이론적 배경

구분	정신분석적 놀이치료이론	분석적 놀이치료이론	아동중심 놀이치료이론
이론가	프로이트(Sigmund Freud)	융(Carl Jung)	로저스(Carl Rogers)
대표적 치료자	안나 프로이트(Anna Freud), 멜라니 클라인(Melanie Klein)	도라 칼프(Dora Kalff), 앨런(Allan)	버지니아 엑슬린(Virginia Axline)
치료 원리	심리해석을 통해 저항과 전이의 의미를 탐색함	손상된 자아구조를 재구축함을 강조함	자기문제 해결능력이 자기 내부에 있다고 믿는 자아실현을 강조함

이러한 놀이치료이론들의 공통점은 각 이론의 근본원리를 바탕으로 하되, 아동을 성인의 축소판으로 보지 않고 아동의 발달특성을 고려하여 놀이를 통한 접근을 추구했다는 점이다. 이러한 놀이치료는 아동에게 다음과 같은 효과를 거둔다고 보고되고 있다(Landreth, 2012).

- 보다 향상된 자존감
- 보다 개방된 자기 수용
- 보다 긍정적인 자아개념과 신뢰감
- 보다 확고한 자기 책임감
- 보다 자신 있는 자기 주도성
- 보다 민감하고 창의적인 자기 대응력
- 보다 열린 마음으로 열린 환경의 조성

그리고 치료놀이는 애착이론, 대상관계이론, 자아심리이론 등을 근거로 한다. 치료는 치료놀이전문가와 아동의 관계형성을 통해 생의 초기단계에서 이루지 못했던 모-자 애착관계를 재형성하도록 도와준다(성영혜, 2004).

(3) 아동놀이치료전문가의 역할과 자격

놀이치료는 특별한 자격을 지닌 전문가에 의해 수행된다. 왜냐하면 치료가 필요한 정도의 증상은 일반적인 상식과 지식을 넘어 전문적인 지식과 함께 임상에서 고도로 훈련된 기술이 필요하기 때문이다. 아동복지실천에서 전문성의 원칙이 적용되는 이유이다.

어린 아동에게서 발생한 행동문제는 그들의 부모와 형제를 포함한 가족관계에 의해 영향을 받으며, 아동을 비롯한 모든 인간의 문제는 사회의 역동적 변화와도 깊이 관계되어 있어 복잡한 양상을 띤다. 그렇기 때문에 아동심리와 발달, 부모-자녀관계, 가족심리와 발달, 놀이이론, 상호작용, 아동과 사회 등을 관련 기관에서 학습하고 훈련받게 되며, 관련 학회 및 협회 등에서 그 전문성을 자격증으로 인정하게 되는 것이다. '놀이치료'로서의 국가자격은 아직 제도화되어 있지 않으나 아동정신의학을 전공한 의사와 교수 등을 포함하여 학회와 협회에서 자격제도를 두고 있다. 다만 의료계에서 '치료'라는 용어를 사용하는 데 제한을 두고 있어서 학회명은 '치료'를 사용하지만, '놀이심리상담사'라는 용어를 사용하고 있다.

나아가 아동을 포함하여 심리적 문제를 가진 모든 인간의 문제는 너무나 개인차가 많기 때문에 틀에 박힌 이론만으로 설명될 수 없는 부분이 많다. 따라서 이러한 점을 고려하여 스트레스를 심히 받거나 소진하지 않고 지혜롭게 극복해 나갈 수 있어야 하므로(신숙재, 이영미 외, 2000), 놀이치료자 자신이 끊임없이 성숙하려는 노력을 계속해야 한다.

(4) 아동놀이치료실

아동놀이치료전문가는 놀이치료방법을 통해 마음이 아픈 아이를 치료하는 역할을 담당하는 사람이다. 이러한 역할을 제대로 수행하기 위해서는 잘 구성된 놀이치료실이 필요하다. 그리고 아동중심의 놀이치료를 하기 위해서는 잘 선정된 놀이감을 갖추어야 한다. 구체적으로 아동과 긍정적인 관계를 형성하는 데 도움이 되는 것, 폭넓은 감정을 표현할 수 있는 것, 실생활 경험을 탐색할 수 있는 것, 제한점에 대한 현실 검증이 가능한 것, 긍정적인 자기상을 발달시킬 수 있는 것, 자기 이해를 발달시킬 수 있는 것, 자기 통제력을 발달시킬 수 있는 기회를 제공할 수 있는 놀잇감 등이다. 그리고 특정한 이론을 배경으로 할 경우, 그 배경에 적합한 놀잇감을 갖추어야 하며, 또한 특정한 놀잇감이나 물질과 도구를 사용할 경우도 그러하다. 대표적으로 물놀이, 모래놀이, 게임놀이 치료 등을 들 수 있다.

아동권리 & 아동복지 이야기

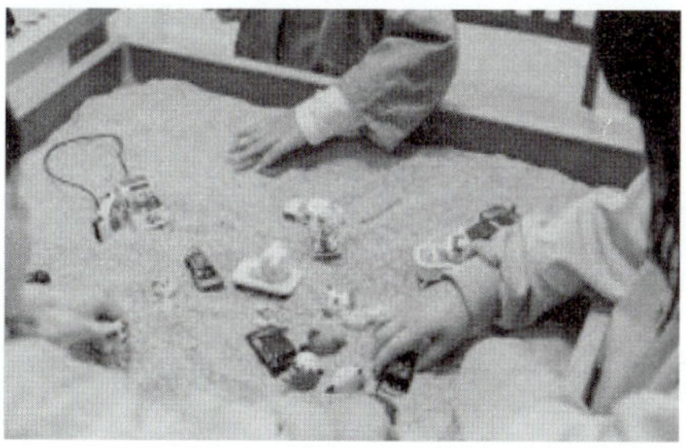

正 論

아이와 어른은 모두 장난감을 가지고 있다. 다만 값이 다를 뿐이다.

- 벤자민 플랭크린 -

(5) 아동놀이치료의 과정

아동놀이치료의 과정은 아동이 지닌 문제의 성격에 따라 시간적 차이가 있지만, 대체로 접수 및 상담, 초기 과정, 중기 과정, 말기 과정, 종료 과정으로 구분된다(염숙경, 2009; 홍은주, 한미현 외, 2010).

① 1단계 : 접수 및 상담

1단계에서는 치료대상 아동의 생활을 파악하고 진단과 평가를 내린다. 대체로 치료의뢰자(부모, 교사, 보호자 등)와의 면담을 통해 아동의 가족관계, 생육사, 행동특성 및 문제점, 다른 기관에 다닌 경험, 장애의 진단명과 정도, 친구관계, 유아교육기관 및 학교에서의 생활 등에 대해 살펴보게 된다. 나아가 아동의 문제에 대한 수준을 파악하고 치료계획을 수립하기 위해 발달평가, 심리검사, 진단적 놀이평가 등을 실시한다.

② 2단계 : 초기 과정

2단계에서는 아동과 신뢰를 바탕으로 라포 형성을 한다. 이 과정에서 놀이치료전문가는 수용적인 태도로 아동의 감정을 반영해 주고 동기를 부여해 주지만, 되도록 아주 깊은 해석은 하지 않는다. 그리고 아동으로 하여금 놀이치료실에서 놀이할 때, 시간과 공간 사용에서의 한계를 알 수 있도록 한다.

③ 3단계 : 중기 과정

3단계에서는 본격적인 치료가 이루어진다. 이 단계에서는 아동과 놀이치료전문가는 점점 친밀감과 신뢰감이 형성되어 간다. 동시에 아동도 놀이치료실이 자신만의 공간이며, 놀이치료전문가는 아동 자신을 위한 존재라는 인식이 들기 시작하면서 스스럼없는 태도로 부정적인 감정을 노출할 수 있다. 또한 아동 자신의 과거에서 불쾌했던 경험들의 재연을 시도하기도 한다. 그러므로 이 과정에서 놀이치료전문가가 어떻게 대응하느냐에 따라 놀이치료의 성패가 좌우될 만큼 중요한 단계이다.

④ 4단계 : 말기 과정

4단계에서는 아동으로 하여금 현실 상황에서 구체적으로 적응하는 기술의 습득 및 자신의 목표를 구축하게 된다. 놀이치료가 순조롭게 진행되면, 아동은 자신의 문제를 있는 그대로 수용할 수 있게 될 뿐만 아니라, 자신의 강점을 존중하면서, 현실에 적극적으로 대처하는 모습을 보이게 된다. 따라서 종료를 위한 계획과 준비가 필요하다. 이때 집단치료를 병행하면 효과를 제고할 수 있다.

⑤ 5단계 : 종료 과정

5단계에서는 접수 및 상담 당시에 세운 목표가 달성되었을 경우, 종료를 하게 된다. 물론 언제 치료를 종료해야 하는가를 아는 것은 쉽지는 않으며, 특히 어린 영유아의 경우, 성장과정에 있으므로 초기의 목표가 달성되었다 하더라도 또 다른 문제에 부딪힐 수도 있기 때문이다. 그러므로 영유아 및 부모와 함께 세운 목표에 대해 면밀히 검토하고 새로운 문제해결을 위한 다각적인 접근방법을 모색해야 한다.

(6) 아동놀이치료과정에서의 부모교육과 상담

놀이치료와 치료놀이에서의 부모교육과 상담은 놀이치료의 효과를 증대하기 위한 것이다. 그러므로 상황에 따라 적절한 방법을 활용해야 한다. 따라서 아동보다도 부모에 대한 개입이 더 우선되어야 할 경우도 있고, 동시에 진행해야 할 경우도 있는 점을 고려해야 한다.

놀이치료과정에서의 부모교육과 상담은 아동을 대상으로 한 전형적인 치료과정과는 다르게 진행될 수 있다. 즉, 부모상담의 초기에는 아동에 대한 올바른 이해에 초점을 두다가 중기로 가면 부모의 양육태도의 수정으로 이어진다. 그리고 말기 과정에 이르면, 부모는 아동을 있는 그대로 수용함으로써 부모-자녀관계가 개선되도록 심화된 상담을 하게 된다. 따라서 부모교육과 상담도 아동을 위한 치료과정과 흐름이 유사할 때, 치료의 효과는 더욱 높아질 수 있다.

아동에게 문제가 발생하면 아동 자체의 문제만이라기보다는 가족 전체의 문제라고도 볼 수 있다. 그러므로 경우에 따라서는 부부치료와 가족치료가 필요하다. 가족치료는 가족을 하나의 체계로 보고, 그 체계 속의 상호 교류양상에 개입하여 가족 구성원의 증상이나 행동에 변화를 가져오도록 추구하는 접근이다(정문자, 정혜정 외, 2018).

Child First!

놀이심리상담사란?

놀이심리상담사는 놀이의 치료적 힘을 사용하여 아동이 겪고 있는 발달 및 심리적 문제를 아동과 함께 해결해가는 심리치료전문가입니다.

이를 위해 놀이심리상담사는 아동발달과 심리이론을 공부하고 특히 아동의 놀이의 의미를 잘 이해하도록 지속적으로 훈련을 받고 있습니다.
또한 오랜 임상수련과정을 통해 아동을 존중, 수용, 공감하는 치료적 태도를 갖추고 있습니다. 아동은 이런 놀이심리상담사와의 치료관계 속에서 있는 그대로의 자신의 모습을 표현할 수 있게 되고 자신이 겪고 있는 문제를 해결할 수 있게 됩니다. 또한 아동의 부모님은 놀이심리상담사를 통해 자녀의 발달 및 심리적 특성을 잘 이해하게 되고 자녀에게 맞는 양육방법을 찾아나갈 수 있게 됩니다.

이에, 본 학회에서는 보다 질 높은 전문상담사를 양성하기 위해 임상수련과정 기준을 강화하고 이를 철저하게 검증하는 과정을 통해 놀이심리상담사를 배출하고 있습니다.

자격증 소개

놀이심리상담 전문가	놀이심리상담 교육전문가	놀이심리상담사 1급	놀이심리상담사 2급

출처: 한국놀이치료학회(2019 기준)

살 펴 보 기

놀이심리상담사 자격을 가진 놀이치료자가 되기 위해 어떤 준비를 해야 하는지 살펴보자.

"아동은 신체적, 지적, 정신적, 도덕적 및
사회적 발달에 적합한 생활을 할 권리를 지닌다."

- 〈아동의 권리에 관한 국제협약〉 제25조 -

★

"본래의 아이(the natural child)는
놀라운 아이(the wonderful child)입니다.

- 칼 융 -

제 3 부

아동권리와 아동복지실천분야(1)

- 개별아동을 대상으로 한 접근 -

제3부 에서는 아동권리에 대한 일반원칙 및 기본권에 대한 이해를 바탕으로 아동의 발달특성 및 생활환경 특성을 중심으로 건강하게 성장발달 할 수 있도록 하는 다양한 방법에 대해 살펴보고자 한다.

제8장

시설양육 아동의 권리와 복지실천

아동은 자신이 태어난 가정에서 가능한 한 그 친부모와 함께 사는 것이 정상적으로 성장 · 발달할 수 있는 지름길이다. 그러므로 UN에서는 아동은 부모와 함께 살 권리가 있으며, 영 · 유아기의 아동은 가능한 어머니와 분리되어서는 안 된다고 천명하고 있다. 물론 우리나라 「아동복지법」에서도 아동은 완전하고 조화로운 인격발달을 위하여 안정된 가정환경에서 행복하게 자라나야 한다고 명시하고 있다. 그러나 불행스럽게도 부모와 가정에서 자라나기 어려운 아동들이 전쟁고아가 아님에도 불구하고, 부모의 죽음과 사고 및 이혼 등으로 인해 점점 증가하고 있다. 이러한 아동의 상당수가 시설에서 양육을 받게 된다.

제8장에서는 시설에서 양육받는 아동의 권리보장을 위한 복지체계와 다양한 실천방법에 대해 살펴본다.

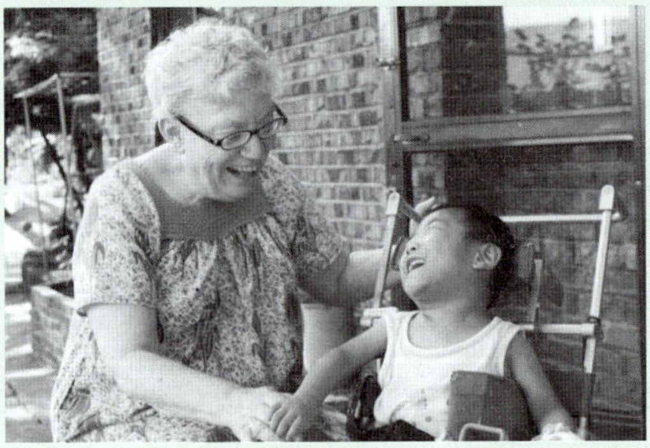

홀트아동복지회 창설자 해리 홀트의 딸(마리 홀트, 1935~2019):
고아와 장애인의 대모(代母)

"장애를 가진 아이들이 입양되어 잘 자라는 것이 정말 고마워요."
- 마리 홀트 -

1. 시설양육 아동의 기초 이해

'엄마 찾아 삼만 리'라는 제목의 작품이 있다. 특히 어린 아이들에게는 엄마가 밥이고, 엄마가 집이며, 엄마가 생명이다. 그렇기 때문에 UN에서는 아동은 부모와 함께 살 권리가 있으며, 특히 영·유아기의 어린 아동은 가능한 어머니와 분리되어서는 안 된다고 선언하였다. 물론 우리나라에서도 「아동복지법」에 "아동은 완전하고 조화로운 인격발달을 위하여 안정된 가정환경에서 행복하게 자라나야 한다."고 규정하고 있다.

그러나 혈연관계이든, 법적 관계이든 아동이 '부모'와 함께 '집'에서 생활하기가 불가능할 때, 마지막 방법으로 시설에서 아동복지 전문가에 의한 양육을 받게 된다. 그러므로 시설에서의 양육은 아동복지에서 마지막 방어선의 기능을 한다.

1) 시설양육 아동의 개념

시설양육은 시설과 양육의 합성어이다. 통상 시설에서 양육을 받는 아동들을 '고아(孤兒)'라고 부르며, 이 고아들이 사는 집을 '고아원'이라고 불러왔다. 그러나 개정 「아동복지법」에서는 고아는 보호대상아동으로 그리고 고아원은 아동양육시설로 명칭이 수정되었다.

(1) 보호대상 아동의 정의

시설에서 양육받는 아동을 일컫는 법적 용어는 '보호대상아동'이다. 보호대상아동이란 보호자가 없거나 보호자로부터 이탈된 아동 또는 보호자가 아동을 학대하는 경우 등 그 보호자가 아동을 양육하기에 적당하지 아니하거나 양육할 능력이 없는 경우의 아동을 말한다. 물론 '보호대상아동'으로서의 '아동'은 「아동복지법」에 규정한 18세 미만의 아동을 말하되, 보호의 사유가 발생한 아동인 것이다.[1)]

1) 아동복지시설에 입소 중인 보호대상아동에 대하여는 「보호시설에 있는 미성년자의 후견직무에 관한 법률」을 적용한다고 「아동복지법」에 규정되어 있다.

(2) 보호자의 정의

보호대상아동은 법적 보호자가 제대로 아동을 보호하지 못했기 때문에 발생한다. 「아동복지법」상의 '보호자'는 친권자, 후견인, 아동을 보호 · 양육 · 교육하거나 그러한 의무가 있는 자 또는 업무 · 고용 등의 관계로 사실상 아동을 보호 · 감독하는 자를 말한다. 이렇게 볼 때, 보호자는 넓은 의미의 용어이며, 시설양육에서의 보호자는 시설의 원장이 된다.

(3) 아동양육시설과 공동생활가정의 정의

「아동복지법」상 보호대상아동이 양육을 받는 시설의 법적 용어는 '아동양육시설'이며, 보호대상아동을 입소시켜 보호, 양육 및 취업훈련, 자립지원 서비스 등을 제공하는 것을 목적으로 하는 시설이다.

또한 동 법에 소위 '시설병(hospitalism)'[2]으로 인지하고 있는 '시설'에서의 양육이 지니는 제한점을 극복하고 '가정'과 같은 분위기에서 생활하도록 하기 위하여 '공동생활가정'에서 생활할 수 있도록 조치하고 있다. 공동생활가정은 보호대상아동에게 가정과 같은 주거 여건과 보호, 양육, 자립지원 서비스를 제공하는 것을 목적으로 하는 시설을 말한다. 소위 말하는 '가정(家庭)형' 시설이다.[3]

한편 동 법에 의하면 아동양육시설에서 양육받다가 연령이 18세에 달하였거나, 또는 보호 목적이 달성되면 퇴소하도록 규정하고 있다. 다만 다음과 같은 몇 가지 조건에 해당되면 퇴소를 연기시킬 수 있다.

- 고등교육법에 따라 대학 이하의 학교에 재학 중인 경우
- 근로자직업능력개발법에 따라 직업능력개발 훈련시설에서 직업 관련 교육 · 훈련을 받고 있는 경우

---

2) 시설병은 소아과 병동에 입원한 소아환자들로부터 비롯된 것으로, 따뜻한 인간관계의 부족, 개인적인 사생활 공간활용의 부족 등에 의해 정서 · 인지 · 언어발달의 지체가 발생한다는 이론이다(Spitz, R. A., 1946).

3) 공동생활가정은 코티지 시스템(cottage system)이라고 한다.

- 그 밖에 위탁가정 및 각종 아동복지시설에서 해당 아동을 계속하여 보호·양육할 필요가 있다고 대통령령으로 정하는 경우

이렇게 볼 때, 아동양육시설은 아동 양육에 대한 국가의 책임 차원에서 이루어지는 공적인 아동복지실천이다.

2) 시설양육 아동의 발생 배경

오래전부터 존재해 왔던 시설아동의 발생 배경은 크게 두 가지로 요약된다. 하나는 사회의 특성과 관련된 사회구조의 급격한 또는 점진적인 변화이며, 다른 하나는 아동의 실질적인 양육자인 부모와 가족 등이 지닌 아동관과 양육태도 등이고, 이는 서로 밀접히 관련되어 있다. 구체적으로 말하면 시설양육 아동의 발생 배경은 예전과 거의 유사하지만, 그 비중은 크게 차이가 있다. 소위 말하는 전쟁에 따른 가정붕괴로 인한 고아는 없으며, 가난으로 인한 구조적 결손에 따른 아동도 상당히 감소하고 있다. 그러나 가족갈등으로 인한 해체에 따른 자녀 양육권의 포기 및 자녀 양육관의 변화에 따른 방임과 학대 및 유기 등은 점점 증가하고 있다.

3) 시설양육 아동의 발달적 특징

시설양육을 받는 보호대상아동은 발생 전후의 가정상황과 부모의 양육관과 태도로 인해 발달상의 지체를 보이며, 다음과 같은 특징이 있다(노혜련, 장정순, 1996; 김은정, 2014).

- 미혼부모에게서 태어나 입양되지 않는 아동의 경우, 대체로 영아(嬰兒)이므로 그 친부모를 인지하지 못한다.
- 부모의 사망, 실종 등으로 적절한 보호자가 없거나, 여러 가지 사유로 입양이 곤란하여 시설양육에 의뢰된 아동의 경우, 대체로 유아 및 아동기에 해당된다. 따라서 그 친부모를 인지하고 있을 뿐 아니라 그로 인한 여러 가지 심리적 상처를 안고 있으며, 아픈 기억으로 인해 정서적으로 불안정하다.

- 유아기 이후의 아동인 경우, 자신의 부모와 가족 및 가정상황을 인지하고 있다. 그리고 소수의 가족이 생활하고 있는 집과 시설 환경은 구조 · 기능적으로 매우 다르므로, 적응상의 문제를 발생시킬 가능성이 높다(김은정, 2014; 홍영미, 2010). 구체적으로 외부 환경과의 접촉이 차단되고 통제된 환경, 집단생활에 따른 획일적인 생활방식, 혈연관계가 아닌 타인에 의한 양육 등에 따른 시설병의 발생을 들 수 있다.

그러므로 이러한 영향권 내에서 시설양육 아동의 복지를 보장하기 위해서는 먼저 가정이 해체되지 않고 부모가 부모의 역할을 다할 수 있도록 교육하고, 국가와 지방자치단체 등의 전 사회구성원의 합력이 매우 필요하다. 그러나 긍정적이고 미래지향적이며 독립심이 강한 경우, 갖은 어려움을 극복하고 정상적인 생활을 한 아동도 적지 않다.

아동권리 & 아동복지 이야기

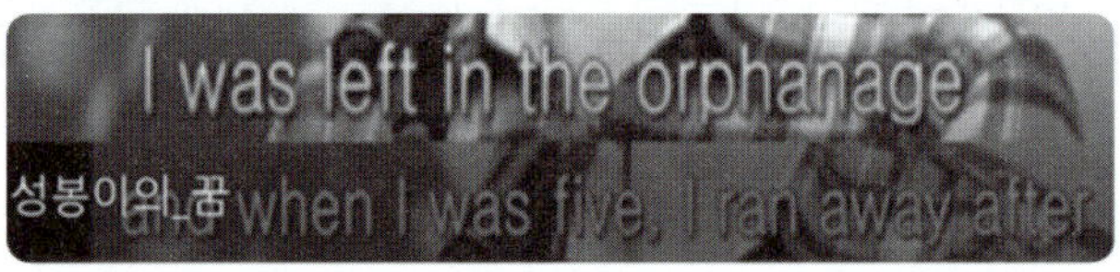

고아로 버려진 후, 고아원에서 뛰쳐나온 성봉이의 꿈

출처: https://www.youtube.com/watch?v=4nSJu6fSQRIhttps://ko.wikipedia.org/wiki[4]

正 論

누구든지 나를 믿은 이 어린아이 한 명을 잘못 길러 넘어지게 하면 차라리 연자 맷돌이 그 목에 달려 바다에 빠뜨려지는 것이 나으니라. - 마태복음 18 : 6 -

4) 고아로 태어나 거리에서 자라다: 〈아동권리 이야기〉의 주인공은 최성봉이다. 서울 출신으로 세 살 때 고아원에 버려졌다. 구타를 피하여 다섯 살 때 고아원에서 도망쳐 대전행 버스를 탔고 대전의 유흥가에서 살기 시작했다. 계단이나 공중 화장실에서 잠을 잤고, 굶주림에서 벗어나기 위해서 음식물 쓰레기를 주워 먹고 변기통 물을 마셨으며, 길거리나 나이트클럽에서 껌과 에너지 드링크를 팔았다.

Child First!

01 보육원/ 고아원

부모가 없거나 특수한 사정으로 인하여 부모에게 양육이 될 수 없는 **아이들을 일정 기간 부모를 대신하여 보호 및 양육하는 사회복지시설**

살 펴 보 기

'어린이집'은 「영유아보육법」에 근거하여 설립된 기관으로 법에서는 물론, 일반 사회에서도 동일하게 사용되고 있다. 그런데 「아동복지법」에 근거하여 설립된 기관인 아동양육시설은 아직까지 '고아원' 또는 '보육원'으로 불리고 있다. 어떤 문제가 있는지 살펴보자.

2. 시설양육 아동 복지실천에서의 지향점

'즐거운 나의 집(Home Sweet Home)', 듣기만 해도 가슴이 따뜻해지는 노래 제목이다. 그러나 아동양육시설에서 생활하는 아이들을 생각하면 무척 애잔한 마음이 드는 노래이다.

아동의 성장발달에서 일정 부분 집단생활은 필요하다. 또한 생활방식의 만족도에서는 개인 차이가 존재하기도 한다. 다시 말하면 어떤 아동은 집단생활이 오히려 더 좋을 수도 있다. 그럼에도 불구하고 '시설'이라는 곳에서의 매일 매일의 집단생활은 '사생활'이 지닐 수 있는 가치를 위협할 가능성이 높다. 그리고 아동양육시설에서의 생활은 18세까지만 생활할 수 있는 한정된 공간이므로 이 기간 동안 아동양육시설에서 생활하는 아동 개인의 행복과 다수 아동의 복지를 위해서 다양한 측면에서의 다양한 노력이 필요하다.

1) 아동양육시설의 의미와 형태

아동양육시설은 법적 기반에 의해 보호대상아동이 보호받는 법적 시설을 말한다. 다시 말하면 '가정'의 대안적 형태이다. 주지하다시피 인간은 가정에서 가족의 한 성원으로 태어나 부모를 비롯한 가족과 함께 생활하는 것이 상례이며, 아동은 발달적인 미성숙함으로 인해 성인의 애정 어린 보살핌을 받게 된다.

그러나 아동 자신이나 부모 및 가족이 지닌 여러 가지 문제 때문에 아동이 가족과 함께 생활하며 자라기가 어렵거나 불가능할 때가 있다. 이러한 경우 아동들은 시설이라는 한정된 공간에서 가족이 아닌 아동복지 종사자들의 도움을 받으며 생활하게 된다. 이렇듯 시설에서 아동을 보호하는 방법은 매우 오래전부터 발달되어 왔으며, 아동보호에서의 최후의 방법으로 실시되어 왔다.

이러한 접근방법의 맥락에서 우리나라 「아동복지법」은 보호대상아동에 대한 세 가지 보호방법을 명시하고 있다.[5]

- 보호를 필요로 하는 아동에게 적합한 아동복지시설에 입소시키는 시설보호
- 아동의 보호를 희망하는 자에게 보호를 필요로 하는 아동의 보호를 위탁하는 위탁보호
- 보호자 또는 대리양육을 원하는 연고자에 대하여 그 가정에서 보호·양육할 수 있도록 필요한 조치를 하는 입양

아동양육시설에서의 아동 양육이 최후의 방법이 되는 배경에 대해서는 이미 언급되었다. 즉, 아동복지의 대상자에 부모가 포함되며, 이 부모의 역할을 세 가지 관점에서 구분한 아동복지실천의 접근이 그것이다.[6]

부모역할을 중심으로 한 아동복지서비스 분류에서 제시한 1, 2, 3차 방어선의 개념에 의하면 시설에서의 양육은 3차의 마지막 방어선에 해당한다(Kadushin, 1984).

이러한 조치는 아동이 그 자신이 출생한 가정에서 친부모에 의한 양육을 받으며 성장하기가 불가능할 때 이루어지며, 우선적으로 시도되는 서비스는 가정에서의 위탁양육과 입양이다.

그러나 가정을 벗어났거나 가정을 잃어버린 아동이 지닌 개인적 특성을 고려한 적절한 위탁가정과 입양가정을 발견·선택하지 못했을 경우, 시설에서의 양육이 모색된다. 다시 말하면 시설양육은 여러 가지 단점을 지니고 있지만, 위기에 처한 아동을 돕기 위한 마지막 방법으로 모색된다.

이렇게 볼 때, 시설에서의 아동 양육은 다음과 같은 의의를 지닌다.

- 기본적인 생리적 욕구의 충족을 통해 생존이 가능하다. 즉, 의·식·주 및 의료보건의 조치를 받을 수 있다.
- 국가의 제도적인 지원을 통해 아동기의 생활이 가능하다. 즉, 어린이집 및 각급 학교의 생활을 통해 기본 생활습관을 형성하고, 무상 및 의무교육을 통해

5) 「아동복지법」에서는 위 순서대로 되어 있으나, 이론적으로 보면 시설보호는 맨 마지막에 기술되어야 한다. 그것은 친부모-친가정, 가정위탁부모-가정위탁가정, 입양부모-입양가정이며, 최종의 보호가 시설에서의 아동 양육이기 때문이다.

6) '제2장 아동복지의 대상과 지향점' 중 부모를 위한 간접적 복지실천과 지향점에서 다루었음.

기본적인 학습이 가능하며, 이를 통해 잠재력을 발휘할 기회를 얻을 수 있다.
- 시설양육이 종료된 후, 자립이 가능하도록 교육과 훈련을 받을 수 있다.

2) 시설양육에서의 지향점

시설양육은 가정에서 친부모로부터 양육을 받기가 어려운 아동이 시설에서의 양육을 통하여 최소한의 생리적 욕구를 충족시킬 뿐 아니라 앞으로의 청년기에 대비한 생활상의 지도와 독립된 생활을 위한 취업의 준비과정으로서 여러 가지 도움을 제공하는 데 그 의의가 있다(현은민, 박혜영, 2005).

이러한 아동양육시설의 의미를 고려하여 최대한 아동들이 건강하게 생활하도록 하기 위해서는 분명한 지향점을 가지고 실천해야 한다. 이러한 지향점은 「아동복지법」을 비롯한 아동복지 관계법의 규정과 국내법의 효력을 지니는 국제협약 CRC에 잘 나타나 있다.

(1) 시설양육 아동의 권리보장 및 자립성 고양

시설에서 양육받는 보호대상아동은 기본적으로 '친부모'로부터 받을 수 있는 혈연관계로서의 사랑은 두말할 나위가 없고 생리적 욕구의 충족과 보호와 정신적인 안정은 물론 의 · 식 · 주, 교육 · 문화적 영역에서 각종의 지지를 오랫동안 받지 못한다. 가정에서 친부모로부터 양육받고 자라는 일반아동에 비교한다면 엄청난 불운이자 손해이다. 따라서 이러한 점을 최대한 고려하여 시설양육을 해야 한다.

장애를 지닌 아동은 일반아동이 누릴 권리는 물론, 장애를 지녔기 때문에 부가적인 권리를 지닌다. 마찬가지로 시설양육을 받는 아동은 법적으로 규정된 보호대상아동이다. 따라서 시설양육을 받는 아동은 일반아동이 받는 권리는 물론, 시설양육을 받는 보호 상태의 아동이기 때문에 부가적인 배려를 받아야 제대로 성장할 가능성이 높다. 이는 쉬운 일이 아니다. 따라서 국가는 부모를 대리하여 시설양육을 받는 아동을 최대한 건강하고, 건전하게 육성해야 하는 책임을 완수해야 한다. 가장 확실한 지향점은 국제적인 기준을 충족시키는 것이다.

- 국제협약에 명시된 네 가지 일반원칙을 준수하는 시설양육을 지향한다.
- 국제협약에 명시된 네 가지 기본권을 준수하는 시설양육을 지향한다.

아동권리 & 아동복지 이야기

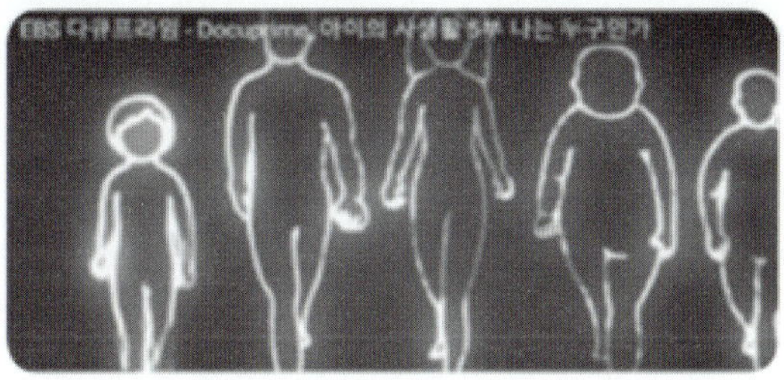

출처: www.ebs.co.kr

Q & A

EBS에서는 '아이의 사생활'에 대해 5부작으로 다루었다. 아동양육시설에서 생활하는 아이들에게 '사생활'을 논할 수 있는가? 사생활을 논하기 위해서 어떤 환경이 조성되어야 하는가?

나아가 시설양육 아동은 부모를 포함한 보호자가 없는 상황에서 18세 퇴소 후 평생을 살아가야 한다. 따라서 자립성을 키우는 것은 매우 중요한 발달과업이 되는데, 이 발달과업 역시 국제협약CRC의 준수에 의해 가능하다(권지성, 정선욱, 2009; 김은정, 2014).

(2) 아동지향의 양육관과 태도

자녀를 일컬어 흔히 '피붙이'라고 하며, 가족은 혈연에 기반한 '끈끈한' 집단이라고 한다. 그러므로 시설에서 아동 양육을 담당하는 종사자는 부모와 가족과 같은 태도를 지녀야 한다. 물론 아동복지 전문가로서의 자격교육 및 보수교육은 기본이 되지만, 무엇보다도 아동에 대한 다함 없는 사랑과 아낌없는 헌신이 필요하다. 이는 아동의 행복과 복지에 대한 강한 소명의식에 의해서만이 가능하다. 대표적인 예로 SOS 어린이 마을에서 아이를 돌보는 어머니와 이모를 들 수 있다.

- 내가 낳은 아이를 양육하듯이 시설양육을 지향한다.
- 내 아이의 친구를 위하듯이 시설양육을 지향한다.
- '사회적 부모'라는 정체성으로 시설양육을 지향한다.

이렇듯 소중한 과업을 이루기 위해서는 생활지도원 및 원장과 생활하는 아동이 마치 친부모와 친가정에서 생활하는 것처럼 안정적인 애착관계를 형성할 뿐 아니라, 지속적으로 신뢰관계를 형성해야 한다. 이렇게 하기 위해서는 시설 종사자가 자주 교체되거나, 이직하는 것은 곤란하다.

그러나 현실적으로 시설 종사자가 한 시설에서 아동을 장기간 양육하기는 상당히 어렵다. 일단 법적인 가족이 아니고, 여성 생활지도원이 다수를 차지하기 때문에 결혼과 출산 등의 생활 주기상의 문제가 발생하기 때문이다.[7] 따라서 국가는 최대한 시설 종사자가 안정적인 양육을 할 수 있도록 최선을 다해 지원해야 한다.

(3) 가정적 분위기의 물리적 환경조성

특별한 보호가 필요한 사람은 거의 시설에 수용되어 보호된다.[8] 그 보호가 필요한 사람이 유사성(類似性)을 지닌 다수(多數)일 때 거의 대규모 시설에 수용되어 보

7) SOS 마을의 SOS 어머니는 정년 개념으로 역할을 수행하므로 양육자의 교체로 인한 제한점을 극복할 수 있다.

8) 다만, 강력 범죄를 지은 죄인은 대규모 수용시설의 독방에 수용된다.

호된다. 이러한 맥락에서 보면, 「아동복지법」상의 보호대상아동은 '아동양육시설'이라고 부르는 시설에서 양육받게 된다. 따라서 아동이 수용형-집단형의 공간에서 생활하게 될 때, 겪게 되는 부정적 영향을 감소시킬 수 있도록 물적 환경인 시설과 설비를 개선하거나 새롭게 고안해야 한다.

아동권리 & 아동복지 이야기

한국아동복지협회

주거 및 생활환경 개선을 통한 기본적 욕구를 해소하고 편안하고 안락한 가정을 느낄 수 있도록 연차적인 계획을 수립하여 모든 설비를 갖춘 교육관을 2007년 준공하였으며, 2016년 1월 소숙사형 주거형태인 아동 및 식당 종합생활관을 준공예정에 있습니다.

출처: 한국아동복지협회, 우수시설사례
요엘원(http://www.adongbokji.or.kr/adong/)

발 표

아동양육시설의 주거 및 생활환경의 개선을 위해 노력한 결과, 우수시설로 선정되었다. 예비아동복지전문가로서 격려해 보자.

'집'은 마음의 그릇이라고 말한다. 그러므로 가정과 같이 지어진 집은 부모의 마음을 담기가 쉬울 것이며, 바로 아동양육시설이 지향해야 할 점이다. 대표적으로 SOS 어린이 마을을 들 수 있다.[9] SOS 어린이 마을은 한 단지 안에 단독형의 빌라와 같은 집을 지은 다음, 다양한 연령의 남녀 아동들이 SOS 어머니와 함께 생활할 수 있도록 건축된 마을을 말한다.

9) SOS는 Save Our Souls의 약자이다.

아동권리 & 아동복지 이야기

SOS어린이마을

- Who we are
- 한국SOS어린이마을 역사
- 한국SOS어린이마을 산하기관
- SOS어린이마을 인터내셔널

Who we are

Home > SOS어린이마을 > Who we are

SOS어린이마을은 가정의 보호를 받지 못하는 어린이들에게 가정 형태의 양육환경을 제공하고, 지역사회의 가정해체를 방지하기 위해 가족들을 지원하는 민간사회복지기구(INGO-International Nongovernmental Organization)입니다. SOS 마을의 모든 사업은 유엔아동권리협약을 기반으로 하고 있습니다. SOS어린이마을은 모든 어린이들이 사랑의 가정 안에서 행복한 어린 시절을 누릴 수 있도록 전 세계 134국에서 활동하고 있습니다.

출처: 한국SOS어린이마을(http://koreasos.or.kr)

토 의

가정형태의 양육환경을 제공하는 SOS 어린이 마을처럼 '아동양육시설'을 건축하고 운영하기 위해서 필요한 것은 무엇인지에 대해 토의해 보자.

이러한 공간은 한 마디로 '가정'의 분위기를 느낄 수 있도록 짓고, 설비를 갖추는 것이다(김미숙, 김혜련 외, 2012; 김형모, 2013).

Child First!

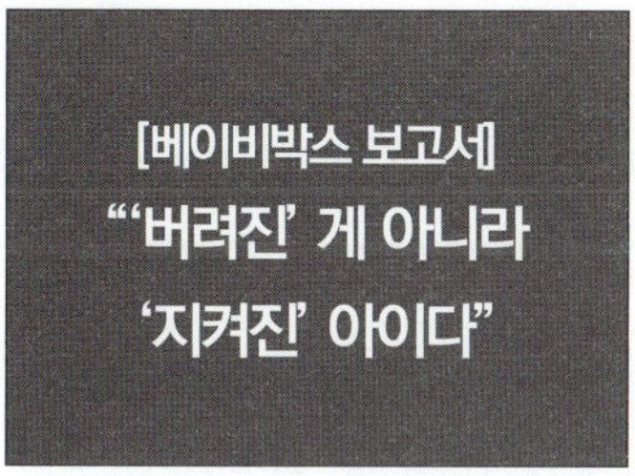

살펴보기

최근 긴급영아보호소인 베이비박스가 운영되고 있으며, 이러한 공간이 있는 것을 알고 육친의 정 때문에 함부로 유기할 수 없어서 맡기는 부모들이 증가하고 있다. 이러한 점에서 이 베이비박스는 생명을 살리는 통로라고 하기도 하지만, 다른 한편으로는 영아의 유기를 조장하는 듯한 ‘죄’의 온상이라고도 한다. 나의 생각은?

____

____

3. 시설양육 아동을 위한 복지실천

'사고무친(四顧無親)'이라는 말은 사방을 둘러보아도 도무지 의지할 곳이 없는 사람을 일컫는다. 대표적으로 시설양육을 받을 수밖에 없는 고아를 들 수 있다. 그래서 "한 아이를 키우기 위해서는 온 마을이 필요하다."라고 한 아프리카의 속담은 시설양육 아동을 위한 복지실천에서 매우 의미심장한 시사점을 준다. 따라서 온 마을이 협력하여 각자가 할 수 있는 방법을 동원하여 시설양육 아동을 보호할 수 있도록 지원 대책을 강구해야 한다.

1) 시설양육 아동을 위한 법적 실천

특별한 도움이 필요한 보호대상아동은 여러 가지 방법으로 보호를 받게 된다. 이 아동 중에서 시설양육 아동은 「아동복지법」 및 관계법에 근거하여 시설에서 양육을 받게 된다.

(1) 아동복지법

「아동복지법」은 아동이 건강하게 출생하여 행복하고 안전하게 자랄 수 있도록 아동의 복지를 보장하는 것을 목적으로 제정되었으며, 보호대상아동의 시설양육에 대해 규정하고 있다. 즉, 동 법에 의해 양육시설에서 보호받고 있는 아동의 보호 주체는 시·도지사 또는 시장·군수·구청장이며, 보호대상아동으로서 시설양육대상의 발견, 양육 상황의 점검, 입양의뢰, 퇴소 등에 대해 명시하고 있다.

- 보호대상아동을 발견하거나 보호자의 의뢰를 받은 때에는 아동의 최상의 이익을 위하여 대통령령으로 정하는 바에 따라 보호대상아동을 그 보호조치에 적합한 아동복지시설에 입소시킬 수 있다고 규정하고 있다. 이 시설이 바로 아동양육시설이다.

- 보호대상아동의 양육 상황을 매년 점검하여야 한다.
- 양육상황을 점검한 결과에 따라 보호대상아동의 복지를 보호할 필요가 있거나 해당 보호조치가 적절하지 아니하다고 판단되는 경우에는 지체 없이 보호조치를 변경하여야 한다.
- 보호조치 중인 보호대상아동의 연령이 18세에 달하였거나, 보호 목적이 달성되었다고 인정되면 보호 중인 아동의 보호조치를 종료하거나 해당 시설에서 퇴소시켜야 한다.
- 보호대상아동의 친권자, 후견인 등이 해당 보호대상아동의 가정 복귀를 신청할 수 있다.
- 보호조치 중인 아동의 보호 기간을 연장할 수 있다.
- 국가와 지방자치단체는 보호대상아동의 위탁 보호 종료 또는 아동복지시설 퇴소 이후의 자립을 지원하기 위한 조치를 할 수 있다. 구체적으로 자립에 필요한 주거·생활·교육·취업 등의 지원과 자립에 필요한 자산의 형성 및 관리 지원 등이다.

(2) 보호시설에 있는 미성년자의 후견 직무에 관한 법률

이 법은 보호시설에 있는 미성년자의 후견인(後見人)에 관한 사항을 규정하기 위한 목적으로 제정되었으며, 후견자로서의 국가와 지방자치단체의 역할에 관해 규정하고 있다.

- 국가나 지방자치단체가 설치·운영하는 보호시설에 있는 미성년자인 고아에 대하여는 그 보호시설의 장이 후견인이 된다.
- 국가 또는 지방자치단체 외의 자가 설치·운영하는 보호시설에 있는 미성년자인 고아에 대하여는 대통령령으로 정하는 바에 따라 후견인을 지정한다.

2) 시설양육 아동을 위한 정책 및 행정적 실천

시설양육 아동을 위한 제반 사업을 관장하는 주무행정부서는 보건복지부이다. 시설양육의 특성상 아동은 '집'의 기능을 하는 「아동복지법」상의 '아동양육시설'에서 생활하게 된다. 그러므로 부모와 형제자매와 함께 생활하지 못하는 것을 제외하면 일상의 생활은 일반 가정과 별반 차이가 없으며, 이 아동들은 학제에 따라 초·중·고등학교에 재학하게 된다. 따라서 시설 외에 특별히 시설양육 아동을 위해 지원하는 기관은 없으며, 아동이 신체·정서·행동상에 문제나 장애가 있으면 유관기관들이 협조하게 된다. 그러므로 아동양육시설의 효과적인 운영을 통하여 아동과 양육시설 종사자의 복지를 증진시키기 위해 비영리조직이 연합하여 복지 수준을 제고하게 된다.

(1) 보건복지부의 시설양육 아동정책과 행정적 실천

아동양육시설에 대한 정책과 행정을 담당하는 부서는 보건복지부 아동복지정책과이며, 아동양육시설에 대한 지원과 함께 한국아동복지협회의 운영지원도 담당하고 있다.

(2) 사단법인 한국아동복지협회의 실천

한국아동복지협회는 「아동복지법」 제1조의 목적을 위한 각종 아동복지사업을 수행하기 위하여 회원 단체 간의 활동을 조직적으로 협의 조정하며, 지역사회의 참여를 촉진함으로써 우리나라 아동복지 증진에 기여함을 목적으로 설립되었다. 설립 초기 이 협회는 현재의 아동양육시설이었던 '고아원'을 중심으로 아동복지사업을 실시하였으며, 그동안 한국아동복지시설협회 및 한국아동복지시설연합회라는 명칭으로 존재하였다가 2008년 한국아동복지협회로 변경하여 오늘에 이르고 있다.

3) 시설양육 아동을 위한 전문적 실천

시설양육 아동을 위한 전문적 실천은 주로 시설 종사자를 대상으로 한다. 한국아동복지협회가 중심이 되어 실시하며, 두 가지로 대별된다.

(1) 아동을 위한 교육 · 치료 · 재활

시설에서 양육받고 있는 아동에 대해서는 다양한 접근이 이루어진다. 핵심은 신체적 건강, 역량강화 및 치료와 재활이다.

① 건강검진과 성장지원

건강검진을 통해 유난히 성장발육이 더딘 아동을 대상으로 의료진과 협력하여 신체적 성장을 지원하고 있다.

② 역량강화 및 준비를 위한 코칭과 교육

시설양육 아동의 경우, 일반가정에서 이루어지는 경제경험을 하기에 제한점이 있으므로(황정하, 박수지, 2017), 경제 관련 강사를 초빙하여 경제교육을 실시하고 있다. 나아가 18세가 되어 퇴소하게 되면, 자조 · 자립하여야 한다. 이러한 점을 고려하여 기업의 후원과 지지를 받아 경제교육을 실시하고 있다.

③ 치료와 재활

전국에 소재하고 있는 아동양육시설의 아동 중에서 사전검사결과, 심리 · 정서 · 인지 · 행동상의 어려움이 있는 시설아동을 대상으로 맞춤형 치료 · 재활 프로그램 및 통합사례관리 개입을 통해 아동의 문제행동을 개선한다(김상아, 하은혜, 2016). 실사례로 보건복지부의 지원에 따라 미술치료와 놀이치료를 실시한 결과, 그 효과가 나타나고 있다(숙명여대 산학협력단, MK, 2019.5.2).

사례 1: 학대경험 아동 미술치료

- 부모의 학대로 상처받아 시설에 온 마음(가명, 16세, 여)이는 화가 나면 감정조절을 하지 못하고, 폭언이나 욕설, 난폭한 행동을 하고 스트레스에 취약하여 두통, 배변장애, 피부질환, 비만 등을 앓음.
- 학대를 경험한 '마음'이에게 심리치료의 일종인 미술치료를 통해 감정이나 내면세계를 표현하고 기분의 이완과 감정적 스트레스를 완화하도록 한 결과 짜증을 내기보단 편안하게 스스로에 대해 이야기하게 되고, 더불어 건강관리 프로그램으로 체중도 줄여나가고 있으며, 생기 있는 얼굴로 웃는 날들이 많아지는 변화가 나타남.

사례 2: 애정결핍으로 인한 정서·행동문제 아동 놀이치료

- 갓난아이 때 시설에 온 나만(가명, 5세, 남)이는 어린이집에서 친구들에게 공격적 행동을 하고, 스트레스에 취약하며, 다른 친구들의 물건을 자주 집으로 가지고 오는 등 우울, 불안, 정서적 어려움과 아토피를 앓음.
- 정서 및 행동상의 문제를 지닌 '나만'이에게 놀이와 치료를 병행하여 불안, 두려움, 긴장을 완화한 결과, 아토피 증상이 완화되고 다른 친구들의 물건에 손대는 도벽도 거의 없어졌으며, 또래 친구들과 잘 어울리는 등 사회적 상호작용 능력이 발달하는 효과를 보임.

(2) 양육시설 종사자를 위한 지원

아동양육시설의 시설장, 사무국장 및 시설 종사자를 대상으로 한 교육을 실시한다.

① 시설장 세미나

아동복지의 주요정책을 알고, 아동복지시설의 역할을 모색하여 발전적인 한국형 아동복지시설의 모형을 개발할 수 있도록 교육하고 소통하는 기회를 가진다.

② 사무국장 및 직원 워크숍

아동복지시설의 중간관리자들에게 아동복지 현안과제들을 이해시키고, 이를 해결할 방안을 모색하며, 아동보호에 대한 전문적인 지식과 기술을 습득하게 하는 실무교육 및 소통하는 기회를 얻도록 정기적인 워크숍을 개최하고 있다. 이때, 관련 행정공무원들도 함께 참여함으로써 시설양육사업의 발전을 위한 소통의 기회를 지닌다.

Child First!

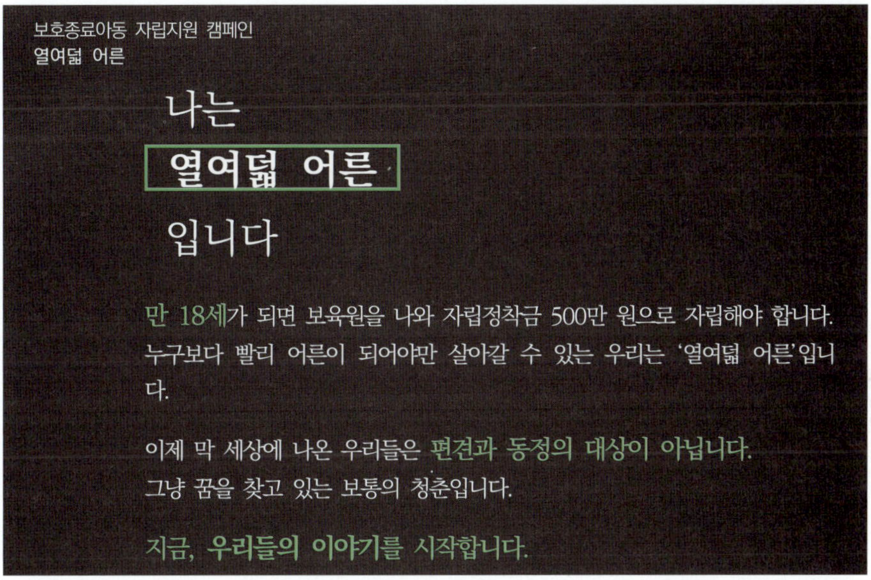

살 펴 보 기

여기에 제시된 보육원의 법적 명칭은 아동양육시설이다. 그야말로 '집도 절도 없는' 열여덟 어른들이 정착금 500만 원으로 앞으로 어떻게 살 수 있겠는지 생각을 나누어보자.

제9장

장애를 지닌 아동의 권리와 복지실천

아동복지는 아동의 건강한 신체와 정신으로부터 시작된다. 태아는 물론, 어린 영 · 유아기 아동의 입장에서 볼 때, 건강한 신체가 건강한 정신을 견인한다고 볼 수 있을 만큼 건강한 신체는 생존과 생활을 위한 기본이다.

장애는 신체적 장애와 정신적 장애로 대별되며, 이러한 장애의 수준은 개인 차이가 크다. 따라서 장애를 경감시키거나, 치유하기 위해서는 부모와 가족은 물론, 사회 전체의 다양하고도 적극적인 노력이 필요하다.

제9장에서는 다양한 발달 영역에서 장애를 지닌 아동의 권리보장을 위한 복지체계와 다양한 실천방법에 대해 살펴본다.

1. 아동장애의 기초 이해

"전생(前生)에 무슨 죄를 지어서 장애 자식을 낳았나?"라는 말은 장애를 지닌 자식을 둔 예전 세대의 부모와 가족들의 자책과 자조가 뒤얽힌 푸념이었다. 너무나 힘든 양육이기 때문이라는 것을 십분 이해할 수 있지만, 이렇듯 부정적인 시각으로는 장애를 지닌 아동을 잘 키우기 어렵다.

그럼에도 불구하고, 오늘날 이 땅에서 살아가야 할 우리 모두에게 장애를 어떻게 바라보는가 하는 것은 매우 중요하다. 장애에 대해 바르게 이해해야만 장애에 대한 대응책을 제도적으로 마련하고, 실천할 수 있기 때문이다. 이를 위해서는 장애의 종류에 대한 이해와 함께 장애를 지닌 아동의 복지를 위해 분명한 지향점을 설정하고 견지하는 것이 중요하다.

1) 장애의 개념

장애의 특성으로 인해 장애를 명료하게 이해하기는 어렵다. 나아가 아동기의 장애는 발달과 적응에서 장기적인 영향을 미치고, 중복장애 및 복합장애를 야기할 가능성이 크기 때문에 더욱더 과학적으로 이해해야 한다.

(1) 좁은 의미의 장애

좁은 의미의 장애는 특정한 신체 부분의 상실과 손상 및 정신기능의 저하와 이상 등으로 해당 부분의 기능을 제대로 발휘하지 못하는 상태를 말한다.

(2) 넓은 의미의 장애

넓은 의미의 장애는 좁은 의미에서 말하는 장애로 말미암아 생활 전 영역에까지 부정적인 영향을 미쳐서 제대로 생활하기가 어려운 상태를 말한다. 아동복지를 포함한 대부분의 사회복지에서는 넓은 의미의 장애가 지니는 의미를 더 중요하게 고려하고 있다. 그것은 "인간은 사회적 동물이다."라는 말에서 잘 파악할 수 있는데, 장애로 인해 고립되지 않고 사회 속에서 함께 생활할 수 있어야 한다는 관점 때문이다. 더구나 성장기에 있는 아동은 살아온 날보다 살아갈 날이 더 많으므로 장애를 지닌 아동을 위한 포괄적 재활은 아동은 물론 사회 전체의 지속적인 번영을 위해 매우 중요하다. 그러므로 이를 위한 사회적 노력은 사회 전체의 과업인 것이다.

한편 국제적 차원에서도 넓은 의미로 장애를 보고 있다. 그것은 장애는 범인류적인 문제라고 보고 포괄적으로 접근하기 때문이다. 이러한 국제적 시각은 전 세계의 장애를 지닌 사람들을 위한 정책수립에 지침이 되고 있을 만큼 영향력이 크다. 그 예로 1975년 UN에서 채택한 '장애인 권리선언'에서는 장애인을 선천적 또는 후천적인 원인에 따른 신체적 및 정신적 능력의 결여로 인하여 스스로 개인생활 및 사회생활을 유지하기가 어려운 사람으로 보았으며, 1979년에는 장애를 개인과 환경과의 관계로 보는, '사회 속의 인간으로서의 장애인'에 대한 시각을 강조하였다. 즉, 장애는 단순한 기능적 장애를 넘어 사회적 불리(handicap)를 겪게 된다는 확장된 시각으로 보았다. 이러한 맥락에서 장애와 관련성이 높은 세계보건기구(WHO: World Health Organization)에서는 국제장애분류(ICIDH: International Classification of Impairments, Disabilities and Handicaps, 1990)를 제시하였는데, 핵심 키워드는 손상, 능력장애, 사회적 불리의 세 가지이다.

- 손상(Impairment): 심리적, 생리적, 해부학적 구조나 기능의 상실 또는 비정상을 말한다.
- 능력장애(Disability): 기능장애로부터 비롯된 것으로 정상적인 것으로 간주하는 범위 내에서 또는 그러한 방식으로 활동을 수행하는 데 있어 능력이 제약을 받거나 결여되는 것을 말한다.
- 사회적 불리(Handicaps): 기능장애나 능력장애로부터 야기되는 것으로 사회생활 참여에서 제한을 받거나 지장을 초래하는 것을 말한다.

그러나 1997년, 장애를 너무 부정적으로 본다는 비판에 따라 더욱 긍정적인 시각에서 손상, 활동, 참여로 재조정하였는데, 그 의도는 신체 및 정신기능은 다소 손상되었다고 하더라도 재활을 통해 활동하면서 사회에 참여해야 한다고 본 것이다. 이러한 관점은 더욱 진화하여 2001년, 건강을 추가하였다.

- 활동(Activity): 활동의 지속성이나 질적인 측면에서의 한계를 의미한다. 이러한 범위에는 감각활동, 학습활동, 의사소통, 운동, 이동, 일상생활, 가정생활, 개인생활, 대인관계, 특별한 상황에서의 대처, 보조기구와 재활용품 활용이 포함된다.
- 참여(Participation): 참여의 지속성이나 질적인 측면에서의 한계를 의미한다. 이러한 범위에는 개인적 관리, 이동력, 정보교환, 사회적 관계참여, 교육, 작업, 여가, 경제, 시민 및 지역사회 생활참여 등이 포함된다.
- 건강(Health): 활동과 참여를 통해 장애를 극복하고 잔존능력을 최대한 개발하여 정상화에 이르는 상태를 말한다. 다양한 생활영역에서의 정신적, 신체적, 사회적 건강 등을 포함한다.

2) 아동장애의 정의와 종류

장애의 종류는 다양하며, 또한 개인차도 있으므로 장애를 정의하고 그 유형을 구분하는 것이 쉽지 않다. 그리고 장애를 지닌 아동을 위해서는 국가의 제도적 지원이 근간이 되므로, 법적 정의는 매우 실질적인 의미를 지니며, 복지실천에 그대로 반영된다.[1)] 왜냐하면, 장애를 지닌 아동은 실질적으로 선별적인 서비스에서 매우 우선적인 대상이 됨과 동시에, 아동 인권의 보장에서도 다른 아동보다 우선적인 위치에 서기 때문이다. 이는 장애를 지닌 아동을 위한 권리선언과 장애인 관련법의 내용을 보면 알 수 있다.

1) '장애아동'이라고 지칭하는 것은 낙인감이 든다. 온몸과 마음에 장애를 지닌 것처럼 들릴 가능성이 크다. 그러나 장애가 있다고 해서 모든 신체적 및 정신적 기능에 장애가 있는 것은 아니며, 해당하는 그 영역에서만 심한 장애가 있는 것이다. 따라서 이 장에서는 '장애를 지닌 아동'으로 풀어서 쓴다.

(1) 장애 관련법에 규정된 아동장애의 종류

우리나라 장애 관련법으로는 「장애아동 복지지원법」, 「장애인 등에 대한 특수교육법」, 「장애인복지법」, 「장애인 · 노인 · 임산부 등의 편의증진 보장에 관한 법률」 등이 있으며, 이 각각의 법에서 아동 장애의 정의와 종류에 대해 규정하고 있다. 물론 아동의 경우, 이 네 가지 법의 적용을 모두 받는다.

장애와 관련된 법들은 크게 두 가지 특징을 지니고 있다. 하나는 '사람'에 관한 법임에도 불구하고 장애의 종류와 관련하여 다른 법들과는 다르게 '연령'을 규정하지 않고 있다는 점이다. 이것은 '장애'가 연령에 관계없이 발생하기 때문이다. 다만 법적용 대상으로서 아동과 성인을 구분하기 위한 목적으로 「아동복지법」과 「영유아보육법」에서 규정한 연령을 적용하고 있다. 다른 하나는 장애의 특성이 매우 복잡하고 서로 얽혀 있기 때문에 다양한 법의 적용을 받게 된다(김태영, 2017; 이상훈, 2011). 물론 이러한 법에서 규정하고 있는 장애의 정의와 종류는 앞서 언급한 장애 관련 학문의 성과에 기반하고 있다.

① 장애아동 복지지원법

이 법에서의 장애아동은 18세 미만의 사람 중 「장애인복지법」 제32조에 따라 등록한 장애인을 말한다. 따라서 장애의 정의와 종류는 「장애인복지법」에 준한다. 다만, 6세 미만의 아동으로서 장애가 있다고 보건복지부장관이 별도로 인정하는 사람을 포함한다.

② 장애인복지법

이 법에서의 장애인은 신체적 · 정신적 장애로 오랫동안 일상생활이나 사회생활에서 상당한 제약을 받는 자를 말한다. 구체적으로 신체적 장애는 주요 외부 신체 기능의 장애, 내부기관의 장애 등을 말하며, 정신적 장애는 발달장애 또는 정신질환으로 발생하는 장애를 말한다.

「장애인복지법」의 대상자이자, 「장애인 등에 대한 특수교육법」의 대상자인 아동의 경우, 두 법에서의 정의와 종류가 다르기 때문에 실제적인 복지실천에서 복잡한 문제가 발생될 수 있다. 대안은 아동의 상황을 고려하여 더 적합한 법의 규정에 따르는 것이다.

③ 장애인 등에 대한 특수교육법

이 법에서는 '장애'라는 용어 대신에 특수교육이 필요로 하는 사람으로 구분하여 정의하고 있다. 법 명에서 보듯이 「교육기본법」 제18조에 따라 국가 및 지방자치단체가 장애인 및 특별한 교육적 요구가 있는 사람에게 통합된 교육환경을 제공하고 생애주기에 따라 장애 유형과 정도의 특성을 고려한 교육을 실시함으로써 자아실현과 사회통합을 하는 데 기여함을 목적으로 하고 있다. 특히 아동의 경우, 성장과정에 있으므로 보호만이 능사가 아니라 교육을 받아야 하므로 성인보다도 특수교육법의 적용을 더 크게 받는 편이다.

(2) DSM-5에 규정된 아동장애의 정의와 종류

장애는 크게 신체장애와 정신장애로 나뉜다. DSM-5는 미국정신의학회(APA: American Psychiatric Association)에서 최근 발간한 정신장애의 진단 및 통계 편람으로 세계적인 권위를 인정받고 있으며, 현재 제5판이 발간되었다. 이런 측면에서 소아정신과와 아동상담센터 및 놀이치료실에서 활용도가 높다(APA, 2019).

Child First!

살 펴 보 기

장애를 지닌 아동들을 위한 시설과 학교의 설립은 반대에 부딪혀 왔다. 어떤 결말이 났는지 살펴보자.

---

2. 장애를 지닌 아동을 위한 복지실천에서의 지향점

"저 자식을 두고 어떻게 눈을 감을 수 있겠냐?"는 말은 장애를 지닌 자식을 둔 부모들의 안타까운 마음을 단적으로 나타낸 것이다. 태산 같은 걱정이 담겨 있다. 실제로 건강하게 태어난 자녀도 잠재능력을 충분히 발휘할 수 있도록 키우기가 어려운 점을 감안한다면, 장애를 지닌 아동과 그 부모와 가족은 말하기 어려운 상황에 직면하게 된다. 따라서 이들을 위한 복지를 실천하기 위해서는 아동과 부모와 가족과 함께 사회와 국가는 한 방향으로 정렬되어 점진적으로 나아가야 한다. 또한 장애를 지닌 아동을 양육하는 부모와 가족에 대한 지원도 지혜롭게 고려해야 한다.

1) 장애를 지닌 아동을 위한 복지실천의 의미

행복한 아이도 많지만, 불행한 아이도 적지 않다. 이러한 아동 중에서 장애를 지닌 아동도 있다. 실제로 어려움에 처한 특정한 대상을 위해 부여하는 의미가 강하면 강할수록 가시적으로 구현될 가능성이 크며, 장애를 지닌 아동은 사회에서 매우 취약한 범주에 속하므로 아동복지에서 최우선적인 실천 대상이라고 할 수 있으며, 실질적인 대책에 대한 의미와 지향점에 대해 숙지하고 있어야 한다. 아동의 입장에서 볼 때, 다음 두 가지의 의미와 지향점은 서로 관련되어 있다.

첫째, 장애를 지닌 아동의 잔존능력을 보호하는 데 그 의미가 있다. 그것은 신체 및 정신이 손상되어 있으므로 더 이상 악화되지 않도록 잔존능력을 보호하여야만 재활을 촉진하고 정상화에 이를 수 있기 때문이다.

둘째, 장애를 지닌 아동의 능력을 최대한 계발하는 데 그 의미가 있다. 그것은 각종 재활을 통해 정상화에 이르게 한 다음, 개인내차 중에서 대표강점이 되는 부분을 중점적으로 계발하여(천정웅, 김미옥 외, 2009; Seligman, 2005) 원하는 생활을 할 수 있을 뿐만 아니라, 부모와 가족 및 사회에도 장기적인 부담을 주지 않고 독립할 수 있기 때문이다.

2) 장애를 지닌 아동의 부모와 가족을 위한 복지실천의 지향점

특정한 대상을 위해 부여하는 강한 의미는 보다 적극적인 실천으로 이어진다. 그러나 그 방향과 지향점이 분명하지 않다면 실천 효과는 반감된다. 따라서 앞서 살펴본 바와 같이 아동의 입장과 함께 장애가 가족 및 사회 전반에 미치는 의미를 깊게 인식하고 강도 높게 대처해야 할 필요성이 매우 크다. 왜냐하면 일반아동보다 장애를 지닌 아동의 양육이 매우 어려울 뿐만 아니라, 이들을 위한 사회적 지원이 결여되면 될수록 부모와 가족의 양육 부담은 더욱 커지기 때문이다.

그러므로 만약의 경우, 부모와 가족이 장애를 지닌 자녀의 양육을 포기해 버리면, 그 영향은 부메랑이 되어 국가와 사회로 돌아올 뿐 아니라, 아동에게도 큰 부정적 영향을 미친다(김정희, 정은주, 2012; 이소현, 2006). 따라서 두 가지의 복지실천의 의미를 바탕으로 함과 동시에 축적된 연구결과를 활용하여 방향을 설정할 필요가 크다(이상희, 이연우, 2016; 한국장애인개발원, 2008; 조현근, 2015). 물론 부모와 가족을 지원하는 것이 바로 장애를 지닌 아동을 간접적으로 지원하게 되는 것이다.

첫째, 장애를 지닌 아동의 잔존능력을 보호하기 위해 먼저 조기에 사정(assessment)하고 조기에 진단을 할 수 있는 시스템을 구축해야 한다. 이러한 시스템은 부모나 가족 차원에서 할 수 없기 때문에 국가와 지방자치단체 및 관련 학회, 협회, 상담치료실, 연구소, 센터의 유기적인 협력이 수반되어야 하며, 특별히 고도의 전문지식과 기술을 지닌 전문가에 의해 수행되어야 한다(이영애, 2016; 한국장애인개발원, 2012).

둘째, 조기 사정이 이루어지고 난 후, 적절한 재활이 이루어질 수 있도록 서비스체계가 구축되어야 하며, 이러한 재활은 장애의 종류와 정도를 고려하여야 한다. 즉, 의료재활, 심리재활, 교육재활, 직업재활 등이 독자적으로 또한 통합적으로 이루어져야 한다.

이러한 재활 중에서 우선적인 것은 의료재활과 심리재활인데, "건강한 신체에 건강한 정신이 깃든다." 및 "낫고자 하는 마음이 있어야 병은 낫기 시작한다."는 말이 대변해 준다. 그 다음은 교육재활과 직업재활이 실시되는 것이 바람직하다. 물론 통합적 시스템 안에서 유기적으로 진행될 수도 있으며, 이를 위해서는 앞서 언급한 바와 같이 국가와 지방자치단체 및 관련 학회, 협회, 상담치료실, 연구소, 센터가 서로 유기적으로 협력할 수 있는 체계 속에서 이루어져야 한다.

셋째, 일반적으로 장애를 가진 자녀를 양육하는 경우, 일반 건강한 아동을 양육할 때보다 몇 배의 노력과 자원이 필요하기 때문에 보호자 또는 양육자 및 시설운영자에 대한 경제적, 심리적, 신체적 지원이 이루어져야 한다. 물론 이러한 지원은 '복지포퓰리즘'의 차원이 아니라, 그 사회의 복지 이념을 고려하여 이루어져야 장기적인 효과를 거둘 수 있다. 우리나라의 복지이념은 자유민주주의를 근간으로 한다.

Child First!

주변에서 아동을 포함한 장애를 지닌 사람이 안전하고 편리한 생활을 할 수 있도록 '장애'를 나타내는 표시를 쉽게 볼 수 있다.

살 펴 보 기

만약 '아동'을 고려한다면 이 이미지를 어떻게 변형할 수 있을까? 이야기 나누어 보자.

3. 장애를 지닌 아동을 위한 복지실천

"장애란 뛰어넘으라고 있는 것이지 걸려 넘어지라고 있는 것이 아니다."는 격언은 장애를 지닌 아동에게 시사하는 바가 크다. 또한 "백지장도 맞들면 낫다."라는 격언은 장애를 지닌 아동과 가족은 물론 장애아동 전문가에게 시사하는 바가 크다.

주지하다시피 아동의 장애는 아동의 잘못에만 있는 것도 아니며, 부모와 가족에게만 있는 것도 아니다. 따라서 사회구성원 모두가 장애를 지닌 아동의 재활을 위해 힘을 모아야 한다. 최대 다수의 행복 추구가 최대 다수의 행복 실현을 앞당긴다. 이는 장애를 지닌 아동을 위한 복지실천에도 당연히 적용된다.

1) 장애를 지닌 아동을 위한 법적 실천

'장애'라는 특수성 때문에 장애복지 영역은 다른 복지 영역보다 더 복잡하고 다양한 특성을 지니게 된다. 따라서 아동복지 및 다양한 장애인복지 영역에 걸친 법에 근거하여 복지실천이 이루어진다.

장애를 지닌 아동의 복지를 위해 최상위법인 「헌법」을 위시하여 「장애아동 복지지원법」, 「장애인복지법」, 「장애인 등에 대한 특수교육법」, 「발달장애인 권리보장 및 지원에 관한 법률」, 「장애인 · 노인 · 임산부 등의 편의증진 보장에 관한 법률」 등이 있다. 그리고 이러한 법에 규정된 바에 따라 실천적 서비스를 지원하기 위한 법으로 「사회보장기본법」, 「국민기초생활 보장법」, 「사회복지사업법」, 「아동복지법」, 「영유아보육법」 등이 있다.

(1) 장애아동 복지지원법

이 법은 국가와 지방자치단체가 장애를 지닌 아동의 특별한 복지적 욕구에 적합한 지원을 통합적으로 제공함으로써 이들이 안정된 가정생활 속에서 건강하게 성장하고 사회에 활발하게 참여할 수 있도록 하며, 부모와 가족의 부담을 줄이는 데 이바지하기 위한 목적으로 제정되었다. 주요 용어의 정의와 법이 지향하는 이념은 다음과 같다.

- 장애아동: 18세 미만의 사람 중 「장애인복지법」 제32조에 따라 등록한 장애인을 말한다. 다만, 6세 미만의 아동으로서 장애가 있다고 보건복지부장관이 별도로 인정하는 사람을 포함한다.
- 장애아동보호자: 친권자, 후견인, 장애아동을 보호·양육·교육하거나 그 의무가 있는 자 또는 업무·고용 등의 관계로 사실상 장애아동을 보호·감독하는 자를 말한다.
- 장애아동복지지원: 국가와 지방자치단체가 장애아동의 특별한 복지적 욕구에 따라 의료비지원, 보육지원, 가족지원 및 장애아동의 발달에 필요한 지원 등 다양한 인적·물적 자원을 제공하는 것을 말한다.
- 이념: 장애아동을 위한 모든 활동에 있어서 장애아동의 이익이 최우선적으로 고려되어야 하며, 자신에게 영향을 미치는 모든 활동에 대하여 자신의 견해를 자유로이 표현할 권리를 최대한 보장받아야 하며, 부모에 의하여 양육되고, 안정된 가정환경에서 자라나야 하며, 인성 및 정신적·신체적 능력을 최대한 계발하기 위하여 적절한 교육을 제공받아야 하며, 모든 형태의 학대 및 유기·착취·감금·폭력 등으로부터 보호받아야 하며, 가능한 최상의 건강상태를 유지하고 행복한 일상생활을 영위하기 위한 의료적·복지적 지원을 받아야 하며, 휴식과 여가를 즐기고, 놀이와 문화예술활동에 참여할 수 있는 기회를 제공받아야 하며, 의사소통 능력, 자기결정 능력 및 자기권리 옹호 능력을 향상시키기 위한 교육 및 훈련 기회를 제공받아야 한다.

이러한 이념적 가치에는 국내법과 동일한 효력을 지니는 국제협약CRC에 규정된 4대 일반원칙과 4대 기본권이 내포되어 있다. 이는 장애를 지닌 아동의 권리를 최대한 고려하여 복지를 증진시키기 위한 의도이다.

- 우선 적용: 장애아동의 복지지원에 관하여는 다른 법률에 우선하여 이 법을 적용한다.
- 국가와 지방자치단체의 임무: 국가와 지방자치단체는 장애아동에게 적절한 복지지원을 제공하기 위하여 다음의 업무를 수행하여야 한다.
  - 장애아동과 그 가족을 위한 복지지원대책의 강구
  - 장애아동을 위한 복지지원 사업의 연구 · 개발
  - 장애의 조기발견을 위한 홍보
  - 복지지원 전달체계의 구축
  - 복지지원 이용권의 수급 및 이용에 대한 관리 · 감독
  - 그 밖에 장애아동과 그 가족의 복지지원을 위하여 필요하다고 인정하는 사항

(2) 장애인 등에 대한 특수교육법

이 법은 「교육기본법」 제18조에 따라 국가 및 지방자치단체가 장애인 및 특별한 교육적 요구가 있는 사람에게 통합된 교육환경을 제공하고 생애주기에 따라 장애 유형 · 장애 정도의 특성을 고려한 교육을 실시하여 이들이 자아실현과 사회통합을 하는 것에 기여함을 목적으로 제정되었다.

이 법에서 말하는 '특수교육'이란 특수교육 대상자의 교육적 요구를 충족시키기 위하여 특성에 적합한 교육과정 및 특수교육 관련 서비스 제공을 통하여 이루어지는 교육을 말한다.

이 밖에 장애를 지닌 아동의 복지실천을 위해 다양한 법이 제정되어 있다.

- 「헌법」에서는 장애인에 대한 국가의 보호를 규정하고 있는데, 「장애인복지법」에서는 장애를 지닌 아동을 포함한 모든 장애인에 대한 포괄적 규정을 명시하고 있다.
- 「사회보장기본법」에서는 생활 유지능력이 없는 장애인이 사회보장 급여를 받을 수 있는 권리를 명시하고 있다.

- 「사회복지사업법」에서는 이들에 대한 행정적, 재정적 지원을 해야 한다고 명시하고 있다.
- 「국민기초생활 보장법」에서는 장애아동을 양육하는 빈곤가정에 대해 장애아동 부양수당 및 보호수당을 제공하는 것과 관련된 규정을 명시하고 있다.
- 「아동복지법」에서는 장애아동을 보호시책의 적용 대상자로 명시하고 이들의 권익을 보호하기 위한 시책을 강구해야 할 책임에 대해 명시하고 있다.
- 「영유아보육법」에서는 장애를 지닌 영유아는 취약 보육 대상으로서 우선 보육할 것을 명시하고 있다.

(3) 장애인복지법

이 법은 장애인의 인간다운 삶과 권리보장을 위한 국가와 지방자치단체 등의 책임을 명백히 하고, 장애 발생 예방과 장애인의 의료 · 교육 · 직업재활 · 생활환경개선 등에 관한 사업을 정하여 장애인 복지대책을 종합적으로 추진하며, 장애인의 자립생활 · 보호 및 수당지급 등에 관하여 필요한 사항을 정하여 장애인의 생활안정에 기여하는 등 장애인의 복지와 사회활동 참여 증진을 통하여 사회통합에 이바지함을 목적으로 제정되었다. 그리고 이 법에서 추구하는 기본 이념은 장애인의 완전한 사회 참여와 평등을 통하여 사회통합을 이루는 데에 있다.

최근 아동복지 관련법에서는 대상자의 권리를 명시하고 있는데, 이 법에서도 장애인은 인간으로서 존엄과 가치를 존중받고, 그에 걸맞은 대우를 받으며, 국가 · 사회의 구성원으로서 정치 · 경제 · 사회 · 문화, 그 밖의 모든 분야의 활동에 참여할 권리를 가지며, 장애인 관련 정책결정 과정에 우선적으로 참여할 권리가 있다는 것이다.

(4) 발달장애인 권리보장 및 지원에 관한 법률

이 법은 발달장애인의 의사를 최대한 존중하여 그들의 생애주기에 따른 특성 및 복지 욕구에 적합한 지원과 권리옹호 등이 체계적이고 효과적으로 제공될 수 있도록 필요한 사항을 규정함으로써 발달장애인의 사회참여를 촉진하고, 권리를 보호하며, 인간다운 삶을 영위하는 데 이바지함을 목적으로 제정되었다.

이 법에서도 발달장애인의 권리에 대해 구체적으로 규정하고 있는데, 원칙적으로 자신의 신체와 재산에 관한 사항을 스스로 판단하고 결정할 권리를 가지며, 자신에게 법률적·사실적인 영향을 미치는 사안에 대하여 스스로 이해하여 자신의 자유로운 의사를 표현할 수 있도록 필요한 도움을 받을 권리가 있으며, 발달장애인은 자신과 관련된 정책의 결정 과정에서 자기의 견해와 의사를 표현할 권리가 있다는 것이다.

2) 장애를 지닌 아동을 위한 정책 및 행정적 실천

장애를 지닌 아동을 위한 정책과 행정은 장애를 지닌 모든 아동이 어느 지역에서 생활하든지에 관계없이 동일하되, 그 장애와 관련하여 질 높은 복지서비스를 통해 재활할 수 있어야 한다. 장애의 특성상 매우 다양한 지원이 필요하므로 여러 행정부서와 상호 협력하고 있다. 그렇기 때문에 장애를 지닌 아동의 입장에서 볼 때, 간접적 복지실천이 되는 것이다.

(1) 아동장애 관련 행정부서

장애와 관련된 행정을 담당하는 주 행정부서는 보건복지부이며, 특히 장애를 지닌 아동을 위해서는 교육재활이 필요하다는 관점에서 교육부가 중요 역할을 담당하고 있다.

① 보건복지부

장애복지정책은 주로 장애인정책국에서 담당하고 있으며, 장애인정책과, 장애인권익지원과, 장애인서비스과, 장애인자립기반과 등에서 유기적인 협력 체제를 이루면서 다음과 같은 복지업무를 수행하고 있다. 물론 아동도 '장애인'의 범주에 해당되므로 아동의 특성에 초점을 맞춘 복지대책이 이러한 정책 및 행정서비스에 포함되어 있다.

- 장애인 복지 관련 종합계획 수립
- 장애인 등록 및 판정
- 장애인 단체 지원 및 장애인복지 관련 국제협력
- 장애예방 및 여성장애인 관련 정책 개발·지원
- 장애인 차별금지 관련 법령 및 국제장애인권리협약 등 장애인 권익증진
- 장애인 편의시설의 설치·관리 및 장애인 복지시설의 지원·육성
- 장애인 활동 지원제도의 운영
- 장애인 자립생활 관련 사업의 지원 및 육성
- 의료재활 및 장애아동 재활치료 지원
- 장애인 보조기구의 개발·보급
- 장애수당 등 장애인의 소득보장 및 생활안정 지원
- 장애인 일자리 창출 및 직업재활
- 장애인 생산품 판매촉진 및 중증장애인 생산품 우선구매
- 장애인 연금 관련 법령, 장애인 연금 재정 및 수급자 관리 등 장애인 연금 제도 운영

② 교육부

교육부는 장애를 지닌 아동을 위한 교육 부분을 주로 담당한다. 여러 부서 중에서도 특수교육정책과에서는 다음과 같은 교육재활 관련 업무를 비중 있게 수행하고 있다.

- 장애학생 인권, 특수교육 교원 수급
- 특수교육 관련 제도 개선, 특수교육교원 수급 계획
- 특수교육 중장기 발전 계획 수립 및 점검
- 특수교육대상 영유아 교육, 장애학생 인권 보호

- 특수교육 관련 홍보
- 특수교육 운영계획 수립 지원
- 통합교육 지원, 특수교육지원센터 운영, 시각 및 청각장애학생 교육지원
- 특수학교(급) 신설 및 증설, 편의, 안전
- 특수교육유공자 및 장애인의 날 등 포상업무 추진

이 밖에 여성가족부, 고용노동부, 법무부 등에서도 장애를 지닌 아동과 가족을 지원하는 정책을 펴고 있다.

(2) 아동장애 관련 지원조직

중앙정부와 지방자치단체와 함께 다양한 기능을 하는 조직들이 장애를 지닌 아동을 직·간접적으로 지원하게 된다.

① 국립재활원

책임운영기관의 설치·운영에 관한 법률에 근거하여 국내 재활의료의 중추적 역할수행을 위해 설립된 조직이다. 구체적으로 장애를 최소화하고 빠른 사회복귀를 돕기 위한 지원프로그램을 운영하는데, 표준화된 재활치료 지침과 장애평가 도구를 개발하여 보급하고 있다.

② 한국장애인개발원

「장애인복지법」에 근거하여 장애인복지의 종합적이고 체계적인 조사·연구·평가 및 정책개발, 복지진흥, 자립지원, 재활체육진흥 등을 수행하기 위해 설립된 조직이다. 산하에 중앙아동·발달장애인지원센터를 운영하고 있다.

③ 중앙장애아동·발달장애인지원센터

「장애아동 복지지원법」과 「발달장애인 권리보장 및 지원에 관한 법률」에 근거하여 장애를 지닌 아동과 성인의 특별한 복지 욕구와 환경을 고려하여 지역센터 및 유관기관과 연계하여 필요한 서비스를 통합적으로 전달하기 위해 설립된 조직

이다. 구체적인 아동 관련 업무는 다음과 같다.

- 장애아동의 복지지원 정책 및 지원에 관한 정보 및 자료 제공
- 장애아동의 복지지원에 관한 조사 · 연구
- 장애아동에 대한 권익옹호와 사회인식 개선활동
- 장애아동의 장애유형별 지원프로그램의 개발
- 지역장애아동 지원센터에 대한 평가 및 운영지원
- 장애아가족 양육지원사업 수행기관 지원
- 가족지원업무 수행기관에 대한 운영지원 및 평가

동시에 장애를 지닌 아동과 가족을 위해 지역별 센터에서는 중앙의 업무를 지원하고 보조하면서 다음과 같은 업무를 수행하고 있다.

- 장애아동의 사례관리
- 장애의 조기발견을 위한 홍보
- 장애아동의 복지지원 사업에 관한 정보 및 자료 제공
- 장애아동과 그 가족에 대한 복지지원 제공기관의 연계
- 장애아동 및 그 가족을 지원하기 위한 가족상담 및 교육의 실시

또한 지역센터는 복지 지원의 효과적인 시행을 위해 어린이집, 유치원, 초 · 중 · 고등학교, 아동복지시설, 장애인복지시설 등과 연계 및 협력 체계를 구축하고 있다.

3) 장애를 지닌 아동을 위한 전문적 실천

과학과 의학이 발전함에 따라 예전에 비해 선천적 장애를 가지고 태어나는 아동의 수는 줄어든 반면 각종 안전사고나 심리적 부담이 증가하면서 여러 가지 후천적 장애를 나타내는 아동은 점점 늘어나는 추세이다.

장애를 지니지 않은 아동이라도 한창 성장·발달과정에 있는 미성숙한 존재이므로 주위의 절대적인 관심과 보호가 필요하다. 더구나, 신체적·심리적·사회적인 기능이 손상된 상태에 있는 아동은 스스로 생활하기에 어려운 점이 많다. 동시에 이렇듯 장애를 지닌 아동의 특성은 이들을 양육하는 부모나 가족으로 하여금 심리적 스트레스와 함께 신체적·경제적 부담을 가중시키므로 더욱 전문적인 서비스가 필요한 것이다(이경준, 최윤영, 2018; 한상일, 정영숙, 2008).

(1) 교육재활

교육재활은 특수교육이라고도 한다. 특수교육은 아동이 지닌 장애의 종류와 정도에 따라 특별히 고안된 교재와 교구 및 시설설비가 갖추어진 공간에서 특수교육 전문가에 의해 이루어지는 서비스를 말한다. 물론 이러한 특수교육은 모든 학제에서 이루어지고 있으며, 그 기본 전제는 장애의 조기발견과 조기진단 및 조기교육을 통해 발달적 손상을 최소화할 뿐만 아니라, 회복 불가능한 영구적 장애를 예방하는 데 있다.

이러한 차원에서 2012년부터 장애를 지닌 영유아의 무상교육이 만 3세 미만으로 확대되었고, 이에 따라 유치원이나 특수학교에 다니지 않고 어린이집에 다니는 영유아를 위해 의무교육 환경을 제공하고 있으며, 장애의 정도에 따른 장애전담 어린이집과 장애통합 어린이집을 운영하고 있다. 이러한 조치는 장애를 지닌 영유아의 입장에서 볼 때 직접적인 복지실천에 해당하고, 부모와 가족에게는 간접적 실천에 해당하며, 이 모든 실천은 아동 및 가족복지에 기여하게 된다(변찬석, 이금섭, 2004).

그리고 경중의 장애를 지닌 영유아가 증가함에 따라 최근 효과적인 교육사회화를 위한 통합보육이 매우 강조되고 있는데, 그 목적은 장애에 대한 편견을 극복하고, 진심으로 배려하고 나눔으로써 함께 잘 사는 사회를 이루는 데 있다(이정림, 김은영 외, 2012). 이러한 목적을 달성하기 위해서는 장애를 지닌 영유아를 보육할 수 있는 전문가의 배치와 함께 전문적인 시설설비를 갖추는 것이 필요하다. 「장애인·

노인 · 임산부 등의 편의증진 보장에 관한 법률」에 따른 편의시설을 설치하여야 하며, 장애전담 및 통합보육을 실시하는 어린이집에서의 보육의 질 유지 · 향상을 위하여 「영유아보육법」에 의한 평가인증을 받아야 한다. 또한, 일반 어린이집보다 영유아 대 보육교사의 비율이 낮게 유지해야 하는데, 이는 법으로 규정하고 있다. 그렇지 않으면 치료와 재활의 효과를 기대하기 어렵기 때문이다.

(2) 심리재활

심리재활은 일반적으로 말하는 상담과 치료를 포함한다. 즉, 장애로 인해 일반 아동과 다른 심리적 특성, 예를 들면 아동 및 부모와 가족의 열등감, 무력감, 고립감, 의존심, 부정적 자아개념 등을 극복하도록 지원하는 서비스를 말한다.

심리재활은 장애 발생의 원인이 무엇이든 그 장애 상태를 수용하고 적극적으로 극복할 수 있도록 지지하는 데 초점을 맞춘다(신기원, 이종운 외, 2017; 이승희, 윤호열, 2009; 최승미, 신민섭 외, 2000). 특히 영유아의 언어 및 인지적 특성을 고려할 때, 전형적인 상담방법과 놀이를 매개로 한 치료가 동시에 이루어지는 경우가 많다.

아동상담 및 놀이치료는 주로 아동상담사, 소아정신과의사, 임상심리학자, 의료사회사업가 등에 의해 이루어진다. 이들 전문가에 의해 가장 우선적으로 이루어져야 하는 것은 유아의 정상과 비정상 여부를 판단하는 것이며, 중요한 기준으로 고착과 퇴행을 들고 있다(유미숙, 2014).

고착이란 적합한 연령이 지났음에도 불구하고 특정 행동이 계속되는 상태를 말하며, 퇴행이란 이미 성취했던 발달상의 성취가 이전 단계로 되돌아가서 반복하는 상태를 말한다. 그런데 이러한 장애라고 판단할 수 있는 특성과 상태를 파악하기가 쉽지 않기 때문에 전문성이 요구되는 것이다. 예를 들어 같은 행동이라고 할지라도 두 살 영아가 자주 손가락을 빠는 것과 일곱 살 유아가 자주 손가락을 빠는 것은 다른 차원이기 때문이다. 따라서 다양한 방법을 활용하여 진단이 이루어지며, 각종 심리 및 행동검사가 사용된다(김남진, 김정은 외, 2017; 신현균, 2014; 이화여대특수교육연구소, 2009).

심리재활에서 차지하는 비중이 높은 아동상담은 이러한 진단에 따라 아동이 지닌 장애의 특성을 고려하여 일반적으로 3단계에 걸쳐 이루어지는데, 초기 → 중기 → 말기 단계가 그것이다. 그리고 상담이 효과적으로 이루어질 수 있는 도구와 시설설비를 갖춘 장소에서 이루어진다.

(3) 의료재활

의료재활은 투약, 재활도구 활용, 수술, 물리치료 등 전문 의료진에 의해 이루어지는 서비스를 말한다.

아동권리 & 아동복지 이야기

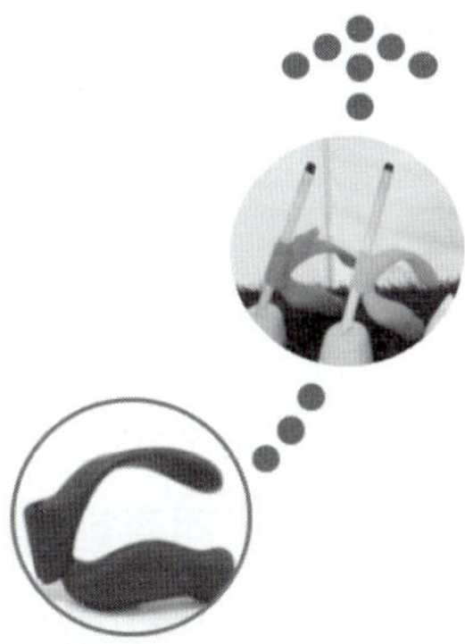

출처: 동영상 Griplay

발 표

모든 인간은 편리한 삶을 살 권리가 있다. '사랑을 위한 따뜻한 기술'을 표방하고, 장애를 지닌 사람들을 위한 인체보조도구와 기구를 만드는 사람들이 있다. 이것은 무엇일까? 장애를 지닌 아동들이 이 도구를 사용하게 된다면, 얼마나 따뜻한 사랑을 느끼게 될까?

실제적으로 치료는 보다 심각한 증상을 보이는 아동을 대상으로 하며, 상담보다 더욱 전문적인 방법을 적용하게 된다. 장애의 종류와 수준에 따라 개별 치료와 집단치료 모두 적용되며, 역시 정확한 진단이 전제되어야 효과적인 치료 효과를 거둘 수 있다(최복천, 2013). 따라서 치료 효과가 검증된 프로그램의 개발과 활용이 필요하다. 일반 어린이전문병원에서도 장애를 지닌 아동을 치료, 재활하지만, 재활을 전문으로 하는 어린이 병원도 있다.[2]

(4) 직업재활

직업재활은 장애를 지닌 사람이 생활할 수 있는 직업인으로 거듭나게 하도록 교육·훈련을 제공하는 서비스를 말한다. 실제적으로 직업을 통한 수입이 없이는 평생 다른 사람이나 국가에 의존해야 하는 상황에 처하게 되며, 이러한 상태는 장애를 궁극적으로 극복하는 데 매우 큰 제한 요소가 되기 때문이다.

장애복지 영역에서는 신체재활, 심리재활, 교육재활이 어느 정도 이루어졌을 때 직업재활이 더 효과적이라고 보고 있으며(정하선, 김녹현 외, 2016; 박석돈, 2004), 교육재활 자체가 직업재활의 성격을 지니거나, 직업재활로 이어지는 경우가 많다.

직업재활도 장애의 종류와 수준에 따라 적절한 직종이 선택되고 훈련될 때, 궁극적인 자립이 가능한 재활로 이어질 수 있다. 영유아의 경우는 일반적으로 직업재활과는 거리가 멀다고 볼 수 있으나 기초성과 누적성 및 불가역성이라는 발달의 원리를 고려한다면 장애의 특성을 고려한 적절한 개입이 이루어져야 할 것이다. 특히 최근 교육과정의 개정에 따라 유아기에도 진로교육이 도입되고 있는 점은 중시할 필요가 있다. 다시 말하면 진로교육에 대한 준비가 조기에 시작되어야 하는 것을 시사하기 때문이며, 장애를 지닌 경우는 더욱 비중 있게 준비되어야 할 필요가 있기 때문이다.

2) 비영리법인인 푸르메재단의 넥슨어린이재활병원을 예로 들 수 있다.

Child First!

국립중앙도서관 디지털도서관에서는
"함께할 때, 그들도 일어설 수 있습니다."라고 슬로건을 내걸며
다음과 같은 이미지를 제시하였다.

출처: www.nl.go.kr

살 펴 보 기

만약 '아동'을 고려한다면 이 이미지를 어떻게 변형할 수 있을까? 이야기 나누어보자.

제10장

학대받는 아동의 권리와 복지실천

오늘날, 사회가 발달하고 아동의 권리에 대한 인식이 점점 고조되고 있음에도 불구하고 아동에 대한 학대는 더욱 증가하고 있을 뿐만 아니라, 학대의 강도도 높아지고 있다. 이러한 모순된 현상을 직시하고 학대로부터 아동을 보호하기 위해서는 다각적인 노력이 경주되어야 한다. 이는 우리 모두의 안정되고 희망찬 삶을 위해서이다.

제10장에서는 아동학대의 발생 예방과 회복을 통해 아동의 권리를 보장하기 위한 복지체계와 다양한 실천방법에 대해 살펴본다.

1. 아동학대에 대한 기초 이해

“미운 자식 떡 한 개 더 주고, 고운 자식 매 한 대 더 주어라.”라는 속담은 역설 그 자체이다. 그렇기 때문에 이 속담에 담긴 의미를 숙고하지 않으면 여러 문제가 발생할 수 있는데, 그것은 소위 ‘사랑’한다는 미명으로 자칫 학대가 자행될 수 있기 때문이다. 따라서 아동의 미래에 대한 깊은 생각이 전제되지 않으면 피해 아동은 증가될 소지가 많다고 할 수 있으며,[1] 이를 예방하기 위해서는 전반적인 아동학대 현상에 대한 실질적인 지식이 전제되어야 한다. 그리고 부모와 가족 및 교사뿐만 아니라, 사회 전 구성원에 이르기까지 확산·확충되어야 한다.

1) 아동학대의 개념

아동학대는 크게 좁은 의미와 넓은 의미로 구분되며, 학대를 가하는 성인의 의도, 학대의 강도, 아동의 발달단계 등 여러 관점이 고려된다.[2] 이러한 관점에서 큰 이슈는 아동에 대한 보호자의 행위가 훈육인가? 체벌인가? 하는 것이다. 아동학대의 연구결과, 훈육이라고 해도 아동에게 신체적·정신적 손상을 입힌다면 학대라고 보고 있다(고성혜, 1992).

(1) 좁은 의미의 아동학대

좁은 의미의 아동학대(Child Abuse)는 주로 신체적 학대와 성적(性的) 학대를 말한다. 이는 학대로 인한 신체 및 특히 성기관의 손상을 분명히 알 수 있기 때문이다. 이렇듯 좁은 의미로 보면 정서적 학대의 경우 문제가 생긴다. 다시 말하면 표면적으로 드러나야만 학대가 되는가 하는 질문에 봉착할 수 있기 때문이다. 따라

1) 피해 아동은 아동학대로 인하여 피해를 입은 아동을 말한다고 「아동복지법」에 규정되어 있다.
2) 예를 들어 성인의 의도에 따라 훈육이 되거나 학대가 될 수도 있는데, 구체적으로 영아를 대상으로 한 성인의 어떤 행동은 학대가 되지만, 아동을 대상으로 한 경우는 훈육이 된다고 보는 점도 있기 때문이다.

서 정서적 학대의 여부는 지속성과 반복성이 중요한 변수가 된다. 예를 들면 아동에 대한 고립과 무시와 감시 등이 간헐적으로 일어나는 것이 아니라, 지속될 경우, '자신을 숨기기 어려운' 아동발달의 특성 때문에 겉으로 표출될 수밖에 없기 때문이다. 이는 두말할 나위 없는 정서적 학대에 해당한다.

또한, 좁은 의미의 학대는 주로 부모와 가족과 대리양육자 및 아동 관련 기관과 시설 등의 종사자 등에 의해 비우발적이 아닌 고의에 의해 명백한 신체적 및 정서적 손상을 내는 경우로, 단적인 사례로 고의로 아기를 흔들어(Shaken Baby Syndrome) 사망케 한 부모에게 유죄판결을 내린 것을 들 수 있다.[3]

그러므로 「아동학대범죄의 처벌 등에 관한 특례법」에서의 법명처럼 범죄에 해당하는 학대와 「아동복지법」에 규정된 금지행위는 좁은 의미의 학대에 해당된다고 볼 수 있다.

- 아동을 매매하는 행위
- 아동에게 음란한 행위를 시키거나 이를 매개하는 행위 또는 아동에게 성적 수치심을 주는 성희롱 등의 성적 학대행위
- 아동의 신체에 손상을 주거나 신체의 건강 및 발달을 해치는 신체적 학대행위
- 아동의 정신건강 및 발달에 해를 끼치는 정서적 학대행위
- 장애를 가진 아동을 공중에 관람시키는 행위
- 아동에게 구걸을 시키거나 아동을 이용하여 구걸하는 행위
- 공중의 오락 또는 흥행을 목적으로 아동의 건강 또는 안전에 유해한 곡예를 시키는 행위 또는 이를 위하여 아동을 제3자에게 인도하는 행위
- 정당한 권한을 가진 알선기관 외의 자가 아동의 양육을 알선하고 금품을 취득하거나 금품을 요구 또는 약속하는 행위
- 아동을 위하여 증여 또는 급여된 금품을 그 목적 외의 용도로 사용하는 행위

3) 아이를 흔들어서 사망한 경우, 외상은 거의 나타나지 않으므로 신체적 및 정서적 학대로 판별하기는 좀 어렵지만, 양육태도 및 가정환경 조사결과, 아동흔들림이 반복된 경우, 이는 분명한 학대에 해당하므로 부모는 유죄로 처벌받게 된다.

(2) 넓은 의미의 아동학대

넓은 의미의 아동학대는 좁은 의미의 학대를 제외한 모든 아동학대를 말한다고 볼 수 있다. 그렇기 때문에 다양한 형태의 방임(neglect)을 모두 포함한다. 따라서 명백한 고의성이 없거나, 적다고 하더라도 아동의 성장발달에 손상을 야기하고 있거나 향후 아동의 전인적 복지를 저해할 가능성이 있는 모든 행위와 제도를 포함하게 된다. 그야말로 아동과 관련한 광범위한 영역에서 아동들에게 부정적 영향을 주기만 하면 넓은 의미의 아동학대에 해당된다고 볼 수 있다. 예를 들어 식사시간이 불규칙하거나, 계절에 맞지 않는 옷을 입히거나, 예방접종시기를 놓치거나, 오랫동안 목욕을 시키지 않는 행위 등이 있다. 나아가 무지에 의해 발생된 아동발달의 손상도 학대에 포함된다.

실제 우리나라 「아동복지법」에는 아동에 대한 '금지행위'에 자신의 보호 · 감독을 받는 아동을 유기하거나 의식주를 포함한 기본적인 보호 · 양육 · 치료 및 교육을 소홀히 하는 행위는 '방임'으로 명시하고 있다.

그러므로 아동학대에 효과적으로 대응하기 위해서는 아동학대의 범위를 포괄적으로 규정하여 교육적 접근을 하되, 실제 아동을 학대한 가해자에게는 좁은 의미의 학대를 적용하는 것이 효과적이다. 이러한 접근은 실제로 아동학대 신고체계에도 그대로 적용되고 있다.

2) 아동학대의 형태와 후유증

좁은 의미와 넓은 의미로 학대를 고려할 때, 아동학대의 형태는 크게 학대와 방임으로 구분된다. 그리고 학대와 방임은 다시 여러 형태로 세분된다. 학대는 아동발달의 전 영역에 심각한 손상을 초래하여 아동의 전 생애에 부정적 영향력으로 작용한다(안동현, 김경희 외, 2017; 안동현, 장화정 외, 2003).

(1) 학대의 형태와 후유증

학대의 종류는 일반적으로 신체적 학대와 정서적 학대로 구분하지만, 신체적 학대로부터 성(性, sex)학대를 분리한다. 왜냐하면 성학대는 신체적 학대에 해당됨과 동시에 심각한 정서적 학대를 동반할 가능성이 높기 때문이다(이소희, 2019b).

① 신체적 학대와 후유증

신체적 학대(physical abuse)는 성인이 우발적 사고에 의해서가 아니라 의도적으로 자신의 신체(예: 손, 주먹, 발, 입과 이, 머리, 몸) 및 각종의 도구(예: 빗자루, 총채, 혁대, 밧줄, 보자기, 목도리, 몽둥이, 돌, 벽돌, 칼, 가위, 자, 송곳, 핀, 바늘, 다리미, 병 등)와 다양한 물질(예: 물, 뜨거운 물, 약물, 대 · 소변)을 사용하여 아동의 신체에 손상을 입히는 모든 행동을 말한다(예: 차는 행동, 박는 행동, 베는 행동, 때리는 행동, 찌르는 행동, 화기로 지지는 행동, 비트는 행동, 할퀴는 행동, 감금하는 행동, 강제로 먹이는 행동, 물과 약물 등에 담그는 행동). 그리고 신체적 학대를 받은 아동은 학대받은 신체 부위의 손상과 함께 다양한 정신질환을 일으키게 된다.

아동권리 & 아동복지 이야기

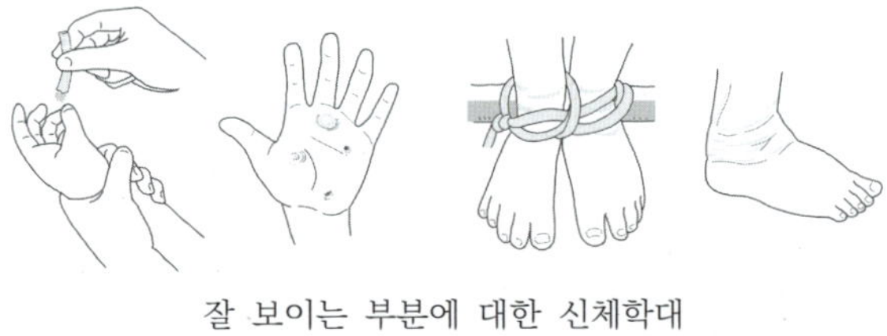

잘 보이는 부분에 대한 신체학대

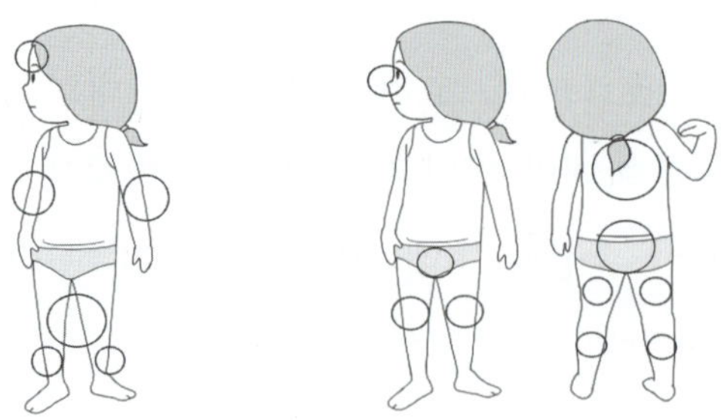

잘 보이지 않는 부분에 대한 신체학대

출처: 이소희(2019b). 아동복지. 정민사.

토 의

신체적 학대는 두 가지 측면에서 자행된다. 하나는 외부로 잘 보이는 신체 부위가 있고, 그렇지 않은 부위가 있다. 왜 이런 식으로 학대하는지 토의해 보자.

② 정서적 학대와 후유증

정서적 학대(emotional abuse)는 우발적 사고에 의해서가 아니라 성인이 의도적으로 자신의 말과 표정으로 아동의 정서에 손상을 입히는 모든 행동을 말한다(예: 욕, 명령, 비교, 비난, 낙인, 거절과 거부, 위협과 협박, 무시, 거절, 회피).

정서적 학대를 받은 아동은 불안감, 공포감, 치욕감, 수치감, 모멸감 등을 느끼게 되고, 후유증으로 인해 결과적으로 다양한 정신질환을 일으키게 된다.

아동권리 & 아동복지 이야기

출처: 이소희(2004). 그것은 아동학대예요. 동문사.

살펴보기

자신을 물건처럼 팔려고 내놓았다는 사실은 알면 그 아이는 어떤 느낌이 들까?

③ 성적 학대

성적 학대(sexual abuse)는 성인이 자신의 성적 욕구 충족을 위해 아동이 거부함에도 불구하고 강제로 아동의 신체에 가하는 모든 성적 행동은 물론, 자신의 신체를 노출하고 아동에게 갖가지 행동을 하도록 요구하는 행동을 말한다(예: 신체 접촉, 신체 노출, 성기 삽입, 성매춘과 성매매).

성적 학대를 받은 아동은 성기관의 상처는 물론, 정서적으로 큰 손상을 입게 되어 정상적인 성 발달을 하기가 어려워진다(우주영, 2005; 최솔, 2011).

(2) 방임과 발달적 지체

방임은 고의 및 비고의적으로 아동 양육과 보호를 소홀히 함으로써 정상적인 발달을 저해하는 모든 행동을 말한다. 방임은 크게 네 가지로 구분한다.

① 신체적 방임: 주로 적절한 의식주를 제공하지 않는 상황에 놓이게 함
② 정서적 방임: 대체로 적절한 소통을 하지 않고 관계를 형성하지 않음
③ 교육적 방임: 일상적 교육활동에 필요한 지원을 하지 않음
④ 의료적 방임: 매일의 건강을 위해 필요한 조치를 취하지 않음

방임을 받은 아동은 '후유증'이라는 표현보다는 경미한 발달적 지체를 초래하게 되며, 이러한 방임과 지체가 지속되면 정서적 학대라고 볼 수 있다. 그것은 자존감의 약화, 자신감의 결여, 소속감의 저하 등을 느끼게 되며, 경우에 따라서는 자학과 무차별 공격성을 드러낼 수 있기 때문이다(안지연, 손영은 외, 2014).

Child First!

보건복지부에서는 아동학대예방을 위해 〈Catch 캠페인〉을 벌이고 있다.

아동학대 예방을 위한

Catch 캠페인

아동학대 신고는 아이지킴콜 112

살 펴 보 기

아동학대의 예방을 위해 어떤 캠페인들이 벌어지고 있는지 살펴보자.

2. 아동학대 복지실천에서의 지향점

"우는 아이 젖 준다."라는 말이 있다. 아이를 달래는 마음과 방법을 나타낸 말이다. 아이는 자신의 욕구가 충족되지 않을 때 운다. 물론 운다고 해서 아이의 모든 욕구를 즉시에 다 들어 주기 어렵고, 또 언제나 바람직한 태도는 아니다. 중요한 것은 가능한 한 일관성을 유지하면서 아이가 진정성을 느끼도록 양육하는 것이다.

어떠한 형태와 수준이든 아동학대는 연약하고 미래를 살아가야 할 아동에게는 천인공노(天人共怒)할 짓이다. 특히 좁은 의미의 학대는 분명한 죄(罪)이다. 따라서 전 사회적으로 아동학대를 예방하고, 불행하게 학대를 받은 아동이 조기에 회복하고 치료할 수 있도록 하는 공동의 대책이 필요하다.

1) 아동학대 예방을 위한 지향점

"예방의 1온스는 치료의 1파운드인 16온스와 맞먹는다."라는 영국 속담이 시사하는 바는 예방의 중요성을 갈파한 것이다. 예방은 모든 인간의 건강하고 풍요로운 삶을 위해 중요하지만, 어른보다 더 연약하고 더 오래 살아야 하는 아동의 복지에 있어서는 더욱 중요하다.

실제로 아동은 발달과정 중에 있으며, 성인의 보호를 필요로 하는 미성숙한 존재이다. 따라서 자신의 권리를 주장하거나 학대로부터 스스로를 보호할 능력이 거의 없다. 더구나 아동학대는 은폐성, 지속성, 반복성의 특징이 있으며, 또한 외부로 노출되기가 어려우므로 아동은 계속적으로 위기에 처하게 된다(배화옥, 강지영, 2016; 김현옥, 김경호, 2011).

이러한 맥락에서 아동의 건강한 성장을 도모하고, 범국민적으로 아동학대의 예방에 관한 관심을 높이기 위해 「아동복지법」에 매년 11월 19일을 아동학대예방의 날로 지정하고, 아동학대예방의 날부터 1주일을 아동학대 예방주간으로 명시하였다.

그렇다면 아동학대를 효과적으로 예방하기 위해서는 무엇을 지향하는가 뿐 아니라, 어떻게 해야 하는가라는 방법론적인 큰 질문이 남게 된다. 우선적인 답은 아동을 한 작은 인간으로 보고 개별적인 삶을 매우 존중하는 것이며, 나아가 전 사회구성원이 이러한 태도를 지니도록 해야 하는 것이다.

그중에서도 가장 우선이 되는 것은 부모와 가족에 대한 부모역할 교육이다. 왜냐하면 가정에서 부모에 의한 자녀 학대의 발생빈도가 가장 높기 때문이며, 재발되기 쉽다(김혜영, 장화정, 2002). 구체적으로 바른 아동관과 양육태도, 영유아기의 발달특성, 아동학대의 개념과 종류 등이다(김은영, 2017, 2019; 이완정, 2019; 정선영, 2019). 그다음으로 아동을 양육하고 교육하며, 보호하는 아동전문가들을 위한 교육이다.

사실 아동전문가들은 아동발달과 학대에 대한 기본적인 지식과 상호작용기술을 지니고 있다. 그럼에도 불구하고 어린 아동의 보호와 교육이 쉬운 것은 아니므로 가끔 절제하지 못하여 아동학대를 유발시키기도 한다. 바로 이 점 때문에 「아동복지법」에서는 아동복지 전문가들이 지속적인 아동학대에 관한 교육을 받도록 조치하고 있는 것이다.

아동권리 & 아동복지 이야기

출처: 서귀포시 아동보호전문기관(www.sgp1391.org) / 초록우산어린이재단

Q & A

최근 아동학대를 예방하는 사회운동들이 곳곳에서 다양하게 펼쳐지고 있다. 어떤 예방 효과를 나타낼까?

____

____

다른 한편으로 학대의 대물림 현상을 고려할 때, 이러한 교육은 매우 강도를 높이고, 구체적인 양육기술을 가르쳐야 하는 것이다. 학대의 대물림과 전염 현상이 발생하기 때문이다. 따라서 아동이 학대를 받지 않도록 노력하는 것은 지금은 물론, 앞으로의 행복한 미래사회를 위해 필수불가결한 과제로서의 의미를 지닌다.

그러므로 부모와 가족은 물론 아동복지 전문가와 일반 사회인을 대상으로 지속적인 교육이 이루어지는 방향으로 나아가야 한다. 아동복지 분야에서 아동학대는 예방의 최선봉에 서야 할 만큼 큰 의미를 지닌다. 생명보다 더 귀한 것은 없기 때문이다.

2) 피해 아동의 회복을 위한 지향점

피해 아동은 발생되지 않아야 하지만, 불행히도 발생하였다면 당연히 조기 치료를 해야 하며, 그 효과를 제고하기 위해서는 조기발견과 조기 대응체계가 구축되어야 한다. 마치 매우 효율적인 구급시스템이 갖추어질 때, 심장병을 일으킨 사람이 살아날 가능성이 높고, 그 후유증도 최소화할 수 있다는 사실과 흡사하다. 알다시피 촌음을 다투는 심장병의 특성 때문에 일반 사람들에게 심폐소생술을 배우도록 한다. 그래서 심장마비를 일으키는 현장 가까이에 있기만 하면 바로 심폐소생술을 실시할 수 있어야 하고, 또한 당연히 실시해야 하는 것이다. 이러한 비유는 아동에게 있어서의 학대란 심장을 파괴하는 것과 마찬가지라는 점 때문이다.

피해 아동의 회복과 치료를 위해서는 종합성, 통합성, 전문성을 고려하여 대응하게 된다. 또한 학대피해 아동의 안전과 치료를 위해 일시적으로 그 부모로부터 분리할 수밖에 없는 상황이라고 하더라도 궁극적인 치료의 목표는 친가정에서 친부모와 재결합하도록 도와야 한다. 이를 위해서도 친부모에 대한 강도 높은 교육과 치료가 필요하며, 지혜로운 법적 처리가 요구된다.

최근 유아보육기관에서 학대가 발생되고 있다. 매우 불행한 일이다. 과중한 업무에도 원인이 있겠지만 그럼에도 불구하고 소명으로 극복할 수 있는 지혜가 필요하다. 이 경우, 아동복지 전문가인 경우도 처벌을 받으면서 아동학대에 대한 재교육을 받아야 한다. 그래야만 마치 재범의 방지처럼 학대의 대물림과 상습적인 학대 행동을 방지할 수 있게 되는 것이다(중앙아동보호전문기관, 2018; 김아림, 탁영란, 2016).

이 모든 경우에 학대를 한 부모와 교사 및 아동복지 종사자가 처한 상황을 참작하는 것보다는 피해 아동 개개인의 권익을 최우선으로 해야 한다. 이는 국제협약 CRC에도 규정되어 있으며, 비준 당사국인 우리나라는 반드시 준수해야 한다.

Child First!

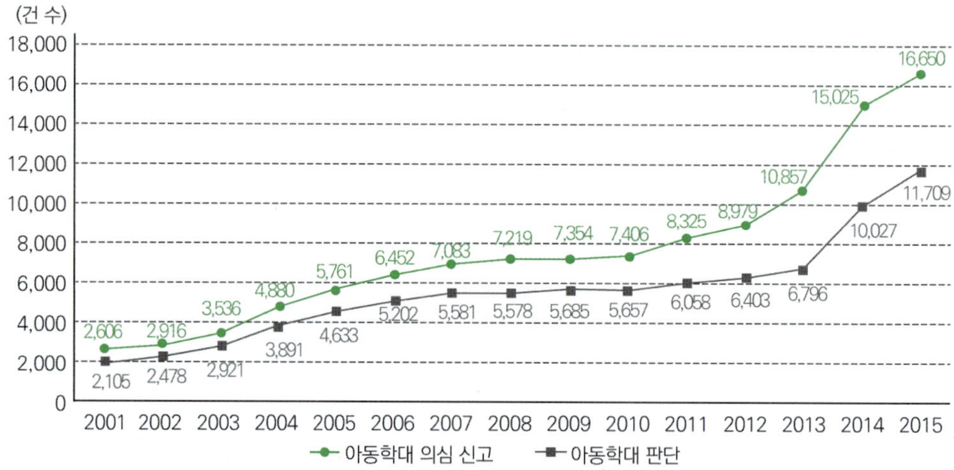

출처: 중앙아동보호전문기관(2015). 『2014 전국아동학대현황보고서』 p. 256;
제8차 아동정책조정위원회(2016). 관계부처합동 「아동학대방지대책」 자료
(국회입법조사처, 2016 재인용)를 재구성함.

연도별 아동학대 발생 사례(2001~2015)

살 펴 보 기

2016년 이후, 아동학대의 발생률을 파악해 보자.

3. 아동학대의 예방과 회복을 위한 복지실천

"소 잃고 외양간 고친다."는 속담이 있다. 피해 아동에 적용해 보면, 아이를 아프게 하고, 상처 내게 한 다음 치유하는 셈이다.

예전에는 피해 아동을 돕기 위해 소극적으로 대처해 왔으나, 최근에는 국제협약CRC의 비준에 따라 보다 적극적으로 대응하고 있는데, 아동을 학대한 가해자를 처벌하기 위한 단독법이 제정되었을 정도이다.

그러나 처벌이 능사가 아니므로 행정부서와 교육 및 보육기관과 민간 아동복지단체가 협력하여 아동학대가 발생되지 않도록 예방교육에도 노력을 경주하고 있으나 더욱 강화되어야 한다. 예방이 최고의 치료라는 말은 단순한 역설이 아니라 최고의 대안인 것이다. 동시에 피해 아동을 치유할 수 있는 다양한 방법들도 개발되었으므로 활용도가 높아졌다.

1) 피학대 아동을 위한 법적 실천

아동학대는 아동발달을 매우 위해하는 행위이므로 예방과 치유를 위해 여러 아동복지 관련법에서 강도 높게 다루고 있다. 특히 아동복지 전문가는 아동복지에서 오피니언 리더라고 할 때, 전문가로서의 역할과 책임이 막중하다. 또한, 최근에는 이들을 통한 복지실천을 강화하고 있다.

출처: 아동권리보장원(http://ncrc.or.kr)

[그림 10-1] 아동학대사업 등의 근거 마련

(1) 아동복지법

이 법은 아동이 건강하게 출생하여 행복하고 안전하게 자랄 수 있도록 아동의 복지를 보장하는 것을 목적으로 제정되었으며, 보호대상 아동으로서 학대를 받는 피해아동에 대해 규정하고 있다. 따라서 「아동복지법」을 제대로 이해하는 것은 아동학대를 예방할 뿐만 아니라, 피해 아동을 제대로 돕는 것이 된다.

- 아동학대의 정의: 보호자를 포함한 성인이 아동의 건강 또는 복지를 해치거나 정상적 발달을 저해할 수 있는 신체적·정신적·성적 폭력이나 가혹 행위를 하는 것과 아동의 보호자가 아동을 유기하거나 방임하는 것
- 피해 아동의 정의: 아동학대로 인하여 피해를 입은 아동
- 보호자의 금지행위의 종류[4)]
- 국가와 지방자치단체의 아동학대 예방과 방지 의무에 대해 규정하고 있다.

4) 아동학대의 정의에 기술되어 있다.

- 아동학대의 예방과 방지를 위한 각종 정책의 수립 및 시행
- 아동학대의 예방과 방지를 위한 연구 · 교육 · 홍보 및 아동학대 실태조사
- 아동학대에 관한 신고체제의 구축 · 운영
- 피해아동의 보호와 치료 및 피해아동의 가정에 대한 지원
- 아동학대를 예방하고 수시로 신고를 받을 수 있는 긴급전화의 설치

- 아동학대예방의 날과 주간: 범국민적으로 아동학대의 예방과 방지에 관한 관심을 높이기 위하여 매년 11월 19일을 아동학대예방의 날로, 그 날로부터 1주일을 아동학대예방 주간으로 정함
- 아동학대 예방 및 신고의무: 아동학대 발견 시 신고 방법 및 피해아동 보호 절차를 「영유아보육법」에 따른 어린이집, 「유아교육법」에 따른 유치원, 「초 · 중등교육법」에 따른 학교 및 그 밖에 대통령령으로 정하는 기관에 실시하도록 규정하고 있다.
  - 아동학대 예방 및 신고의무에 관한 법령
  - 아동학대 발견 시 신고 방법
  - 피해아동 보호 절차
- 아동학대의 예방과 방지를 위하여 필요한 교육을 연 1회 이상 실시하도록 규정하고 있다.
- 아동학대 등의 통보: 아동학대가 있었다고 의심할 만한 사유가 있는 때에는 아동보호전문기관에 사실의 통보
- 재발방지 교육: 아동학대가 종료된 이후에도 아동학대의 재발방지 등을 위하여 필요하다고 인정하는 경우 피해아동 및 보호자를 포함한 피해아동의 가족에게 필요한 지원의 제공
- 국가아동학대 정보시스템: 아동학대 관련 정보를 공유하고 아동학대를 예방하기 위한 국가아동학대 정보시스템의 구축과 운영
- 피해아동 및 그 가족 등에 대한 지원: 피해아동의 가족에게 상담, 교육 및 의료적 · 심리적 치료 등의 필요한 지원의 제공
- 아동학대 행위자에 대한 상담 · 교육 등의 권고: 아동학대 행위자에 대하여 상

담 · 교육 및 심리적 치료 등 필요한 지원을 받도록 권고

- 아동 관련 기관의 취업제한: 아동학대 관련 범죄로 형 또는 치료감호를 선고받아 확정된 사람에 대해 아동 관련 기관의 취업제한
  - 기관의 종류: 아동보호전문기관, 가정위탁지원센터, 아동복지시설, 긴급전화센터, 가정폭력피해자 보호시설, 건강가정지원센터, 다문화가족지원센터, 성매매피해자 등을 위한 지원시설, 성매매피해상담소, 성폭력피해상담소, 성폭력피해자 통합지원센터, 어린이집, 유치원, 의료기관, 장애인복지시설, 정신건강복지센터, 정신건강증진시설, 정신요양시설, 정신재활시설, 공동주택의 관리사무소, 청소년시설, 청소년단체, 청소년활동시설, 청소년상담복지센터, 이주배경청소년지원센터, 청소년쉼터, 청소년자립지원관, 청소년치료재활센터, 청소년보호 · 재활센터, 체육시설, 학교, 학원과 교습소, 한부모가족복지시설, 학대피해아동쉼터

아동권리 & 아동복지 이야기

아동학대 관련 범죄전력자
아동 관련 기관 취업 점검 · 확인

아동학대 관련 범죄전력자는
아동 관련 기관에 취업이 제한돼 있습니다.
보건복지부 장관 또는 관계 중앙행정기관장은
이들이 아동 관련 기관에 취업했는지를 확인할
의무가 있습니다.

출처: 베이비뉴스(http://www.ibabynews.com/news/articleView.html?idxno=66486)

토 의

아동학대 관련 범죄 전력자에 대해 아동 관련 기관에 취업을 제한하는 이유는 무엇일까?

____

____

- 아동학대에 대한 법률상담: 피해아동을 위한 법률상담과 소송대리(訴訟代理) 등의 지원
- 아동학대 전담의료기관의 지정과 조치: 아동학대 피해에 대한 상담, 신체적·정신적 치료

(2) 아동학대범죄의 처벌 등에 관한 특례법

이 법은 아동학대범죄의 처벌 및 그 절차에 관한 특례와 피해아동에 대한 보호절차 및 아동학대 행위자에 대한 보호처분을 규정함으로써 아동을 보호하여 아동이 건강한 사회구성원으로 성장하도록 함을 목적으로 제정되었다.

- 아동학대범죄 신고 등이란 아동학대범죄에 관한 신고·진정·고소·고발 등 수사 단서의 제공, 진술 또는 증언이나 그 밖의 자료제출 행위 및 범인검거를 위한 제보 또는 검거활동을 말한다.[5)]
- 아동학대범죄 신고자 등이란 아동학대범죄신고 등을 한 자를 말한다.
- 아동학대 행위자란 아동학대범죄를 범한 사람 및 그 공범을 말한다.
- 피해아동이란 아동학대범죄로 인하여 직접적으로 피해를 입은 아동을 말한다.
- 아동보호사건이란 아동학대범죄로 인하여 대상이 되는 사건을 말한다.
- 학대피해아동의 발견을 위한 신고의무자
  - 가정위탁지원센터의 장과 그 종사자
  - 아동복지시설의 장과 그 종사자(아동보호전문기관의 장과 그 종사자는 제외)
  - 「아동복지법」에 따른 아동복지 전담공무원
  - 「가정폭력방지 및 피해자보호 등에 관한 법률」에 따른 가정폭력피해자 보호시설의 장과 그 종사자
  - 「건강가정기본법」에 따른 건강가정지원센터의 장과 그 종사자
  - 「다문화가족지원법」에 따른 다문화가족지원센터의 장과 그 종사자

5) 구체적인 조항은 「아동학대범죄의 처벌 등에 관한 특례법」 참조

- 「사회복지사업법」에 따른 사회복지 전담공무원, 사회복지시설의 장과 그 종사자
- 「성매매방지 및 피해자보호 등에 관한 법률」에 따른 성매매피해상담소의 장과 그 종사자
- 「성폭력방지 및 피해자보호 등에 관한 법률」에 따른 성폭력피해자보호시설의 장과 성폭력피해자통합지원센터의 장과 그 종사자
- 「소방기본법」에 따른 구급대의 대원
- 「응급의료에 관한 법률」에 따른 응급의료기관 등에 종사하는 응급구조사
- 「영유아보육법」에 따른 육아종합지원센터의 장과 그 종사자 및 어린이집의 원장 등의 보육교직원
- 「유아교육법」에 따른 유치원의 장과 그 종사자
- 「의료법」에 따른 의료기관의 장과 그 의료기관에 종사하는 의료인 및 의료기사
- 「장애인복지법」에 따른 장애인복지시설의 장과 그 종사자(장애아동에 대한 상담 · 치료 · 훈련 또는 요양 업무를 수행하는 사람)
- 「정신건강증진 및 정신질환자 복지서비스 지원에 관한 법률」에 따른 정신건강복지센터, 정신요양시설 및 정신재활시설의 장과 그 종사자
- 「청소년 기본법」에 따른 청소년시설 및 청소년단체의 장과 그 종사자
- 「청소년 보호법」에 따른 청소년 보호 · 재활센터의 장과 그 종사자
- 「초 · 중등교육법」에 따른 학교의 장과 그 종사자
- 「한부모가족지원법」에 따른 한부모가족복지시설의 장과 그 종사자
- 「학원의 설립 · 운영 및 과외교습에 관한 법률」에 따른 학원의 운영자 · 강사 · 직원 및 교습소의 교습자 · 직원
- 「아이돌봄 지원법」에 따른 아이돌보미
- 「아동복지법」에 따른 취약 계층 아동에 대한 통합서비스지원 수행 인력
- 「입양특례법」에 따른 입양기관의 장과 그 종사자

• 가정법원의 피해아동에 대한 보호명령
  - 아동학대 행위자를 피해아동의 주거지 또는 점유하는 방실(房室)로부터의 퇴거 등 격리

- 아동학대 행위자가 피해아동 또는 가정 구성원에게 접근하는 행위의 제한
- 아동학대 행위자가 피해아동 또는 가정 구성원에게 전기 통신을 이용하여 접근하는 행위의 제한
- 피해아동을 아동복지시설 또는 장애인복지시설로의 보호위탁
- 피해아동을 의료기관으로의 치료위탁
- 피해아동을 연고자 등에게 가정위탁
- 친권자인 아동학대행위자의 피해아동에 대한 친권 행사의 제한 또는 정지
- 후견인인 아동학대행위자의 피해아동에 대한 후견인 권한의 제한 또는 정지
- 친권자 또는 후견인의 의사표시를 갈음하는 결정

• 아동보호 전문기관의 설치: 국가는 아동학대 예방사업을 활성화하고 지역 간 연계체계를 구축하기 위하여 중앙아동보호 전문기관을 두며, 지방자치단체는 학대받은 아동의 발견, 보호, 치료에 대한 신속처리 및 아동학대예방을 담당하는 지역아동보호 전문기관을 둔다.
• 아동학대사례 전문위원회의 설치·운영: 아동학대 예방 및 피해아동에 대한 지원 등에 관련된 사항을 심의하기 위하여 아동학대사례 전문위원회를 둔다.
  - 피해아동 및 그 가족 등에 대한 지원
  - 아동학대행위에 대한 개입 방향 및 절차
  - 아동학대행위에 대한 고발 여부

이 밖에 현장출동과 피해아동에 대한 응급조치 등에 대해 규정하고 있으며, 주요 내용으로는 아동학대행위의 제지, 아동학대행위자를 피해아동으로부터 격리, 피해아동을 아동학대 관련 보호시설로 인도, 긴급치료가 필요한 피해아동을 의료기관으로 인도 등이다.

2) 피학대 아동을 위한 정책 및 행정적 실천

아동학대에 관한 제반 사업을 관장하는 주무행정부서는 보건복지부이며, 학대의 특성상 매우 다양한 지원이 필요하므로 여러 행정부서 및 산하 관련기관과 상호협력하고 있다.

(1) 아동학대 관련 행정부서

아동학대에 관한 주무행정부서는 보건복지부 인구정책관의 아동권리과에서 담당하고 있으며, 주요 업무는 아동학대 예방 및 보호에 관한 사항이다.

아동권리 & 아동복지 이야기

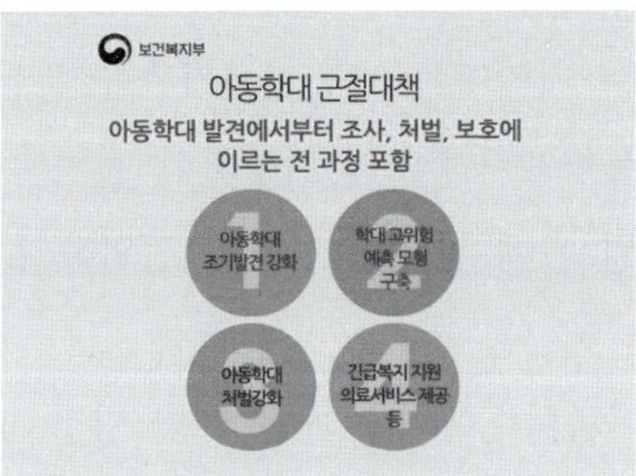

출처: 보건복지부.

Q & A

'아동학대'가 근절되기 위해서 가장 우선되어야 할 것은 무엇일까?

(2) 아동학대 관련 지원조직

아동학대를 예방하고 피해아동을 돕기 위해 중추적인 역할을 담당하는 국가조직은 아동권리보장원이다. 아동권리보장원에서는 아동학대예방본부를 주축으로 학대예방기획부, 학대예방사업부, 실종아동전문센터를 두고 아동학대와 관련된 전반적인 업무를 수행하고 있다.6)

〈표 10-1〉 피해아동의 예방복지 전문 조직

조직	업무
학대 예방 기획부	• 아동학대 연차보고서 기초 연구 • 아동학대 사망사건 조사 · 통계관리 • 아동학대 개념 및 유형 기초기준 정립 • 아동학대사건 판례집 발간, 법률지원 • 아동학대 예방포럼 • 아동학대 대응인력 전문교육 • 전국아동보호전문기관 · 쉼터 현황 관리
학대 예방 사업부	• 아동학대 신고의무자교육 • 공공부문 아동학대예방교육 • 국가아동학대정보시스템 운영 지원 • 아동학대예방의날 운영 • 학대피해아동쉼터 지원 • 국가아동학대정보스템 운영 지원 • 외부지원사업(홈케어플래너 서포터즈) 관리*
실종 아동 전문지원센터	• 실종예방 교육 · 홍보 · 연구 • 실종아동카드 전산화 • 실종아동 찾기 및 가족지원 • 실종예방 교육 운영 및 모니터링 • 실종 관련 단체 지원사업

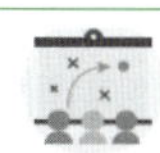

아동학대예방사업의 활성화

3) 피학대 아동을 위한 전문적 실천

아동학대와 관련된 전문적 실천은 크게 두 가지로 대별된다. 하나는 아동을 대상으로 하는 직접적 실천과 성인과 전문가를 대상으로 피해 아동이 발생하지 않도록 하는 간접적 실천이다(이소희, 2018d). 예방의 경우 모든 아동을 대상으로 이루

6) 아동권리보장원의 설립이후, 피해아동복지를 담당하였던 중앙아동보호전문기관 및 지방아동보호전문기관의 업무는 이관되었다.

어지며, 회복과 치료의 경우는 아동이 입은 학대의 형태와 그 손상의 정도에 따라 다양한 접근이 시도된다.

(1) 아동을 대상으로 한 직접적 실천

아동을 대상으로 한 직접적 실천은 학대 예방과 학대로부터의 회복 및 치료라는 두 가지 차원에서 이루어진다. 실제로 피해아동은 거의 후천적인 원인에 의해 발생할 뿐 아니라 주로 타인의 고의에 의해 발생하며, 가해자들은 피해아동에게 의미 있는 양육자, 교육자, 보호자들이 다수를 차지한다(정혜숙, 2011; 홍미, 김효진, 2007).

① 피해아동의 발생예방을 위한 교육과 행동수정

"아동학대는 모든 범죄의 근원이다."(중앙아동보호전문기관, 2014)라고 한 것은 가능한 한 아동학대를 사전에 예방해야 하는 것을 매우 강조한 것이다. 아동을 대상으로 한 예방교육은 두 가지 차원에서 이루어진다. 하나는 성인의 학대로부터 아동 자신을 스스로 보호하기 위한 방어교육과 다른 하나는 아동으로 하여금 성인의 학대를 유발하는 행동 및 정서적 문제를 자제하고, 바람직한 방향으로 개선하는 행동수정 교육이다.

- **피해방지를 위한 아동의 방어교육**

아동이 건강하게 발달하기 위해서는 대체로 의미 있는 성인들을 향해 아동 나름대로 방어를 하거나 공격하는 것보다는 아동 그 자신을 보호하고 교육해 주는 성인들의 사랑과 헌신을 인정하고 수용하면서 자라가는 것이 더 바람직하다. 그런데 학대는 아동의 생각에 관계 없이 외부로부터 가해지는 일종의 고의적인 공격으로서 연약한 아동들이 감당해 내기는 어려울 수밖에 없다.

그렇지만 생명체인 아동의 경우, 자신을 지키기 위하여 필요한 방어를 할 수 있어야 한다. 더구나 학대의 정도가 너무 심해 생명의 위협을 느끼거나 지속적으로 이루어져서 견뎌내기가 어려울 때는 더더욱 그러하다. 즉, 아동은 자신이 위협받고 있다는 것을 알릴 수 있는 최소한의 준비를 갖출 필요가 있으며, 이는 지혜롭고 효과적인 예방교육을 통해 가능하다. 아동의 성장과 발달에 지향점을 제공해 주는 국제협약CRC에서도 아동의 생존과 보호를 위해 자신의 의사를 표현할 권리가 있음을 명시하고 있으며, 이러한 능력이 신장될 수 있도록 지지되어야 한다고 하였다.

그러나 아동 스스로를 위한 방어교육에서는 유의할 점이 있다. 그것은 방어교육의 목적이 아동에게 의미 있는 성인들인 부모와 가족 및 선생님 등을 불신하는 것이 아니라, 아동 자신에게 피해를 미칠 수 있는 어른들로부터 자신을 보호하기 위한 것이다. 왜냐하면 나쁜 생각을 품고 행동하는 어른들도 가끔 있기 때문이다.

이러한 차원에서 아동학대 관련 업무를 담당하는 보건복지부와 여성과 아동·청소년을 성폭력으로부터 보호하는 업무를 담당하는 여성가족부 및 아동보호 관련 기관과 아동복지기관에서는 아동학대로부터 자신을 지킬 수 있는 프로그램을 개발하여 교육하고 있다(세이브더칠드런, 2017). 특별히 아동의 발달 특성을 고려하여 교육효과를 높이기 위해 만화와 동영상을 만들어 보급하고 있다. 또한 성인을 위해서도 동영상을 통한 교육이 시행되고 있다(중앙아동보호전문기관, 2016).

- **피해 감소를 위한 아동행동의 수정**

아동의 발달은 매우 역동적이다. 그 배경에는 유전적 특성, 현재의 생활환경적 특성 등이 복합적으로 작용하기 때문이지만 개인차도 크다. 바로 이 개인적인 특성은 학대 유발요인으로 작용하기도 한다. 특히 까다로운 기질의 아이와 만성질환 및 장애를 지닌 아동들은 그렇지 않은 일반아동에 비해 부모에게 심리적·경제적 부담을 가중시켜 스트레스를 유발함으로써 학대로 이어질 가능성이 높다(보건복지부, 국제아동인권센터 외, 2017). 따라서 학대를 유발할 가능성이 높은 아동들을 대상으로 한 행동수정 교육이 필요하다.

② 피해회복을 위한 상담과 치료

학대로 인해 피해를 받은 아동의 신체적, 정신적, 성적 손상은 조기에 상담하여 치료되어야 하며 학대로 인한 크고 작은 충격을 고려하여 매우 사려깊은 접근이 필요하다. 아동보호전문기관을 통해 학대받은 아동과 가해자를 위한 상담을 실시하게 된다.

특히 학대를 받는 아동의 정서문제를 회복하기 위해 게임이나 놀이를 이용한 상담이 진행된다. 중요한 치료법은 아동심리학과 아동발달학 등을 전공한 전문가의 놀이를 활용한 치료이다. 또 놀이의 가치성을 활용한 모래놀이치료와 미술치료 및 음악치료방법 등을 활용하게 된다(서울동부아동보호전문기관, 2008; 신현숙, 2005; 정선영, 2003).

이러한 상담과 각종 치료는 상담소, 놀이치료실, 병원 등의 전문기관이 어린이집, 유치원, 학교, 복지관, 지역아동센터 등과 합력하여 실시한다.

(2) 부모와 가족 및 전문가를 통한 간접적 실천

아동학대를 예방하고 치료하는 과정에 참여하는 성인은 크게 두 부류로 구분된다. 하나는 아동에게 학대를 한 성인이며, 다른 하나는 피해 아동을 신고하는 위치에 있는 사람들이다(이소희, 2018d).

① 부모와 가족을 대상으로 한 교육

아동에 대한 학대는 근원가족에서 발생빈도가 가장 높은데, 신체적, 정신적, 경제적 부담과 스트레스에 노출되어 있거나 부부갈등 또는 가정불화에 대한 화풀이를 아동에게 하는 경우가 많다. 또한 이러한 부모는 어릴 적 그 부모나 근원가족으로부터 학대를 경험했을 가능성이 높은 것으로 나타나고 있다(이소희, 1989; 이호균, 장화정 외, 2001), 그 배경에는 부모가 자녀를 소유물로 여기고, 학대를 암묵적으로 용인하는 문화가 자리 잡고 있으며, 불행스럽게도 자녀가 희생양이 되는 것이다. 따라서 부모와 가족으로부터 발생되는 자녀 학대의 특성을 고려한 예방교육이 선행되어야 한다.

- **부모-자녀 상호작용에 관한 교육**

자녀에 대한 부모와 가족의 학대는 언어적 학대로부터 시작된다고 해도 과언이 아니며, 심한 경우는 언어학대와 신체학대가 동시에 일어나며, 점점 강화된다. 이러한 맥락에서 긍정의 언어를 사용한 상호작용교육이 학대예방교육으로 주목받고 있다. 상호작용교육은 코칭접근을 하는 실천방법으로서 자녀와의 일상적 사건을 예시로 한 스크립트를 사용하여 과잉연습을 하는 것이 효과적이라고 보고 있다(박현정, 2018).

- 아동학대예방 및 권리에 관한 교육

아동학대는 아동폭력과 유사한 의미로 사용되고 있다. 아동학대는 본질적으로 아동의 생존권, 보호권, 발달권을 침해하는 것이므로 아동 인권의 보장차원에서 권리에 관한 교육이 이루어지고 있다(중앙아동보호기관, 2017). 이러한 교육동향은 국제협약CRC에 힘입은 바가 크며, 부모 및 가족을 대상으로 광범위하게 이루어지고 있다. 먼저 아동학대에 대한 기본적인 이해를 고취하기 위해 캠페인을 실시하고 있으며, 주로 아동복지 관련 기관이 주도하고 있다(세이브더칠드런, 2017; 초록우산 어린이재단, 2016).

아동권리 & 아동복지 이야기

모든 사람은 아동학대 신고자다

출처: http://www.womennews.co.kr/news/articleView.html?idxno=92955

正 論

아동은 생존하고 발달할 권리가 있다. - <아동의 권리에 관한 국제협약> 제6조 -

사람이 온 천하를 얻고도 제 목숨을 잃으면 무엇이 유익하리요, 사람이 무엇을 주고 제 목숨을 바꾸겠느냐?

- 마태복음 16 : 26 -

② 신고의무자를 대상으로 한 교육

아동학대 신고를 의무적으로 해야 하는 종사자들은 아동의 교육, 보호 등 여러 생활영역에 걸쳐 있으며, 바르고 효과적으로 신고할 수 있도록 별도의 교육이 이루어지고 있다. 이러한 신고제를 도입한 이유는 법적으로 규정한 신고의무자들은 아동의 발달특성과 함께 아동기의 중요성을 비교적 잘 아는 사람들이기 때문이다.

• 교사 교육

최근 맞벌이 부부의 증가로 인해 어린이집이나 유치원에 다니는 영유아들이 증가하고 있으며, 하루 중의 상당한 시간을 가정을 떠나 보육교사 및 유치원교사와 함께 생활하게 된다. 따라서 교사는 격무로 인해 언어적인 학대의 가능성을 안고 있다. 따라서 영유아기의 보육교사 및 유치원교사의 교육은 매우 큰 의미를 지니고 있으며, 평가인증에서도 영유아와 교사의 상호작용 수준은 중요한 평가항목이 되고 있다.

그러나 아동전문가인 교사가 아동학대를 발견하고 신고하는 역할을 감당해야 하는데, 역으로 교사가 영유아를 학대하는 사건이 빈번하게 발생하고 있다는 것은 매우 불행스러운 일이다. 그러므로 교사도 긍정의 상호작용을 할 수 있도록 겸손한 자세로 지속적인 교육을 받을 필요가 크다.

Child First!

출처: 세이브더칠드런(www.sc.or.kr)

아동권리 & 아동복지 이야기

살펴보기

아동복지재단 〈세이브더칠드런〉에서 체벌 근절을 위해 '인문학으로 본 체벌 이야기' 시리즈 강연을 펼쳤다. 모방은 제2의 창조라고 한다. '미디어를 통해 본 아동학대 이야기'를 진행해 본 다음, 서로 느낌을 이야기해 보자. (※ Youtube에 게시된 동영상 활용)

____

____

"아동은 부모와 함께 살 권리가 있다"

- 〈아동의 권리에 관한 국제협약〉 제9조 -

★

"자식은 부모의 인생성적표입니다."

- 이소희 -

제 4 부

아동권리와 아동복지실천분야(2)

– 다양한 가정에서의 아동을 대상으로 한 접근 –

제4부 에서는 아동권리에 대한 일반원칙 및 기본권에 대한 이해를 바탕으로 하되, 특히 각 아동이 생활하고 있는 가정환경의 특성을 고려하여 아동이 가정에서 부모와 함께 건강하게 성장발달 할 수 있도록 하는 다양한 방법에 대해 살펴보고자 한다.

제11장

입양가정 아동의 권리와 복지실천

두 남녀가 사랑을 하고, 평생 함께 살기를 약속하고 결혼을 하여 부부가 된다. 그리고 사랑의 분신이라 일컫는 자녀를 낳고 싶어 하지만, 여러 가지 이유로 여의치 않은 경우가 있다.

입양은 입양 부모에게 육아의 보람을 느끼게 해주고, 가정에서의 아동 양육을 통해 아동의 건강한 발달에 기여할 뿐 아니라, 시설 양육에 드는 사회적 비용을 감소시키는 유익이 있다. 이러한 유익의 일부분을 입양부모에게 지원함으로써 입양부모의 헌신에 보답하게 된다. 입양부모는 아름다운 사회를 만드는 멋진 부모들이다.

제11장에서는 입양가정에서 자라는 아동의 권리를 보장하기 위한 다양한 복지실천에 대해 살펴본다.

(마틴루터 킹: 1929~1968)

"내겐 꿈이 있습니다.
나의 네 자녀들이 피부색이 아니라
인격에 따라 평가받는 그런 나라에
살게 되는 날이 오리라는 꿈입니다."
- 마틴루터 킹 -

1. 입양가정의 아동에 대한 기초 이해

'낳은 정 기른 정'이란 우리 말이 있다. 또 '가는 정 오는 정'이라는 우리 말도 있다. 이 말들은 모든 인간사(人間事)에 적용된다. 그러나 낳은 정보다도 기른 정의 의미가 더 크다고 본다. 그만큼 자녀양육은 끊임없는 사랑과 헌신이 필요하기 때문이다. 입양에 의한 양육이 그러하다. 최근에는 자식을 통해 대(代)를 잇는다는 관점의 입양보다도 아이를 기르는 과정에서 느낄 수 있는 기쁨과 보람 때문에 입양하는 부모가 늘고 있다. 가슴이 뭉클해지는 아름다운 현상이다.

한편 입양부모의 형식적 자격 요건에 치우쳤던 입양에서 진일보하여 본연의 목적에 충실한 관점으로 변화하고 있다. 이에 따라 더 많은 사람들이 사랑으로 입양가정[1]을 형성하고 있으며, 가정을 가질 입양아동의 권리와 복지는 점점 신장하고 있다.

입양가정의 아동에 대한 이해는 입양복지실천을 위한 지향점을 설정하고, 이에 따른 다양한 실천을 가능케 한다. 구체적으로 입양 구성요소와 배경적 특징에 대한 바른 이해도 궁극적인 입양아동의 복지를 향상시킨다.

1) 입양아동의 정의와 형태

입양아동은 입양과 아동의 복합어이며, 입양가정은 입양과 가정의 복합어이다. 입양아동과 입양가정은 아동복지와 가족복지 분야에서 흔히 사용되는 용어이지만, 입양 관련 법에서는 '입양가정' 또는 '입양가족'으로 명명하여 정의하고 있지는 않다. 다만 '입양아동'으로 규정하고 있다.

그리고 입양의 형태는 입양이 이루어지는 방법을 중심으로 구분되고 있다.

1) 일반적으로 가족과 가정은 유사한 의미로 사용되고 있지만, 좀 더 구체적으로 정의하면 다음과 같다. '가족'은 일차적으로 부부, 부모, 자녀 등 혼인과 혈연으로 맺어져 함께 사는 사람들을 말하며, 이차적으로 혈연관계는 아니지만, 법에 근거한 입양으로 가족이 된다. 그리고 가정은 한 가족이 모여 사는 생활 공간, 또는 한 가족 집단을 '가정'이라고 한다. 「건강가정기본법」에 규정된 정의는 제12장 한부모가정, 제13장 다문화가정, 제14장 맞벌이가정에도 공히 적용된다. 가족은 혼인 · 혈연 · 입양으로 이루어진 사회의 기본 단위이며, 가정은 가족 구성원이 생계 또는 주거를 함께하는 생활공동체로서 구성원의 일상적인 부양 · 양육 · 보호 · 교육 등이 이루어지는 생활 단위를 말한다.

(1) 입양아동의 정의

입양(adaption)의 정의는 명료하다. 즉, 입양은 결혼에 의해 부부가 된 두 사람의 합법적 관계에 의해 자녀를 낳는 생물학적 과정이 아니라, 법적 관계에 의해 새롭게 친자 관계를 형성하는 것을 말한다. 이 입양은 성인이 아니라 아동을 중심으로 이루어지기 때문에 「아동복지법」은 중요한 의미를 지닌다. 입양아동은 「입양특례법」과 「아동복지법」에 따라 기본적으로 18세 미만인 자로 입양된 아동을 말하며, 이 법에 따라 입양된 아동은 「민법」상 친양자와 동일한 지위를 가진다.

(2) 입양의 형태

입양은 입양의 기본적 전제와 입양이 성립되는 형식, 곧 입양의 목적, 절차, 공개성 여부, 입양 대상 국가 등에 의해 몇 가지 형태로 구분된다. 이러한 구분에서 중요한 기준은 입양의 공개성 여부와 입양 대상 국가 등이며, 여기에 입양에 대한 사회구성원의 인식 수준이 반영된다. 최근에는 가족이나 부모의 이익보다는 아동의 복지를 지향하는 방향으로 입양이 이루어지기 때문에 이러한 동향이 입양의 형태에도 반영되고 있다.[2]

① 독립입양과 기관입양

독립입양(independent adoption)은 입양기관을 통하지 않고 친부모와 당사자들 간의 협의에 의해 입양이 성립되는 형태를 말한다.[3] 단독입양이라고도 불린다.

기관입양(agency adoption)은 입양 알선기관에 의하여 입양이 이루어지는 형태를

2) 입양형태는 한자어로 풀이하면 더 쉽게 이해될 수 있다. ① 위가양자제(爲家養子制): 가족이 믿는 종교를 계승하고, 그 종교적 양식에 따른 제례(制禮)의 단절을 방지할 목적으로 이루어지는 양자제도로써 가족지향이다. ② 위친양자제(爲親養子制): 인간의 원초적인 욕망인 종족보존에 대한 욕구의 충족 및 노후의 외로움을 달래며 나아가 노후에 경제적인 부양을 받기 위한 목적으로 이루어지는 양자제도로써 부모지향이다. ③ 위자양자제(爲子養子制): 고아, 기아, 빈곤 아동, 혼인 외의 자녀와 같이 가정이 없거나 보호가 필요한 아동의 복지를 위해 이루어지는 양자제도로써 아동 중심이다.

3) 매매입양을 근절하고 입양아동의 복지를 위해 입양기관을 지정하기 전까지 성행한 입양형태이다. 우리나라는 독립입양에 있어서 친척 간의 혈족입양이나 친부모가 직접 양부모와 상의해서 입양시키는 경우를 제외하고는 개인이 입양하는 것을 법률적으로 금하고 있다.

말하며, 오늘날 널리 활용하는 방법으로, 아동복지기관의 아동복지 전문가가 담당한다. 즉, 친부모는 친권을 포기하고, 이후 입양기관에서는 친부모와 가정환경, 위탁부모와 가정환경, 입양을 희망하는 부모와 가정환경 및 아동의 발달적 특성을 면밀히 파악한 다음, 입양을 주선하는 것으로 법률에 근거한다. 그러므로 입양 후 발생되는 문제가 적은 편이다. 이에 따라 아동은 입양 당시의 상황에서 가장 최선의 입양부모를 만나 입양가정에서 함께 생활하게 됨으로써 요보호 상태에 있었던 아동의 복지가 보장되는 첫걸음을 떼게 된다. 다만 기관입양의 경우, 법적 및 행정절차 등 다소 복잡한 절차를 밟아야 하는 점이 있다.

② 공개입양과 비밀입양

공개입양은 입양한 부모가 입양한 사실을 밝히는 형태를 말하며, 비밀입양은 부모가 입양한 사실을 밝히지 않는 형태를 말한다.

③ 국내입양과 국외입양

국내입양은 아동이 태어난 그 나라에서 입양을 하는 형태를 말하며, 국외입양은 아동이 태어난 나라가 아닌 다른 나라로 입양되는 것을 말한다.[4]

아동권리 & 아동복지 이야기

출처: 홀트아동복지회(www.holt.or.kr)

사진은 1950년 6·25전쟁 후, 미국의 농부 해리 홀트 부부가 입양한 8명의 한국 전쟁고아들이다. 이 입양을 계기로 한국에 본부를 둔 홀트아동복지회가 설립되어 오늘에 이르고 있다.

4) 우리나라 「입양특례법」에는 국내입양을 우선으로 할 것을 명시하고 있다.

2) 입양의 구성요소와 배경적 특성

입양은 입양아동, 친부모, 위탁부모, 입양부모 및 입양 알선기관 사이에서 이루어지는 역동적인 아동복지 실천이며, 서로 밀접하게 관련되어 있다. 그리고 국외입양이 될 경우, 입양 당사자국의 제도와 문화까지도 관련된다.

우리나라 입양의 배경과 특징은 입양 변천사를 통해 입양 구성요소의 배경과 특징을 잘 파악할 수 있도록 한다. 예전에 국외입양을 선호하였던 것은 전쟁, 재해, 사고, 질병 등의 사회적 요인과 함께 뿌리 깊은 가(家) 사상에 따라 대(代)를 잇기 위해 어린 남아(男兒)를 중심으로 한 개인입양 방식으로 이루어졌다.

그러나 산업화의 과정 및 성개방 물결에 따라 미혼모의 발생이 증가하여 양육포기에 의한 국외입양이 증가하였다. 특히 1988년 올림픽 개최국이 되면서 국가위상은 높아졌지만, '고아수출국'이라는 오명을 받게 되자, 입양정책이 개선되고 아동 중심의 수준 높은 기관입양이 이루어지기 시작하였다. 또한 국내입양과 국외입양의 비율에서 쿼터제가 도입됨에 따라 국내입양이 증가되었고 또 지원이 확충됨에 따라 아동의 복지 수준은 향상되고 있다.

입양가정의 아동을 위한 복지실천이 제기되는 강력한 이유는 거듭 강조하거니와 아동의 성장과 발달을 기할 수 있는 최선의 양육자는 부모이며, 최선의 장소는 가정이라는 것이다. 그렇기 때문에 친부모가 아니라 하더라도 '부모'와의 법적 관계형성을 통해서 아동의 복지를 지원하게 되는 것이다. 따라서 이러한 의미에 따른 기능이 제대로 발휘할 수 있도록 지원하는 것이 매우 필요하다. 실제적으로 오늘날 입양서비스는 아동의 권리를 최우선으로 하여 이루어지고 있다. 이는 아동복지 관련 연구성과에 따른 인식강화와 입양정책의 개선에 기인하고 있다.

아동권리 & 아동복지 이야기

입양부모 관점에서 본 입양아동의 입양 관련 이슈에 관한 심리 · 정서적 특성에 관한 사례연구

발행기관: 한국부모교육학회
저자명: 한연희[5)]
간행물 정보: 부모교육연구 제12권 제2호, 69-85.

본 연구에서는 입양부모가 입양아동을 양육하는 데 있어서 실제적인 도움을 주기 위하여, 연구자가 26년 동안 입양하여 양육한 9명의 입양아동의 입양과 관련된 심리 · 정서적 특성을 조사하고 분석하여 제시하였다. 본 연구결과 먼저 입양아동은 입양에 대하여 제2의 탄생이라고 인식하지만, 다시 포기될지도 모른다는 불안과 두려움을 가지고 있었다. 두 번째로 입양아동에게 친생부모는 마음으로 항상 함께 살아가는 존재이고 고마운 분들로 인식하고 있었다. 마지막으로 입양부모에 대해서는 꿈을 키워주고, 책임져주는 분들로 인식하고 있었다.

이러한 연구결과를 바탕으로 먼저 입양아동이 입양가정, 즉 낯선 환경에 적응하는 문제는 생존을 위협하는 것으로 본능적인 극도의 공포심과 두려움으로 인해 쉽게 경직되거나 표현의 어려움이 있으므로 정서적으로 안정될 때까지 기다려 주는 인내심이 무엇보다 중요하다. 두 번째 입양아동에게 있어서 친생부모는 평생토록 내면에 공존하는 존재라는 사실을 인정해야 한다. 마지막으로 입양 전에 아무리 많은 아픔과 결핍이 있었던 아동이라 하더라도 누군가가 지속적으로 믿어주고 지지해 줄 때 회복하는 능력 또한 매우 탁월하다는 사실을 믿어주는 역할이 입양부모가 해야 할 과제이다. 마지막으로 입양아동이 가지고 있는 상실과 슬픔, 두려움 등의 문제를 입양부모가 대신 해결해 주려는 태도보다 스스로 헤쳐나갈 수 있도록 지지해 주는 것이 필요하다.

正 論

삶으로 가르친 것만 남는다.

- 김요셉 -

5) 이 연구자는 입양후원회를 설립하고 자신이 직접 입양한 9명의 자녀를 둔 어머니이다. 입양전문가로서 아동복지철학과 태도가 반영되어 있다.

Child First!

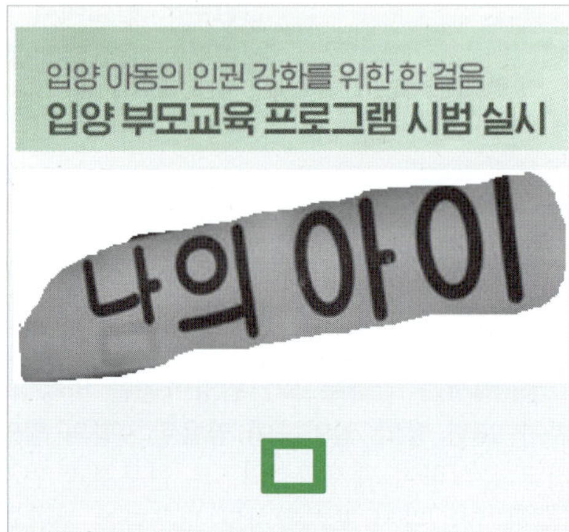

살 펴 보 기

아동에게 있어서 입양은 제2의 탄생이다. 입양부모의 입장에서 보면, **남의 아이, 그리고 우리들의 아이가 내 아이가 되는 것**이다. 입양의 날, 입양아동과 부모가 가족을 축복하는 어떤 행사들이 어떻게 이루어지고 있는지 살펴보자.

---

2. 입양가정에서의 아동복지실천을 위한 지향점

“그대가 낳았다고 해서 그대의 아이가 아니로다. 아이는 그대를 거쳐서 태어난 그 자신의 것이로다.”라고 시인 칼릴 지브란은 갈파했다. 이 시에 함축된 의미는 아이는 그 누구의 소속이나 예속된 존재가 아닌, 아이 자신의 것이라는 것이다. 동시에 ‘내 머물 곳은 내 집뿐이리’라는 노래 가사도 있다. 이 노래 가사에서 또한 시사받을 수 있는 것은 ‘집’이라는 곳에서 느낄 수 있는 안온함이다. 이렇게 볼 때, 오늘날의 입양은 아이로 하여금 ‘Home Sweet Home’에서 생활하게 해 주고 싶은 염원의 실천이다.

입양의 과정에는 아동, 친부모, 위탁부모, 입양부모는 역동적으로 관계한다. 따라서 입양이 잘 이루어져 아동의 복지가 실현되기 위해서는 입양 과정을 구성하는 각 요소들이 상호 연계되어 분명한 지향점을 가지고 실천해야 한다. 아동은 그 어떤 경우에도 목적을 위한 도구적인 존재가 될 수 없으며, 아동 중심적인 보호를 추구하고 노력할 때, 그 아동을 통해서 가정과 사회의 안정과 번영을 기할 수 있게 되는 것이 분명하기 때문이다.

1) 입양가정의 아동을 위한 복지실천의 지향점

대부분의 아동은 혈연관계인 부모와 그 가족들과 함께 태어난 가정에서 생활한다. 이는 가장 자연스럽고 보편적인 인간 삶의 방식으로서 시대와 사회를 초월하는 역사성을 지니고 있다.

그러나 입양은 자신의 친부모와 함께 친가정에서 생활하는 것은 아니다. 그러므로 입양은 아동에게 최선의 유익이 되도록 지향되어야 한다. 다시 말하면 입양은 그 누구도 아닌, 첫째도 둘째도 입양아동의 입장에서 이루어져야 한다는 점이다. 왜냐하면 입양아동의 복지가 제대로 이루어질 때, 아동의 복지는 물론 가족복지 및 사회복지적 의의를 동시에 지닐 수 있기 때문이다. 이러한 지향점은 아동을 위한 국제적 노력의 일환인 '국가 간 입양에 관한 아동보호와 협력에 대한 헤이그협약(Hague Convention on the Protection of Children and Cooperation in Respect of Intercountry Adoption)'의 기본적 정신을 계승한 〈아동의 권리에 관한 국제협약CRC(Convention on the Right of the Child)〉에 분명히 명시되어 있다.

사실 아동이 친부모와 헤어진다는 것은 생명과 생존을 위협할 만큼 큰 사건이다. 더구나 성장발달 과정에 있는 어린아이에게는 매우 우려스러운 상황이다. 이는 어느 정도 상황을 판단할 수 있는 나이의 아동이라고 하더라도 마찬가지이다. 따라서 아동의 연령, 성, 발달 특성, 성격 특성, 가족 내력 등을 잘 고려하여 지혜롭게 접근하는 것이 매우 필요하다(변미희, 권지성 외, 2015; 안재진, 권지성 외, 2015). 다시 말하면 가정양육의 대안으로 선택한 입양이었지만, 경우에 따라서는 아이로 하여금 더 어려움을 겪게 할 수도 있기 때문이다. 그 예로 간혹 해외 입양부모에게서 발생하고 있는 불행한 학대를 들 수 있다.

따라서 아동 중심의 입양을 지향하기 위해서는 입양의 지속성, 안정성, 문화적 근접성을 염두에 두어야 하며, 입양의 공개성도 주의 깊게 고려하여야 한다(최운선, 안재진 외, 2011).

- 〈아동의 권리에 관한 국제협약〉 제21조는 입양아동의 권리에 관한 조항으로서 입양은 아동의 이익을 최우선적으로 고려할 것을 보장해야 하며, 해외입양은 아동이 어떠한 적절한 방법으로도 국내에서 양육될 수 없을 경우에만 그 대체 수단으로 고려되어야 함을 명시하고 있다. 또한 해외입양에 관계되는 아동은 국내입양의 경우와 대등한 보장 장치와 기준을 견지하도록 하여야 하며 또한 해외입양은 관련자들이 부당한 재정적 이익의 결과를 갖지 않도록 조치되어야 함을 강조하고 있다. 이어 제11조는 아동의 국외불법 이송퇴치와 이를 막을 국가의 의무, 이를 위한 양자조약의 체결 및 다자간 조약의 가입을 의무화하고 있다.
- 입양에 관한 아동보호와 협력에 대한 헤이그협약에는 국제법상 승인된 기본권과 아동에 대한 최선의 이익을 고려한 국가 간 입양의 보장을 위한 안전장치의 마련과 아동유괴나 인신매매 등을 예방하기 위해 체결국가 간의 협력체제의 수립 등을 목적으로 하고 있다. 다시 말하면 동 협약에서의 국외입양은 국내입양이 우선적으로 고려된 뒤에 이루어져야 하며, 적절한 법적 절차에 의해 아동이 국외입양되어야 하며, 입양이 아동의 최선의 이익에 위배되거나, 최종적으로 아동의 이익에 필요하다고 판정된 경우 아동의 출신국으로 되돌려 보내기 위한 조치를 취해야 할 것을 규정하고 있다. 또한 아동 출신국 주무관청은 아동의 출생에 관

련된 정보뿐만 아니라 아동의 친부모의 신분 등에 관련된 정보의 보존을 책임질 것과 국내법이 허용하는 한 적절한 감독 하에서 아동 또는 아동의 대리인이 그와 같은 정보를 볼 수 있도록 보장할 것을 규정하고 있다.

2) 입양가정의 부모를 위한 복지실천의 지향점

인간의 본질적인 역할은 그 사회가 인정하는 방식으로 결혼하고, 자녀를 출산하여 기르는 것이다. 이러한 자녀양육은 동서고금을 통하여 면면히 이어져 내려오는 것으로 역사성을 지닌다. 한편 자녀를 낳아 부모가 되었어도 친부모와 친가정에서 양육되기 어려운 아동들이 있다. 사회와 국가는 이러한 아동들을 여러 가지 방법으로 돕게 된다. 그 방법 중 하나가 법적 절차를 거쳐 입양시키는 것이다. 친자식이 아닌 아동을 친자식처럼 양육하고자 하는 위탁부모와 입양부모의 사랑이 있기에 가능한 것이다.

입양부모는 입양실천 과정에서 아동 다음으로 중요하게 고려해야 할 대상이며, 다시 불임부부와 독신 및 유자녀부부로 구분된다.

첫째, 입양부모를 위해 복지실천에서 지향해야 할 점은 입양이 무자녀부부를 위한 행복의 디딤돌이 될 수 있어야 한다는 점이다. 실제로 결혼을 하고 자녀를 간절히 원하지만, 개인의 신체적·정신적 문제로 아기를 낳기 어려운 부부가 있다. 뿐만 아니라, 최근에는 급격한 사회변화에 따른 각종의 스트레스 증가로 인해 여성은 물론 남성의 불임현상도 가속화되고 있다. 따라서 입양은 불임부부에게 진정한 자녀양육의 의미를 향유할 수 있도록 지향하되, 입양아동의 행복이 최우선적으로 고려되어야 한다. 그러므로 입양아동이 가장 잘 성장할 수 있는 입양부모와 가정이 선정되어 다 함께 성장하는 아동의 행복, 부부의 행복, 가족의 행복 및 사회적 번영이 이루어지도록 지향해야 한다는 점이다.

둘째, 최근 독신에게도 입양이 허용되고 있으므로, 독신에게도 이러한 지향점은 마찬가지로 적용된다.

따라서 양육동기가 높고 적절한 양육환경을 조성할 수 있는 성인인 독신에게도 새로운 삶의 선물이 될 수 있도록 해야 한다. 실제로 양육 과정에서 발생하는 심리적, 신체적, 경제적 부담은 물론, 예상치 못한 사고 발생에 대한 불안 등을 예상하면서도 입양을 결정하는 것은 매우 도전적이고 멋진 결단이다.

셋째, 유자녀부부로써 더구나 자신들이 낳은 친자녀가 있음에도 불구하고 또 다른 자녀를 입양한다는 것은 용기를 필요로 하는 매우 귀한 일이다. 따라서 입양실천에서의 지향점은 입양아동을 환영할 수 있도록 최선을 다해 준비하는 것이다.

이 모든 경우에서 입양부모를 위한 실천에서의 지향점은 입양아동이 친부모 및 위탁부모와 스마트(smart)하게 이별하고 새로운 입양부모를 감사함으로 맞을 수 있도록 사려 깊게 준비하도록 하는 것이다. 이를 위해서는 입양기관과 긴밀히 협조하여 입양준비교육을 온 가족과 함께 받는 것이 필요하며, 여기에는 입양아동을 형제로 맞을 아동도 포함된다.

3) 입양아동의 친부모를 위한 복지실천의 지향점

사실 모든 부모는 모름지기 자신이 낳은 혈연의 자녀를 끝까지 책임지고 길러야 한다. 그럼에도 불구하고 개인과 가족 및 사회가 직면한 불가항력적인 요인으로 인해 자녀가 독립할 때까지 양육하기 어려운 경우가 빈번하게 발생하고 있다. 그 예로 미혼부모가 되거나, 기혼의 부 또는 모의 사망과 실종, 유기, 만성질환, 장애, 이혼, 파산 등을 들 수 있다.

이러한 상황의 부 또는 모는 자신이 처한 환경이 상당한 기간 동안 개선되거나 회복되기가 어렵다고 판단될 때, 차선책으로 입양을 고려하게 된다. 매우 가슴이 아픈 일이지만, 자녀를 입양 보낸 다음, 한 인간으로서 새 출발을 시도하게 되는 것이다. 입양을 선택하게 되는 가장 중요한 목적은 자녀인 아동의 미래를 위해서이며, 이는 아동기가 지니는 생애발달적 특성 때문이다. 다시 말하면 아동기가 실종되어서는 안 되기 때문에 자녀를 위한 친부모로서의 마지막 사랑이고 축복이라고 할 수 있는 것이다.

한편 친부모는 비난과 정죄의 대상이라기보다는 도움을 받아야 할 대상이며, 격려가 필요한 대상이라는 점을 유념해야 한다. 실제적으로 친자식을 '버렸다는' 죄책감은 평생 따라다닐 수 있는 어두운 그림자일 가능성이 매우 높기 때문에 친부모의 정서를 헤아린 입양실천이어야 한다. 왜냐하면 입양아동들은 친부모에 대한 상실감과 원망과 분노 등을 느낄 수 있는 가능성이 매우 크기 때문이다(박영호, 신동면, 2017). 따라서 친부모로써 겪게 되는 어려움을 최소화하고 용기를 내어 새로운 생활을 시작할 수 있도록 격려해야 하며, 제도적 조치를 통해 가능한 한 적절한 지원이 이루어지도록 지향해야 하는 것이다.

4) 입양아동의 위탁부모를 위한 복지실천의 지향점

일반적으로 위탁부모는 입양기관에 소속되어 입양의 전 과정에 참여한다. 특히 위탁부모는 친부모로부터 분리되어 입양부모에게 옮겨가는 과정에서 요보호 상태에 있는 아동을 일시적으로 양육하기 때문에 그 역할은 매우 막중하다. 즉, 입양과정에서 위탁부모가 지니는 의미는 요보호 상태에 있는 아동에게 새로운 부모와 가정을 찾아주기 위해 가교역할을 하는 것이다. 따라서 위탁부모가 되는 동기가 여러 가지일지라도 가장 큰 의미는 아이의 행복한 삶에 동참하는 것이다(이소희, 2019b). 따라서 입양아동을 일정한 기간 동안 양육하는 위탁부모를 위한 실천에서의 지향점은 입양될 아동에게 가장 적합한 위탁부모와 위탁가정이 되는 것이다. 따라서 일시적인 기간이라고 하더라도 지금까지 아동이 살아왔던 가정환경보다는 분명히 더 좋아야 한다. 그렇지 않다면 친가정과 친부모를 떠나야 할 이유가 없기 때문이다(이소희, 2019b). 따라서 위탁부모를 위한 복지실천에서의 지향점은 위탁부모로 선정된 후, 위탁부모로서의 역할을 충실히 수행할 수 있도록 입양기관에서 적절하게 지원하는 것이다. 대표적인 방법으로 부모교육을 들 수 있으며, 현직 위탁부모에 대한 교육과 지속적인 보수교육은 물론, 예비위탁부모교육도 실시된다.

아동권리 & 아동복지 이야기

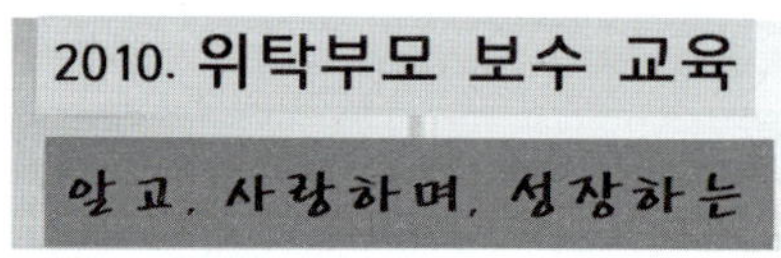

출처: 부산광역시 가정위탁센터 / 충남 가정위탁지원센터 / 제주시 가정위탁지원센터
후원: 세이브더칠드런

正 論

이 땅의 모든 어른은 아동에게 있어 의미 있는 타자이며, 사회적 부모이다.
모두 아동의 생존권과 발달권을 위해 사랑하고 헌신하는 소중한 사람들이다.

\- 이소희 -

한편 위탁양육하는 아동과 너무 정이 들어 이별하지 못하고 위탁부모가 입양을 결정하는 경우도 있다. 이미 정이 든 아동에게는 좋을 수 있지만, 입양 성립을 위한 여러 조건이 충족되어야 함을 전제로 한다.

Child First!

위탁부모 '우리에게도 쉼과 회복이 필요해요'

출처: 베이비뉴스(2018.08.10)(http://www.ibabynews.com/news/articleView.html?idxno=67473)

발 표 하 기

"내 자식, 가르치기 너무 힘들다"는 교사부모들의 푸념을 종종 듣곤 한다. 마찬가지로 "내 배 아파 낳은 내 자식이라도 키우기가 너무 힘들다"는 부모들의 하소연을 자주 듣는다. 그런데 일정 기간 동안만 내 자식 이상으로 키워야 하는 위탁부모들이 있다. 이 소중한 분들을 위해 지지의 말을 해 보자!

____

____

3. 입양가정의 아동을 위한 복지실천방법

"신뢰의 속도가 가장 빠르다."고 말한다. 그렇기 때문에 아동발달을 포함한 인간발달에서 가장 먼저, 가장 의미를 두고 실천하고자 노력해야 하는 것은 아동이 부모와 가족과 친구와 살고 있는 세상을 신뢰하며 긍정적으로 살아가도록 기르는 것이다.

입양은 특별한 보호가 필요한 아동이 천사처럼 나타난 두 번째 부모를 신뢰하며 가정이라는 공간에서 영구히 함께 생활하도록 마련된 사회적 방법이다. 다시 말하면 입양이 법적 조치에 의해 이루어졌지만, 입양부모는 따뜻하고 신뢰할 수 있으며, 입양가정은 사랑이 숨 쉬는 아름다운 공간을 전제로 한 행복한 대안인 것이다. 따라서 보호아동의 발생이 감소되어야 하지만, 또한 발생된 보호아동은 내 부모, 내 집처럼 느끼며 살 수 있도록 입양이 순조롭게 이루어지도록 다각적인 노력을 기울여야 한다. 입양가정의 아동을 위한 지향점을 고려하여 우선순위를 정해서 수준 높게 실천해야 한다.

입양가정에서 아동의 복지를 보장하기 위해 가장 중요하게 고려해야 하는 것은 입양부모가 아동을 잘 기를 수 있다고 확신하는 것이며, 전 사회는 이러한 입양부모를 신뢰하고, 입양가정을 위한 사회적 지원을 적절히 수행하는 것이다.

1) 입양가정의 아동을 위한 법적 실천

입양은 법적 관계에 의해 새로운 신분의 부모-자녀가 되는 것이다. 그러므로 입양에 있어서 법은 매우 중요한 의미를 지닌다. 더욱이 입양은 국내뿐 아니라, 국외에서도 이루어지고 있으므로 당사국의 입양 관계법도 관련된다.

주지하다시피 법은 그 나라의 정치 · 경제 · 사회 · 문화의 산물이므로 법에 근거한 아동복지가 실천될 때, 상대국의 법 문화는 중요한 고려 요소가 된다. 나아가 입양실천에서는 국내법과 동일한 효력을 지니는 유엔의 아동 권리에 관한 국제협약의 적용도 받는다. 그 대표적인 예가 「입양특례법」 제4조 입양의 원칙으로서, 이 법에 따른 입양은 아동의 이익이 최우선이 되도록 하여야 한다는 것이다. 이렇게 볼 때, 입양은 국내·외 법을 기반으로 이루어지는 매우 역동적인 아동복지 실천이라고 할 수 있다.

우리나라 입양 관련법은 「입양특례법」, 「아동복지법」, 「민법」 등이 있다.

(1) 입양특례법

이 법은 입양의 성립을 위해 특별히 제정된 법으로, 입양을 위한 기본법적 성격을 지닌다. 입양은 자연적인 출산에 의해서가 아니라, 인위적인 법에 의해 부모-자녀관계를 형성하는 것이다. 그러므로 입양의 성립을 위한 여러 조건들이 규정되어 있다.

① 목적

요보호 아동의 입양(入養)에 관한 요건 및 절차 등에 대한 특례와 지원에 필요한 사항을 정함으로써 양자(養子)가 되는 아동의 권익과 복지를 증진하는 것이다.

② 용어의 정의

- 아동은 18세 미만인 사람을 말한다.
- 요보호 아동은 「아동복지법」에 의한 보호대상 아동을 말한다.
- 입양아동이란 이 법에 따라 입양된 아동을 말한다.
- 부양의무자란 「국민기초생활 보장법」에 따른 부양의무자를 말한다.

③ 국가 등의 책무

- 모든 아동은 그가 태어난 가정에서 건강하게 자라야 한다.
- 국가와 지방자치단체는 아동이 그가 태어난 가정에서 건강하게 자랄 수 있도록 지원하고 태어난 가정에서 자라기 곤란한 아동에게는 건강하게 자랄 수 있는 다른 가정을 제공하기 위하여 필요한 조치와 지원을 하여야 한다.
- 모든 국민은 입양아동이 건강하게 자랄 수 있도록 협력하여야 한다.

- 국가와 지방자치단체는 건전한 입양문화를 조성하고 요보호 아동의 국내입양을 활성화하며, 아동이 입양 후의 가정생활에 원만하게 적응할 수 있도록 하는 등 입양아동의 권익과 복지 증진을 위한 정책을 실시하여야 한다.

④ 입양의 원칙

이 법에 따른 입양은 아동의 이익이 최우선이 되도록 하여야 한다.

⑤ 양자가 될 자격

- 보호자로부터 이탈되었거나, 부양의무자를 확인할 수 없어 「국민기초생활 보장법」에 따른 보장시설에 보호의뢰된 사람
- 부모 또는 후견인이 입양에 동의하여 보장시설이나 입양기관에 보호의뢰된 사람
- 법원에 의하여 친권상실의 선고를 받은 사람의 자녀로서 보장시설에 보호의뢰된 사람

⑥ 양친이 될 자격

- 양자를 부양하기에 충분한 재산이 있을 것
- 양자에 대하여 종교의 자유를 인정하고 사회의 구성원으로서 그에 상응하는 양육과 교육을 할 수 있을 것
- 양친이 될 사람이 아동학대 · 가정폭력 · 성폭력 · 마약 등의 범죄나 알코올 등 약물중독의 경력이 없을 것
- 양친이 될 사람이 대한민국 국민이 아닌 경우 해당 국가의 법에 따라 양친이 될 수 있는 자격이 있을 것
- 양친이 될 사람은 양자가 될 아동이 복리에 반하는 직업이나 그 밖에 인권침해의 우려가 있는 직업에 종사하지 아니하도록 할 것

⑦ 입양의 동의

- 아동을 양자로 하려면 친생부모의 동의를 받아야 한다. 단 예외의 경우는 친

생부모가 친권상실의 선고를 받은 경우나 친생부모의 소재불명 등의 사유로 동의를 받을 수 없는 경우이다. 그리고 13세 이상인 아동을 입양하고자 할 때는 입양될 아동의 동의를 받아야 한다.

⑧ 국내입양 우선 추진

- 국가 및 지방자치단체는 입양의뢰된 아동의 양친(養親)될 사람을 국내에서 찾기 위한 시책을 최우선적으로 시행하여야 한다.

⑨ 파양

- 양친이 양자를 학대 또는 유기하거나 그 밖에 양자의 복리를 현저히 해하는 경우
- 양자의 양친에 대한 패륜 행위로 인하여 양자관계를 유지시킬 수 없게 된 경우

⑩ 입양의 날

- 건전한 입양문화의 정착과 국내입양의 활성화를 위하여 5월 11일을 입양의 날로 하고, 입양의 날부터 1주일을 입양주간으로 한다.

이 밖에 양친이 되려는 사람은 입양의 성립 전에 입양기관 등으로부터 보건복지부령으로 정하는 소정의 교육을 마쳐야 한다고 규정하고 있다.

이와 같이 법은 궁극적으로 인간의 행복을 위해 존재하는 것이며, 아동은 그 어떤 상황에서도 가장 존중받아야 할 대상이다. 따라서 입양가정의 아동을 위한 법적 실천은 오직 아동이 최선의 삶을 살 수 있도록 지지해야 하며, 그것은 가능한 아동이 부모와 함께 가정에서 생활할 수 있도록 전 지구적으로 돕는 것이다.

(2) 아동복지법

입양은 미성년자인 아동을 대상으로 이루어지므로 「아동복지법」의 규정에 따르며, 「입양특례법」의 규정과 밀접하게 관련된다.

- 입양아동은 「아동복지법」의 규정에 따라 18세 미만인 사람을 말한다.
- 이 법에서 '요보호 아동'이란 「아동복지법」에서 말하는 보호대상 아동을 말한다. 입양아동은 요보호 아동의 범주에 든다.
- 이 법에 따른 입양은 아동의 이익이 최우선이 되도록 하여야 한다.6)
- 가정위탁이란 보호대상의 아동을 위해 보호대상 아동을 일정 기간 동안 위탁하는 것을 말한다. 위탁에 관한 제반 업무는 중앙가정위탁센터에서 신설된 아동권리보장원에서 담당하고 있다.

(3) 민법

「민법」은 개인의 권리와 관련된 법규에 관한 체계이다. 입양은 법으로 신분의 변화를 일으켜 아동과 부모가 지닌 소속과 사랑의 욕구를 충족시키는 과정이므로 주로 신분에 관한 사항을 다룬다.

- 입양을 할 경우, 3년 이상 혼인 중인 부부로서 공동으로 입양해야 한다.7)
- 친양자가 될 사람이 미성년자이어야 한다.8)

(4) 형법

「형법」은 범죄와 형벌에 관한 법률 체계이다. 입양을 위해하는 것은 위법에 해당한다. 따라서 입양아동과 가족의 안녕에 위해한 조치에 대해 법적으로 개입하게 된다.

- 강제적으로 아이를 유기하거나 납치하여 자녀로 삼을 때 「형법」에 위배되므로 법적 처분을 받는다.

---

6) 아동복지 분야에서는 친부모와 입양부모보다 아동의 복지를 보장하기 위해 이루어지는 실천이기 때문이며, 이는 국제협약CRC에 명시되어 있다.
7) 이러한 조치는 결혼생활이 안정된 가운데 부부가 합의하는 것의 중요성을 말해 주고 있다. 다만 1년 이상 혼인 중인 부부의 한쪽이 그 배우자의 친생자를 친양자로 하는 경우에는 그러하지 아니하도록 규정한 것도 가능한 한 친모 또는 친부와 함께 가정적인 환경에서 생활할 수 있도록 지원하기 위해서이다.
8) 성인은 부모 없이 독립적으로 생활해야 한다는 것을 함축하고 있으며, 그 반대로 미성년인 경우는 가능한 한 부모와 가정에서 생활할 것을 지향하는 조치인 것이다.

(5) 국민기초생활 보장법

입양아동은 가정에서 생활하므로 기본생활이 보장되어야 한다. 이러한 입장에서 「국민기초생활 보장법」은 국가와 지방자치단체가 입양아동이 건전하게 자랄 수 있도록 양육수당, 의료비, 아동교육지원비, 그 밖의 필요한 양육보조금을 지급할 수 있도록 규정하고 있다. 또한 입양아동을 위한 수당과 입양기관의 운영비와 지급되는 수급품 외에 가정위탁 보호비용을 보조할 수 있도록 규정하고 있다.

2) 입양가정의 아동을 위한 정책 및 행정적 실천

입양은 가슴으로 낳아서 가슴으로 키운다고 말한다. 이 아름다운 자세를 응원하는 따뜻한 정책은 행복한 입양가정을 이루는 데 기여한다. 따라서 국가는 입양 구성요소가 지향하는 바에 따라 다양한 정책을 실시하고 있다. 입양아동을 위한 정책과 행정은 입양아동을 위한 지향점에서 재확인할 수 있다.

(1) 보건복지부에서의 입양아동 복지실천

입양가정의 아동을 위한 정책과 행정의 주 행정부서는 보건복지부이며, 산하 유관기관을 통해 전달하고 있다. 주요정책은 다음과 같다.

- 입양정책의 수립 및 시행
- 입양에 대한 교육 및 홍보
- 입양에 관한 실태조사 및 연구
- 입양아동 및 입양가정에 대한 지원
- 입양 및 사후관리 절차의 구축 및 운영
- 입양 후 원만한 적응을 위한 상담 및 사회복지서비스 제공

그리고 보건복시부 인구정책실의 아동복지성책과에서 다음과 같은 업무를 담당하고 있다.

- 아동 양육수당 지원
- 입양아동에 대한 의료급여 지원
- 입양아동 심리치료비 지원
- 입양수수료 지원
- 산하 입양 관련 기관(아동권리보장원)과 관련 단체의 관리

(2) 국가산하기관에서의 입양아동 복지실천

입양아동 복지실천을 위한 주 행정부서는 보건복지부이며, 산하기관에서 구체적인 서비스를 전달하고 있다. 입양 관련 업무는 종전의 중앙입양원에서 새로 설립된 아동권리보장원으로 이양되었다. 즉, 「입양특례법」에 따른 국내입양 활성화, 입양 사후관리 등이며, 아동 중심의 입양문화에 기반이 되고 있다. 즉, 아이가 부모의 사정으로 원(原)가정 보호를 받지 못하게 되었을 때는 아이의 입장에서 무엇이 최선인지를 생각해 보고, 요보호 상태의 아동에게 새로운 부모와 가정을 연결시켜 주는 '행동하는 사랑'을 뜻한다.

그리고 입양 전 사업으로의 가정위탁은 종전의 중앙가정위탁센터에서 아동권리보장원으로 이양되었다. 즉, 입양 알선기관을 통해 입양이 이루어지기 전, 아동은 친부모로부터 분리되어 가정위탁보호를 받기 때문이다. 그렇지만 더 중요한 것은 가정위탁을 통한 입양보다는 친가정으로 복귀하여 건강한 생활을 하는 것이다. 이는 아동복지에서의 부모와 친가정의 중요성을 확인해 준다.

(3) 민간단체에서의 입양아동 복지실천

입양은 국가와 민간단체의 협력에 의해 효과적으로 실시된다. 초창기 입양은 민간 아동복지기관이 중추적인 역할을 담당하였으나 오늘날은 상호보완적 협력을 통해 입양의 건강한 활성화에 힘쓰고 있다.

입양은 대체로 다음과 같은 과정을 통해 전달된다.

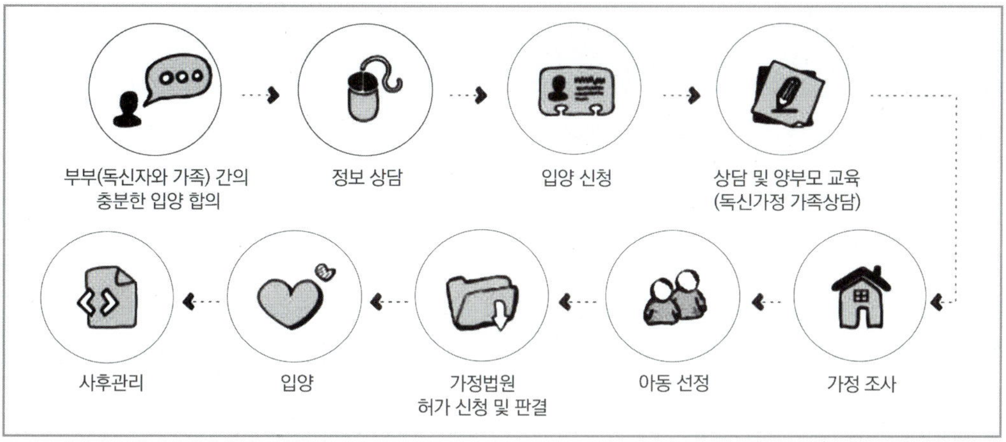

출처: 홀트아동복지회(www.holt.or.kr)

[그림 11-1] 입양기관에서의 입양절차

① 홀트아동복지회

홀트아동복지회는 1950년 6 · 25 전쟁 이후 발생한 수많은 고아 중에서 8명을 입양하면서부터 출발하여 다양한 아동복지를 실천하는 기관으로 발달한 기관이다. 설립자인 해리 홀트(Harry Holt)는 "모든 아동은 가족을 가질 권리가 있습니다"라고 갈파하였으며, 현재는 입양을 포함한 종합아동복지사업을 실천하고 있다.

홀트아동복지회는 한국전쟁 직후인 1955년, 전쟁과 가난으로 부모를 잃은 아동에게 새로운 가정을 찾아주는 입양사업을 통해 설립되었으며, 보건복지부 제47호 및 사회복지사업법 제16조에 따라 설립된 사회복지법인이다. 설립자 해리 홀트 씨는 고통 속에 있는 아이들을 위한 특별한 부름에 응하여 한국 고아 8명을 입양한 것을 시작으로 우리나라의 입양사업과 장애인 복지사업을 위해 부인인 버다 여사와 함께 모든 재산을 바쳤으며, 아이들이 지낼 곳을 마련하기 위해 직접 산을 개간하고 밭을 일궜다. 삶의 마지막 순간까지 아이들을 돌보다 숨을 거둔 해리 홀트 씨는 그가 손수 일군 홀트 일산복지타운에 묻혔다.

오늘날 홀트아동복지회는 '사랑을 행동으로' 보여준 해리 홀트 씨의 정신을 이어받아 입양사업은 물론 아동, 청소년, 미혼한부모, 장애인, 저소득계층, 다문화가정 등 우리 주변의 소외된 이웃에게 다양한 복지서비스를 제공하는 사회복지 전문기관으로 자리 잡았다. 또한, 2017년 4월 유엔 경제사회이사회(UN ECOSOC)로부터 특별협의지위(Special consultative status)를 획득하였다.

출처: 홀트아동복지회(www.holt.or.kr)

② 한국입양홍보회

한국입양홍보회는 아동 양육에서 최적의 장소인, 가정이 필요한 아동에게 가정을 마련해 주는 것이 곧 아동복지라고 보고, 한국에서의 입양을 홍보하고, 장려하기 위해 설립되었다. 특히 입양은 다른 아동복지실천과 다르게 기본적으로 입양을 하고자 하는 사람들이 있어야 가능하다. 이는 입양에 대한 사회구성원의 바른 이해와 따스한 마음이 있어야 가능하므로 입양홍보는 중요한 아동복지실천 활동이다.

아동권리 & 아동복지 이야기

출처: 한국입양홍보회(www.mpak.org)

Q & A

가족을 정의해 보면?

____

____

나아가 입양을 통한 행복한 경험사례의 공유는 입양이 활성화되도록 돕기 때문에 이러한 관점에서 입양홍보도 입양아동복지실천에서 매우 중요한 위치를 차지한다.

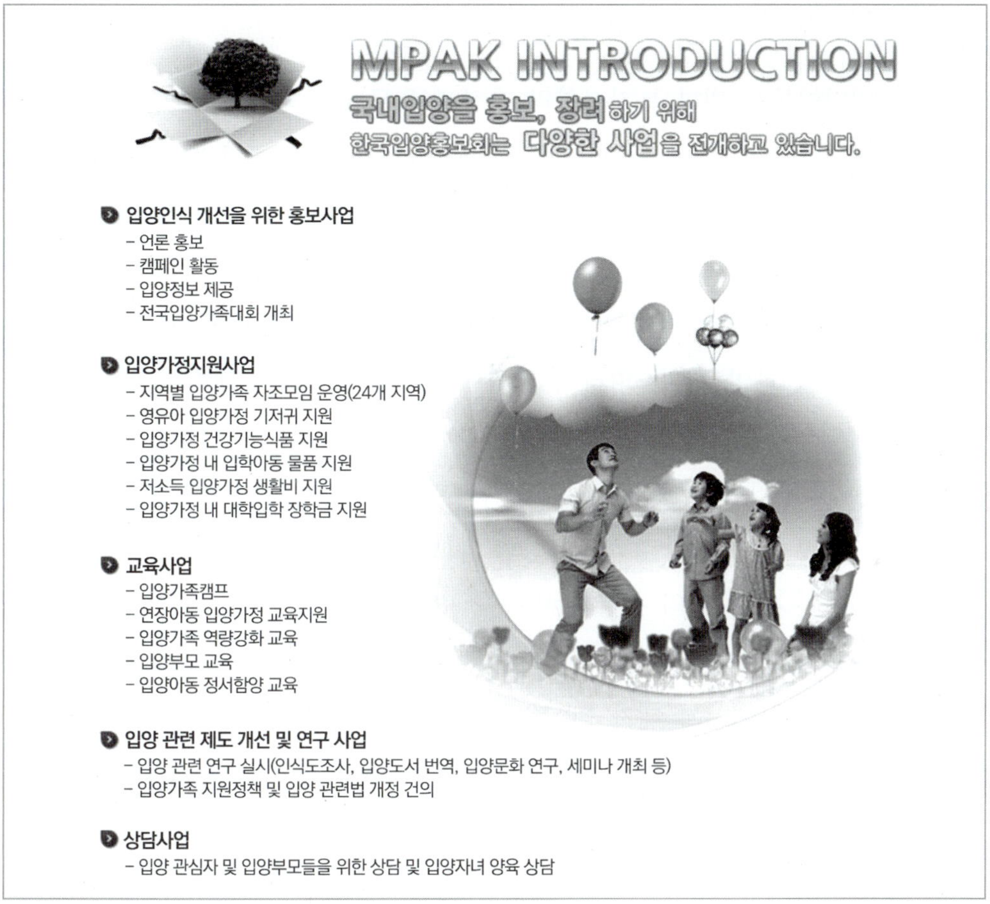

출처: 한국입양홍보회(www.mpak.org)

[그림 11-2] 한국입양홍보회의 사업내용

3) 입양가정의 아동과 부모를 위한 전문적 실천

입양은 입양을 구성하는 여러 요소들과의 역동적인 과정을 거쳐 '가정'이라는 환경에서 이루어진다. 그러므로 입양을 통한 행복을 실현하려면 입양 전후에 아동과 부모 및 가족의 환경을 고려하여야 한다.

(1) 아동을 대상으로 한 복지실천

실제로 입양아동을 위한 복지실천의 과정에서 문제가 되는 것은 입양아동이 가정을 벗어나면, 일반아동과 차이가 거의 없다는 점이다. 그렇기 때문에 가정을 벗어난 다양한 외부 환경에서는 입양아동이라고 해서 남다른 눈으로 보고 보호해 주기는 어렵다. 다시 말하면 입양 자체는 결코 문제가 되지 않지만, 자라나는 과정에 있는 아동에게 '입양아동'이라고 칭하는 것이 당사자인 아동에게는 부담이 될 수 있다는 점을 고려해야 한다. 따라서 입양아동이라는 것을 공개해도 좋을 상황이 아니라면 낙인(烙印)을 찍어 심리적 복지를 저해할 가능성을 원천적으로 차단해야 한다.

입양아동은 그 상황에 따라 교육. 상담, 치료 등이 이루어진다. 특히 교육은 누구에게나 영향력 있는 삶의 성장 방법이자 도구이다. 입양아동을 위한 교육은 입양아동만을 대상으로 한 교육과 일반아동 범주 안에 입양아동이 포함된 교육으로 구분된다. 성장과정에서 문제가 될 경우, 일반아동과 마찬가지로 그 문제에 대한 상담과 치료를 받게 된다.

① 입양가정의 아동이 포함된 교육

입양아동이 포함된 일반 교육은 크게 두 가지로 구분된다. 하나는 입양에 대한 이해교육으로서 대표적으로 입양에 대한 반편견교육을 들 수 있다(정유리, 권귀염, 2018).

아동권리 & 아동복지 이야기

입양가정,
편견을 넘어 아동의 행복으로

현황과 문제점

- 보건복지부는 5월 11일 입양의 날을 맞아 '제12회 입양의 날 기념행사'를 개최함(5월 13일). 입양의 날은 가정의 달인 5월에 '1가정이 1아동을 입양해 새로운 가정으로 거듭난다'는 의미로, 국내입양 활성화를 위한 사회 분위기 조성을 위해 제정되었음.

출처: 육아정책연구소(www.kicce.re.kr)

正 論

입양은 인생의 울타리를 넓히는 행복한 선택이다

- 김경아 -

다른 하나는 일반 아동과 마찬가지로 자존감 향상, 학업성취동기 강화, 친구와의 우정관계 향상, 진로교육 등이다. 왜냐하면 궁극적으로 가정에서는 물론, 학교와 사회에서도 적정한 사회화가 이루어져야 하기 때문이다.

② 입양가정의 아동만을 위한 교육

입양가정의 아동만을 위한 교육은 거의 입양가정의 자조모임에서 비롯된다. 교육의 내용은 입양아동을 양육하는 과정에서 공통적으로 발생한 크고 작은 문제들을 중심으로 상호 경험에 따른 교육을 주고받거나 관련 분야의 강사를 초빙해서 이루어지기도 한다.

③ 입양가정의 아동을 위한 상담과 치료

입양아동을 대상으로 한 상담은 일반아동을 대상으로 한 상담과 유사하다. 다시 말하면 부모나 가족을 통해 상담이 시작되지만, 상담 신청의 목적에 따라 결과적으로는 아동 개인을 대상으로 이루어진다는 점이다. 대부분의 입양 상담은 아동의 적응에 주안점을 두게 된다. 특히 국외입양 아동의 경우, 건강한 자아정체감을 형성할 수 있도록 돕는 데 주안점을 둔다.

입양아동에게 나타나는 주요 문제는 애착 미형성, 분리불안, 분노와 슬픔, 죄의식 등 다양하며, 다양한 놀이치료 또는 치료놀이방식으로 진행된다. 관련 기관으로 한국입양가족상담센터를 들 수 있다.[9]

9) 상담심리학을 전공한 '입양부모들'이 주축이 되어 설립된 기관이다

(2) 부모를 대상으로 한 복지실천

입양부모의 경우, 육아경험의 여부와 정도는 다양하다. 최근에는 미혼인 사람도 입양할 수 있기 때문에 입양부모의 배경은 점점 다양해지고 있으며, 이에 따라 이전보다 입양을 하고자 하는 예비부모에 대한 교육이 강화되고 있다. 입양에서는 예비입양부모를 대상으로 한 실천과 이미 입양한 부모를 대상으로 한 실천으로 구분되며, 주로 교육과 상담으로 이루어진다.

교육은 아동복지실천에서의 핵심이다. 입양을 통한 아동복지실천에서 행복한 성공을 이룰 수 있는 것은 입양부모의 양육관과 양육태도에 의해 결정된다고 해도 과언이 아니다. 「입양특례법」에 의하면 양친이 되려는 사람은 입양의 성립 전에 입양기관 등으로부터 소정의 교육을 마쳐야 한다고 규정하고 있다.

① 예비 입양부모를 위한 교육

예비 입양부모교육은 입양의 가치와 과정에 대한 이해를 높이고, 입양아동의 발달특성에 대한 지식과 기술을 함양시켜 입양부모로서 자신감과 효능감을 지니고 양육하도록 지지하기 위해 실시된다. 구체적인 교육내용은 다음과 같다.

- 입양과 파양의 내용
- 입양아동의 발달심리와 특성
- 아동관, 양육태도, 상호작용기술

② 입양 후의 입양부모를 위한 교육

입양이 성립된 후, 입양아동과 부모의 적응과 발달을 위해 정부 및 민간차원에서 각각 부모교육이 실시된다. 예비 입양부모교육의 과정과 유사한 부분이 많으나, 입양 전의 마음 자세보다는 양육의 실제에 비중을 두어 보다 심층적으로 다루게 된다. 교육은 전문가와 함께 이미 입양을 한 부모들이 경험한 사례를 공유하고 토론하는 방식으로 이루어진다.

출처: 보건복지부(www.mohw.go.kr) / 홀트아동복지회(www.holt.or.kr)

[그림 11-3] 양육 사례를 통한 입양부모교육

또한 최근에는 「민법」상 입양은 「입양특례법」에 의한 입양과 다르게 의무적인 입양부모교육 및 사후관리에 대한 근거 규정이 없어 입양아동의 인권보호가 미흡함에 따라 법무부 소관의 법원에서도 입양부모교육을 실시하고 있다.

「입양특례법」 및 「민법」상의 입양비교

구분	소관	절차	양부모 교육	사후관리
입양특례법	보건복지부	친생부모의 입양 동의 및 입양기관의 예비양부모 가정조사 등을 거쳐 법원의 입양 허가	8시간 교육 이수 의무	입양 후 1년간 실시
민법	법무부	친생부모의 입양 동의 및 가사조사 등을 거쳐 법원의 입양 허가	법원별 실시	미실시

「민법」상 입양은 「입양특례법」상 입양과 달리 의무적인 입양 부모교육 실시 및 사후관리에 관한 규정이 없어 입양아동의 인권 보호에 미흡했습니다. 따라서 입양아동의 권익 향상을 위해 종래 「입양특례법」상 입양에서 의무적으로 실시하던 입양 부모교육을 「민법」상 입양에서도 원칙적으로 확대하여 시행합니다.

출처: 보건복지부(www.mohw.go.kr) / 법무부(www.moj.go.kr)

[그림 11-4] 입양부모교육

또한 부모교육강사를 위한 교육과 평가회도 실시되고 있다.

③ 입양가정의 부모를 위한 상담과 치료

배 아파서 낳은 친자식이라 하더라도 양육이 어렵다. 입양의 경우, 입양아동이 입양 사실을 알게 된 이후에는 더 힘들다. 따라서 만약 적절한 상담지원이 이루어지지 않는다면 아동은 여러 가지 정서 및 행동문제를 발생시킬 가능성이 있다. 따라서 상담을 통해 지원할 수 있다.

'입양가족 심리 · 정서지원 프로그램' "국내 입양가족 적응력 향상 및 입양아동 발달촉진을 심층적으로 돕습니다."
□ 서비스 대상: 입양가족(입양부모, 입양아동, 비입양아동) • 새 가족원 간의 적응이 어려우면 • 입양아동 양육 스트레스가 높으면 • 가족치유와 성장을 원하면
□ 절차 및 내용 부모와 첫 사정상담 진행 후 지원대상, 범위, 회기 수를 결정함
□ 상담회기: 내방상담 3회(2시간/회기) □ 신청마감: 2017년 7월 30일 □ 신 청 비: 10~15% 자기부담금(중앙입양원지원 프로그램) □ 문 의: 031-425-6011

출처: 한국입양가족상담센터(www.kccaf1.org)

[그림 11-5] 입양가족을 위한 심리지원 프로그램

4) 전문가를 대상으로 한 교육 실천

입양아동을 위한 복지실천에서 중요한 점은 입양을 결정하기 전에 아동의 발달 적합성과 보호 방법에 대해 심사숙고하는 것이다. 왜냐하면 입양은 아동의 운명을 결정할 정도로 중요한 생애 사건이기 때문이다. 특히 입양부모의 가정환경과 아동의 특성 등을 면밀하게 조사하여 신중하게 결정해야 하며, 촉탁의사를 포함한 의사와 간호사 및 입양 관련 전문가의 역할이 매우 중요하다. 물론 이 모든 결정과정에서 최우선적으로 고려해야 할 사항은 아동의 기본권과 최상의 유익을 위한 원칙이 중시되는 것이다.

따라서 입양 관련 종사자들은 지속적으로 보수교육을 받아 전문적인 자질을 계속 유지하도록 규정하고 있으며, 중요한 내용은 다음과 같다.

- 입양아동의 현황과 심리적 특성
- 입양 관련 법령 및 제도의 동향
- 입양부모 및 입양가정에 대한 이해
- 상담이론 및 상담자의 윤리와 자세

출처: 한국입양홍보회(www.mpak.org)

[그림 11-6] 입양전문가를 위한 교육

한편 입양에서 중요한 종사자로 자원봉사자를 들 수 있다. 입양을 홍보하고, 입양아동 관련 서비스에서 자원봉사하는 사람들이다. 그러므로 입양을 통해 입양아동의 복지가 보장되려면 입양을 둘러싼 각각의 사람들이 지니는 입양과 관련된 자신의 목적과 의미가 충족될 수 있도록 입양의 지향점을 공유할 필요가 크다.

Child First!

한국계 입양인 첫 프랑스 장관 '39세 김종숙'

한국에서 프랑스로 입양돼 성공적인 삶을 살고 있는 한 여성의 이야기가 최근 화제를 불러일으키고 있다. 한국계 입양아 플뢰르 펠르랭. 그녀의 이름은 새로 출범한 프랑스 사회당 정부의 첫 내각 명단에 올라 있다. 우리로 치면 중소기업청장과 예전 정보통신부 장관을 합친 중소기업 디지털 경제 장관으로 당당히 입각한 것이다.

그녀는 1973년 출생 직후의 상태로 거리에서 발견된 뒤 6개월 만에 프랑스로 입양됐다. 말 그대로 버려진 아이였다. 프랑스에 입양된 그녀는 원자 물리학 박사인 양아버지와 가정주부인 양어머니의 헌신적인 사랑과 교육 덕분에 잘 성장할 수 있었다고 한다.

출처: 경향신문(2012.5.17).

살 펴 보 기

국외입양을 통해 금의환향하는 글로벌 리더의 소식을 자주 듣는다. 어떤 요인(*아동, 부모, 가정, 사회 등)들이 행복한 성공을 낳게 했는지에 대해 검색해 보자. (키워드: 해외입양, 프랑스, 여성장관)

____

____

제12장

한부모가정 아동의 권리와 복지실천

부부가 되고, 또 부모가 되는 것은 흔히 인륜지대사(人倫之大事)라고 말한다. 그러나 개인과 가족 및 사회적인 여러 이유로 부부생활을 중단하는 한부모가 증가하고 있다.

이러한 현상은 부부는 물론 자녀에게도 상당한 어려움을 촉발하게 되므로 가정의 안정을 통한 사회적 번영을 추구하는 맥락에서 국가는 한부모가족법을 제정하고 다양한 지원정책을 펴게 된다.

실제로 한부모가족보다는 모자가족이 많으며, 미혼의 부자가족보다 모자가족이 더 많다. 따라서 이러한 가족의 특성을 고려한 대응책이 중요하다.

제12장에서는 한부모가정의 한 일원으로 자라는 아동의 권리를 보장하기 위한 다양한 복지실천에 대해 살펴본다.

1. 한부모가정의 아동에 대한 기초 이해

'애비 없는 후레자식'이라는 말이 있다. 또 '홀시어머니에 외아들'이라는 말도 있다. 이 말은 각각의 부와 모의 역할 특성에 따른 자녀양육의 의미를 단적으로 말해 준다. 동시에 한부모가정[1]의 자녀로서도 어떤 역할을 해야 하는지도 함축되어 있다. 나아가 부와 모를 중심으로 한 가정환경의 조성과 가족 구성원으로서의 자녀의 역할은 아동기를 넘어 전 인간발달에 영향을 미친다는 것도 알 수 있다. 가정이 사회의 중요한 기초 단위이므로 가정의 안정을 위한 국가·사회적 역할의 중요성도 시사받을 수 있다. 「한부모가족지원법」과 '한부모가족의 날'을 제정하여 실천하는 것은 바로 사회와 국가의 역할을 다하고자 하는 의지로 이해할 수 있다.

1) 한부모가정의 정의와 형태

한부모가족(Single Parent Family)의 사전적 정의는 부, 모 중에서 어느 한 부, 모와 함께 생활하는 가족을 말한다.

복지는 관계법에 근거하여 이루어지므로 한부모가족의 정의와 형태는 한부모가족의 복지와 관련하여 기본법적 성격을 지니는 「한부모가족지원법」에 규정되어 되어 있다. 단독법이 제정된 것은 한부모가족이 당면하고 있는 어려움이 크고, 점점 증가하고 있기 때문에 제대로 지원하기 위해서이다.

(1) 한부모가족의 정의

한부모가족의 정의는 한부모가족의 형태와 관련하여 「한부모가족지원법」에 명시되어 있다.

1) 맥락에 따라 한부모가정 및 한부모가족을 혼용하여 사용한다. 가정(家庭)의 사전적 정의는 가까운 혈연관계에 있는 사람들의 생활공동체이며, 가족(家族)의 사전적 정의는 주로 부부를 중심으로 한, 친족 관계에 있는 사람들의 집단을 말한다. 이 장에서 '한부모가정'으로 표기하는 것은 '한부모가족의 아동'으로 표기하는 것이 부자연스럽기 때문이다.

한부모가족이란 모자가족(母子家族)이거나, 부자가족(父子家族)을 말한다. 이는 실제 한부모가족의 생활을 그대로 반영한 것이다. 즉, 부부가 함께 살다가 한쪽 배우자가 없이 사는 삶이기 때문에 자연스럽게 모자가족 또는 부자가족인 한부모가족이 되는 것이다. 이러한 가족은 거의 기혼부부에 해당되지만, 반드시 그렇지는 않다. 미혼의 상태에서 부모가 된 후, 한부모가 되는 가족도 있기 때문이다. 이러한 가족을 청소년 한부모가족이라고 말한다.

기혼이든 미혼이든 모자가족이든 부자가족이든 한부모가정에서의 아동은 법적 관점에서 볼 때, 「아동복지법」에 근거한 18세 미만인 자를 말한다. 다만 취학 중인 경우에는 22세 미만까지 포함된다.

(2) 한부모가족의 형태

한부모가족의 형태는 「한부모가족지원법」에 명시되어 있으며, 한부모가족의 정의와 관련하여 크게 두 가지 형태로 구분된다.[2)]

① 부자가족

부가 세대주이거나, 세대주가 아니더라도 실질적으로 세대원을 사실상 부양하는 가족을 말한다. 이 가족의 범주에 아동이 포함된다.

② 모자가족

모가 세대주이거나, 세대주가 아니더라도 실질적으로 세대원을 부양하는 가족을 말한다. 이 가족의 범주에 아동이 포함된다.

③ 청소년 한부모가족

연령으로 보았을 때 24세 이하의 모 또는 부를 말한다. 이는 「청소년 기본법」

2) 「한부모가족지원법」이 제정되기 전에는 편부모가족이라고 불렀으며, 속어로는 한부모를 과부와 홀아비로 불렀다. 이러한 용어는 한부모가정이 된 배경에 관계없이 당사자에게 부정이나 잘못이 있는 것으로 낙인을 찍거나 편견을 지니도록 만들었다. 그리고 양(兩)부모에 비해 온전하거나 완전하지 못하고 어느 부분이 결핍된 것으로 간주하고 결손 가정 또는 해체 가정의 범주에 넣었었다.

에서의 '청소년' 정의와 관련된다. 단 취학 중인 경우에는 22세 미만을 말하되, 「병역법」에 따른 병역의무를 이행하고, 취학 중인 경우에는 병역의무를 이행한 기간을 가산한 연령 미만을 말한다.

2) 한부모가정의 배경과 특성

'백년해로'와 '만수무강'은 결혼한 부부와 가족의 바람이며, 자녀가 출생하게 되면 더욱 강화된다. 실제로 결혼생활의 여정에서 행복과 어려움은 반복적으로 지속되지만, 사랑과 희망으로 극복하면서 살아가게 된다. 그러나 어려움의 무게가 너무 무거워 이기지 못할 때, 가족은 해체되는 것이다.

한부모가족의 배경과 특성의 파악은 역할이론으로 설명하기가 쉽다(이훈구, 2001). 다시 말하면 부부와 부모 및 자녀는 각각의 역할이 있는데, 한부모가 됨에 따른 역할 상실은 또 다른 역할의 추가로 이어진다(김순옥, 전주람 외, 2012; 최경일, 2007). 따라서 부모와 아동은 적응상의 어려움을 겪기 쉬우며, 역할의 재조정이 불가피한 상황에 이르게 된다.

(1) 부-모의 배경과 특성

한부모가족에서 아동복지를 제대로 실천하기 위해서는 한부모가 된 배경과 특성을 제대로 파악하는 것이 필요하며, 이를 고려하여 한부모를 지원하는 것이 효과적이다. 왜냐하면 아동은 자조능력이 거의 없기 때문이다.

「한부모가족지원법」에 명시된 한부모의 배경은 다음과 같다.

- 배우자와 사별 또는 이혼하거나 배우자로부터 유기(遺棄)된 자
- 정신이나 신체의 장애로 장기간 노동능력을 상실한 배우자를 가진 자
- 교정시설 · 치료감호시설에 입소한 배우자 또는 병역복무 중인 배우자를 가진 자
- 사실혼 관계에 있지 아니한 미혼인 자(*미혼으로 부모가 된 사람)

그리고 「한부모가족지원법」에 명시되어 있는 바와 같이 한부모가족이 되는 배경은 유사하며, 한 모(母)가 한 부(父)보다 더 어려운 생활을 하고 있는 것으로 보고 되고 있다. 이러한 관점은 「한부모가족지원법」의 발달사에서도 확인할 수 있다.[3)]

구체적으로 한부모는 일반부모에 비해 '혼자'라는 입장에서 심리적으로 위축감, 소외감, 고립감 등을 느끼며, 자연히 자녀 양육에도 영향을 미친다. 게다가 한부모가 됨으로 인해 경제적 어려움도 가중될 가능성이 더 커진 상태에서 양(兩)부모의 역할까지 수행해야 하는 상황이므로 심리적, 경제적, 사회적 어려움은 가중된다(김학주, 2006; 송다영, 김유나, 2008).

그렇다고 해서 부-자녀로, 모-자녀로 기능하지 못한다는 것은 아니다. 역으로 말하면 '부모' 가족이라고 해서 언제나 완벽한 부모역할을 수행한다는 것은 아니다(정소희, 2011). 그렇다면 이혼의 발생률이 상당히 감소될 것이며, 자녀를 학대하는 부모도 매우 감소하게 될 것이다.

아동권리 & 아동복지 이야기

출처: 복지정보나눔터(https://social-work.tistory.com/200)

Q & A

한부모가 "나는 가장이다"라고 선언한다면, 아동은 어떠한 생활을 할 가능성이 높겠는가?

---

3) 「한부모가족지원법」은 「모자복지법」 → 「모부자복지법」 → 「한부모가족지원법」으로 변천되었다.

(2) 아동의 배경과 특성

아동은 한부모가족의 구성원으로서 부와 모의 신분에 따라 자동적으로 법적 구성원이 된다. 모자가족의 구성원이 되거나, 부자가족의 구성원이 된다. 따라서 한부모가정의 아동을 위한 복지를 제대로 실천하기 위해서는 한부모의 배경과 특성뿐만 아니라, 아동의 특성에 대한 이해도 필요하다. 이러한 맥락에서 「한부모가족지원법」에는 한부모가족의 구성원인 아동에 대해서도 명시하고 있다.

- 부모가 사망하거나 생사가 분명하지 아니한 아동
- 부모가 정신 또는 신체의 장애·질병으로 장기간 노동능력을 상실한 아동
- 부모의 장기복역 등으로 부양을 받을 수 없는 아동
- 부모가 이혼하거나 유기하여 부양을 받을 수 없는 아동

요약하면, 한부모가정의 부모와 아동에 대한 이해는 이들을 위한 복지실천에서 지향점을 확인해 주고, 다양한 실천을 가능케 한다. 더구나 한부모가족의 형태와 발생 배경은 자의와 타의에 의한 것이 공존하고 있기 때문에 이 점은 아동을 위한 복지실천에 반영하여야 한다.

한부모가정의 아동을 위한 복지실천이 제기되는 강력한 이유는 두말할 나위 없이 아동의 성장과 발달을 기할 수 있는 최선의 양육자는 친부모이며, 최선의 장소는 가정이라는 것이다. 따라서 이 두 핵심 요소의 기능이 제대로 발휘할 수 있도록 지원하는 것이 이들을 위한 복지실천에서 기본이 된다.

아동권리 & 아동복지 이야기

출처: 인천광역시 남동구청(www.namdong.go.kr)

살펴보기

한부모가정 중에서 한부가정보다 한모가정이 더 많다. 왜 그런가?

Child First!

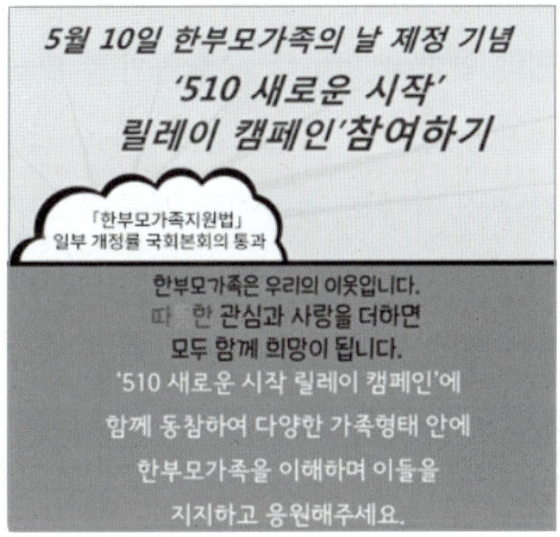

출처: 여성가족부(www.mogef.go.kr)

살 펴 보 기

'한부모가족의 날'을 5월 10일로 정한 배경을 살펴보자.

____

____

2. 한부모가정에서의 아동복지실천을 위한 지향점

“한 아버지와 한 어머니가 백 명의 스승보다 낫다.”라는 말이 있다. 이 말은 부와 모의 역할이 얼마나 중요한가를 말해 준다. 왜냐하면 스승격에 해당하는 선생님은 거의 국가가 인증하는 자격을 기본으로 소지함과 동시에 그에 상응한 지식과 기술을 지니고 있음에도 불구하고 부모의 영향이 더 크다고 보기 때문이다.

더구나 부와 모가 홀로 자녀를 양육해야 할 한부모가정의 경우에는 부와 모의 역할을 모두 수행해야 하므로 역할 수행의 어려움은 더욱 크다. 따라서 모자가족 또는 부자가족의 일원으로서 아동과 부모는 역할 조정과 적응을 성공적으로 수행하여 두 번째 행복을 경험할 수 있는 방향으로 나아가야 한다.

1) 한부모가정의 아동을 위한 복지실천의 지향점

한부모가정의 아동을 위한 지향점은 분명하다. 오늘은 물론 내일까지 더 이상의 해체가 없이 한부모가정으로 남아 함께 생활하는 것이다. 이것은 현재 한부모가정이라고 하더라도 그 어떤 가정 형태에서의 양육 대안보다 아동의 성장·발달에 더 유익하다고 보기 때문이며, 이 점은 한부모가정은 물론 사회가 확신해야 한다. 그리고 향후 발생할 수 있는 문제에 대한 대처능력을 향상시켜야 한다. 왜냐하면 한부모가정이 되는 과정에서 아동은 여러 가지 정서적·경제적 어려움을 겪었기 때문에 과거와 같은 아픈 경험이 반복되거나 심화되지 않도록 해야 하며, 나아가 역경을 딛고 건강하고 행복한 생활이 가능하도록 해야 하기 때문이다.

따라서 한부모가정의 아동을 위한 복지실천에서의 지향점은 과거와 현재, 그리고 미래에 예상되는 심리적, 정서적 어려움을 예방하고, 회복을 지향해야 한다. 요약하면, 긍정의 시각으로 자조·자립 의지와 능력을 키우는 것이며, 나아가 부와 모의 양육 방침에 순응하고 협력하는 것이다(김현숙, 2015). 또한 이를 위해서는 부모와 사회와 국가가 각종의 제도적 조치를 통한 적절한 지원을 제공하는 것이다.

2) 한부모가정의 부모를 위한 복지실천의 지향점

한부모가정의 부모를 위한 지향점도 분명하다. 아동이 성인이 되어 독립된 생활을 할 수 있을 때까지 지속적으로 함께 생활할 뿐 아니라, 출가한 이후에도 서로 왕래하며 가정과 가족의 의미를 실제적으로 향유하면서 지내는 것이다. 그것은 어느 한쪽의 부 또는 모라고 하더라도 아동이 친부모와 가정이라는 울타리에서 함께 생활하는 것이 다른 어떤 양육 대안보다 아동의 성장·발달에 유익하기 때문이다. 비록 한부·한모이지만 친부모로서의 역할을 다하는 것은 장기적으로 볼 때, 자녀에게 부모모델링의 기능을 한다. 그러므로 한부모가정의 부 또는 모를 위한 복지실천의 의미는 그야말로 한부모로서의 역할을 제대로 수행할 수 있도록 사회가 제도적으로 적절하게 보충해 주는 데 있다.

주지하다시피 부부가 맞벌이하면서 의지하고 살아도 어려움이 발생하는데, '혼자' 살 경우에는 더 큰 어려움을 겪어서 역기능적인 가족이 될 가능성이 높기 때문이다. 물론 이러한 어려움은 한부모가정의 부와 모에 따라서 차이가 있으며, 자녀의 발달단계에 따라서도 차이가 있다.[4] 구체적으로 부의 경우는 모에 비해 특히 자녀 양육과 가사관리가 힘들고, 모의 경우는 부에 비해 가정 경제의 유지가 힘들다는 것을 들 수 있다. 한편 부부가 함께 협의하여 삶의 어려움을 극복해 나가지 못함에 따른 스트레스와 함께 합법적으로 성적 욕구를 제대로 충족시키지 못함에 따른 어려움도 있다(김은지, 황정임 외, 2012; 송수정, 2014).

따라서 한부모를 위한 복지실천에서의 지향점은 현재를 기점으로 과거에 받았던 상처를 회복하기 위한 상담과 치료 및 희망찬 미래를 향해 나아갈 수 있도록 건강한 삶의 전력이 필요한 것이다. 구체적으로 탈 빈곤과 자립을 통한 다중 역할 수행 능력의 함양은 한부모가족이 지향해야 할 핵심 사항이 된다. 더구나 홀로 자녀를 양육해야 하기 때문에 더욱 건강하고 지혜로워야 한다. 그러므로 사회와 국

4) 부모 역할을 중심으로 아동복지사업을 분류할 때, 한부모가정을 부모 역할의 보충사업 영역으로 분류하지는 않았다. 그러나 제도적으로 「한부모가족지원법」에 의하면, 한부모가정과 그 아동을 지원하는 것은 부부 및 부모로서 아동과 함께 생활하지 못하는 상황에 대한 보충이라고 볼 수 있다(제2장 참조).

가는 한 부·한 모가 겪을 수 있는 경제적, 심리적, 사회적 및 자녀 양육에 대한 부담을 경감시킬 수 있도록 아동-여성-가족-사회복지의 제도적 차원에서 지원할 필요가 크다(김연우, 2012; 김혜선, 김은하, 2010).

동시에 한부모가족을 위한 사회적 차원의 제도적 지원은 물론, 지역사회의 격려와 지지도 매우 중요하다.

아동권리 & 아동복지 이야기

"불쌍해"
"역시 문제야"
"누구는 결혼생활 안 힘들어? 애 때문에 다 참고 사는 거지.
성격이 오죽했으면 이혼했겠어?"
"그 부모에 그 자식이지. 부모가 이혼해서 아이가 그런 거야"

출처: 한겨레신문(www.hani.co.kr). 2014.11.10.

Q & A

한부모가족이 근원가족과 이웃, 또는 드라마상에서 듣는 말들이다. 이러한 말들은 선입견에서 비롯될 수도 있다. 아동복지전문가로서 어떻게 접근하면 좋을까?

더구나 국제결혼 과정에서 한부모가 되었다면 문화적인 측면까지도 고려해야 한다. 다시 말하면 한부모가족으로 외부에 노출되는 정도가 적으면서도 실질적으로 지원하는 것이다.5)

5) 예를 들어 내부적으로는 한부모가정의 아동에게 초점을 맞추지만, 한부모가정의 아동이 겪게 될 낙인감을 고려하여 '한부모가정에 대한 반편견 교육'의 범주에서 포괄적으로 진행되는 점을 들 수 있다(황은숙, 2009).

Child First!

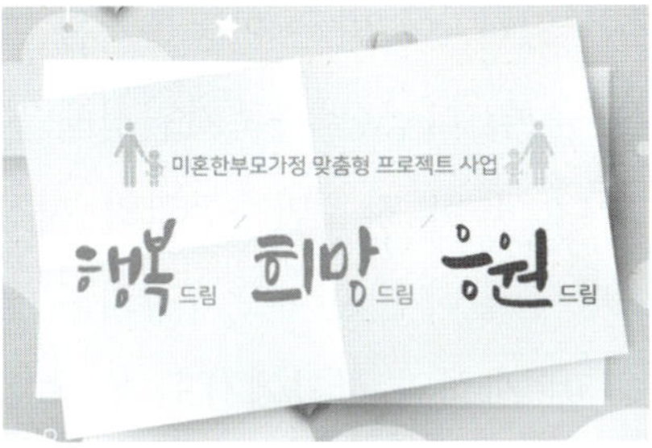

출처: 홀트아동복지회(www.holt.or.kr)

♥ 맞춤형 지원 「행복드림, 희망드림, 응원드림」

긴급한 위기 상황에 놓인 미혼한부모가정을 지원하여 안정된 자립과 건강한 성장을 돕는다.

- 대상

만 18세 미만의 아동을 양육 중인 미혼한부모와 아동

- 지원현황

지원 내역	내용
지원 내역	의료 – 수술비, 입원비, 치과치료비 교육 – 등록금, 수강료, 교재, 교구비 주거 – 연체임대료, 일시주거비, 주거환경개선비 생계 – 공공요금(가스/수도/전기), 식료품비 등

살 펴 보 기

'청소년 미혼한부모와 자녀'로 살아가는 한부모가족을 어떻게 지원하고 있는지 살펴보자.

3. 한부모가정의 아동을 위한 복지실천방법

"하늘은 스스로 돕는 자를 돕는다."라는 속담이 있다. 이 말은 아동복지를 포함한 가족복지와 사회복지 분야에서 한부모가정은 물론, 다양한 가족지원정책을 수립하는 국가적 차원에서도 숙고해야 할 바가 있다. 특히 자유민주주의와 시장경제를 지향하는 우리나라에서는 더욱 그러하다. 다시 말하면 한부모가정의 구성원들 나름대로 힘을 모아 최선을 다해 노력해야 하고, 사회와 국가에서도 복지 이념을 고려하여 적절한 지원책을 수립하고 실천해야 하는 것이다.

한편 격변의 시대에서는 한부모가정의 삶이 더욱 어려워질 수 있으므로 윈윈효과(Win-Win Synergy)를 발휘할 수 있도록 협력체제를 형성하는 것이 매우 중요하다. 따라서 한부모가정의 아동을 위한 지향점을 고려하여 우선순위를 정해서 수준 높게 실천해야 한다.

한부모가정의 아동의 복지를 보장하기 위해 가장 우선적으로 지원해야 할 것은 한부모가족이 여러 가지 생활상의 어려움을 이김과 동시에 희망을 지니고 끝까지 더 이상의 해체 없이 건강한 한부모가족으로 생활해가도록 지원하는 것이다.

1) 한부모가정의 아동을 위한 법적 실천

한부모가정의 아동을 위한 복지실천은 여러 관계법에 근거한다. 대표적으로 한부모가족의 복지를 위한 정책에서 기본법적 기능을 하는 「한부모가족지원법」과 가족정책에서의 기본법인 「건강가정기본법」을 들 수 있다. 그리고 한부모가족으로서의 신분에 관한 「민법」과 경제적 측면에서 자녀양육에 도움을 제공하는 「국민기초생활 보장법」 등이 있으며, 이 외에도 아동에 대한 직·간접적인 실천의 근거가 되는 아동 및 청소년복지 관계법을 들 수 있다.

(1) 한부모가족지원법

이 법은 다양한 가족형태 중에서 특히 한부모가족에 초점을 맞추어 한부모가족으로 가족구조가 변화하게 됨에 따라 발생하는 위기를 극복하고 한부모에 의해 유지되는 삶에서도 안정을 찾아 성장할 수 있도록 지원하기 위해 제정되었으며, 가족의 일원으로서의 아동에 대한 지원이 포함되어 있다.[6] 또한 한부모가족에 대한 지원을 위해 국가와 지방자치단체의 책임과 역할을 매우 강조하고 있을 뿐만 아니라, 복지효과를 제고하기 위한 국민의 협력에 대해서도 명시하고 있다.

① 목적

이 법의 목적은 한부모가족이 안정적인 가족 기능을 유지하고 자립할 수 있도록 지원함으로써 한부모가족의 생활 안정과 복지 증진에 이바지하는 것이다.

② 국가와 지방자치단체의 책임

- 국가와 지방자치단체는 한부모가족의 복지를 증진할 책임을 진다.
- 국가와 지방자치단체는 한부모가족의 권익을 지원하기 위하여 노력하여야 한다.
- 국가와 지방자치단체는 한부모가족에 대한 사회적 편견과 차별을 예방하고, 사회구성원이 한부모가족을 이해하고 존중할 수 있도록 교육 및 홍보 등 필요한 조치를 하여야 한다.
- 국가와 지방자치단체는 청소년 한부모가족의 자립을 위하여 노력하여야 한다.

③ 한부모가족의 권리와 책임

- 한부모가족의 모(母) 또는 부(父)는 임신과 출산 및 양육을 사유로 합리적인 이유 없이 교육·고용 등에서 차별을 받지 아니한다.
- 한부모가족의 모 또는 부와 아동은 그가 가지고 있는 자산과 노동능력 등을 최대한으로 활용하여 자립과 생활 향상을 위하여 노력하여야 한다.
- 한부모가족의 모 또는 부와 아동은 한부모가족 관련 정책결정 과정에 참여할 권리가 있다.

6) 「한부모가족지원법」은 6·25전쟁으로 인해 발생된 미망인과 자녀의 지원을 위해 모자복지법(1989)으로 출발되었으며, 급격한 사회변화에 따라 부(父)가 양육하는 자녀도 증가함에 따라 모부자복지법(2002)으로 개정되었다. 그리고 여성학과 가족학에 관한 연구성과에 힘입어 성(gender)의 관점에서 본 여성과 남성 및 모와 부의 역할을 고려함과 동시에 편부, 편모에 대한 심리적 낙인감을 느끼지 않도록 한부모가족지원법(2007)으로 재개정되었다.

④ 한부모가족의 날

한부모가족에 대한 국민의 이해와 관심을 제고하기 위하여 매년 5월 10일을 한부모가족의 날로 한다.

⑤ 생계비와 양육비 지원

- 기본생활지원: 생계가 어려운 모자 및 부자가족에게 일정 기간 동안 주거와 생계를 지원
- 공동생활지원: 출산 후 해당 아동을 양육하지 아니하는 미혼모 또는 미혼모와 그 출산 아동으로 구성된 미혼모자가족에게 일정 기간 동안 공동생활을 통하여 자립을 준비할 수 있도록 주거 등을 지원
- 자립생활지원: 자립욕구가 강한 모자 및 부자가족에게 일정 기간 동안 주거를 지원
- 미혼여성 기본생활지원: 미혼 여성의 임신·출산 시 안전 분만 및 심신의 건강 회복과 출산 후의 아동의 양육 지원을 위하여 일정 기간 동안 주거와 생계를 지원

아동권리 & 아동복지 이야기

출처: 여성신문(www.womennews.co.kr). 2018.09.10.

토 의

한부모에게 '그림의 떡'인 정책은 결과적으로 아동의 권리에 따른 복지를 기대하기 어렵다. 어떤 정책이 '그림의 떡'이 되는지 토의해 보자(예: 빈곤 한부모에 대한 육아휴직).

⑥ 각종 지원서비스

- 아동의 양육 및 교육 서비스
- 교육 · 상담 등 가족 관계 증진 서비스
- 청소년 한부모에 대한 교육 및 자립지원

⑦ 한부모가족 복지시설

- 모자가족복지시설: 모자가족에게 편의를 제공하는 시설
- 부자가족복지시설: 부자가족에게 편의를 제공하는 시설
- 미혼모자가족복지시설: 미혼모자가족과 출산 미혼모 등에게 편의를 제공하는 시설
- 일시지원복지시설: 사실혼을 포함한 배우자가 있으나 배우자의 물리적 · 정신적 학대로 아동의 건전한 양육이나 모의 건강에 지장을 초래할 우려가 있을 경우 일시적 또는 일정 기간 동안 모와 아동 또는 모에게 주거와 생계를 지원하는 시설
- 한부모가족복지상담소: 한부모가족에 대한 위기 · 자립 상담 또는 문제해결 지원 등을 목적으로 하는 시설

(2) 건강가정기본법

이 법은 법명에서 보듯이 우리나라 가정과 가족을 위한 기본법이다. 최근 저출산을 넘어 초솔로사회(Super Solo Society)로의 진입에 대한 어려움이 제기되는 가운데 (아라카와 가즈히사, 2018), 동법에서는 건강가정을 형성하기 위한 혼인의 중요성과 함께 혼인한 가정을 효과적으로 지원하기 위해 다양한 지원을 명시하고 있으며, 그 대상 가정으로서 한부모가족이 포함되어 있다.

① 목적

이 법의 목적은 건강한 가정생활의 영위와 가족의 유지 및 발전을 위한 국민의 권리 · 의무와 국가 및 지방자치단체 등의 책임을 명백히하고, 가정문제의 적절한

해결방안을 강구하며, 가족 구성원의 복지 증진에 이바지할 수 있는 지원정책을 강화함으로써 건강가정 구현에 기여하는 것이다.

② 기본 이념

이 법이 지향하는 기본 이념은 가정이 가족 구성원인 개인의 기본적인 욕구를 충족시키고 사회통합을 위하여 기능할 수 있도록 유지 · 발전시키는 것이다.

③ 용어의 정의

- 가족은 혼인 · 혈연 · 입양으로 이루어진 사회의 기본 단위를 말한다.
- 가정은 가족 구성원이 생계 또는 주거를 함께하는 생활 공동체로서 구성원의 일상적인 부양 · 양육 · 보호 · 교육 등이 이루어지는 생활 단위를 말한다.
- 1인 가구는 1명이 단독으로 생계를 유지하고 있는 생활 단위를 말한다.
- 건강가정은 가족 구성원의 욕구가 충족되고 인간다운 삶이 보장되는 가정을 말한다.
- 건강가정사업은 건강가정을 저해하는 문제의 발생을 예방하고 해결하기 위한 여러 가지 조치와 가족의 부양 · 양육 · 보호 · 교육 등의 가정 기능을 강화하기 위한 사업을 말한다.

④ 국민의 권리와 의무

- 모든 국민은 가정의 구성원으로서 안정되고 인간다운 삶을 유지할 수 있는 가정생활을 영위할 권리를 가진다.
- 모든 국민은 가정의 중요성을 인식하고 그 복지의 향상을 위하여 노력하여야 한다.

⑤ 국가와 지방자치단체의 책임

- 국가 및 지방자치단체는 건강가정을 위하여 필요한 제도와 여건을 조성하고 이를 위한 시책을 강구하여 추진하여야 한다.
- 국가 및 지방자치단체는 시책을 강구함에 있어 가족 구성원의 특성과 가정유

형을 고려하여야 한다.

- 국가 및 지방자치단체는 민주적인 가정형성, 가정친화적 환경조성, 양성 평등한 가족가치 실현 및 가사노동의 정당한 가치 평가를 위하여 노력하여야 한다.

⑥ 가족 가치

가족 구성원은 부양 · 자녀양육 · 가사노동 등 가정생활의 운영에 함께 참여하여야 하고 서로 존중하며 신뢰하여야 한다.

⑦ 혼인과 출산

- 모든 국민은 혼인과 출산의 사회적 중요성을 인식하여야 한다.
- 국가 및 지방자치단체는 출산과 육아에 대한 사회적 책임을 인식하고 모 · 부성권 보호 및 태아의 건강보장 등 적절한 출산 · 육아환경을 조성하기 위하여 적극적으로 지원하여야 한다.

⑧ 가정의 날

가정의 중요성을 고취하고 건강가정을 위한 개인 · 가정 · 사회의 적극적인 참여 분위기를 조성하기 위하여 매년 5월을 가정의 달로 하고, 5월 15일을 가정의 날로 한다.

⑨ 기본 계획

여성가족부에서는 기본 계획을 수립할 때, 다음과 같은 사항을 포함해야 한다.

- 가족 기능의 강화 및 가정의 잠재력 개발을 통한 가정의 자립 증진 대책
- 사회통합과 문화계승을 위한 가족공동체 문화의 조성
- 다양한 가족의 욕구충족을 통한 건강가정 구현
- 민주적인 가족 관계와 양성 평등적인 역할분담
- 가정친화적인 사회 환경의 조성
- 가족의 양육 · 부양 등의 부담완화와 가족해체 예방을 통한 사회비용 절감

- 위기가족에 대한 긴급 지원책
- 가족의 건강증진을 통한 건강사회 구현
- 가족지원정책의 추진과 관련한 재정 조달 방안
- 1인 가구의 복지 증진을 위한 대책
- 5년 기준으로 가족실태조사 실시와 결과 발표
- 아동양육사업의 지원: 보육, 방과 후 서비스, 육아휴직제

(3) 민법

「민법」은 가족 관련법과 관계가 있다. 대표적인 예가 「입양특례법」이다. 한편 '가족법'은 「민법」의 범위 내에서 제4편 친족과 제5편 상속을 한 묶음으로 하여 부르는 법명이다. 한부모가정의 경우, 주로 친자양육권 및 재산분할 및 상속 등의 내용과 관계되며, 이러한 차원에서 법률적 부조가 이루어지고 있다.

〈표 12-1〉 민법상의 한부모가족 관련 지원내용

구분	지원내용
한부모가족 자녀양육비 청구소송	이혼가족 등 한부모가족의 자녀양육비 확보가 가능하도록 법률상담, 소송서류작성, 소송대리, 화해권유 등
미혼부를 상대로 하는 자녀인지 청구소송	친자관계 입증을 위한 법률상담, 유전자 검사 및 소송지원
자녀양육비 이행 확보	상대방이 자녀양육비 지급 의무를 이행하지 않을 경우, 자녀양육비 확보에 따른 법률적 지원(강제 집행, 과태료, 이행명령, 직접 지급명령, 담보제공 명령, 감치처분 신청 등)

2) 한부모가정의 아동을 위한 정책 및 행정적 실천

한부모로 살아간다는 것은 한 마디로 '한 아이'이자 '자녀'에 대한 사랑을 책임감으로 지키고자 하는 것이다. 이에 한부모가 극단적 개인주의로 자녀를 방임하거나 유기하지 않고 희망을 가지고 나아가는 태도를 지지하는 격려의 정책은 행복한 한부모가정을 이루는 데 기여한다. 따라서 국가는 모자가족, 부자가족, 미혼한부모

가족을 위한 다양한 정책을 실시하려고 노력하고 있다.

한부모가정에서의 아동을 위한 복지실천도 크게 두 가지 영역으로 나뉜다. 아동을 위한 실천과 부모를 위한 실천이 그것이다. 이에 따라 국가와 지방자치단체는 관계법에 근거하여 한부모가정에 대한 사회적 차별 및 편견을 예방하고 꿋꿋하게 생활할 수 있도록 필요한 지원을 하도록 규정하고 있다(서영숙, 황은숙, 2002). 한부모가정의 구성원인 아동을 위한 복지정책과 행정을 담당하는 주 행정부서는 여성가족부이며, 유관부서로서 보건복지부도 중요한 기능을 수행하고 있다. 특히 보건복지부와 유사한 업무를 수행하는 부분에 대해서는 부정적인 시각도 있다.

(1) 여성가족부에서의 한부모가정 아동을 위한 복지실천

여성가족부는 한부모가족을 포함하여 「건강가정기본법」에 근거하여 여러 가지 가족지원사업을 펼치고 있는데, 대표적인 지원사업으로는 가족 구성원의 정신적·신체적 건강지원, 소득보장 등 경제생활의 안정, 안정된 주거 생활, 태아검진 및 출산·양육의 지원, 직장과 가정의 양립, 음란물·유흥가·폭력 등 위해 환경으로부터의 보호, 가정폭력으로부터의 보호, 가정친화적 사회 분위기의 조성 등을 들 수 있다.

한부모가족은 모든 일반 가족과 함께 여성가족부의 여러 지원대상 가족일 뿐 아니라, 요보호 대상가족이기도 하므로 「한부모가족지원법」에 근거하여 여러 가지 지원을 받는다. 특별히 한부모가족이 지닌 자녀양육의 부담을 완화하고, 취약한 생활 부분을 보완하기 위해 여러 가지 가족정책을 수립하고 있다. 주요정책은 양육비지원과 주거지원 및 자립지원 등이다. 그리고 청소년한부모에 대한 교육정책도 포함되어 있다.

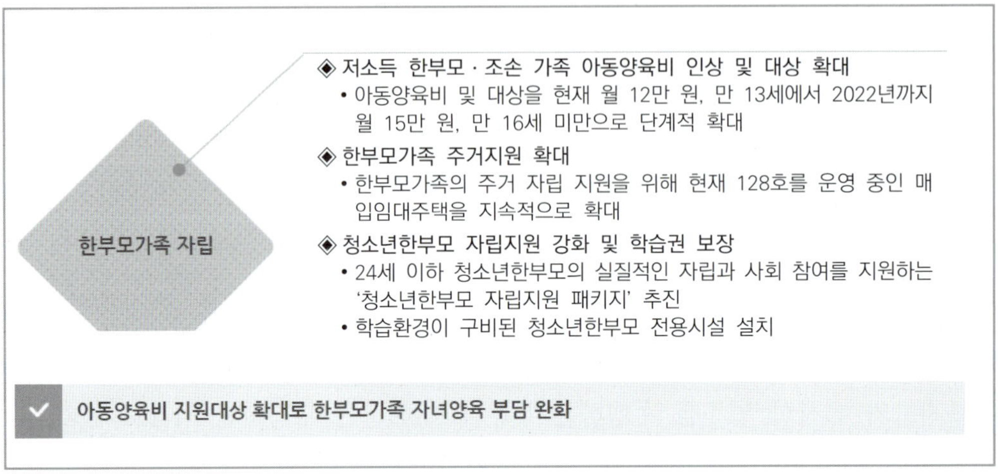

출처: 여성가족부(www.mogef.go.kr). 2019.

[그림 12-1] 여성가족부정책

여성가족부는 이러한 정책을 효과적으로 수행하기 위해 3년마다 한부모가족에 대한 실태조사를 실시하고 그 결과를 공표하고 있으며,[7] 또한 한부모가족을 위한 각종 정책은 산하 · 관련 기관을 통해 전달되고 있다.

(2) 보건복지부에서의 한부모가정 아동을 위한 복지실천

보건복지부에서는 한부모가족이 지닌 자녀양육의 부담을 완화하고, 여러 가지 취약한 생활을 보완하기 위해 관계법에 의거하여 맞춤형 정책을 수립하고 있으며, 이러한 정책에는 청소년한부모를 위한 정책도 포함되어 있다. 그리고 수립한 정책을 한국건강가정진흥원과 각 지방단체의 한부모가족지원센터와 복지시설을 통해 전달하고 있다.

(3) 국가 산하기관에서의 한부모가정의 아동을 위한 복지실천

여성가족부 산하의 한국건강가정진흥원과 건강가정지원센터에서는 다양한 복지실

7) 또한 여성가족부에서는 「건강가정기본법」에 따라 건강가정기본계획을 5년마다 수립하며, 각 지방단체 및 건강가정지원센터와 한부모가족복지시설을 통해 전달해야 한다.

천을 전개하고 있으며, 지방자치단체와 긴밀한 협조 체계를 이루고 있다.

① 한국건강가정진흥원

한국건강가정진흥원은 여성가족부 산하 특수법인으로 다양한 가족의 삶의 질의 제고 및 가족역량 강화를 위한 가족정책을 효율적이고 체계적으로 지원하여 건강한 가정생활의 영위와 가족의 유지 및 발전을 도모하기 위해 설립되었다. 여기에서 다양한 가족이란 한부모가족, 다문화가족, 북한이탈가족 등을 말한다.

- 전반적인 다양한 가족정책 요구에 맞춘 정책사업 개발의 필요성 증대에 따라 다양한 가족 형태에 따른 지원, 일과 가정의 양립을 위한 지원, 가족사업기관의 전문성 강화, 가족정책사업 관련 조사와 실적 분석 및 성과 관리를 통한 가족정책의 개발과 홍보 등을 수행한다.
- 다양한 가족정책을 지속적 · 적극적으로 추진하기 위해 민간위탁 방식이 지닌 한계를 극복할 필요성 증대에 따른 것이다. 구체적으로 건강가정지원센터와 다문화가족지원센터를 설립하고 운영을 지원한다.

특히 양육비 이행 지원에 관한 업무를 수행함으로써 자녀양육을 담당하는 한부 또는 한 모를 돕고 있다.

출처: 한국건강가정진흥원(www.kihf.or.kr)

[그림 12-2] 양육비 지원정책

② 건강가정지원센터

여성가족부가 시행하는 가족정책의 주요 전달체계로서 가족지원정책을 실천하기 위해 설립되었으며, 한부모가족을 위한 지원이 포함되어 있다.

(4) 자치단체에서의 한부모가정 아동을 위한 복지실천

중앙정부를 제외한 특별시 · 광역시 · 특별자치시 · 도 · 특별자치도 및 시 · 군 · 구에는 한부모가정 지원을 담당할 기구와 공무원을 두고 각 지역적 특성을 고려한 한부모가정 지원 업무를 수행하고 있다. 특히 서울특별시에서는 구(區)마다 한부모가족 지원센터를 설립하여 다양한 사업을 통한 한부모가정의 아동복지실천을 전개하고 있다.

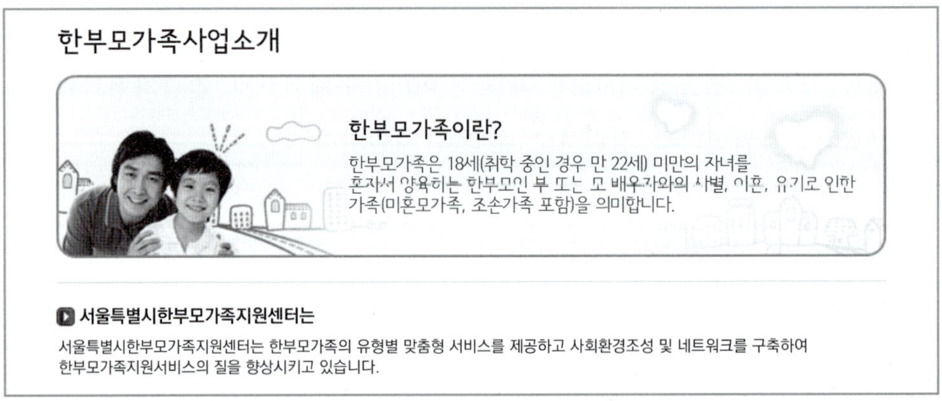

출처: 서울특별시한부모가족지원센터(www.seoulhanbumo.or.kr)

[그림 12-3] 지방자치단체의 한부모가족사업

- 한부모가족 자립지원 정보제공
- 한부모가족 권익증진사업
- 한부모가족 주거지원사업
- 한부모자립지원 생활밀착형서비스 '한부모생활코디네이터'
- 한부모학습 지원사업(좋은 부모지원)
- 한부모가족 역량강화사업

- 후원 및 한부모가족 특별지원사업
- 문화공연지원, 여행 지원, 결연 후원
- 자원봉사자 관리, 자원봉사자 교육, 자원봉사자 활동
- 미혼모부자 거점기관 운영
- 한부모가족 인식 개선 공모전
- 찾아가는 한부모가족 이해 교육
- 한부모가족복지시설 지원
- 정책개선을 위한 활동 및 정책제언의 장 마련
- 한부모가족 모두 함께 대축제
- 입소자 가족을 대상으로 한 연계사업(심리검사, 개인상담, 집단상담, 치료)

(5) 한부모가족 복지시설

「한부모가족지원법」에 규정된 각종의 한부모가족 복지시설에서 아동과 부모를 위한 제반 복지실천이 이루어지고 있다. 기혼의 부·모와 그 자녀를 위한 시설이 구분되어 있으며, 미혼모와 그 자녀를 위한 시설이 설립되어 있다. 동시에 공동으로 활용할 수 있는 시설도 설립되어 있는데, 이러한 시설은 일시적 보호 및 지원의 성격을 지닌다.[8]

(6) 민간단체에서의 한부모가정의 아동을 위한 복지실천

한부모가족 복지를 증진하기 위해 정부정책에 호응할 뿐 아니라, 더 발전적인 정책제언을 위해 민간단체의 노력이 필요하다. 대표적인 민간단체로서 사단법인 한국한부모가정사랑회가 있다.

구체적으로 다음과 같은 내용의 복지실천을 하고 있다.

- 한부모가정을 비롯한 다양한 가정을 존중하는 가정문화 확대

8) 한부모가족지원법 참조.

- 한부모가정 간의 정보교류 강화로 부모역할 증진 도모
- 한부모가정의 복지 증진을 위해 한부모가정 연구 추진
- 한부모가정 지원단체 간의 네트워크 강화
- 한부모가정 전문인력(한부모가정사) 육성

아동권리 & 아동복지 이야기

출처: 홀트아동복지회 / 여성가족부

토 의

Good 하며 꿋꿋하여 Happy 한 엄마와 아빠가 되기 위해서 청소년 한부모에게 정말 필요한 것은 무엇일까? 토의해 보자.

___

___

3) 한부모가정의 아동을 위한 전문적 실천

한부모가족은 일반 가족의 구조와 기능과는 다른 가족이다. 즉, 한 부, 한 모를 중심으로 이루어진 가족구조이며, 정도의 차이가 있지만, 대부분 아픔과 슬픔과 소외감을 경험한 가족이다(석주영, 박인전, 2009). 따라서 한부모가족이 지닌 배경과 상황적 특성을 고려하여 전문적인 실천이 이루어져야 한다.

한부모가정에서의 아동을 위한 복지실천은 크게 두 가지 영역으로 나뉜다. 한 부 또는 한 모를 위한 실천과 아동을 위한 실천이 그것이다.

(1) 아동을 대상으로 한 복지실천

한부모가정의 아동을 위한 복지실천도 두 가지 관점에서 접근한다. 하나는 일반 아동의 범주에 포함하여 접근하는 방법과 다른 하나는 한부모가정의 아동만을 대상으로 접근하여 실천하는 방법이 그것이다. 이 두 방법은 각각의 장·단점이 있으므로 장점은 살리고 약점은 피해 가는 지혜가 필요하다.

① 한부모가정의 아동이 포함된 교육

한부모가정의 아동을 대상으로 한 복지실천은 다른 아동복지 분야와 마찬가지로 교육이 중심이 된다. 실제로 교육은 누구에게나 영향력 있는 삶의 성장방법이자 도구이지만, 한부모가정의 아동인 경우는 더욱더 강한 힘을 가진다. 왜냐하면 한부모가정의 아동이 지닌 여러 가지 정서적·교육적 문제뿐만 아니라, 한부모가정의 아동에 대한 편견과 차별 등은 교육에 의해서 가장 효과적으로 완화시킬 수 있기 때문이다.

한부모가정의 아동이 포함된 교육은 교육 주제와 내용이 한부모가정의 아동에 초점을 맞춘 것일 뿐, 교육 방식은 일반적인 아동교육 방식과 크게 다르지 않다. 대표적인 교육이 한부모가족에 대한 반편견교육이다(양한연, 이주연, 2010). 이는 한부모가정에 대한 사회 인식의 제고를 위한 교육으로서 정규교육 과정과 통합되기도 하고, 특별 프로그램으로 진행되기도 한다. 대체로 유아교육·보육기관과 초등학교 및 종교기관을 대상으로 실시되며, 정규교육 과정 해당 기관의 교사가 담당할 수도 있고, 한부모가정 관련 전문 강사에 의해 실시되기도 한다.

② 한부모가정의 아동만을 위한 교육

한부모가정의 아동만을 위한 교육은 성장과 적응에 초점이 맞추어진다. 주요 내용은 한부모가정에 대한 이해, 자존감과 자신감의 함양, 대인관계 향상, 학습지원 등이다.

아동권리 & 아동복지 이야기

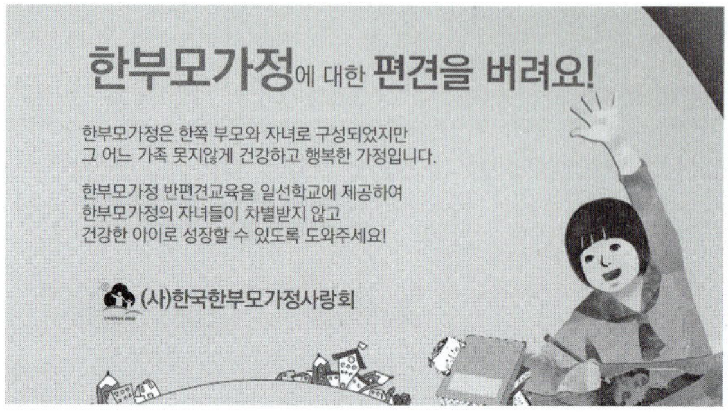

출처: 한국한부모가정사랑회(www.hanbumo.org)

토 의

한부모가정에 대한 편견을 가지지 않기 위해서 어떤 태도를 지녀야 할 것인지에 대해 토의해 보자.

③ 아동을 대상으로 한 아동상담과 치료

한부모가정의 아동을 대상으로 한 교육만으로는 건강한 적응과 성장 발달을 기대하기가 어려운 경우가 있으며, 아동의 상태를 고려하여 상담 또는 치료가 이루어진다. 상담과 치료는 기본적으로 요보호 상태의 아동을 위한 접근방법이며, 아동이 당면하고 있는 문제의 정도가 약할 때는 해당 기관의 교사가 담당할 수도 있고, 한부모가정지도사에 의해 실시될 수도 있다.

문제의 정도가 심할 때는 놀이치료 또는 치료놀이 전문가가 담당한다(김선영, 박성매 외, 2013; 박설미, 여인숙, 2009). 개별 치료가 기본적인 접근이지만, 집단의 역동성이 효과적이라고 판단되는 경우에는 동일한 관심이나 문제를 지닌 여러 명의 아동들을 모아 진행한다. 특히 어린 아동의 경우에는 '놀이'를 활용하며, 크게 놀이치료와 치료놀이 방법을 활용한다(김정희, 정다운, 2011; 오미경, 이수희, 2010). 또한 상담과 치료효과를 올리기 위해 부모와 가족이 함께 진행하기도 한다.

(2) 부-모를 대상으로 한 복지실천

과거는 물론 오늘날도 한부모가정의 현황을 보면, 부자가족보다 모자가족이 많다. 따라서 소수인 부자가정보다 경제적 어려움에 봉착할 가능성이 더 높고, 실제로 그러하다. 따라서 모자가정의 자립지원은 생존 과제라 할 수 있다.

모자가족 중에서도 청소년한부모가정의 경우는 가장 열악한 환경에서 생활하게 된다. 따라서 이들의 용단에 대한 아낌없는 격려와 자립지원을 포함한 지원대책은 매우 필요하고도 중요한 의미를 지닌다. 또한 청소년한부모를 위한 정책도 포함되어 있다(여성가족부, 2020).

① 부-모를 대상으로 한 교육

자녀인 아동을 제대로 지원하기 위해 한부모가정의 부모는 다양한 교육을 받을 필요가 크다. 구체적으로 아동 양육에 대한 내용은 물론, 자신의 정서적 안정과 효과적인 자립을 위해서도 다양한 교육이 필요한 것이다(남현주, 윤형식 외, 2013; 박선주, 2015). 대체로 이러한 교육은 자조모임을 통해 운영된다. 특히 자녀양육에 관한 지원의 압권은 바른 양육관과 양육태도를 견지하면서도 효과적인 상호작용을 할 수 있도록 양육기술을 교육하는 것이며, 최근에는 SNS를 활용한 홍보를 통해 자조모임을 대상으로 한 부모교육도 실시되고 있다.

② 부-모를 대상으로 한 상담과 치료

한부모들은 그 발생배경에 따라 독특한 마음의 상처를 지니고 있다. 따라서 치유와 회복을 위한 정서지원은 한부모가족으로써 새출발을 하는 데 큰 심리적 원동력이 된다. 특히 청소년미혼한부모의 경우는 '부모됨'의 책임에 따라 매우 어려운 삶의 길을 선택한 귀한 부모들이다. 따라서 이들이 자신의 선택에 책임을 지면서 행복하게 살아갈 수 있도록 필요한 지원은 절실하며, 한부모가족단체뿐 아니라, 사회공헌을 실시하는 여러 관련 기관에서 이루어지고 있다(서현석, 진미정 외, 2014).

한부모가족을 위한 상담은 여성 및 가족과 관련된 단체 또는 기관을 중심으로 이루어지고 있는데, 예를 들면 사단법인 한국한부모가정사랑회, 건강가정지원센터 등이 있다. 각 기관에서 한부모를 위한 상담 전화를 마련하여 사별, 이혼, 미혼부모, 이혼 전 문제, 재혼문제, 자녀문제, 정부지원, 사회적 편견 등에 대해 상담 서비스를 제공하고 있으며, 전화 이외에도 인터넷과 면담을 통해서도 실시하고 있다.

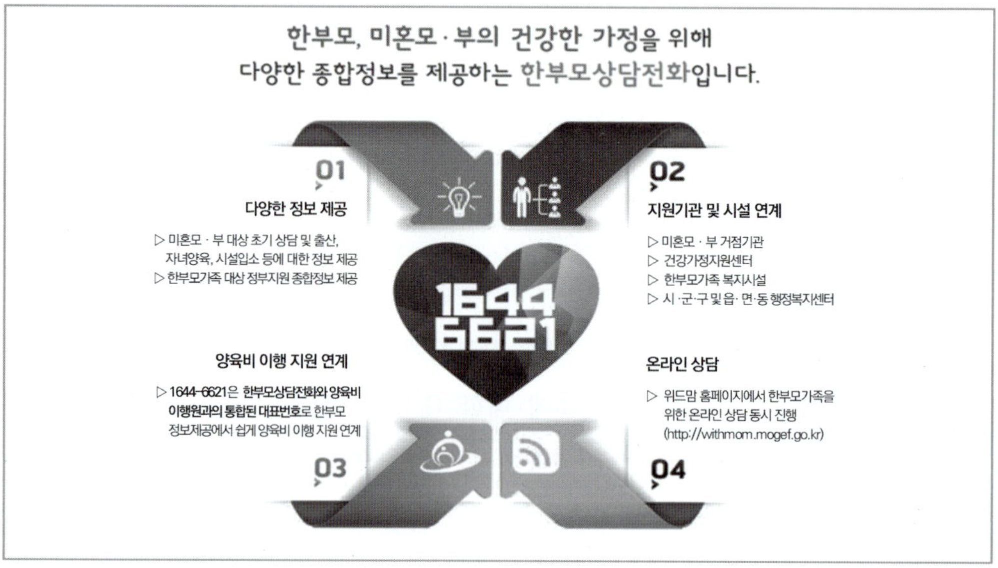

출처: 건강가정지원센터(www.familynet.or.kr)

[그림 12-4] 한부모가족 상담

한부모가정의 아동과 부모를 대상으로 한 교육과 상담으로도 그 가정이 당면한 문제를 해결하기 어려운 때가 있으며, 이때 다양한 치료기법을 사용하여 한부모를 돕게 되며, 다양한 가족치료가 유용하게 활용된다. 가족치료는 가족을 하나의 체계로 보고, 그 체계 속의 상호작용 양상에 개입하여 가족 구성원이 당면하고 있는 문제를 해결하는 방법이다. 물론 가족치료를 실시함에 있어서도 가족의 문제가 다양하고 수준도 차이가 나므로 특정한 이론과 모델에 따르게 되며, 독서치료, 음악치료, 미술치료 등 여러 가지 기법들이 활용된다(박태영, 2007).

아동권리 & 아동복지 이야기

출처: 서울특별시한부모가족지원센터(www.seoulhanbumo.or.kr)

Q & A

한부모가정은 어떤 주제로 상담을 신청할까?

____

____

(3) 전문가를 대상으로 한 교육실천

한부모가정의 아동들이 가정을 떠나 개별적으로 보호를 받을 수 있는 공간은 바로 교육기관이다. 그러므로 각급 학교의 교사는 한부모가정의 아동을 잘 이해함으로써 적응과 성장을 도울 수 있는 매우 중요한 역할을 담당하는 전문가이다. 이러한 관점에서 교사를 대상으로 교육프로그램이 개발 · 실시되고 있으며, 주요 교육주제는 반편견교육, 정서적 지지교육, 학습지원교육 등이다. 이러한 교육프로그램에서 공통적으로 다루어지는 내용은 한부모가정에 대한 인식 제고, 한부모가정의 배경, 한부모가정의 아동들의 발달특성 등이다.

출처: 한국한부모가정사랑회(www.hanbumo.org)

[그림 12-5] 한부모가정지도사

Child First!

「한부모가족지원법」에 의해 자신이 한부모가족이라는 자격을 확인하기 위해 작성해야 할 증명서이다.

[별지 제6호 서식] 〈개정 2010.8.17〉

한부모가족증명서	
성 명	
주민등록번호	
주소(시설소재지)	
세대주 성명(시설명)	
세대주와의 관계	
용 도	

「한부모가족지원법」 제5조에 따른 한부모가족보호대상자임을 신청하오니
증명하여 주시기 바랍니다.

년 월 일

신청인 (서명 또는 인)

대상자와의 관계

특별자치도지사 · 시장 · 군수 · 구청장 귀하

발급번호	제 호

위와 같이 증명합니다.

년 월 일

특별자치도지사 · 시장 · 군수 · 구청장 직인

※ 첨부서류: 없음	수수료
	없음

210㎜×297㎜(신문용지 54g/㎡)

살 펴 보 기

한부모의 '한'의 의미는 한 부, 한 모로서도 온전할 수 있다는 의미를 담고 있다.[9] 이 증명서를 보게 되는 한부모가족들은 어떤 생각을 할 수 있을 것인지에 대해 서로의 느낌을 말해 보자.

9) 한국한부모가정사랑회의 설립 배경에 제시되어 있다.

제 13 장

다문화가정 아동의 권리와 복지실천

교통통신의 발달로 '세계는 하나'라는 용어가 실감나는 세상에 살고 있다. 이 '하나'에는 국제결혼을 통한 다문화가정이 점점 증가하고 있는 추세도 포함되고 있다.

실제로 '다르다'는 것은 강점인 동시에 약점이 되며, 최근에는 인간발달은 물론, 일상 및 전문적인 생활에서 타고났거나 학습이 되어 강점화된 능력을 강화하는 것이 훨씬 효과적이라고 보고 있다. 사실 강점과 약점은 동전의 양면일 수도 있지만, 다문화가정에서는 아동을 포함한 전 가족이 지닌 현실적 약점을 극복하고 강점을 살리는 것이 더 중요하다.

다문화가정의 아동을 진정한 글로벌 영리더로 키움과 동시에 글로벌 사회로 앞당기기 위해서는 사회-국가-국제적인 차원에서의 통합적이고 강한 지지가 필요하다.

제13장에서는 다문화가정에서 자라는 아동의 권리를 보장하기 위한 다양한 복지실천에 대해 살펴본다.

1. 다문화가정의 아동에 대한 기초 이해

'각양각색(各樣各色)'이라는 말이 있다. 모양과 색이 각각 다르다는 말이다. 한 마디로 다양성을 뜻하며, 여기에는 인종과 국적의 다양성도 물론 포함된다. '다다익선(多多益善)'이라는 말도 있다. 많으면 많을수록 유익이 된다는 뜻이다.

다문화가정[1)]은 그야말로 다양한 인종이나 다양한 문화적 배경을 지닌 두 남녀가 결혼하여 이룬 가정을 말한다. 따라서 이러한 가정에서 자녀를 양육하며 행복한 삶을 누리기 위해서는 시너지(Synergy)를 내게 하면 된다. 즉, 다문화가정의 노력과 사회와 국가의 노력이 포함된다.

1) 다문화가정의 정의와 형태

다문화가정(Multi Cultural Family)의 사전적 정의는 다양한 문화가 공존하는 가족을 말한다. 여기에서 문화란 '국가'와 '두 남녀의 결합'이 동시에 결합된 것이다. 다문화가정의 형태도 마찬가지이며, 어느 한 나라로의 이주와 관련된다.

복지는 관계법에 근거하여 이루어지므로 다문화가정의 정의와 형태는 다문화가정의 복지와 관련하여 기본법적 성격을 지니는 「다문화가족지원법」에 규정되어 있다. 단독법이 제정된 것은 다문화가정이 당면하고 있는 어려움이 크고, 점점 증가하고 있기 때문에 제대로 지원하기 위해서이다.

(1) 다문화가정의 정의

두 명의 남녀가 다른 국가의 국적을 가지고 살아오다가 어느 한 나라가 정한 결혼관련법에 근거하여 부부가 되고, 자녀를 낳아 가족이 확대되는 과정을 통해 다문화가정이 된다. 우리나라의 경우, 「다문화가족지원법」에 규정되어 있다.

1) 맥락에 따라 다문화가정 및 다문화가족을 혼용하여 사용한다. 또한 복지는 법에 근거하여 실시되므로 국가적 지지부분은 「다문화가족지원법」을 따른다. 이는 '한부모가정의 아동을 위한 복지실천'과 동일한 접근이다(제12장 참조).

- 「재한외국인 처우 기본법」에 의한 결혼이민자와 「국적법」의 규정에 따라 대한민국 국적을 취득한 자로 이루어진 가족
- 「국적법」에 따라 대한민국 국적을 취득한 자 및 대한민국 국적을 취득한 자로 이루어진 가족
- 다문화가족의 구성원으로서 '결혼이민자 등'에 해당되는 가족으로 「재한외국인 처우 기본법」에 의한 결혼이민자와 국적법에 따라 귀화 허가를 받은 자

이와 같이 복지와 관련된 다문화가정과 가족의 개념은 이민, 귀화 및 국제결혼 등에 의한 법적 국적취득과도 당연히 관련된다.[2)]

(2) 다문화가족의 형태

다문화가족의 형태는 다문화가족의 정의와도 관련되며, 인종, 국적, 결혼, 이주지역, 성(性) 등의 요소들에 따라 구분된다.

- 국제결혼가족: 국경을 넘나든 결혼으로 이룬 가정을 말한다.
- 이주민가정: 이주노동자와 유학생으로 이루어진 가정을 말한다.
- 이주여성가정: 한국인 남성과 결혼하여 이룬 가정을 말한다.
- 이주남성가정: 한국인 여성과 결혼하여 이룬 가정을 말한다.
- 혼혈인가정: 다른 인종 사이에서 태어난 자녀가 포함되는 가정을 말한다.

이러한 다문화가정을 우리나라의 관점에서 보면, 한국으로 이주한 여성과 결혼하여 자녀를 낳아 한국 국적을 취득하여 형성한 가족과 한국으로 이주하여 남성과 결혼하여 자녀를 낳아 한국 국적을 형성한 가정으로 대별할 수 있다. 즉, 출산과 양육이 전제된 가정을 말한다.

---

2) 이러한 가족의 구성원으로서 '아동 · 청소년'은 청소년 관계법의 규정에 의해 24세 이하인 사람을 말한다.

2) 다문화가정의 배경과 특성

다문화가족의 배경과 특성은 다문화가정의 증가 사유 및 「다문화가족지원법」에 명시한 정의와 형태에서 파악할 수 있으며, 이는 서로 관련된 두 가지로 살펴볼 수 있는데, 하나는 인구학적 측면과 다른 하나는 사회문화적인 측면이다.

인구학적 측면에서 볼 때, 우리나라 여성의 경우, 6·25 전쟁을 기점으로 시작된 국제결혼의 증가와 함께 산업화 및 초고속 정보화를 거침과 동시에 여성의 교육 수준과 경제 수준의 향상에 따라 남성 배우자에 대한 기대 수준이 높아졌다. 그 대신 결혼의 필요성에 대한 욕구 수준도 낮아졌다. 이에 반해 특히 농업과 미숙련직에 종사하는 우리나라 남성의 경우, 여성에 비해 상대적인 사회적 능력의 약화로 배우자 구하기가 어려워졌다. 이러한 상황에서 취해진 대표적인 조치로 '농촌 총각 장가보내기 운동'을 들 수 있다.

한편 사회문화적인 측면은 이제 너무나 친숙한 '글로벌', '지구는 하나' 및 '세계는 한 가족' 등의 용어에서 찾아볼 수 있다. 다시 말하면 이제는 국제적으로도 다문화에 대한 인식이 높아지고, 경우에 따라서는 다문화가 국제경쟁력일 수 있다는 인식이 고조되었다는 점이다.

(1) 부모의 배경과 특성

'다문화가정'의 용어에서 알 수 있는 바와 같이 다문화가정의 부모의 배경은 다양하며, 생활상의 어려움에 따른 특성을 지닌다.

- 언어와 문화 차이로 인한 의사소통 어려움: 부부-부모-가족관계
- 사회적 편견과 소외: 학력과 연령의 격차로 인한 활동, 직업 영역
- 경제적 어려움: 언어, 학력, 편견에 따른 직업의 불안정과 성장 제한

(2) 아동의 배경과 특성

다문화가족에서의 아동의 배경과 특성은 부모와 그 맥락을 같이하지만, 자라나는 아동으로서 부모와 차이가 나는 점은 주로 보육·교육기관에서의 놀이와 학습 등과 관련된 문제들이다. 단일문화의 일반가정에 비해 한계점 또는 제한점이 더 많지만, 장점도 있다.

- 발달 지체: 부모의 양육능력 부족에 의한 전반적인 발달 영역
- 차별과 소외: 가족배경, 외모와 말씨 등에 의한 주변의 접근 제한과 배제
- 정체성 혼란과 부적응: 인종, 국적, 부모와 가족 상황에 따른 정체성 혼미
- 낮은 학업 성취도: 언어 미발달, 자존감과 자신감 저하, 학습동기 저하
- 다중문화의 접근강점: 이중언어, 문화, 외모와 체격의 특이점

요약하면, 다문화가정의 부모와 아동에 대한 이해는 이들을 위한 복지실천에서 지향점을 확인해 주고, 이에 따른 적합하고도 다양한 실천을 가능케 한다. 다문화가정의 아동을 위한 복지실천이 요청되는 강력한 이유는 그 무엇보다도 아동의 성장과 발달을 기할 수 있는 최선의 양육자는 가능한 한 친부모이며, 최선의 장소는 가정이라는 기본 전제를 바탕으로 한다. 따라서 다문화이지만, 이 두 가지 전제가 서로 잘 기능할 수 있도록 지원하는 것이 매우 중요하다.

“부부관계가 좋으면 거의 부모-자녀관계는 좋다.”는 말은 모든 가정에 적용되지만, 특히 언어적 소통과 문화적 적응에 제한이 있는 다문화가정에는 더욱 중요한 행복 요소가 된다. 따라서 부부가 건강한 소통력을 지닐 수 있도록 지원하는 것은 행복한 부모-자녀관계로 이어지도록 지지하는 힘을 발휘한다. 결과적으로 이 점을 강조한 실천과 효과는 궁극적으로 아동의 복지를 증진시키는 데 기여한다.

Child First!

출처: 교육부 - 모든 아이는 우리 모두의 아이(www.moe.go.kr)

살 펴 보 기

어떻게 함께하며, 어떻게 큰 울림을 일어나게 하는지 살펴보자(*다문화 너나들이 축제).

____

____

2. 다문화가정에서의 아동복지실천을 위한 지향점

'기러기 여행'을 다룬 동영상이 있다. 영상에서 던진 질문은 "왜 기러기는 떼를 지어 그 먼 거리를 이동하는가?"였다. 그 답은 간단명료하다. "살기 위해서 이동할 수밖에 없다."는 것이다.

다문화가정을 이룬 사람들은 더 잘 살기 위해서 낯설고 물선 땅으로 이동한 것이다. 그렇지만, 이동한 땅에서의 삶은 결코 녹록하지 않다. 어떻게 해야 하는가? 이 질문에 대한 답은 다문화가족이 더 잘 살 수 있도록 돕는 것이다. 아동복지분야에서는 구체적인 다문화가정 아동을 위한 복지실천의 지향점을 찾아 실천하는 것이다. 즉, 다문화가족이 '기댈 수 있는 적절한 수준의 제도적인 복지 언덕'을 마련해 줌으로써 다문화가족이 적응적이고 발전적인 삶을 살도록 하는 것이다. 이는 건강한 사회통합을 이루는 데 기여한다.

1) 다문화가정의 아동을 위한 복지실천의 지향점

다문화가정의 아동을 위한 복지실천에서의 분명한 지향점은 어렵게 이룬 가정이 해체되지 않고 가족이 부모와 함께 희망을 안고 지속적으로 생활하는 것이다. 단도직입적으로 말하면 부모가 별거 · 이혼하지 않고 함께 동거하고, 또한 아동이 부모로부터 방임 · 유기 · 학대당하지 않는 것이다.

이러한 지향점을 설정해야 하는 이유는 두 가지로 설명된다. 하나는 부모가 직면하고 있는 위험 요인이고, 다른 하나는 아동을 위한 가치 요인이다. 구체적으로 말하면 다문화가정이므로 부모들이 매일 풀어야 할 과제들이 산적해 있는데, 이를 지혜롭게 풀지 못하면 역기능적 가정이 될 가능성이 높기 때문이다. 다른 하나는 문화가 다르므로 적응이 어려운 다문화가정의 부모이지만, 분명한 친부모 또는 친모, 친부와 함께 가정에서 생활하는 것이 가장 좋은 아동의 복지를 실현할 수 있다고 보기 때문이다(김민정, 김희영, 2015; 김혜미, 문혜진, 2013). 이 점은 국제협약

CRC에서도 친부모에 의한 가정에서의 양육을 최우선적으로 고려하고 있다는 점을 통해 확인할 수 있다.

아동권리 & 아동복지 이야기

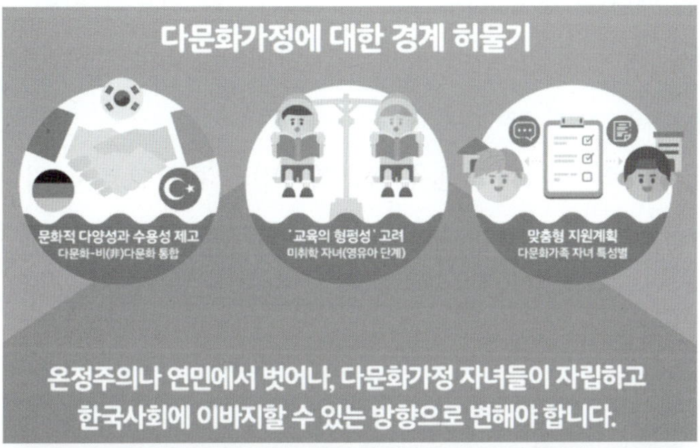

출처: 김포저널(http://m.gimpojn.com/news/) / 제주 픠창집/이방댁

正 論

좋은 담이 좋은 이웃을 만든다. - 로버트 프로스트, 『담을 고치며』 -

이러한 맥락에서 「다문화가족지원법」을 제정하면서까지 다문화가정의 아동을 부모와 가족을 통해 지원하려고 하는 중요한 이유는 아동이 친부모와 함께 가정에서 생활하고 있지만, 다문화가정의 아동이 되기 전의 생활이 결코 녹록지 않았거나 또는 다문화가정의 아동이 된 이후의 생활도 쉽지 않을 가능성이 높기 때문이다. 또한 다문화가정에서 태어난 경우는 그 정도가 낮을 수 있지만, 국적 변경과 국적취득에 따라 천차만별이라고 표현해도 무리가 없을 정도로 가정 상황은 매우 다양하기 때문이다. 즉, 이주여성가정, 이주남성가정, 재혼가정, 초혼가정, 핵가족, 대가족, 배다른 형제 유무 등은 물론 언어와 외모의 차이 등에 따라 매우 역동적인 생활을 해야 하고, 이에 따라 직·간접적으로 다양한 어려움을 겪을 수 있기 때문이다(강유임, 2013; 오정아, 2019).

물론 글로벌 경쟁력이 강화되면서 다문화가정의 아동으로서 지니는 강점도 있다. 두 가지 이상의 언어 사용과 두 가지 이상의 문화 수용과 함께 이를 바탕으로 한 역량 발휘가 그것이다(유희정, 이희선 외, 2009). 그러므로 다문화가정의 아동의 개별적 상황에 맞추어 적절히 대응하도록 지향해야 한다.

2) 다문화가정의 부모를 위한 복지실천의 지향점

다문화가정의 부와 모는 매우 다양한 동기와 목적으로 다문화가정을 이루게 된다. 그러므로 다문화가정의 부모를 위한 복지실천에서의 분명한 지향점은 아동과 거의 동일하다. 다문화가정을 이루게 된 목적을 생각하여 부부가 별거·이혼하지 않고 가정을 유지해야 하는 것이다. 이렇게 하는 것이 아동을 방임·유기·학대 상태에 내몰게 하지 않음으로써 아동의 복지를 보장할 수 있는 일차 방어선이 되기 때문이다.

즉 우리나라에서 시작한 새로운 가정생활이 정상적으로 유지되지 못하고 해체된다면 해당 가족에게는 두말할 것도 없이 우리 사회의 안정과 번영에서도 결코 바람직하지 않다(김영춘, 이관식, 2013; 윤지영, 허은경, 2017). 도전의 삶이 유종의 미를 거둘 수 있도록 행복한 부부가 되어야 할 뿐 아니라, 자녀도 더욱 잘 양육하여야 한다. 대체로 어려웠던 자신들의 삶이 자식들에게 대물림되도록 해서는 안 된다. 더구나, 더욱 심화되고 있는 개인주의에 따라 자칫하면 이전의 생활보다도 더 못할 가능성도 배제하기 어렵기 때문이다.

Child First!

경기도는 다문화가정 밀집지역이다. 경기연구원(2016)이 주관한 연구에서 "최근 미국이나 서구에서 급격히 부각되는 다문화사회의 위기는 이민자 2 · 3세가 정규교육에서 낙오돼 취업하지 못하고 사회 변두리 밖으로 밀려나 그중 일부가 결국 '외로운 늑대'(자생적 테러리스트)로 돌변하는 구조적인 문제가 자리하고 있다."라는 동향을 언급하였다. 동시에, 향후 우리나라가 직면할 가능성이 큰 부분에 대해 우려와 함께 지혜로운 대응책을 주문한 바 있다. 즉, 우리나라의 미래에 대해 "우리나라의 다문화가정 아동들 역시 10여 년 뒤 청년기에 도달하는 시점에서 나타날지 모를 학업부적응과 사회부적응 현상에 대해 현재 대응책을 마련하지 않으면 안 된다."라는 것이다.

출처: 이병호, 한승수(2016). 경기도 다문화가정 미취학 아동 지원방안 연구. 정책연구.

살 펴 보 기

곧 청소년기에 도달할 다문화가정의 아동들을 위해 무엇을 준비해야 할 것인가에 대한 전문가들의 견해를 살펴보자.

3. 다문화가정의 아동을 위한 실천방법

'손에 손잡고 벽을 넘어서~' 88올림픽 개최국의 주제곡으로 다 함께 불렀던 노래의 가사이다. 바로 올림픽 정신을 반영한 것이다. 또한 '서울은 세계로 세계는 서울로'라는 슬로건도 내걸었을 만큼, 서울은 물론 다른 지역에서도 다문화는 가속화되고 있다. 특히 오랫동안 단일 민족의 역사성을 지녔지만, 저출산의 몸살을 앓고 있는 우리나라에서 다문화사회로의 이행은 여러 가지 해결해야 할 문제가 있다. 더구나 점점 자라나서 청소년기-청년기로 이행하는 아동 · 청소년들을 고려할 때, 장기적인 대응책과 준비가 이루어져야 할 중대한 시점에 도달해 있다고 볼 수 있다.

그러므로 다문화가정에서 끝까지 견지해야 할 점은 두 문화가 지닌 배경의 강점을 잘 살리는 가운데 가정을 안정적으로 유지하는 것이다. 사실 예전과 달리 다문화에 대한 이해가 점점 높아진 만큼, 다문화가정이 번영할 수 있는 가능성은 점점 높아졌으므로, 다문화가정의 아동을 위한 지향점을 고려하여 우선순위를 정해서 수준 높게 실천해야 한다.

다문화가정 아동의 복지를 보장하기 위해 가장 우선적으로 지원해야 할 것은 다문화가정이 해체되지 않고 여러 가지 생활상의 어려움을 이기며 희망을 품고 끝까지 건강한 다문화가족으로 생활해가는 것이다.

1) 다문화가정의 아동을 위한 법적 실천

다문화가정의 아동을 위한 복지실천은 여러 관계법에 근거한다. 대표적으로 다문화가족의 복지를 위한 정책에서 기본법적 기능을 하는 「다문화가족지원법」과 가족정책에서의 기본법인 「건강가정기본법」[3]을 들 수 있다. 그리고 다문화가정을 형성하기 위한 국적법, 「재한외국인 처우 기본법」 및 경제적 측면에서 자녀양육에 도움을 제공하는 「국민기초생활 보장법」 등이 있으며, 아동에게 대한 직 · 간

3) 第12장 한부모가정의 아동복지실천의 법적 실천 부분 참조/ 「건강가정기본법」에는 다양한 가족의 욕구충족을 통한 건강가정을 구현하도록 규정하고 있다.

접적인 실천의 근거가 되는 유·아동 및 청소년복지 관계법을 들 수 있다. 특히 「영유아보육법」과 「아동복지법」, 「청소년복지 지원법」과 「청소년활동 진흥법」에 근거하여 이주 배경을 지닌 유·아동과 청소년을 돕고 있다.

(1) 다문화가족지원법

이 법은 다문화가족이 적응적인 삶을 살아 행복한 삶을 유지하도록 지원하기 위해 제정되었으며, 가족의 일원으로서 아동에 대한 지원도 포함되어 있다. 이를 위해 다문화가족에 대한 국가와 지방자치단체의 책임과 역할을 매우 강조하고 있을 뿐만 아니라, 복지효과를 제고하기 위한 국민의 협력에 대해서도 명시하고 있다.

① 목적

다문화가족 구성원이 안정적인 가족생활을 영위하고 사회구성원으로서의 역할과 책임을 다할 수 있도록 함으로써 이들의 삶의 질 향상과 사회통합에 이바지하는 것이다.

② 국가와 지방자치단체의 책무

국가와 지방자치단체는 다문화가족 구성원이 안정적인 가족생활을 영위하고 경제·사회·문화 등 각 분야에서 사회 구성원으로서의 역할과 책임을 다할 수 있도록 필요한 제도와 여건을 조성하고 이를 위한 시책을 수립·시행하여야 한다.

③ 다문화가족 지원을 위한 기본 계획의 수립

- 여성가족부장관은 다문화가족 지원을 위하여 5년마다 다문화가족정책에 관한 기본 계획을 수립하여야 한다.
  - 다문화가족 지원정책의 기본 방향
  - 다문화가족 지원을 위한 분야별 발전시책과 평가에 관한 사항
  - 다문화가족 지원을 위한 제도 개선에 관한 사항
  - 다문화가족 구성원의 경제·사회·문화 등 각 분야에서 활동 증진에 관한 사항
  - 다문화가족 지원을 위한 재원 확보 및 배분에 관한 사항

- 다문화가족의 현황 및 실태를 파악하고 다문화가족 지원을 위한 정책수립에 활용하기 위하여 3년마다 다문화가족에 대한 실태조사를 실시하고 그 결과를 공표하여야 한다. 구체적으로 아동·청소년의 교육현황 및 아동·청소년의 다문화가족에 대한 인식 등에 관한 사항도 조사하여야 한다.

④ 다문화가족에 대한 이해 증진

- 국가와 지방자치단체는 다문화가족에 대한 사회적 차별 및 편견을 예방하고 사회구성원이 문화적 다양성을 인정하고 존중할 수 있도록 다문화 이해 교육을 실시하고 홍보 등 필요한 조치를 하여야 한다.
- 교육부장관과 특별시·광역시·특별자치시·도·특별자치도의 교육감은 「유아교육법」과 「초·중등교육법」 또는 「고등교육법」에 따른 학교에서 다문화가족에 대한 이해를 돕는 교육을 실시하기 위한 시책을 수립·시행하여야 한다.

⑤ 생활정보 제공 및 교육 지원

- 국가와 지방자치단체는 결혼이민자 등이 대한민국에서 생활하는 데 필요한 기본적 정보(아동·청소년에 대한 학습 및 생활지도 관련 정보를 포함)를 제공하고, 사회적응교육과 직업교육·훈련 및 언어소통 능력 향상을 위한 한국어교육 등을 받을 수 있도록 필요한 지원을 할 수 있다.
- 국가와 지방자치단체는 결혼이민자 등이 대한민국에서 생활하는 데 필요한 기본적 정보를 제공하고, 사회적응교육과 직업교육·훈련 및 언어소통 능력 향상을 위한 한국어교육 등을 받을 수 있도록 필요한 지원을 할 수 있다. 아동·청소년에 대한 학습 및 생활지도 관련 정보를 포함한다.

⑥ 평등한 가족관계의 유지를 위한 조치

국가와 지방자치단체는 다문화가족이 민주적이고 양성평등한 가족관계를 누릴 수 있도록 가족상담, 부부교육, 부모교육, 가족생활교육 등을 추진하여야 한다. 이 경우 문화의 차이 등을 고려한 전문적인 서비스가 제공될 수 있도록 노력하여야 한다.

⑦ 가정폭력 피해자에 대한 보호 · 지원

- 국가와 지방자치단체는 「가정폭력방지 및 피해자보호 등에 관한 법률」에 따라 다문화가족 내 가정폭력을 예방하기 위하여 노력하여야 한다.
- 국가와 지방자치단체는 결혼이민자 등이 가정폭력으로 혼인관계를 종료하는 경우 의사소통의 어려움과 법률체계 등에 관한 정보의 부족 등으로 불리한 입장에 놓이지 않도록 의견진술 및 사실 확인 등에 있어서 언어통역, 법률상담 및 행정지원 등 필요한 서비스를 제공할 수 있다.
- 다국어에 의한 상담 · 통역 서비스 등을 결혼이민자 등에게 제공하기 위하여 다문화가족 종합정보 전화센터를 설치 · 운영할 수 있다.

⑧ 다문화가족지원센터의 설치 · 운영

- 국가와 지방자치단체는 다문화가족지원센터를 설치 · 운영할 수 있다.
  - 다문화가족을 위한 교육 · 상담 등 지원사업의 실시
  - 결혼이민자 등에 대한 한국어교육
  - 다문화가족 지원서비스 정보제공 및 홍보
  - 다문화가족 지원 관련 기관 · 단체와의 서비스 연계
  - 일자리에 관한 정보제공 및 일자리의 알선
  - 다문화가족을 위한 통역 · 번역 지원사업
  - 그 밖에 다문화가족 지원을 위하여 필요한 사업

⑨ 아동 · 청소년 보육 · 교육

- 국가와 지방자치단체는 아동 · 청소년 보육 · 교육을 실시함에 있어서 다문화가족 구성원인 아동 · 청소년을 차별하여서는 아니 된다.
- 국가와 지방자치단체는 다문화가족 구성원인 아동 · 청소년이 학교생활에 신속히 적응할 수 있도록 교육지원 대책을 마련하여야 하고, 특별시 · 광역시 · 특별자치시 · 도의 교육감은 다문화가족 구성원인 아동 · 청소년에 대하여 학과 외 또는 방과 후 교육프로그램 등을 지원할 수 있다.

⑩ 다문화가족 종합정보 전화센터의 설치 · 운영

- 여성가족부는 다국어에 의한 상담 · 통역 서비스 등을 결혼이민자 등에게 제공하기 위하여 다문화가족 종합정보 전화센터(이하 '전화센터')를 설치 · 운영할 수 있다. 이 경우 「가정폭력방지 및 피해자보호 등에 관한 법률」에 따른 외국어 서비스를 제공하는 긴급전화센터와 통합하여 운영할 수 있다(제4조의6 제1항 후단). 전화센터의 설치 · 운영에 필요한 사항은 여성가족부령으로 정한다.
- 전화센터의 설치 · 운영을 대통령령으로 정하는 기관 또는 단체에 위탁할 수 있다. 전화센터의 설치 · 운영을 위탁할 경우 예산의 범위에서 그에 필요한 비용의 전부 또는 일부를 지원할 수 있다.

(2) 국적법

이 법은 대한민국의 국민이 되는 요건을 정함을 목적으로 하며, 출생에 의한 취득, 인지에 의한 취득, 귀화에 의한 취득 및 기타 일반귀화가 있다.[4]

(3) 재한외국인 처우에 관한 법

이 법은 재한외국인 처우 등에 관한 기본적인 사항을 정함으로써 재한외국인이 대한민국 사회에 적응하여 개인의 능력을 충분히 발휘할 수 있도록 하고, 대한민국 국민과 재한외국인이 서로를 이해하고 존중하는 사회 환경을 만들어 대한민국의 발전과 사회통합에 이바지함을 목적으로 제정되었으며, 특히 국가 및 지방자치단체는 결혼이민자에 대한 국어교육, 대한민국의 제도 · 문화에 대한 교육, 결혼이민자의 자녀에 대한 보육 및 교육 · 의료 지원 등을 통하여 결혼이민자 및 그 자녀의 대한민국 사회에 빠른 적응을 지원하도록 규정하고 있다. 그리고 국민과 재한외국인이 서로의 문화와 전통을 존중하면서 더불어 살아갈 수 있는 사회 환경을

4) 인지(認知)에 의한 국적취득이란, 대한민국 「민법」상 미성년이며, 출생 당시에 부 또는 모가 대한민국의 국민일 때 국적을 취득할 수 있는 경우이다. 그리고 일반귀화의 요건은 5년 이상 계속하여 대한민국에 주소가 있으며, 대한민국에서 영주할 수 있는 체류자격을 가지고 있을 것, 대한민국의 「민법」상 성년일 것 등이다.

조성하기 위하여 매년 5월 20일을 세계인의 날로 하고, 세계인의 날부터 1주간의 기간을 세계인주간으로 한다.

2) 다문화가정의 아동을 위한 정책 및 행정적 실천

다문화가정을 이루어 살아가는 것은 지금보다도 더 나은 삶을 희구하는 것이다. 이러한 갈망은 모든 가족에게 다 해당하는 것이지만 다문화가정의 경우는 또 다른 의미를 지니고 있다. 그것은 한 마디로 예측하기 어려운 위험과 함께 벅찬 기쁨이 점철하는 '도전적 삶'을 살 가능성이 매우 높기 때문이다. 그러므로 당사자는 물론 주위 사람들의 적극적인 지지가 매우 필요하다.

다문화가정의 아동복지를 위한 정책과 행정은 두 가지 관점에서 의의를 파악할 수 있다. 하나는 아동이 가정에서 친부모와 함께 살도록 하는 것이며, 다른 하나는 다문화가정이 경험할 수 있는 위기는 극복하고, 오히려 기회로 전환하여 더 나은 삶을 살도록 지지하는 것이다.[5]

다문화가정에서의 아동을 위한 복지실천도 크게 두 가지 영역으로 나뉜다. 아동을 위한 실천과 부모를 위한 실천이 그것이다. 이에 따라 국가와 지방자치단체는 관계법에 근거하여 다문화가정에 대한 사회적 차별 및 편견을 예방하고 사회구성원이 문화적 다양성을 인정하고 존중할 수 있도록 다문화 이해 교육을 실시함과 동시에 인식 제고를 위한 홍보 등의 필요한 조치를 해야 한다고 규정하고 있다.

다문화가정의 구성원인 아동을 위한 복지정책과 행정을 담당하는 주 행정부서는 여성가족부이며, 유관 부서로서 법무부와 보건복지부 및 교육부도 중요한 기능을 수행하고 있다.

5) 다문화가정의 경우, 어느 한 부모는 친부모이고, 다른 한 부모는 친부모가 아닐 수도 있으나, 부, 모가 함께 생활하는 것으로 전제한다.

(1) 여성가족부의 다문화가정 아동을 위한 복지실천

여성가족부는 다문화가족을 포함한 모든 가족을 위해 「건강가정기본법」에 근거하여 여러 가지 가족지원사업을 펼치고 있다.

구체적인 사업은 다문화정책과에서 실시하고 있다.

- 중앙부처 및 지방자치단체의 다문화가족 지원정책 총괄
- 다문화가족정책위원회 실무위원회의 운영
- 다문화가족 관련 조사·연구 및 법령의 관리·운영
- 다문화가족지원센터의 운영 지원
- 다문화가족의 자녀 양육 지원에 관한 사항
- 결혼이민자의 경제·사회적 자립 지원
- 다문화가족 정책의 홍보
- 다문화 이해 교육에 관한 사항
- 다문화가족 종합정보 전화센터의 운영 지원
- 국제결혼 건전화와 결혼이민자 인권보호 관련 대책의 수립·시행
- 결혼중개업 등록·신고의 관리 및 피해 예방
- 국제결혼 예정자의 사전 준비 지원에 관한 사항

또한 이러한 정책과 행정을 효과적으로 실천하기 위해 다문화가족정책위원회를 설치·운영하고 있으며, 또한 다문화가족을 위한 각종 정책은 산하·관련 기관을 통해 전달되고 있다.

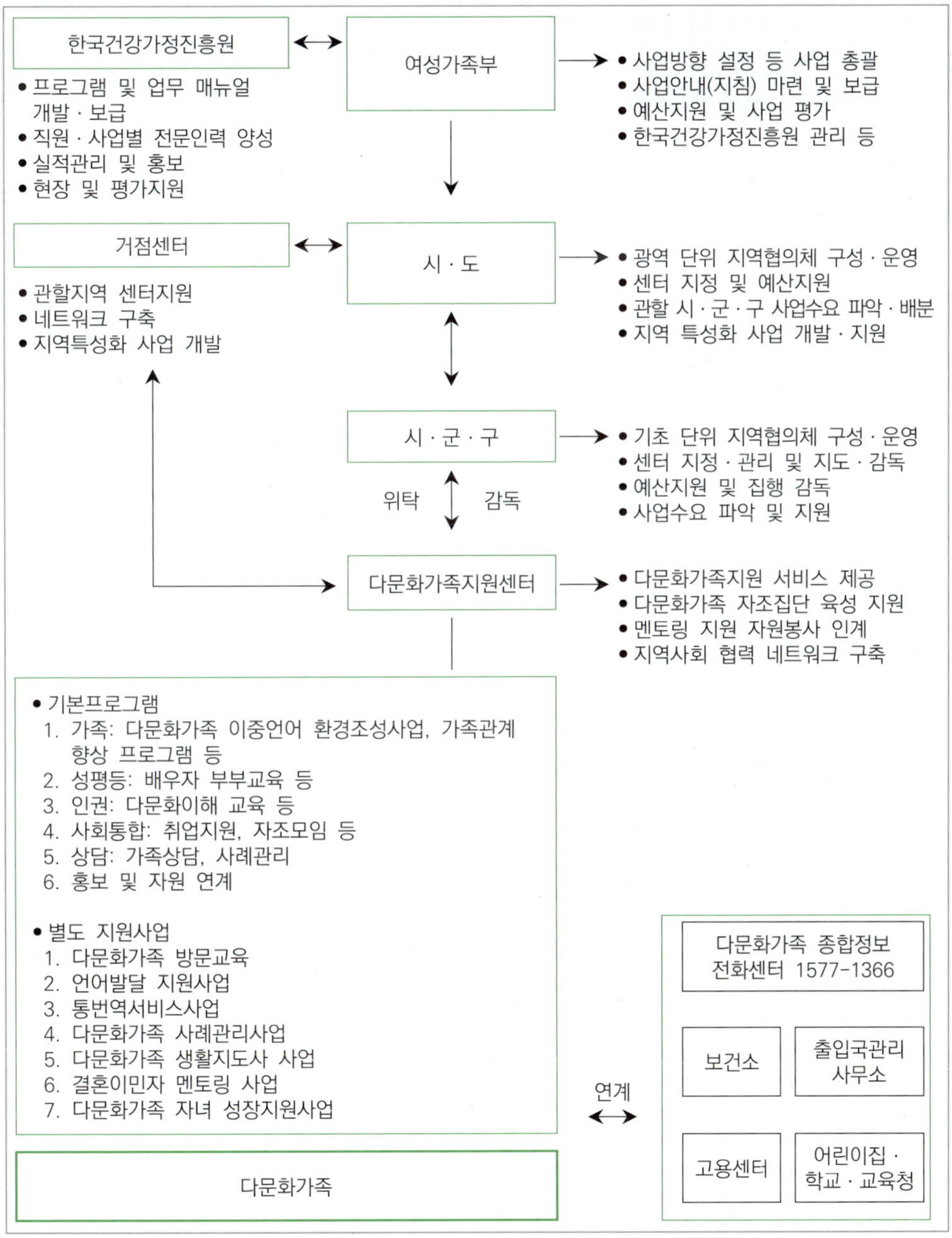

출처: 여성가족부(www.mogef.go.kr)

[그림 13-1] 다문화가정 아동복지정책의 전달

(2) 교육부에서의 다문화가정의 아동을 위한 복지실천

교육부에서는 주로 다문화가정의 아동, 부부, 가족을 대상으로 한 교육업무를 수행하고 있다. 이 교육 중에는 한국어교육도 포함되어 있으며, 한국교육제도의 적응을 위한 다양한 학습과 진로교육이 포함되어 있다.

이와 더불어, '우리는 하나'라는 입장에서의 정서적 지원도 상당히 중요하므로 아직도 잔재하고 있는 단일민족으로서의 우월성이라는 편견을 불식할 수 있도록 대국민홍보가 강화되어야 한다. 이때에도 우리 문화를 수용하여야 한다는 강압적 태도는 지양하고 다양성을 인정한 가운데 다문화가정이 지닐 수 있는 강점을 찾아 시너지를 내도록 협력하는 것이 중요하다. 즉, 다문화 수용지수를 높여야 하는 것이다(김영지, 김희진 외, 2013; 장영인, 2015).

현재 「다문화가족지원법」이 제정되어 있고 예전보다 다문화가정에 대한 인식이 높아졌지만, 변화하는 글로벌 사회에서 이들이 지닌 강점을 우리 사회에서 충분히 발휘될 수 있도록 질 높은 서비스가 장기적으로 제공되어야 한다.

(3) 국가산하기관에서의 다문화가정 아동을 위한 복지실천

여성가족부 산하의 한국건강가정진흥원과 건강가정지원센터 및 다문화가족지원센터에서는 다양한 복지실천을 전개하고 있으며, 지방자치단체와 긴밀한 협조 체계를 이루고 있다.[6] 자치단체에 따라 건강가정 지원센터와 다문화가족 지원센터를 통합하여 수행하고 있다.

① 한국건강가정진흥원

다양한 가족의 삶의 질을 제고하고 가족의 역량 강화를 위한 가족정책을 효율적이고 체계적으로 지원할 뿐만 아니라, 건강한 가정생활의 영위와 가족의 유지

6) 한국건강가정진흥원과 건강가정지원센터에 대한 내용은 제12장 한부모가정의 아동을 위한 복지실천에서 먼저 다루었다.

와 발전을 위한 목적으로 설립되었으며, 다문화사회지원부에서 다문화가족을 위한 업무를 수행하고 있다.

한국건강가정진흥원
KOREAN INSTITUTE FOR HEALTHY FAMILY
보다 나은 가족정책

- 다문화사회지원부 업무 총괄

- 다문화 홍보 및 정보제공 관리
- 다문화 인식 개선 홍보 및 다문화가족포럼

- 다문화 수용성 교육 관리
- 다문화 이해교육 강사 양성 및 보수교육, 연구모임

- 다문화가족 정보제공 자료 제작
- 다누리 서포터즈 운영

- 다문화 이해교육 지역특화교육기관 운영
- 지자체공무원 교육, 결혼중개업 교육

- 다문화 이해교육 운영 및 수요처 발굴 · 홍보
- 다문화 이해교육 실적관리, 만족도 조사, 모니터링

- 다누리포털/다누리앱/다누리배움터 운영
- 이중언어 인재풀 · DB 운영, 관리

출처: 한국건강가정진흥원(www.kihf.or.kr)

[그림 13-2] 한국건강가정진흥원의 가족정책 슬로건과 다문화가족에 관한 주요 정책

특히 한국건강가정진흥원에서 운영하는 다문화가정 지원 포털사이트인 '다누리'에서는 한국생활정보, 학습정보, 전국다문화가족 지원센터 정보, 자료실, 다문화 소식 등 다양한 정보를 10개 언어로 제공하고 있다.

② 다문화가족지원센터

「다문화가족지원법」에 근거하여 설치된 다문화가족지원센터는 다문화가족의 안정적인 정착과 가족생활을 지원하기 위한 종합 서비스를 제공하기 위해 설립되었다.7) 구체적으로 다문화가족을 위한 교육 · 상담 등 지원사업의 실시, 결혼이민자 등에 대한 한국어교육, 다문화가족 지원서비스 정보제공 및 홍보, 다문화가족 지원 관련 기관 · 단체와의 서비스 연계, 일자리에 관한 정보제공 및 일자리의 알

7) 건강가정지원센터 또는 다문화가족지원센터는 서로 분리 또는 통합하여 양 센터의 사업을 총괄하기도 한다.

선, 다문화가족을 위한 통역 · 번역 지원사업 등을 수행한다.8)

출처: 다누리(www.liveinkorea.kr)

[그림 13-3] 다누리지원센터의 서비스 대상

다문화가정의 아동은 부모나 가족과 함께 교육, 상담, 치료 등의 다양한 프로그램을 통해 성장 · 발달하게 된다.

---

8) 현재 다문화가족지원센터는 독립적으로 또는 건강가정지원센터와 함께 운영된다.

건강가정지원센터 - 다문화가족지원센터 - 건강가정지원센터 + 다문화가족지원센터

여성가족부 지원
서울특별시 송파구 위탁
송파구다문화가족지원센터
Songpagu Multicultural Family Support Center

가족이 행복해지는 곳
안동시건강가정지원센터

여성가족부 지원
경상남도 양산시 위탁
양산시건강가정·다문화가족지원센터
Yangsansi Healthy Family · Multicultural Family Support Center

출처: 한국건강가정진흥원(.www.kihf.or.kr)

아동권리 & 아동복지 이야기

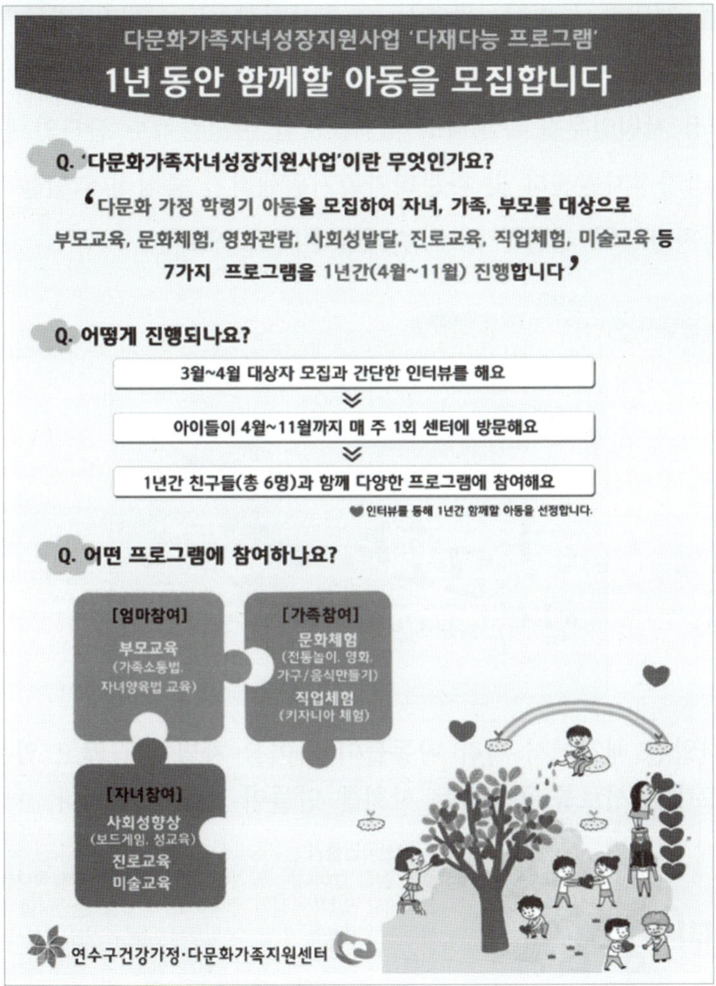

출처: 연수구 건강가정 · 다문화가족지원센터(yeonsu.familynet.or.kr)

Q & A

다문화가정의 아동을 성장시킬 수 있는 구체적인 방법은?

(4) 자치단체에서의 다문화가정 아동을 위한 복지실천

중앙정부를 제외한 특별시 · 광역시 · 특별자치시 · 도 · 특별자치도 및 시 · 군 · 구에는 다문화가족 지원을 담당할 기구와 공무원을 두고 각 지역적 특성을 고려한 다문화가정 지원업무를 수행하고 있다. 또한 여성가족부 산하인 한국건강가정진흥원과 건강가정지원센터 및 다문화가족지원센터가 중심적 역할을 담당하고 있으며, 지방자치단체와 긴밀한 협조 관계를 이루고 있다.

아동권리 & 아동복지 이야기

다양한 배경에서 자란 아동들이 차이를 차별하지 않고 있는 그대로 서로를 존중하는 사회를 만들어 가고자 합니다.

다양한국 만들기

'다양한국만들기'는 국내에서 다문화 배경을 가진 아동의 수가 점점 늘어나는 데 반해, 이들에 대한 사회적 차별이 지속되고 있다는 점에 주목하여, 서로를 존중하며 함께 살아가는 방법을 익힐 수 있도록 다문화 인식개선사업을 진행하고 있습니다. 초등학생을 대상으로 하며 교육프로그램은 스토리텔링, 역할극 등 다양한 참여 활동을 통해 흥미롭게 차이와 다양성을 이해하도록 합니다.

출처: 수원시청(www.suwon.go.kr) / 세이브더칠드런(www.sc.or.kr)

Q & A

다문화가정 아동의 권리와 복지를 위해 이들에 대한 부정적인 인식을 개선하기 위한 방법을 토의해 보자.

3) 다문화가정의 아동을 위한 전문적 실천

다문화가정은 구조와 기능 면에서는 일반가족과 같다. 다시 말하면 부모의 국적 배경만 다를 뿐, '부모'와 함께 아동이 생활해 나가는 가족이라는 것이다. 그리고 부, 모 모두가 친부모이거나 적어도 한 부, 한 모는 친부모이다. 사실 성장 배경이 다른 두 사람이 만나 부부가 되는 결합은 기본적으로 다른 '가족문화'이다. 그러므로 부부는 서로 조화를 이루면서 살아가야 하는 숙명적 집단이다. 따라서 가족문화의 배경 및 국적의 차이에서 비롯되는 '문화'를 모두 적극적으로 수용하여야 한다. 동시에 이 모든 과정에서는 감수성이 예민한 아동의 정서 상태를 염두에 둔 지원이어야 한다(관다영, 전혜성, 2019).

(1) 아동을 대상으로 한 복지실천

다문화가정의 아동을 위한 복지실천도 두 가지 관점에서 접근한다. 하나는 일반아동의 범주에 포함하여 접근하는 방법과 다른 하나는 다문화가정의 아동만을 대상으로 접근하여 실천하는 방법이 그것이다. 이 두 방법은 각각 장·단점이 있으므로 지혜가 필요하다.

① 다문화가정의 아동이 포함된 일반 교육

다문화가정의 아동을 대상으로 한 복지실천은 다른 아동복지 분야와 마찬가지로 교육이 중심이 된다. 실제로 교육은 누구에게나 영향력 있는 삶의 성장방법이자 도구이지만, 다문화가정 아동의 경우는 더욱 특별한 의미를 지닌다. 다문화가정의 아동이 지닌 여러 가지 정서적 문제·학업 문제뿐만 아니라, 다문화가정 아동에 대한 편견과 차별 등은 교육에 의해서 가장 효과적으로 완화시킬 수 있기 때문이다.

따라서 다문화가정의 아동에게는 정체감을 확립시키고, 풍부한 언어력 강화를 통하여 사회적 역량을 강화시킬 필요가 있으며, 이러한 관점에서 다문화가정을 사랑하는 기관과 단체에서는 다문화가정의 아동을 위한 다양한 행사를 통해 지원하고 있다(배경희, 이수천, 2014; 이정민, 정경남, 2013).

다문화가정의 아동이 포함된 교육은 교육주제와 내용이 '다문화'에 초점을 맞춘 것일 뿐, 교육방식은 일반적인 아동교육 방식과 크게 다르지 않다. 대표적인 교육은 다문화에 대한 이해와 함께 반편견에 관한 내용이 중요하게 다루어지며, 다문화가정에 대한 사회의 인식의 제고를 위한 교육으로서 정규교육 과정과 통합되기도 하고, 특별 프로그램으로 진행되기도 한다. 대체로 이러한 교육은 유아교육·보육기관과 초등학교 및 종교기관을 대상으로 실시되며, 정규교육 과정 해당 기관의 교사가 담당할 수도 있고, 다문화가정 관련 전문 강사인 다문화가정사에 의해 실시되기도 한다. 또한 다른 아동복지 분야와 다르게 국제적 활동을 벌이고 있는 민간 아동복지단체에서도 다양한 교육이 전개되고 있다.

한편 최근에는 동영상 제작 및 온라인에서 활용할 수 있는 자료가 개발·활용되고 있으며, 이미 알려진 캐릭터를 사용하여 어린 아동들이 호감을 느끼고, 워크북과 스티커를 활용하여 재미있게 접근하는 방식을 사용하고 있다.

② 다문화가정의 아동만을 대상으로 한 교육

다문화모가정의 아동만을 위한 교육은 주로 다문화가정의 아동이 된 이후의 적응에 초점이 맞추어지며, 주로 심리 적응을 위한 교육과 학습지원교육으로 프로그램운영방식으로 진행된다(김은영, 문무경 외, 2010). 학습지원교육에서는 유아기보다는 초등학교 이후의 아동과 청소년을 대상으로 하는 교육프로그램이 많으며, 외국어에 대한 비중도 높다. 주로 심리 적응을 위한 교육과 학습지원교육으로 프로그램이 진행되며, 최근에는 진로교육도 활성화되고 있다(양계민, 조혜영 외, 2019). 특히 문화적 특성이 다양한 아동이 글로벌한 행사를 통하여 국제적인 감각을 지닐 수 있도록 활동과 체험의 장을 마련하게 된다.

아동권리 & 아동복지 이야기

출처: 복지로(www.bokjiro.go.kr)

Q & A

다문화가정의 아동들이 자신감, 자존감, 자기효능감을 향상시키기 위한 방법을 어떻게 하면 스스로 찾을 수 있을지에 대해 토의해 보자.

③ 아동을 대상으로 한 아동상담과 치료

다문화가정의 아동을 대상으로 한 교육만으로는 건강한 적응과 성장발달을 기대하기가 어려운 경우가 있으며, 따라서 아동의 상태를 고려하여 상담 또는 치료가 이루어진다. 치료영역 중에서도 언어발달의 지체 및 이로 인한 정서발달과 사회성발달이 주로 다루어진다(이가연, 오지현, 2020). 그리고 아동 후기나 청소년기에 들어서면 이 모든 발달의 지체에 영향을 받아 학습부진 현상을 경험하게 되므로 학습과 진로교육과 상담이 주요한 실천 영역이 되고 있다.

상담과 치료에서는 개별적 접근이 기본이지만, 집단의 역동성이 효과적이라고 판단되는 경우에는 동일한 관심이나 문제를 지닌 여러 명의 아동들을 모아 진행한다. 놀이치료, 치료놀이, 음악치료, 미술치료, 독서치료 등의 방법이 활용되며, 상담과 치료효과를 올리기 위해 부모나 가족과 함께 진행하기도 한다.

아동권리 & 아동복지 이야기

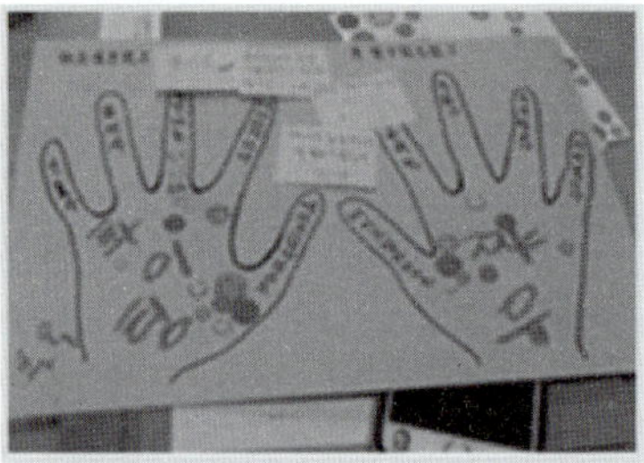

'마음돋보기'는 공통의 심리 · 정서적인 어려움을 겪고 있는 또래의 이주배경청소년들이 자신을 이해하고 대인관계 능력을 향상시킬 수 있도록 돕는 집단상담 프로그램이다.

'Job돋보기'는 자기 이해와 진로탐색의 시간을 통해 건강한 자아정체성을 확립하고 주체적인 진로계획을 수립하여 안정적으로 한국생활에 적응할 수 있도록 돕는 집단상담 프로그램이다.

지역기관으로 직접 찾아가서 놀이치료, 음악치료, 미술치료 등 다양한 방법을 활용하여 기관별 집단원의 특성 및 욕구에 따라 맞춤형 프로그램을 실시한다.

주로 낯선 사회에서 문화적 차이, 언어장벽, 사회적 편견 등으로 심리적 위축된 정서를 다루고 긍정적인 자아상을 확립하며 사회적인 기술 및 진로 관련 효능감을 증진시키는 집단상담 프로그램이다.

출처: 이주배경청소년지원재단 무지개청소년센터(www.rainbowyouth.or.kr)

正 論

아이들을 제대로 가르치고 치료하려면 시간이 필요하다.

- M. 스캇펙 -

상담과 치료는 기본적으로 특별한 보호가 필요한 아동을 위한 접근방법이기 때문에 보다 전문성이 요구된다. 따라서 교사, 상담교사, 심리상담가, 치료전문가 등에 의해 이루어진다.

(2) 부모를 대상으로 한 복지실천

실제적으로 다문화가족으로 생활하는 가족은 한국 국적의 남성과 외국 국적의 여성이 결혼하여 형성한 가족이므로 가장 큰 어려움은 언어소통과 문화적 차이이며, 이는 자녀양육에서는 아킬레스건이라고 할 수 있다. 더구나 가정을 기반으로 하는 다문화가정에서의 아동복지실천을 위해 가장 중요한 사람은 두말할 나위 없이 부모라고 할 때, 부모를 위한 복지실천은 바로 아동을 위한 복지실천과 직결된다고 해도 과언이 아니다(서보준, 2017; 신부용, 박현선, 2016). 이러한 맥락에서 투철한 책임감을 지니고 부모로서의 역량을 강화해야 하며, 역부족을 느낄 때는 상담과 치료 등을 통해 건강과 안정을 회복하도록 사회가 다 같이 지원할 필요가 매우 크다.

① 부모를 대상으로 한 교육

다문화가정의 아동의 복지를 위한 첫 출발점은 '교육부모'가 되는 것이다. 다행히 국가와 지방자치단체에서는 다문화가정을 지원하기 위한 여러 가지 부모교육 프로그램을 개발하여 원격 및 방문교육을 통해 지원하고 있다. 이러한 지원은 거주지 및 가정환경 등으로 인하여 서비스에서 소외되는 결혼이민자 등이 없도록 돕기 위한 것이다.

배움에는 국경이 없습니다!
든든한 교육지원으로 다문화가정에 배움은 더욱 커집니다.

베트남에서 온 그대!(good 정보 소개)

제 아내 이름은 이블린입니다.
한국의 두메산골로 결혼이민 온 지도 어느덧 7년 차인 아내랍니다.
이제는 여섯 살배기 아들을 둔 아이 엄마이기도 하고요.
다문화가정을 위한 교육 혜택이 얼마나 많은지 알고 계신가요?
요즘 자녀생활 서비스를 위한 **다문화가족 방문 교육서비스**를 받고 있답니다.
한국어에 서툴던 이블린이 이 서비스를 통해 제법 한국어가 능숙하게 되었지요.
내년 초등학교에 입학할 아이를 위해 언어교육을 받을 수 있도록
다문화가족 자녀 언어 발달지원 서비스도 신청해 두었습니다.
지금 아이의 서툰 발음이 그리워질까 벌써부터 괜한 걱정이 앞서네요.
다문화가정을 위한 다양한 혜택! 아이를 위해 놓치지 말고 챙기세요.

출처: 정부 24-생활플러스(life.gov.kr)

[그림 13-4] 다문화가족을 대상으로 한 방문교육

② 부모를 대상으로 한 상담과 치료

다문화가정에서 특히 어려움을 겪는 사람은 주로 결혼이민자로 아내이자 어머니인 여성이다. 따라서 이들은 두 가지의 위기를 경험하기 쉽다. 하나는 발달적 위기이며, 다른 하나는 상황적 위기이다.

- 발달적 위기: 생애 발달주기에서 갑작스러운 결혼과 출산, 역할 과중, 적응 스트레스, 정체성 혼란과 같은 변화를 비교적 단기간에 중복적으로 경험함에 따른 위기
- 상황적 위기: 친가정으로부터의 분리와 상실감, 죄책감, 낯선 나라와 가족문화에의 부적응, 친구 등 사회적 지지망의 부재 및 가정에 따라 발생되고 있는 남편과 가족의 언어적·신체적 폭력 등에 따른 위기

이러한 위기를 극복할 수 있도록 다양한 상담과 치료가 실시되며, 다문화가족지원센터, 건강가정지원센터에서 이루어지고 있다. 그 과정은 대체로 문제 정의하기, 안전 확보하기, 지지 제공하기, 대안 탐색하기, 계획 수립하기, 실천참여 유도하기의 순서로 이루어지며, 개별상담과 치료 및 집단상담과 치료 방법이 적용된다.

출처: 충청북도여성발전센터(2011).

[그림 13-5] 다문화가족 상담매뉴얼

(3) 전문가를 대상으로 한 교육실천

다문화가정의 부모와 아동을 전문적으로 돕기 위한 전문가 양성은 간과할 수 없는 실천이다. 왜냐하면 이들은 다문화가정을 위한 파수꾼의 역할을 하기 때문이다(박한울, 김선아, 2017; 여성가족부, 2015). 다문화이해 교육을 하는 전문강사는 대한민국 국민의 다문화수용성 증진과 함께 부모교육을 위한 강사교육을 진행하고 있으며, 한국건강가정진흥원이 중추적 역할을 담당하고 있다.

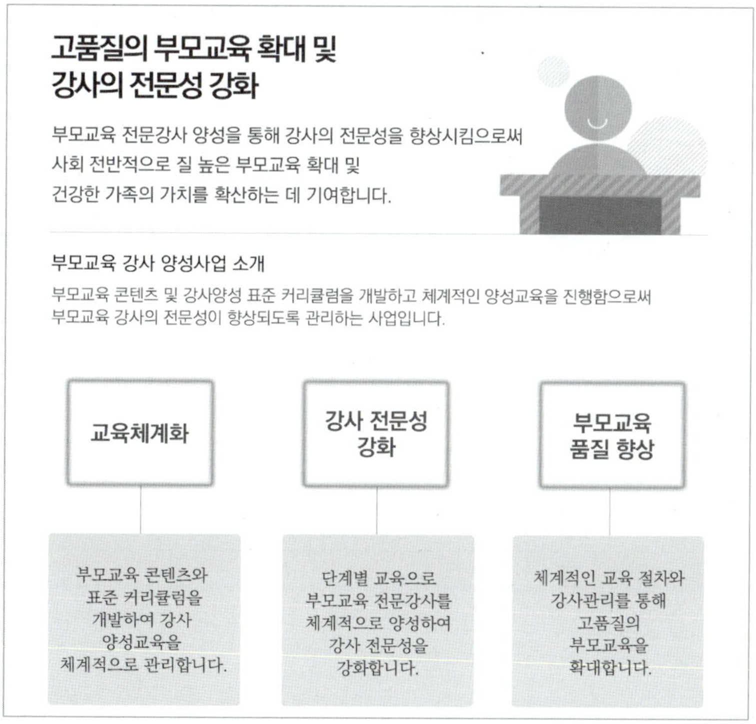

출처: 한국건강가정진흥원(www.kihf.or.kr)

[그림 13-6] 다문화가정 교육전문가 양성

Child First!

살 펴 보 기

우리나라는 오랫동안 오천 년 단일민족의 역사를 자랑해 왔다. 그러나 그동안 국내 및 국제사회가 급변하여 건강한 다문화사회는 오히려 글로벌화를 앞당기는 강점 요인으로 작용한다고 보고 있다.

그러면 한국이라는 나라의 정체성과 긍지는 어디서 찾을 수 있으며, 자라나는 아이들에게 어떻게 전해 줄 수 있을까 살펴보자.

제14장

맞벌이가정 아동의 권리와 복지실천

오늘날 여성의 교육 수준의 향상, 직업 세계의 다변화, 역동적인 가정경제, 과학적인 가정관리 시스템 및 양육지원의 확충 등으로 맞벌이가정은 보편적인 가족 형태로 자리 잡고 있다. 그럼에도 불구하고 아동 양육의 주 담당자는 어머니이며, 아동 양육은 끊임없는 어머니의 마음과 손길이 필요하다. 따라서 그 어느 때보다도 사회와 국가의 양육지원시스템은 아동과 가족의 안정과 번영을 중 · 단기적으로 기할 수 있도록 더욱 체계화되어야 한다.

제14장에서는 맞벌이가정에서 자라는 아동의 권리를 보장하기 위한 다양한 복지실천에 대해 살펴본다.

1. 맞벌이가정의 아동에 대한 기초 이해

"목구멍이 포도청이다."라는 속담이 있다. 이 속담이 시사하는 것은 먹고 사는 일이 매우 중요하다는 것을 강조한다. 그러나 더 중요한 것은 생존을 유지할 정도가 아니고 이왕이면 '다홍치마'라고 하듯이 더 잘 먹고 더 잘 사는 것이 더 좋음은 말할 나위가 없다. 중요한 것은 진정 '잘 먹고 잘 산다'라는 개념이 무엇인가 하는 것이다. 그것은 경제적 어려움 없이 풍요롭고 의미 있는 삶을 사는 것일 것이다. 다시 말하면 궁극적으로 맞벌이를 하는 이유는 비단 경제적 이유만은 아니다.

한편, 결혼을 하고 자녀를 낳기를 희망하여, 실제 자녀를 낳아 맞벌이를 지속할 때 문제가 되는 것은 자녀양육상의 어려움이다. 그래서 맞벌이 부부이자 부모는 그야말로 '멀티(multi)'를 잘 할 수 있어야 한다고 보고 있다. 또한, 맞벌이 가정의 영위는 국가의 안정과 번영에 직·간접적으로 기여하기 때문에 제도적 차원에서 특별한 지원이 필요하다.

1) 맞벌이가정의 정의와 형태

맞벌이가정의 정의는 단순명료하다. '벌이'는 돈을 포함한 재화와 기회를 버는 것이다. 예전에는 생계를 위한 수단으로서의 맞벌이를 하였을 뿐 아니라, 그 비중도 높았다. 물론 이러한 현상은 오늘날도 유사하지만, 그 정도는 상당히 완화된 편이며, 직업 생활을 통한 자아실현이 강조되고 있다. 따라서 맞벌이가정 형태의 구분에서는 이러한 관점이 반영된다.

복지는 관계법에 근거하여 이루어진다. 맞벌이가정의 경우는 한부모가족이나 다문화가족처럼 기본법적 성격을 지니는 독립법은 제정되어 있지 않으며, 직업생활과 자녀양육에서 어려움을 고려한 여러 관계법에 근거하여 이루어지고 있다.

(1) 맞벌이가정의 정의

맞벌이는 우리 사회에서 일반적으로 수용되는 보편적 용어가 되었다. 맞벌이가족(Two-Earner Families)은 두 부부 모두가 그 어떤 형태로든 경제활동을 하는 가족을 말한다.

(2) 맞벌이가정의 형태

맞벌이가정의 형태는 맞벌이를 하는 시간·공간적 상황을 고려하여 몇 가지 형태로 구분되나, 단일한 이유라기보다는 서로 중첩되어 있다(이소희, 강기정 외, 2004; 이소희, 정민자 외, 2001).

〈표 14-1〉 맞벌이가정의 형태

형태	특 성
생계유지형	• 가족의 경제적 필요에 의해 자발적 및 비자발적으로 직업을 갖는 형태 (예: 부부 중 한쪽이 생계비 보충의 역할을 담당하게 됨)
내·외조형	• 생계유지와 상관없이 가족의 경제적 여유를 갖기 위해 취업하는 형태 (예: 부부 중 한쪽의 학업이나 사업 성장을 지원함)
자아실현형	• 생계 보충 또는 부부의 성장 지원보다 자신의 삶을 풍요롭게 하는 기회의 하나로 직업을 갖는 형태(예: 보수에 관계없이 하고 싶은 일을 함)

이렇게 구분된 형태는 맞벌이가정의 아동을 위한 복지실천의 방향과 서비스 제공에 대한 시사점을 준다. 예를 들면 보육에서 종일제 보육과 시간제 보육 및 아이돌보미서비스를 기획하고 이용하도록 지원정책을 수립하기 때문이다.

2) 맞벌이가정의 배경과 특성

맞벌이가정의 증가는 전통적인 가족의 역할에 큰 변화를 초래하고 있으며, 동시에 아동의 생활에도 영향을 미치고 있다. 대표적인 사례로 소위 말하는 '열쇠아동(key children)과 '핸드폰 아동(handphone children)'의 출현이 그것이며, 정도가 심할 경우, 아동방임과 학대현상으로 비화되기까지 한다.

다른 한편, 부부의 입장에서도 마찬가지이다. 소위 말하는 딘스족(DINS: Dual Income No Sex)과 딩크족(DINK: Double Income, No Kids)의 발생을 들 수 있다.[1)] 이와 같이 맞벌이가정의 부모와 아동에 대한 이해는 이들을 위한 복지실천에서 지향점을 확인해 주고, 다양한 제도적 실천을 가능케 한다.

(1) 부모의 배경과 특성

'맞벌이가정'의 용어에서 알 수 있는 바와 같이 맞벌이가정의 부모의 배경에는 '경제활동'과 '자아실현'이라는 두 가지 핵심 이슈가 자리 잡고 있다.

아동권리 & 아동복지 이야기

출처: 1992 미국 대통령 선거 슬로건 - 빌 클린턴

출처: 고미숙, 바보야, 문제는 돈이 아니라니까 - 몸과 우주의 정치경제학

正 論

금강산도 식후경 -우리나라 속담-

경제활동의 경우, 전 사회계층을 망라하고 있는 만큼 부모의 배경은 소위 말하는 상류계층, 중류계층, 하류계층으로 구분되고 있다. 하류계층의 경우 생계지향

1) DINS족과 DINK족일 경우, 자녀를 원하지만, 여러 가지 이유로 자녀를 두지 못한 부부도 있고 맞벌이와 자아실현에 몰두하기 위해 의도적으로 자녀를 두지 않는 부부도 있다.

형이 많으며, 상류층으로 갈수록 내·외조형과 자아실현형이 공존하는 특성을 지니고 있다.

(2) 아동의 배경과 특성

오늘날 맞벌이가정의 아동을 한마디로 특징짓기가 어려워졌다. 왜냐하면 예전에는 빈곤을 해소하기 위한 목적으로 맞벌이를 하였으나, 최근에는 풍요로운 경제생활의 영위, 자아실현의 충족 등의 요인으로 맞벌이를 하는 가정이 증가하고 있으며, 따라서 부모의 사회계층, 연령, 학력, 직업 등을 불문하고 전 인구층에서 발생하기 때문이다. 나아가 출산의 감소로 인해 국가는 출산력 강화정책의 일환으로 맞벌이가정을 지원하기 위한 각종 정책을 강화하고 있기 때문에 맞벌이가정과 비맞벌이가정 아동의 특성을 명료히 하기가 어려운 것이다.

맞벌이가정의 아동들의 특성은 상반된 연구결과를 보여주고 있다. 이를 양극단적으로 표현하면 다음 표와 같다. 물론 이 부정적 특성과 긍정적 특성의 중간 수준의 발달을 보이는 아동도 있다.

발달영역	부정적 특성	긍정적 특성
신체	왜소하고 약한 편이다.	성장발육이 좋고 건강한 편이다.
언어	표현력이 부족한 편이다.	표현력이 풍부한 편이다.
정서	정서적으로 불안정한 편이다 (*애착형성이 잘 되어 있지 못하다).	정서적으로 안정되어 있는 편이다 (*애착형성이 잘 되어 있는 편이다).
인지	인지가 발달되어 있지 못한 편이다 (*공부를 잘 못 하는 편이다).	인지가 발달되어 있는 편이다 (*공부를 잘 하는 편이다).

다시 말하면, 맞벌이가정의 아동수가 많기 때문에 상·중·하류층 가정의 환경적 특성을 다양하게 나타내게 된다. 그리고 이러한 특성은 맞벌이 가정의 경제적 특성과 학력 등에 영향을 크게 받는다. 예를 들어 학력이 높으면 급여가 많은 직종에 종사할 가능성이 높으며, 높은 학력은 아동관과 양육 태도에 긍정적인 영향도 미칠 수 있다(김은설, 도남희, 2012; 도남희, 2013; 박주희, 2007).

Child First!

출처: 매일경제(2018.3.25)

살 펴 보 기

어떤 맞벌이 부부들이 보육절벽을 성공적으로 극복하고 있는지 살펴보자.

2. 맞벌이가정에서의 아동복지실천을 위한 지향점

"백지장도 맞들면 낫다."라는 속담은 활용도가 꽤 높다. 두말할 나위 없이 맞벌이 가정의 부부에게도 잘 적용될 뿐만 아니라, 나아가 맞벌이 가정의 부모-자녀에게도 그러하다. 왜냐하면 다른 사람도 아니고 가족이므로 더욱더 함께 돕기가 쉽기 때문이며, 또 도와야 할 당위성이 크다.

맞벌이는 직업과 관련된 것이다. 따라서 해당 직장에서 맞벌이가정을 위해 할 수 있는 적절한 조치를 취하지 않으면 해당 맞벌이 가족의 행복을 달성하기가 어렵다. 나아가 직장은 사회의 중요한 구성요소이기 때문에 사회와 국가가 맞벌이 가족을 제도적으로 도와야만 효과적인 실현이 가능하며, 이를 통한 직장의 발전 및 국가의 번영까지 기대할 수가 있다.

이렇게 볼 때 맞벌이가정을 위한 복지실천은 개인-가정-사회-국가의 지속 가능한 성장을 긍정적·적극적으로 실현할 수 있다는 점에서 매우 중요한 복지 영역이다.

1) 맞벌이가정의 아동을 위한 복지실천의 지향점

맞벌이가정의 아동을 위한 복지실천이 제기되는 강력한 이유는 경제적인 풍요로움을 지향하다가 부부는 정서적 목마름과 신체적 피로감이 누적되어 스트레스와 갈등이 가중될 가능성이 크다. 이에 따라 직·간접적으로 아동에게 부정적인 영향을 미칠 가능성을 방지할 수 있기 때문이다(최유정, 최미라 외, 2018).

맞벌이가정의 아동을 위한 복지실천의 지향점에서 매우 중요한 것은 아동의 발달단계별 특성을 고려하는 것이다. 그렇지 않으면 맞벌이를 하므로 일정한 시간 동안 부모로부터 양육을 받을 수 없는 아동은 여러 가지 크고 작은 발달적 위기에 봉착할 수 있기 때문이다. 특히 발달초기의 어린 영유아의 경우, 부모가 맞벌이를 하기 위해 직장에서 근무하는 동안 어린이집에서 보육을 받아서 건강하게 성장할 수 있도록 직장과 국가는 적극적인 노력을 경주하여야 한다(성정혜, 김춘경, 2019). 나아가 이러한 조치는 영유아기뿐만 아니라, 아동기까지 연계되어야 하며, 그러므로 이를 위해서는 질 높은 어린이집보육과 방과 후 보육이 시행되어야 한다. 동시에 발달 단계에 따라 아동 자신이 해야 할 일을 스스로 잘 함으로써 부모에게 부담이 되기보다는 부모를 돕는 협력의 가족 구성원이 될 수 있도록 지향해야 한다. 이러한 맥락에서 아버지를 대상으로 한 연구와 함께 각종 교육·상담 프로그램이 실시되고 있다(이윤진, 김아름 외, 2016; 이재법, 2015; 채화영, 2012).

2) 맞벌이가정의 부모를 위한 복지실천의 지향점

맞벌이가정의 부부를 위한 복지실천에서의 분명한 지향점은 부모가 지속적으로 맞벌이를 하면서 함께 신체적·정서적·사회적으로 건강하게 생활하는 것이다. 그것은 맞벌이가정의 부모는 가정일과 직장일을 병행해야만 하는 과정에서 겪는 크고 작은 어려움을 매일 극복해 나가지 못하면 '안 한만 못하다'는 식이 되기 때문이다(안윤숙, 김흥주 외, 2016).

맞벌이 부모를 위한 복지실천에서의 지향점은 자녀의 발달 단계와도 직접적으로 관련된다. 따라서 법을 기반으로 한 정책이 입안되고 효과적으로 전달하도록 지향되어야 하며 크게 다섯 가지로 지향점을 요약할 수 있다.

첫째, 자녀인 아동의 발달단계를 고려한 정책과 행정 및 전문적인 실천을 지향해야 한다. 예를 들면 영유아기 보육과 아동기 방과 후 지도 및 청소년기의 진로코칭 등이 있다.

둘째, 자녀인 아동에게 발생한 문제와 장애 등을 고려한 정책과 행정 및 전문적인 실천을 지향해야 한다. 예를 들면 장애를 지닌 아동의 보육 또는 통합보육과 돌봄양육 등이 있다.

셋째, 소수의 맞벌이가정을 고려한 정책과 행정 및 전문적인 실천을 지향해야 한다. 예를 들면 근무시간, 근무일, 주말보육 등이 있다. 다시 말하면 '촘촘한 복지'라는 용어가 시사하듯이 모든 맞벌이가정에게 공통적으로 적용되는 서비스와 함께 소수의 맞벌이에게 적용되는 서비스를 구분하여 효과적으로 수준 높게 전달되도록 해야 한다.

넷째, 자녀양육에서 어머니가 차지하는 비중을 고려하여 어머니를 위한 정책과 행정 및 전문적인 실천을 지향해야 한다. 예를 들면 출산 전·후의 휴가와 육아휴직제, 수유시간과 공간 등이 있다.

다섯째, 자녀양육을 돕는 가족에 대한 정책과 행정 및 전문적인 실천을 지향해야 한다. 예를 들면 아빠와 조부모의 양육지원 등이 있다.

Child First!

출처: 세계일보(2018.6.21.)

출처: 법원사람들(www.scourt.go.kr)

살펴보기

일과 삶의 균형을 유지하면서 성공적으로 살아가고 있는 여성리더에 대해 살펴보자.

3. 맞벌이가정의 아동을 위한 복지실천방법

"마음은 원이로되, 육신이 약하다."라는 성경 말씀이 있다. 이 말씀은 맞벌이가정에 적용력이 크다고 할 수 있다. 그것은 맞벌이를 통해 가정경제도 윤택하게 만들고 자아실현도 이루며, 가족들과 함께 문화적인 생활도 누리기를 원해서 맞벌이를 시작했지만, 마음 같지 않게 몸은 따라주지 않고 부부와 부모 및 아동들에게 갖가지 어려움이 매일 발생할 가능성이 매우 높기 때문이다. 그러므로 무엇보다도 핵심이 되는 것은 맞벌이가정 아동의 복지를 보장하기 위해 가장 우선적으로 지원해야 할 것은 가정과 직장을 조화롭게 양립하도록 제도적으로 지지하는 것이다.

따라서 맞벌이가정의 아동을 위한 지향점을 고려하여 우선순위를 정해서 수준 높게 실천해야 한다. 맞벌이가정 아동의 복지를 보장하기 위해 가장 우선적으로 지원해야 할 것은 맞벌이의 안정화이다.

1) 맞벌이가정의 아동을 위한 법적 실천

맞벌이가정의 아동을 위한 복지실천은 여러 관계법에 근거한다. 대표적으로 가족의 복지를 위한 정책에서 기본법적 기능을 하는 「건강가정기본법」[2)]을 들 수 있다. 그리고 맞벌이하는 동안 자녀를 보육할 수 있도록 규정한 「영유아보육법」, 저소득층 맞벌이가정을 지원하기 위한 「국민기초생활 보장법」 등이다.

(1) 건강가정지원법

이 법은 건강한 가정을 유지하기 위한 기본 사항에 대해 제정된 법이며, 맞벌이가정에 관한 내용은 물론, 위기 가정이 될 수 있다는 관점에서 다음과 같은 내용이 규정되어 있다.

2) 「건강가정기본법」에 대한 개요는 '한부모가정과 아동복지실천'에 기술되어 있다.

① 자녀양육지원의 강화

자녀를 양육하는 가정이 양육부담을 완화하고 아동의 행복추구권을 보장하기 위하여 보육, 방과 후 서비스, 양성이 평등한 육아휴직제 등의 정책을 적극적으로 확대 · 시행한다.

② 직장과 가정의 양립

임신 · 출산 · 수유 및 육아와 관련된 모 · 부성권 보장을 위한 육아휴직 및 유급휴가시책이 확산되도록 노력한다.

③ 위기가족 긴급지원

- 아이돌봄 지원함
- 가사돌봄 지원함

④ 가족의 심리 · 정서 지원

- 가족상담, 집단프로그램, 자조모임 운영함
- 법률구조, 의료지원, 복지서비스 등 연계함

⑤ 가사노동의 가치와 제도화

- 가사노동의 가치에 대한 사회적 인식을 제고함
- 가사노동 지원정책 실시

⑥ 건강가정교육

- 결혼준비교육, 부모교육, 가족윤리교육, 가족가치실현 및 가정생활관련 교육 등을 실시함

(2) 영유아보육법

「영유아보육법」에서 맞벌이가정의 영유아를 위해 다양한 복지실천을 할 수 있는 근거를 마련해 주고 있다.

① 목적

영유아의 심신을 보호하고 건전하게 교육하여 건강한 사회구성원으로 육성함과 아울러 보호자의 경제적 · 사회적 활동이 원활하게 이루어지도록 함으로써 영유아 및 가정의 복지 증진에 이바지함을 목적으로 한다.

② 육아종합지원센터

다양한 형태의 보육서비스를 제공, 정보의 수집 · 제공 및 상담을 위하여 중앙 및 지방 육아종합지원센터의 설치와 운영

③ 보호자교육

국가와 지방자치단체는 영유아의 보호자에게 영유아의 성장 · 양육방법, 보호자의 역할, 영유아의 인권 등에 대한 교육실시

④ 취약보육과 우선 취원

영아와 장애아 및 다문화가족의 아동 등에 대한 보육의 우선실시

⑤ 이용 대상과 시간

- 보육이 필요한 영유아의 우선 취원
- 필요시 만 12세까지 연장보육 가능

⑥ 우선 취원

공공단체 또는 비영리법인이 설치 · 운영하는 어린이집의 경우, 근로자 자녀의 우선 취원

2) 맞벌이가정의 아동을 위한 정책 및 행정적 실천

맞벌이부모로 살아가고자 하는 것은 풍요로운 경제생활을 자녀와 함께 누리고 싶은 욕구가 강하다는 것이다. 물론 이러한 욕구는 비단 맞벌이부모에게만 한정된 것은 아니고 가정의 형태와 상관없이 모든 부모가 지니고 있는 공통의 욕구이

기도 하지만, 그 강도가 훨씬 강한 것이다(최하영, 이소민 외, 2017).

맞벌이가정 아동의 복지를 위한 정책과 행정은 두 가지 관점에서 의의를 파악할 수 있다. 하나는 아동이 맞벌이 부모와 함께 친가정에서 살면서 더욱 안정적이고 풍요로운 경제생활을 통해 잠재력을 최대한 발휘하도록 지원하는 것이며, 다른 하나는 맞벌이 부모가 지속적으로 직업 생활을 하면서 경제적 여유와 함께 자아실현을 이루면서 자녀들을 더 잘 양육하도록 지원하는 것이다.

이에 따라 국가와 지방자치단체는 관계법에 근거하여 맞벌이가정의 부모가 일과 양육 그리고 가정관리를 조화롭게 유지할 수 있도록 각종 지원을 하도록 규정하고 있다. 맞벌이가정 구성원인 아동을 위한 복지정책과 행정을 담당하는 주 행정부서는 보건복지부이며, 유관부서로서 여성가족부도 중요한 기능을 수행하고 있다.

(1) 보건복지부에서의 맞벌이가정의 아동을 위한 복지실천

보건복지부에서 관장하는 맞벌이 가정의 아동을 위한 복지실천은 보편적 서비스의 원칙에 따라 비맞벌이 가정의 아동도 활용할 수 있다. 그렇지만 맞벌이 가정에게 훨씬 유용하다.

보건복지부에서는 육아와 보육의 활성화와 질적 제고를 위해 한국보육진흥원과 중앙육아종합지원센터 및 각 지방육아종합지원센터를 두고 있다. 그리고 보육기관인 어린이집과 밀접하게 연관되어 보육의 공공성 강화와 보육서비스의 품질 향상 및 부모양육지원을 확충하고 있다. 대표적인 정책사례는 2020년 3월부터 실시되는 어린이집 연장보육 전담교사이다.

어린이집 선생님의 행복한 에너지가 행복한 아이를 키웁니다
"온종일 활기찬 어린이집"
2020년 3월부터
연장보육 전담교사가 함께 돌봅니다.
보육시간이 오전 9시부터 오후 4시까지의 기본보육과
4시 이후의 연장보육으로 나뉘고, 연장보육반 아동은 전담교사가 돌보게 됩니다.
개편 전
부모
오후 늦게까지 아이를 맡기려니 선생님들께 죄송해요.
담임교사
12시간 동안 '종일반'이 운영되다 보니 지친 상태로 아이들을 돌보게 돼요!
현재 어린이집은 담임교사가 하루종일 아이들을 돌보다 보니
보육의 질이 좋아지기 어려운 문제점이 있습니다.
이렇게 달라집니다
아이
오후에 새로운 선생님이 오셔서 재미있어요.
부모
아이가 늦게까지 어린이집에 있어도 전담 선생님이 계셔서 마음이 편해졌어요.
담임교사
이제 연장반 선생님에게 맡기고 나는 내일 수업준비를 해볼까?
연장보육 전담교사
연장반 아이들만 전담하니 아이 하나하나에 집중할 수 있어서 좋아요.
연장보육에는 별도의 교사가 배치되며, 담임교사는
수업 준비, 보육 연구시간 등을 가질 수 있어 보육의 질이 높아집니다.
보건복지부

① 한국보육진흥원

한국보육진흥원은 보육집행기관으로서 효과적인 보육 관련 사업 수행을 통한 보육의 질 향상과 체계적인 보육정책 지원을 통한 영유아와 부모, 보육교직원 등 수요자의 만족에 기여하기 위한 목적으로 보건복지부 산하 기타 공공기관으로 설립되었다.

한국보육진흥원
Korea Childcare Promotion Institute

▣ 시간제보육 사업이란?

시간제보육사업은 가정양육을 하는 경우에도 지정된 서비스 제공기관(어린이집, 육아종합지원센터 등)에서 시간단위로 보육서비스를 이용하고 이용시간에 따라 보육료를 지불하는 보육서비스입니다.

- **법적근거**
  영유아보육법 제26조의2(일시보육 서비스)
  영유아보육법 제21조의3(일시보육서비스지정기관 지정 취소의 사유)
  영유아보육법 시행규칙 제28조의2(일시보육 서비스 지원 방법 등)

- **제공기관**
  시간제보육 제공기관으로 지정된 어린이집, 육아종합지원센터 등

- **시간제보육 신청 및 예약**
  임신육아종합포털 아이사랑 〉 어린이집 〉 시간제보육사업(http://www.childcare.go.kr) 홈페이지에서 아동등록 후 사전 예약 후 이용 가능(☎ 1661-9361)

출처: 한국보육진흥원(www.kcpi.or.kr)

[그림 14-1] 한국보육진흥원의 목표와 기능

② 육아종합지원센터

육아종합지원센터는 「영유아보육법」에 의해 설립되며, 한국보육진흥원이 위탁·관리하며, 중앙육아종합지원센터와 지방육아종합지원센터로 구분된다. 맞벌이 부모의 양육과 밀접하게 관련된 기능은 다음과 같다.

- 일시보육 서비스의 제공
- 보육에 관한 정보의 수집 및 제공

- 보육 프로그램 및 교재 · 교구(敎具)의 제공 또는 대여
- 장애아 보육 등 취약보육에 대한 정보의 제공
- 부모에 대한 상담 · 교육
- 영유아의 체험 및 놀이공간 제공
- 영유아 부모 및 보육교직원에 대한 영유아 학대 예방 교육

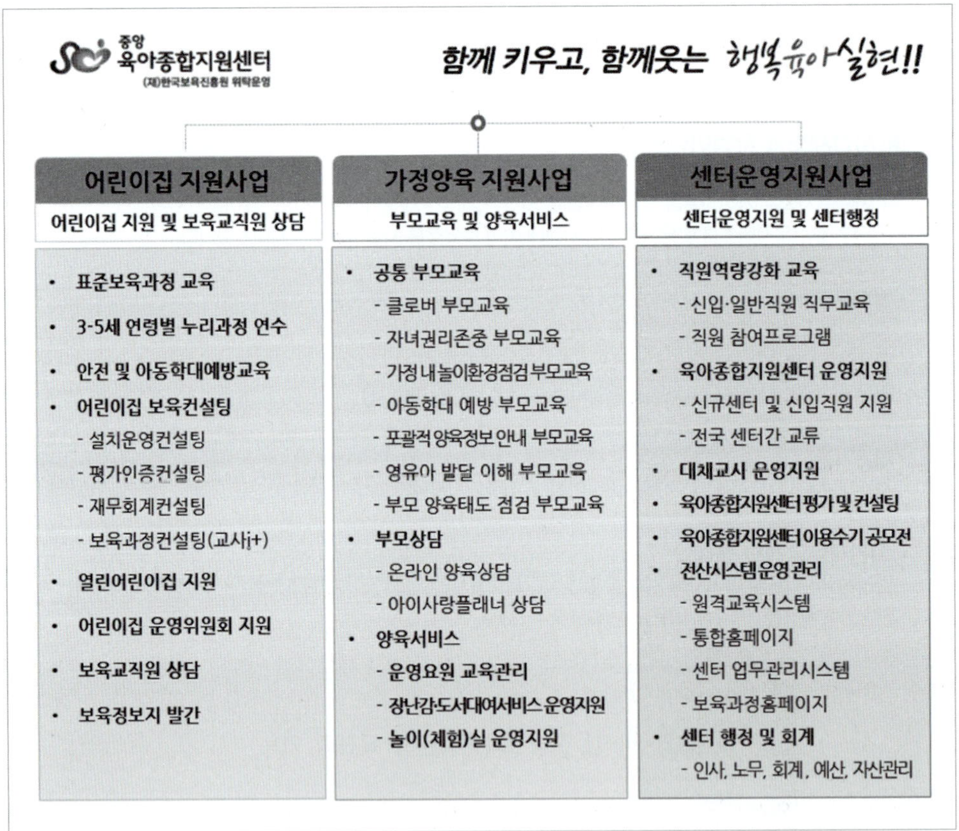

출처: 중앙육아종합지원센터(central.childcare.go.kr)

[그림 14-2] 중앙육아종합지원센터의 주요 사업

③ 어린이집

오늘날의 보육은 특히 선별적인 차원이 아닌 보편적인 서비스로 인식되고 다양한 형태의 어린이집에서 실천되고 있다. 어린이집이란 보호자의 위탁을 받아 영유아를 보육하는 기관을 말하며, 여기에서 보호자란 친권자·후견인 및 그 밖의 자로서 영유아를 사실상 보호하고 있는 자를 말한다고 규정하고 있다.

〈표 14-2〉 어린이집의 형태

유형	정의
국공립 어린이집	국가나 지방자치단체가 설치·운영하는 어린이집
사회복지법인 어린이집	사회복지사업법에 따른 사회복지법인(이하 "사회복지법인")이 설치·운영하는 어린이집
법인단체어린이집	각종 법인(사회복지법인을 제외한 비영리법인)이나 단체 등이 설치·운영하는 어린이집으로서 대통령령으로 정하는 어린이집
직장어린이집	사업주가 사업장의 근로자를 위하여 설치·운영하는 어린이집(국가나 지방자치단체의 장이 소속 공무원 및 국가나 지방자치단체의 장과 근로계약을 체결한 자로서 공무원이 아닌 자를 위하여 설치·운영하는 어린이집을 포함)
가정어린이집	개인이 가정이나 그에 준하는 곳에 설치·운영하는 어린이집
협동어린이집	보호자 또는 보호자와 보육교직원이 조합(영리를 목적으로 하지 아니하는 조합에 한정)을 결성하여 설치·운영하는 어린이집
민간어린이집	위 규정에 해당하지 아니하는 어린이집

특히 「영유아보육법」에 의해 설립되고 보건복지부의 정책 지원을 받는 직장어린이집은 아동복지와 여성복지 및 직장복지를 실현케 하는 중요 서비스가 되고 있다.

(2) 여성가족부에서의 맞벌이가정의 아동을 위한 복지실천

여성가족부의 주요 정책 과제는 일과 가정을 양립시키는 것이다. 따라서 맞벌이가족은 주요한 복지실천의 대상이 된다.

육아휴직 활성화 지원	- 육아정보, 커리어 코칭 등을 주요내용으로 한 '육아휴직 후 복귀지원 프로그램 보급'

아빠 육아참여 확대	- '예비아빠' 수첩 제공, 부모교육 실시
	- 워킹맘·워킹대디 지원 사업 ('15년 6개소 → '16년 82개소)
	  - 맞벌이 직장인들의 육아, 직장생활에서의 고충해소를 위한 종합상담 서비스 제공
	  - 직장고충상담, 소통커뮤니티 지원, 자녀양육 및 가족문제 상담, 생애주기별 가족교육 등 제공

여성가족부

여성정책의 기획·종합 및 여성의 권익증진	청소년의 육성·복지 및 보호	가족과 다문화 가족정책의 수립·조정·지원	여성·아동·청소년에 대한 폭력피해 예방 및 보호

○ 주요업무

- 여성정책의 기획·종합 및 여성의 사회참여 확대
- 정책의 성별영향 분석·평가
- 여성인력의 개발·활용
- 청소년정책의 협의·조정
- 청소년 활동진흥 및 역량개발
- 유해환경으로부터의 청소년 보호
- 위기청소년 등의 보호·지원
- 가족 및 다문화가족 정책의 기획·종합
- 양육·부양 등 가족기능의 지원
- 다문화가족의 사회통합 지원
- 성폭력·가정폭력 예방 및 피해자 보호
- 성매매 예방 및 피해자 보호
- 아동·청소년 등의 성보호
- 이주여성·여성장애인 등의 권익보호

출처: 여성가족부(www.mogef.go.kr)

[그림 14-3] 여성가족부의 정책 과제

이러한 맥락에서 근무시간의 유연성, 육아휴직, 아버지교육 등이 주요 업무로 다루어지고 있으며, 보건복지부의 육아지원과 동일한 맥락에서 이루어진다.

(3) 육아정책연구소

육아정책연구소는 국가인적자원 육성을 위한 육아정책연구를 종합적 · 체계적으로 수행하고, 육아의 질적 제고를 위한 합리적 정책 방안을 제시함으로써 우리나라가 육아선진국으로 도약하는 데 기여함을 목적으로 하기 위해 설립되었다.

연구 예시

맞벌이가정의 보육서비스 지원을 위해 어린이집은 원칙적으로 12시간을 운영하도록 규정하고 있다. 또한 정부는 다양한 근로시간에 따른 시간연장형 보육지원 등 보육서비스 다양화를 추진해왔다. 그러나 어린이집 이용에도 불구하고 실제 서비스 이용시간이 근로시간에 못 미치는 등으로 인해 조부모 또는 민간 베이비시터를 병행하여 이용하는 상황이 야기되고 있다. 또한 긴급보육 문제는 맞벌이가구의 자녀 양육 시 주된 어려움으로 지적되어 왔다. 특히 자녀가 아픈 경우는 어린이집을 이용할 수 없어 더욱 난감한 상황에 처하게 된다. 이 경우에는 부모가 휴가를 얻어 자녀를 돌볼 수 있도록 지원하는 것이 일차적으로 요구되나, 부모가 직접 돌볼 수 없는 상황도 있으므로 이에 대한 대응이 필요하다고 본다. 따라서 이 연구는 어린이집을 이용하는 맞벌이 가정을 대상으로 자녀가 아플 때 부모가 직접 자녀를 돌볼 수 없는 경우, 대체교사를 가정으로 파견하는 방안을 중점적으로 다루었다. 이를 위해 어린이집을 이용 중인 맞벌이 가정을 대상으로 긴급보육 실태 및 지원 요구를 파악하였다.

출처: 유해미, 이민희(2017). 맞벌이가정 대체교사 긴급지원방안 연구. 육아정책연구소(www.kicce.re.kr)

[그림 14-4] 육아정책연구소의 목적과 기능

3) 맞벌이가정의 아동을 위한 전문적 실천

맞벌이가정의 아동을 위한 복지실천은 두 가지로 대별된다. 하나는 아동을 위한 보육과 상담 및 치료를 통한 직접적 실천이며, 다른 하나는 보호자인 부모와 보육교직원들에 의한 간접적 실천이다.

(1) 아동을 대상으로 한 복지실천

맞벌이가정의 아동을 위한 복지실천에서 가장 비중이 높은 실천은 어린이집에서 행해지는 보육과 초등학교에서 아동을 대상으로 한 방과 후 지도이다. 상담과 치료의 경우, 그 발생 원인이 맞벌이 부모와 가정이라는 배경에서 발생되었을 경우에 해당된다.

① 어린이집에서의 보육

영유아를 대상으로 한 직접적 실천은 국가가 정한 표준 보육과정에 따라[3] 어린이집에서 보육교직원이 보호와 교육을 실시하는 것이다. 따라서 표준 보육과정에 충실하여 보육하는 것이 곧 보육을 통한 영유아복지를 실천하는 것이 된다.[4]

2019년 유아중심-놀이중심 누리과정으로 개편되기 전, 표준 보육과정은 어린이집에 취원한 만 0~5세 영·유아들에게 국가 수준에서 제공하는 보편적이고 공통적인 보육의 목표와 내용을 제시한 것으로, 0~1세 보육과정, 2세 보육과정, 3~5세 보육과정(누리과정 포함)으로 구성되어 있었다. 그러나 운영상에 문제점이 있어 수정 및 개정되었다(교육부, 보건복지부, 2019).

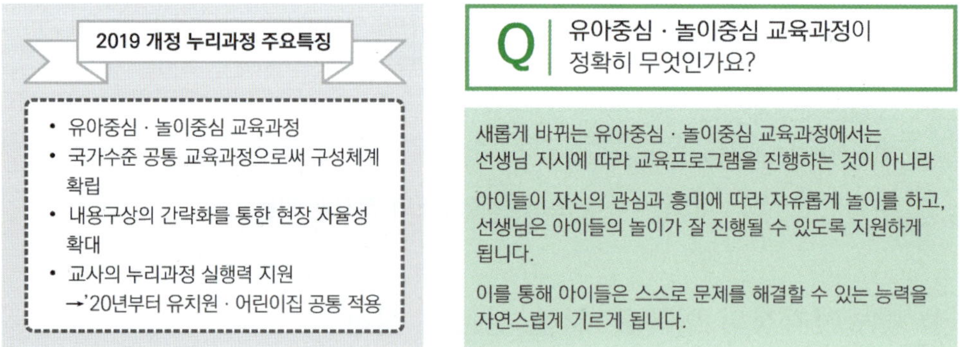

[그림 14-5] 개정 누리과정의 특징

3) 누리과정은 유치원과 어린이집에 다니는 만 3~5세 어린이들의 공평한 교육과 보육의 기회 보장을 위해 2012년부터 공통으로 시행하도록 만든 표준이 되는 교육내용을 말한다. 2019년 개정되었다.
4) 어린이집의 원장은 보호자의 동의를 받아 일정 연령 이상의 영유아에게 보건복지부령으로 정하는 특정한 시간대에 한정하여 보육과정 외에 어린이집 내외에서 이루어지는 특별활동 프로그램을 실시할 수 있다. 이 경우 어린이집의 원장은 특별활동에 참여하지 아니하는 영유아를 위하여 특별활동을 대체할 수 있는 프로그램을 함께 마련하여야 한다.

표준 보육과정의 목적은 국가 수준에서 영·유아의 전인적 발달과 우리 문화에 적합한 내용을 일관성 있고 연계적으로 실천하며, 궁극적으로 사회에서 추구하는 인간상을 구현하고, 전국 어린이집의 질적 수준을 높이는 데 기여하는 것이다. 따라서 어린이집의 보육교직원들은 개별 영·유아의 발달특성과 부모와 가정환경적 특성을 최대한 고려하여 최선을 다하여 보육하게 되며, 국가주도의 표준보육과정에 따라 영·유아의 발달특성과 어린이집의 공간적 특성을 고려하게 된다.

② 방과 후 아동지도

방과 후 아동지도는 초등학교 아동을 대상으로 이루어지며, 보건복지부에서는 지역아동센터, 교육부에서는 초등학교를 통해 이루어지고 있다.

③ 아동상담과 치료

보육현장에서의 상담은 영유아가 어린이집 생활을 건강하게 할 수 있도록 이루어지며, 정도가 약한 문제는 보육교사가 담당하지만, 심한 경우는 전문상담소의 지원을 받을 수 있도록 조치하게 된다. 이 경우는 상담이라기보다는 치료에 가까우며, 영유아의 발달특성을 고려하여 놀이를 통해 치료하게 된다. 영유아의 문제는 부모와 가정의 문제와 밀접한 관련이 있기 때문에 부모 및 가족을 대상으로 한 교육 및 상담이 거의 동시에 이루어지게 된다. 이러한 발달 및 상황적 특성을 고려하여 보육교직원 중에서 특히 보육교사는 아동상담에 대한 교육을 받게 되며, 중앙육아종합지원센터가 실질적인 역할을 담당한다.

(2) 부모를 대상으로 한 복지실천

맞벌이가정이 다수를 차지하는 어린이집에서의 부모교육은 다양한 형태로 이루어지고 있으며, 최근 들어 국가의 양육에 대한 책임을 강조하면서 법규정으로 명시하고 있다. 즉, 「영유아보육법」에서는 “국가와 지방자치단체는 영유아의 보호자에게 영유아의 성장·양육방법, 보호자의 역할, 영유아의 인권 등에 대한 교육을 실시할 수 있다.”라고 임의 규정을 두고 있지만, 해를 거듭할수록 부모교육은

수준과 범위를 더하여 실시되고 있다.[5)]

① 부모교육

맞벌이가정의 부모를 대상으로 한 부모교육은 보건복지부에서 부모교육프로그램개발을 지원하고, 중앙 및 지방자치단체의 육아종합지원센터와 어린이집에서 훈련된 강사에 의해 이루어지고 있다.

특히 클로버부모교육 프로그램은 생태학 이론에 기반하여 부모로서의 정체감을 확립하고, 멋진 아이로 키우며, 긍정의 가족이 되어서 아름다운 이웃으로 리더십을 발휘하는 데 그 목적을 두고 있다. 이 교육은 주로 어머니를 대상으로 한 이론교육과 함께 부모와 자녀들이 함께 참여하는 체험활동으로 구성되어 있다(보건복지부, 중앙육아종합지원센터, 이소희, 2014).

클로버 부모교육 프로그램의 목표

성격의 재발견으로 소중한 나의 존재가치와 의미의 확인

사랑과 **존중**의 지혜로운 **대화**로 우리 모두의 멋진 아이로 키움

활동을 통한 **신뢰형성**으로 새롭게 성장하는 **긍정의 가족**이 됨

기본 **리더십**을 발휘하여 서로 서로에게 아름다운 이웃이 됨

출처: 보건복지부(www.mohw.go.kr), 중앙육아종합지원센터(central.childcare.go.kr), 이소희(2014). 클로버부모교육프로그램 매뉴얼.

[그림 14-6] 클로버부모교육 프로그램

맞벌이 가정의 부모를 대상으로 한 다양한 부모교육은 여성가족부와 교육부 및 아동복지기관에서도 이루어지고 있다. 최근에는 맞벌이 부모의 근무시간을 고려하여 퇴근 후에도 이루어지고 있다.

5) 맞벌이 가정의 부모들은 가정상황을 고려하여 유치원에 취원시키기도 하지만, 어린이집에서의 보육보다는 그 비중이 낮은 편이다.

② 부모상담

학부모상담으로도 통용된다. 어린이집에 취원한 영유아의 문제로 인한 부모상담은 크게 두 가지 관점에서 이루어진다. 첫째는 가정생활을 영위하는 가운데 경험하게 되는 자연적인 위기로서 이사, 직장의 이동, 출산과 양육 및 사망 등을 경험하면서 발생한 스트레스 등에 의해 영유아에게 부정적인 영향을 미치는 경우이다. 둘째는 부모와 가족의 능력 및 문제에 대한 대처능력의 부족으로서 질병, 실직, 이혼 등에 따른 스트레스로 인해 영유아를 제대로 양육하지 못하는 경우이다.

보육과 관련하여 종합적인 상담을 위해 어린이집, 육아종합지원센터 등을 이용할 수 있으며, 온라인으로 임신육아종합포털인 '아이사랑'을 이용할 수도 있다.

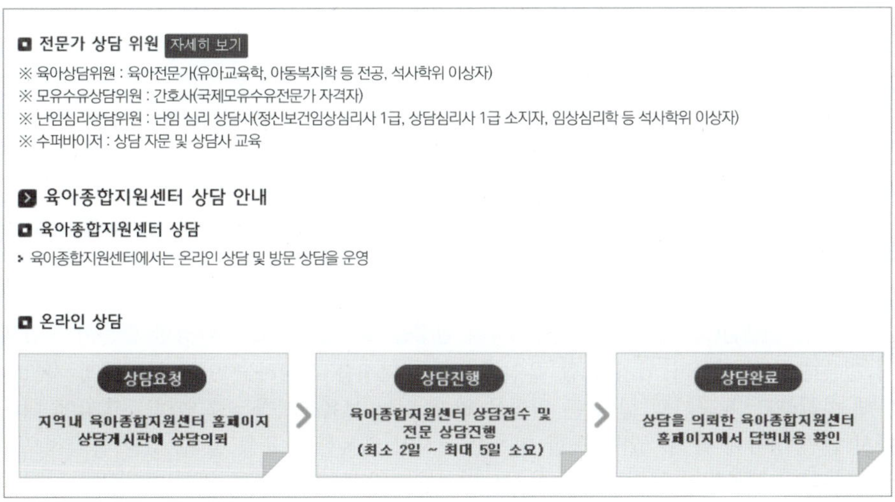

출처: 임신육아종합포털 아이사랑(www.childcare.go.kr)

[그림 14-7] 학부모 상담

(3) 전문가를 대상으로 한 교육실천

맞벌이가정의 아동복지실천에서 핵심적인 역할을 담당하는 전문가는 보육교직원이며, 그중에서도 보육교사가 가장 중요하다.

① 보육교사교육

어린이집의 존재 가치는 영유아에 대한 '보육'에 있으며, 따라서 보육교사의 역할은 막중하다. 따라서 국가는 보육의 기능을 제대로 수행할 수 있도록 법제에 의해 보육교사를 양성하고 있다. 또한 보육교사 자격을 취득하여 보육교사직을 수행하는 과정에도 보육교사의 자질 향상을 위하여 집합교육에 의한 직무교육과 승급교육으로 대별되는, 이른바 보수교육(補修敎育)을 실시하도록 규정하고 있다.

보육교사의 인성교육

보육교사 인성교육 프로그램은 자존감, 소명감, 정서능력, 대인관계의 4개 영역에 따라 각각 '자신감 넘치는 선생님, 열정적인 선생님, 즐거운 선생님, 따뜻한 선생님'의 테마로 이루어져 있다. 각 테마 별로는 보육교사로서 갖춰야 할 직무역량강화 프로그램, 감정 소진을 치유할 수 있는 힐링, 인간 중심의 관점과 타인에 대한 이해 증진 등 인문학적 소양을 기를 수 있는 인문학 프로그램이 패키지로 구성되어 있으며, 이는 교육시간과 대상에 맞게 적절하게 조합하여 구성·운영된다.

자신감 넘치는 선생님(자존감): 자기 자신에 대한 새로운 이해를 통해 자아존중감을 높이고, 디톡스와 힐링을 경험하면서 스트레스를 해소하는 방법을 체험해 볼 수 있는 수준 높은 내용들로 이루어져 있다.

열정적인 선생님(소명감): 보육교사로서의 열정을 확인할 수 있는 다양한 활동이 포함되어 있는데, 보육교사가 가져야 할 윤리의식과 도덕성을 실천하고 있는지 반성적 사고를 통해 성찰하고, 누군가의 삶에 큰 역할을 하게 되는 보육교사라는 직업의 소명감에 대해 다시 한번 생각해 볼 수 있다. 또한 행복한 교사가 행복한 보육을 할 수 있고 궁극적으로 영유아 삶이 행복해질 것이므로 보육교사의 심리적 안녕감 회복을 위해 마음으로 감정을 바꿀 수 있다는 최근의 뇌 연구결과를 활용한 힐링 활동들을 경험하게 된다.

즐거운 선생님(정서능력): 자신의 감정을 돌아보는 시간을 통해 정서적 힐링을 경험하고, 소그룹 활동, 워크시트 활용 등의 활동을 통해 부정적 감정이 나타나는 여러 가지 상황에서 대처하는 방법을 다루게 된다. 또한 영유아의 문제행동에 대한 이해를 바탕으로 교사로서 문제해결능력을 향상시키는 기회를 가질 수 있다.

따뜻한 선생님(대인관계): 자신에 대한 수용을 토대로 하여 다른 사람을 배려하고, 긍정적인 관계를 형성하며 갈등을 예방하고, 일에 대해 열정을 발휘할 수 있도록 자기동기화를 강화하는 과정으로 구성되어 있다. 또한 연극을 통하여 공감과 배려를 연습하고 실제 적용해 보는 흥미로운 기회를 가질 수 있다.

출처: 한국보육진흥원(www.kcpi.or.kr)

이러한 보수교육의 궁극적인 목적은 영유아를 제대로 보육하여 전반적인 사회번영을 이루기 위해서이다. 보수교육에서 법적으로 명시하고 있는 교육으로는 영유아에 대한 인권교육을 포함한 보육교사의 인성함양, 성폭력 및 아동학대 예방, 실종·유괴의 예방과 방지, 감염병 및 약물의 오남용 예방 등 보건위생 관리, 재난대비 안전, 교통안전 및 그 밖에 보건복지부령으로 정하는 내용들이 포함된다. 이외 다문화교육에 대한 내용도 포함되고 있다(김정원, 이주영 외, 2009).

한편 보육교사에 의한 영유아학대의 발생이 점증함에 따라 이를 예방하는 교육이 강도를 더해가고 있으며, 보건복지부 산하 보육 관련 기관에서뿐 아니라 여러 아동복지단체에서도 아동복지 사상의 함양과 복지 증진이라는 차원에서 다양한 방법으로 실시되고 있다(세이브더칠드런, 2017).

② 원장교육

원장은 원장되기 전과 이후에 교육을 받는다. 어린이집의 원장의 자격을 갖추기 위해서는 80시간 이상의 사전 직무교육을 받아야 한다. 그리고 재임 중의 교육은 다양하게 실시된다. 즉, 운영주체별, 지역별, 이슈별 교육 등이 그것이다. 예를 들어 지역별로는 서울시 보육지원서비스센터에서 이루어지는 국공립원장교육을 들 수 있으며, 이슈별로는 아동학대의 발생증가에 따른 모든 어린이집 원장을 대상으로 한 아동권리와 부모교육 등을 들 수 있다.

한편 관련법에 명시된 교육 외에 어린이집 및 사회적 상황을 고려한 교육들도 실시되고 있다. 예를 들어 원장의 경영역량 제고를 위한 리더십교육이 그것이다. 서울특별시에서는 이러한 맥락에서 〈조직문화와 원장의 리더십〉을 주제로 하는 교육이 지속적으로 이루어지고 있다(이소희, 2016~2020). 구체적으로 어린이집 운영주체자인 원장이 어린이집의 조직문화 특성을 이해하고, 보육교직원 각자가 역할과 직무를 충실히 수행하도록 동기부여하는 목적으로 개설되고 있다.

▌교육과정 안내 (원장)

• 교육 신청대상

① '15년 1.1 이후 국공립 전환어린이집 원장
② '15년 1.1 이후 신규 국공립어린이집 원장
③ '15년 1.1 이후 국공립어린이집 신입 원장
④ '12~14년 신규 및 전환 어린이집 원장 중, 교육을 희망하는자

• 교육내용

보육공공성	보육투명성	보육전문성	보육개방성
1. 보육공공성 및 보육정책의 이해 2. 국공립어린이집의 운영의 이해	3. 어린이집 회계시스템 실습 4. 건강영양안전관리	5. 조직문화와 원장의 리더십 6. 보육과정 운영과 지원 7. 어린이집 보육교직원 관리 8. 어린이집 노무관리 9. 어린이집 원아관리	10. 가족 및 지역사회와 협력 11. 어린이집 운영평가

- 교육과정 : 이론(10과목) + 실습(1과목)
- 진행방법 : 이론교육(22시간) + 실습(6시간) / 10:00 ~ 17:00

출처: 서울시여성가족재단(www.seoulwoman.or.kr)

[그림 14-8] 원장교육

Child First!

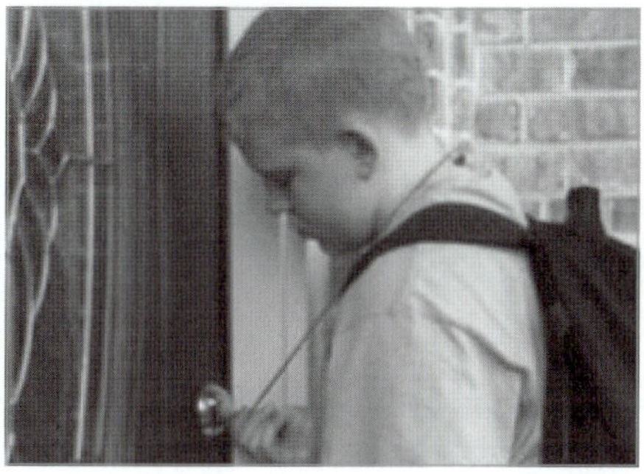

출처: BBC뉴스

출처: 사교육 걱정 없는 세상
(https://news.noworry.kr/tag/)

살 펴 보 기

맞벌이가정의 부모의 걱정은 방과 후 아동의 생활이다. 위의 사진은 방과 후, 혼자 집으로 돌아와 목에 걸린 열쇠로 현관문을 여는 모습이다. 이 아이는 어떤 마음이 들 것인지 이야기 나누어보고, 대안을 모색해 보자.

REFERRENCE 참고문헌

강유임(2013). 다문화가정 아동의 모애착과 심리사회적 적응의 관계: 문화적응 스트레스와 부정적 대처기제의 중재효과. 단국대학교 대학원 박사학위 논문.

경기도 여성가족연구원(2019). 경기도 학교 밖 청소년 규모 추정 및 현황 분석.

고미숙(2016). 바보야, 문제는 돈이 아니라니까 -몸과 우주의 정치경제학. 북드라망.

고성혜(1992). 아동학대 개념 규정 및 아동학대에 대한 모·자녀의 지각 성향. 서울대학교 박사학위논문.

고제이(2019). 아동수당 및 출산·양육 지원체계 발전방안 연구. 한국보건사회연구원. 수탁정책보고서, 37.

관다영, 전혜성(2019). 다문화청소년이 지각한 외국인 어머니의 지지가 성취목표지향성과 대인관계지향성에 미치는 영향에서 자기효능감의 매개효과. 가족과 가족치료, 27(3), 529-548.

교육과학기술부(2010). 창의인성교육 기본 방안 발표.

교육과학기술부(2012). 창의와 인성을 겸비한 글로벌 인재 육성 방안.

교육부(2012). 창의인성 선도모델학교 확산지침.

교육부, 보건복지부(2019). 유아중심·놀이중심 누리과정으로의 개편 자료집.

국제아동인권센터(2015). 어린이·청소년 인권교육자료집.

국제아동인권센터(2017). 제2차 아동인권포럼 자료집: 아동인권과 유엔아동권리협약이행 모니터링 체계의 이해-유엔아동권리위원회 심의를 중심으로.

권지성, 정선욱(2009). 아동양육시설 퇴소생의 퇴소 후 생활 경험 연구. 한국사회복지학, 61(3), 229-253.

길현주(2015). 유아 교사의 회복탄력성에 영향을 미치는 변인 분석 및 사회적 지지의 매개 효과. 대구가톨릭대학원 대학원 박사학위논문.

김경숙, 김인희(2016). 중·고등학교의 학업중단 위기학생이 경험하는 소외에 관한 질적 사례연구. 教育行政學研究, 34(2), 253-285.

김경애(2014). 학교밖 청소년을 위한 교육복지방안 연구-생애진로개발을 중심으로. 한국교육개발원.

김남진, 김정은, 최희승(2017). **장애아 진단 및 평가**. 양서원.

김도연, 양혜정(2014). 청소년기 휴대폰 의존의 변화에 대한 생태학적 요인의 영향-잠재성장모형을 이용한 분석. **한국청소년연구, 74**, 169-197.

김미숙, 김혜련, 김광혁, 양심영, 이주연, 하태정(2012), 아동권리증진을 위한 아동정책 발전방안 연구, 보건복지부, 한국보건사회연구원.

김민경, 김희영(2015). 다문화 가정 청소년의 심리적 특성, 부모와의 관계, 대처전략이 학교생활 적응에 미치는 영향. **한국가족복지학, 20**(2), 367-385.

김상아, 하은혜(2016). ADHD 진단에서 K-CBCL 6-18의 임상적 유용성-아동복지시설 심리장애 아동에의 적용. **한국아동복지학, 56**, 253-281.

김선영, 박성매, 박부진(2013). 집단치료놀이 프로그램이 한부모 가정 아동의 자아존중감과 정서적 부적응 행동에 미치는 효과. **놀이치료연구, 17**(2), 109-124.

김성이(2002). **사회복지의 발달과 사상**. 이화여자대학교 출판부.

김순옥, 전주람, 김영숙(2012). 한부모 가족의 자녀에 대한 연구고찰-가족학 전문학술지 논문을 중심으로, **한국가족관계학회지, 17**(1), 113-128,

김승권(2007). UN 아동권리협약 이행모니터링사업 연구(2006.4~2007.3). **한국보건사회연구원, 17**.

김승권, 김유경, 조애(2008). **전국가정폭력실태조사보고서**. 여성가족부.

김아림, 탁영란(2016). 영유아를 돌보는 양육자의 방임 및 학대에 영향을 미치는 심리사회적 요인 탐색. **지역사회간호학회지, 27**(1), 81-94.

김연우(2012). 한부모가족의 생활실태와 복지욕구. **보건복지포럼, 187**, 50-59.

김영지, 김희진(2015). 한국아동청소년 인권실태 연구 V. 한국청소년정책연구원 연구보고서.

김영지, 김희진, 김진숙, 김진호, 안재희, 이경자(2013). 사회통합을 위한 청소년 다문화교육 활성화 방안 연구. **한국청소년정책연구원 연구보고서**, 44-47.

김영춘, 이관식(2013). 다문화가정 아동의 가족기능, 자아탄력성, 학교생활적응에 관한 연구. **한국보육학회지, 13**(1), 21-38.

김영희, 최보영(2015). 학업중단 청소년의 심리사회적 적응과정. 한국청소년연구원. **청소년연구, 26**(77), 145-175.

김은설, 도남희(2012). 가구소득에 따른 양육특성, 양육환경 및 아동발달의 관계. **한국가정관리학회 학술발표대회 자료집**, 73-88.

김은영(2017). 우리나라 영유아 학대 현황 및 예방 방안.

김은영(2019). 어린이집에서는 '학대', 집에서는 '훈육', 엄마 기준이 뭐예요? - 아동학대를 향한

온도차. 보건복지부, 중앙아동보호전문기관.

김은영, 문무경, 김문희, 박수연(2010). 다문화가정 영유아 지원 효율화 방안 연구. 육아정책연구소.

김은정(2014). 시설아동보호의 현황과 쟁점. 동광 109, 57-72.

김은정(2018). 아동정책영향평가제도 도입방안 연구. 한국보건사회연구원. 수탁정책보고서, 47.

김은지, 황정임, 최혜진(2012). 저소득 한부모가족 아동양육비 지원방안 연구. 한국여성정책연구원 연구보고서, 19.

김재춘(2012). 실천적 인성교육이 반영된 교육과정 개발 방향 연구. 교육과학기술부.

김재춘(2018). **제4차 산업 혁명과 교육 학교의 미래, 미래의 학교**. 미래엔.

김정래(1997). "잘삶"의 개념과 교육. **교육학연구, 35**(3), 1-20.

김정원, 이주영, 김경본(2009). 다문화가정 부모 및 유아교사의 다문화교육에 관한 인식. **유아교육·보육복지연구, 13**(5), 5-26.

김정희, 정다운(2011). 집단미술치료 프로그램 참여가 저소득층 한부모가족 아동의 자아존중감 및 또래관계에 미치는 효과. **한국생활과학회지, 20**(5), 967-981.

김정희, 정은주(2012). 영유아 자녀를 둔 여성장애인의 자녀양육 어려움과 서비스 욕구 비교를 통한 가족지원전략. **유아특수교육연구, 12**, 165-190.

김종민, 이현주, 이전이, 이강호(2017). 교육복지우선지원사업이 초·중학생의 자존감과 학교생활적응 변화에 미치는 영향. **교육심리연구, 31**(2), 239-264.

김진석(2014). 아동복지 종합조정체계의 현황과 쟁점: 중앙정부를 중심으로. **복지동향, 192**, 5-9.

김진희, 김경신(2004). 청소년의 인터넷 중독에 대한 생태학적 접근. **한국청소년연구, 15**(1), 137-166.

김태영(2017). 일반 영유아 대상과 장애위험/장애 영유아 대상 문제 행동 연구동향의 비교분석: 2010년~2017년 5월. **특수교육 저널: 이론과 실천, 18**(4), 125-155.

김학주(2006). 유자녀가구 유형별 빈곤의 사회경제적 특성연구-남성한부모가구, 여성한부모가구, 양부모가구 비교분석. **한국인구학, 29**(3), 73-87.

김현숙(2015). 한부모 자녀의 사회적 지지, 일상생활 스트레스, 학교적응이 행복감에 영향을 미치는 과정-빈곤과 비빈곤의 다집단 분석. **한국아동복지학, 52**, 279-307.

김현옥, 김경호(2011). 아동방임에 영향을 미치는 가족요인에 대한 사회적 자본의 조절효과 연구. **한국영유아보육학, 67**, 219-243.

김형렬(2000). **정책학**. 법문사.

김형모(2013). 한국가족 변화 속에서 아동의 권리보장을 위한 노력. **제5차 아동복지포럼 자료집.** 초록우산 어린이재단.

김혜미, 문혜진(2013). 다문화가정 아동청소년과 비다문화가정(한국인 부모가정) 아동청소년의 학교적응 비교 연구. **한국사회복지학, 65**(4), 7-31.

김혜선, 김은화(2010). 이혼한 여성 한부모 어머니의 경험: 삶의 위기에서 시작된 경험들. **위기관리 이론과 실천, 6**(1), 219-242.

김혜영, 장화정(2002). 아동학대 유형별 영향을 미치는 부모위험요인에 관한 연구. **아동과 권리, 6**(2), 269-286.

남궁근(2017). **정책학**. 법문사.

남세진, 조흥식(1995). **한국사회복지론**. 나남.

남현주, 윤형식, 이태영. 신채영. 이동훈(2013). 한부모 가정 청소년 자녀의 발달과 적응에 관한 최근 연구동향 고찰. **한국심리학회지: 여성, 18**(1), 129-168.

노혜련, 장정순(1996). 육아시설 아동의 생활실태와 만족도에 관한 연구. **한국아동복지학, 6,** 65-92.

도남희. 한국아동패널(2013). 육아정책연구소 **연구보고, 41.**

도미향, 이소희, 강경자, 김주아(2012). 보육교사-유아 상호작용을 위한 코칭접근. **코칭연구, 5**(1).

매일경제신문(2010.10.3.). 철학자. 디오게네스.

문성호, 노지혜(2020). 가치비평적 접근을 적용한 학교 밖 청소년 정책 분석 및 혁신방안 연구. **청소년학연구, 27**(2), 439-466.

문수경, 이무영(2009). 부모의 주관적 행복감에 영향을 미치는 변인. **한국가족복지학, 14**(4), 137-153.

박동서(2004). **한국행정론**. 법문사.

박석돈(2004). **장애인재활의 과정 및 프로그램**. 대구대학교 출판부.

박선주(2015). 한부모 가족 부모의 부모교육 현황 및 부모교육 내용에 대한 요구도. **성신여자대학교 한국여성연구소, 17,** 99-127.

박설미, 여인숙(2009). 놀이 중심의 이야기치료 프로그램이 한부모 가정 아동의 자아존중감에 미치는 효과. **놀이치료연구 13**(2), 29-44.

박영호, 신농면(2017). 예비입양부모의 입양 태도 및 동기와 입양사례 경험에 관한 탐색적 연구. **한국사회정책, 24**(3), 55-84.

박윤석(2016). **시간여행**. 동아일보.

박정영(2009). 코칭학의 유형분류를 위한 기초적 접근 코칭형태분류를 중심으로. **코칭연구, 2**(1).

박주희(2007). **맞벌이가족의 복지이론**. 구상.

박창규, 이소희(2007). Nlpia 코칭프로그램 매뉴얼. 한국부모코칭센터·리더십코칭연구소.

박태영(2007). 이혼한 한부모 가정에 대한 가족치료. 숭실대학교 사회과학연구소. **사회과학논총**, 9, 125-158.

박한울, 김선아(2017). 다문화상담을 위한 미술치료사의 인식과 다문화 감수성에 관한 실행연구. **조형교육**, **64집**.

박현정(2018). 영유아기 교사와 부모의 학대언어 제한과 촉진적 상호작용을 위한 교육훈련효과-TREASURE-CCTV모델의 활용. 숙명여자대학교 박사학위논문.

방정환(1923). 창간호. 〈어린이〉.

배경희, 이수천(2014). 개인 · 친구 · 부모 · 학교요인이 청소년의 심리사회적응에 미치는 영향-일반 청소년과 다문화가정 청소년의 비교 중심으로. 한국보건사회연구원. **한국복지패널학술대회 논문집**, 219-246.

배화옥, 강지영(2016). 아동 발달단계별 아동학대 특성 연구. **보건사회연구**, **36**(1), 5-29.

변미희, 권지성, 안재진, 최운선(2015). 입양아동의 적응을 위한 입양부모의 대처과정에 관한 연구. **한국아동복지학**, **52**, 105-138.

변찬석, 이금섭(2008). 일반 유아와 부적응 유아의 만족지연행동 비교. **특수교육학연구**, **39**(3), 293-311.

보건복지부(2016). 어린이주간-어린이헌장 선포.

보건복지부(2018). '아이'라는 이름의 미래, 아동수당이 함께합니다.

보건복지부(2019). 아동권리보장원 설립계획서 보도자료.

보건복지부, 국제아동인권센터, 중앙아동보호기관(2017). 아동방임에 대한 국제동향과 국내인식 제고방안.

보건복지부, 중앙육아종합지원센터, 이소희(2014). 클로버 부모교육프로그램.

비전에니어그램교육연구소(2017). MOSAIC 9 코칭모델.

서보준(2017). 다문화가정 청소년이 지각한 부모양육태도와 학교생활적응과의 관계에서 자아탄력성의 조절효과. **미래청소년학회지**, **14**(3), 111-133.

서영숙, 황은숙(2002). 한부모 가정에 대한 반편견 유아교육 프로그램 개발 연구. **열린교육연구**, 7(1), 205-227.

서울동부아동보호전문기관(2008). 부모에 의해 방임된 아동의 모래놀이치료사례.

서은국(2014). **행복의 기원 생존과 번식, 행복은 진화의 산물이다**. 21세기북스.

서현석, 진미정, 도유록(2014). 한부모 가족의 '학부모참여' 실태와 자녀교육의 어려움에 관한 연구. **학습자중심교과교육연구, 14**(2), 181-201.

석주영, 박인전(2009). 빈곤가정 아동의 또래애착과 자아탄력성이 또래관계에 미치는 영향-양부모가족과 여성한부모가족 아동의 비교. **한국가족복지학, 14**(2), 29-50.

성영혜(2004). **치료놀이를 통한 영아보육**. 시그마프레스.

성정혜, 김춘경(2019). 기혼 직장여성의 가족관련 가치관이 일-가정양립 갈등을 매개로 우울에 미치는 영향: 다변량 잠재성장모형과 자기회귀교차 지연모형을 활용한 종단매개효과 검증. **女性硏究, 101**(2), 111-133.

세이브더칠드런(2017). 세계 아동기 보고서.

세이브더칠드런, 서울대사회복지연구소(2015). 한국아동의 삶에 질에 관한 국제심포지움 자료집.

손창영(2018). 자살충동을 경험하는 중도장애인의 회복탄력성: 미드(G.H. Mead)의 상징적 상호작용론을 중심으로. 서울신학대학교 박사학위논문.

송근원(2018). **4차 산업시대에 대비한 사회복지정책학**. 퍼플.

송다영, 김유나(2008). 여성가장 가족의 빈곤문제와 성인지적 탈빈곤 정책, **한국가족복지학, 22**, 131-159.

송수정(2014). 가족구조에 따른 아동 우울의 보호요인 탐색. **한국청소년연구, 72**, 107-127.

숙명여대 산학협력단, MK(2019.5.2). 아동복지시설 아동에 '심리검사 · 재활치료' 확대 시행-자아존중감 · 행복도 높아져.

신기원, 이종운, 조성욱(2017). **장애인복지론**. 공동체.

신부용, 박현선(2016). 다문화가정 자녀의 부모-자녀관계와 성인역할모델이 학교적응에 미치는 영향-자기효능감의 매개과정을 중심으로. **학교사회복지, 33**, 1-24.

신숙재, 이영미, 한정원(2000). **아동중심 놀이치료**. 동서문화원.

신영석, 윤강재, 강지원(2013). 한국형 복지모델의 전망과 모색. 한국보건사회연구원 수시보고서 2013-06.

신현균(2014). 초등학교 고학년생의 스트레스와 우울증상 간 관계. *Korean Journal of Clinical Psychology, 33*(3).

신현숙(2005). 미술치료가 신체 학대받은 아동의 자기표출과 대인관계에 미치는 효과. **미술치료연구, 12**, 383-407.

아라카와 가즈히사(2018). **초솔로사회, 2035년 인구 절반이 솔로가 된다**. 마일스톤.

안동현(1999). 유엔 아동권리협약의 의의와 과제. **아동권리연구, 3**(2), 27-42.

안동현, 김경희, 김희균, 이명진, 장화정, 정익중(2017). e아동행복지원시스템 효율적 운영을 위한 아동학대 개념과 유형 연구. 보건복지부.
안동현, 장화정, 이영애, 홍강의, 이재연, 이양희, 조흥식, 곽영숙(2003). 신고된 사례의 아동학대 실태와 후유증 연구. **아동과 권리**, 7(1), 1-20.
안윤숙, 김흥주, 이현진, 하영진(2016). 기혼 직장여성의 정신건강에 영향을 미치는 요인: 인구사회학적 요인, 가정요인, 직장요인을 중심으로. **인문사회21**, 7(1), 157-185.
안재진, 권지성, 변미희, 최운선(2015). 입양아동 발달에 관한 종단연구- 2015년 5차 양적 조사 결과 보고서. 중앙입양원.
안지연, 손영은, 남석인(2014). 부모의 학대 및 방임과 청소년의 학교생활적응과의 관계에서 공격성의 매개효과. **청소년학연구**, 21(12), 261-284.
양계민, 조혜영, 이수정(2019). 미래 한국사회 다문화역량강화를 위한 아동 · 청소년 중장기 정책 방안연구 I: 다문화가정 청소년의 역량개발을 중심으로. 한국청소년정책연구원.
양한연, 이주연(2010). 한부모가정 아동의 정서적 지지를 위한 반편견교육 프로그램. **한국한부모가정학**, 3(1), 1-19.
여성가족부(2010). 다문화가족 방문상담사 양성교육교재.
여성가족부(2015). 전국다문화가족 실태조사.
여성가족부(2019). 청소년백서.
여유진(2014). 한국형 복지모형 구축-한국의 특수성과 한국형 복지국가. 한국보건사회연구원. **기본연구 28.**
연세대학교 사회발전연구소(2011~2018). 한국 아동 · 청소년 행복지수 조사-초등학생용, 중고등학교 학생용.
염숙경(2009). **아동의 증상과 특성별 놀이치료**. 학지사.
오미경, 이수희(2010). 집단놀이치료 활동을 통한 한부모 가족 방임 아동의 자아존중감 및 문제행동에 대한 사례연구. **특수아동교육연구**, 12(4), 237-259.
오미숙, 심우찬(2014). 학업 스트레스가 아동의 우울에 미치는 영향. **학교사회복지**, 29, 237-261.
오정아(2019). 다문화 청소년의 심리사회적 유형과 학교적응에 대한 메타분석-일반 청소년과 다문화가정 청소년의 비교 중심으로. 한국보건사회연구원. **한국복지패널학술대회 논문집**, 219-246.
우주영(2005). 성학대 피해 아동의 놀이치료 주제와 정신적 표상. 가톨릭대학교 박사학위논문.
유니세프 한국위원회(2018). 유니세프한국위원회 연차보고서.
유미숙(2014). 놀이치료: 놀이치료학의 역사. **상담과 선교**, 82, 22-33.
유해미, 이민희(2017). 맞벌이 가정 대체교사 긴급지원 방안 연구.

유희정, 이희선, 심진숙(2009). 다문화가정 자녀의 글로벌 인재양성 방안 연구. 한림성심대학 산학협력단. 강원발전연구원, 강원지역 인적자원개발지원센터.

윤지영, 허은경(2017). 다문화 가정의 부모효능감, 학생의 자아존중감과 학교적응 간 관계에 대한 종단적 연구. **교육문화연구**, 23(6), 775-798.

이가경(2018). 유아 회복탄력성 검사도구 개발 연구. 한국교원대학교 대학원 박사학위논문.

이가연, 오지현(2020). 가정중재 치료놀이에 참여한 모-자녀 상호작용 변화과정과 의미에 대한 질적 사례연구 -베트남 다문화가정을 중심으로. **놀이치료연구**, 23(2), 199-221.

이경님(2008). 아동의 개인 및 가족 변인과 교실의 심리사회적 환경이 유능감에 미치는 영향. **한국생활과학학회지**, 17(2), 207-221.

이경은(2016). UN아동권리협약상 아동최상의 이익 법리와 한국의 아동법제. **복지입법과 정책**, 8(2).

이경준, 최윤영(2015). **최신 장애인복지론**. 학지사.

이병호, 한승수(2016). 경기도 다문화가정 미취학 아동 지원방안 연구. 정책연구.

이상광(2018). 사회법의 발전과 과제. 중앙경제.

이상균(2000). 청소년의 학교비행에 대한 생태체계적 영향요인. **사회복지연구**, 15(1), 109-132.

이상정(2018). 아동보호체계 강화방안 연구. 한국인구사회연구원. **수탁정책보고서**, 112.

이상훈(2011). 정서 · 행동장애의 정의와 선별, 진단에 관한 고찰. **정서 · 행동장애연구**, 27(2).

이상희, 이연우(2016). 다문화가정 장애위험 영유아의 발달특성과 교육지원에 관한 보육교사 인식 연구. **특수아동교육연구**, 18(2).

이소현(2006). 장애 영유아 지원 체계 구축을 위한 질적 구성 요소-정책적 제도 수립을 위한 기초 연구. **유아특수교육연구**, 6.

이소희(1989). 아동학대 확인을 위한 가정환경 분석연구. 숙명여자대학교 박사학위논문.

이소희(2002). **그것은 아동학대예요**. 동문사.

이소희(2005). **보육학개론**. 양서원.

이소희(2009). **멋진응원, 코칭**. 신정.

이소희(2012). **비전에니어그램-베이직 / 플러스**. 비전에니어그램교육연구소.

이소희(2014). **TREASURE Talk 상호작용모델**. TREASURE Talk상호작용연구소.

이소희(2015a). 매일멋진영리더는 우리의 행복나침반. 한국영리더십센터 발표자료.

이소희(2015b). 관찰을 통한 아동-성인 상호작용코칭 척도의 개발. **코칭연구**, 8(2), 5-23.

이소희(2016~2020). 조직문화와 원장의 리더십. 서울여성가족재단.

이소희(2017). CCTV 모델에 기반한 성인-아동의 부정적 상호작용척도 개발과 타당화. **영유아보**

육교육연구, 1(1), 5-27.
이소희(2018a). 숙명여자대학교 석사과정-아동청소년복지와 부모교육 강의자료.
이소희(2018b). 어린이집 중간관리자의 역할과 조직관리. 서울여성가족재단.
이소희(2018c). 숙명여대 박사과정 교재 -부모리더십계발과 코칭론.
이소희(2018d). 보육현장중심 아동권리와 아동복지. 신정.
이소희(2019a). 보육교사인성론과 리더십. 창지사.
이소희(2019b). 아동복지. 정민사.
이소희(2019c). GOD 4N 리더십코칭모델 개발에 관한 연구(1). 코칭연구, 12(4), 5-33.
이소희, 강기정, 최덕경, 김훈(2004). 가족문제와 가족복지. 대왕사.
이소희, 길영환, 도미향, 김혜연(2014). 코칭학개론. 신정.
이소희, 마미정(2019). 현장중심 보육학개론. 신정.
이소희, 엄마아빠사랑연구소(2019). LOVE 모델 시연자료.
이소희, 정민자, 김경희, 박인전, 손지미, 김영란, 홍계옥, 도미향, 김민정(2001). 현대가족복지론. 양서원.
이승희, 윤호열(2009). 부모-자녀 상호작용촉진 프로그램을 통한 장애아동 부모 및 자녀지원 사례연구. 재활심리연구, 16(1).
이양희(2013). 보건복지부, 국제아동인권센터-국제아동권리포럼 '아동 인권의 발자취' 세미나 자료.
이양희(2015). 유엔아동권리협약이행을 위한 법적 제도화 방안 연구. 보건복지부 연구용역보고서.
이영애(2016). 놀이치료 과정에서 학대받은 아동의 외상 후 놀이특성 분석. 놀이치료연구, 19(4), 335-362.
이완정(2019). 어린이집에서는 '학대', 집에서는 '훈육', 엄마 기준이 뭐예요? - 아동학대, 장소와 역할에 따라 기준이 달라질 수 있을까? 보건복지부, 중앙아동보호전문기관.
이윤진, 김아름, 임준범(2016). 아버지 양육참여 실태 및 역량강화 방안. 육아정책연구소 연구보고, 16.
이재법(2015). 맞벌이가정 아버지의 직무만족과 자녀 양육 참여가 가정건강성에 미치는 영향. 대구대학교 박사학위논문.
이정림, 김은영, 엄지원, 강경숙(2012). 장애 영유아 통합보육·교육현황과 선진화 방안. 육아정책연구소.
이정민, 전경남(2013). 일반가정의 아동을 대상으로 한 다문화교육 프로그램의 효과에 관한 메타분석. 한국교원대학교 교육연구원. 교원교육, 29(2), 279-306.

이현주, 유진영(2015). 공공 사회복지 전달체계의 변화와 정책적 함의. 한국보건사회연구원, 11.

이혜원(2001). 아동권리에 관한 국제협약과 국내 아동복지법 비교. 한국사회복지학, 44.

이호균, 장화정, 유선영(2001). 아동학대 예방 및 감소를 위한 아동・ 부모・ 교사에 대한 교육프로그램. 아동과 권리, 5, 23-33.

이홍우(2009). 교육의 개념. 문음사.

이훈구(2001). 가난의 대물림을 어떻게 예방할 것인가? 법문사.

임현주(2012). 아동의 자기격려가 스트레스 대처행동과 학교적응에 미치는 영향. 숙명여자대학교 석사학위논문.

장 지글러(1999). 왜 세계의 절반은 굶주리는가?. 유영미 옮김(2016). 갈라파고스.

장덕호(2012). 미래지향적 교육복지 정책의 방향과 과제. 한국교육개발원 수탁연구CR, 10.

장영인(2015). 보육교사 근무여건 개선방안. 한국보육학회 2015년도 춘계학술대회 자료집, 85-90.

정문자, 정혜정, 이선혜, 전영주(2018). 가족치료의 이해. 학지사.

정선아, 장화정, 김경희, 김미경, 박보영(2018). 어린이집 아동학대 발생 원인에 대한 생태학적 접근 연구: 2015년 국가아동학대정보시스템 아동학대 사례를 중심으로. 아동과 권리, 22(3), 351-382.

정선영(2003). 사례연구: 신체학대를 받은 아동에 대한 놀이치료 사례. 놀이치료연구, 7(1), 91-103.

정선영(2019). 아동학대 사례의 심각성 판단에 영향을 미치는 사례 특성의 분석: 요인설문조사(Factorial Survey)의 적용. 한국보건사회연구원. 보건사회연구, 39(2), 394-423.

정소희(2011). 갈등적인 부부관계와 한부모가족, 어느 것이 아동의 정신건강에 더 해로운가? 사회복지연구, 42(4), 165-186.

정영수(2009). 교육복지정책의 방향과 과제. 교육정치학연구, 16(3), 31-52.

정유리, 권귀염(2018). 유아교육분야에서의 반편견 교육활동 연구 분석. 한국산학기술학회논문지, 19(1), 321-330.

정윤미, 강현아(2012). 지방정부의 아동복지재정에 영향을 미치는 요인: 기초자치단체 아동복지 세출예산을 중심으로, 사회복지정책, 39(1).

정은주(2017). 청소년 회복탄력성 관련 변인에 관한 메타분석. 초당대학교 대학원 박사학위논문.

정하선, 김녹현, 박선하, 이은희, 이태희(2016). 장애인복지론. 공동체.

정혜숙(2011). 가정폭력과 아동학대의 중복발생과 관련된 국내 사회복지 현장 실무자의 경험에 관한 질적 연구. 한국사회복지학, 63(3), 83-108.

조성은(2019). 아동수당 제도 발전 방안에 관한 연구. 한국보건사회연구원, **수탁정책 보고서**, 12.

조성호(2015). 중앙 · 지방간 복지재원 분담제도의 개편방안. 충북연구원. **지역정책연구**, 26(1).

조현근(2015). 근거이론 접근에 의한 장애영유아 가족의 레질리언스(Resilience) 과정에 관한 이해. **유아특수교육연구**, 15(4), 139-172.

주정일, 유미숙, 신철희(2006). **현명한 부모는 아이의 마음을 먼저 읽는다**. 샘터.

주정일, 이소희(1981). **아동복지학**. 교문사.

중앙아동보호전문기관(2014). Stop! 아동학대-아동학대 조기발견과 제도개선을 위한 전문가 심포지엄 자료집.

중앙아동보호전문기관(2015). 한국의 아동정책, 아동의 미래를 꿈꾸다. **아동학대예방포럼 자료집**.

중앙아동보호전문기관(2016). 중앙아동보호전문기관 제작-2016 아동학대예방 교육영상.

중앙아동보호전문기관(2017). 아동학대예방을 위한 Catch 캠페인. 아이들의 신호를 캐치하세요.

중앙아동보호전문기관(2018). 아동학대 예방 및 피해아동 보호. 아동분야사업안내(2).

진저 래피드 보그다(2004). **캐릭터코칭리더십-에니어그램에 길을 묻다**. 이소희 옮김(2011). 북허브.

채화영(2012). 육아기 맞벌이 남성의 일 · 가정 양립 경험 연구. 서울대학교 박사학위논문.

천정웅, 김미옥, 최명민, 노혜련, 이용교(2009). **강점관점 청소년개발 레질리언스**. 신정.

초록우산 어린이재단(2013). 어린이날 주간의 어린이행사.

초록우산 어린이재단(2016). 아동학대 캠페인. 아이들의 신호에 응답하라.

최경일(2007). 한부모가정의 청소년과 부모와의 관계에 대한 현상학적 접근. **청소년학연구**, 14(4), 145-168.

최복천(2013). 장애아동 의료 및 재활치료서비스 지원체계에 대한 비판적 고찰. **장애아동인권연구**, 4, 1-21.

최성재, 남기민(2016). **사회복지행정론**. 나남.

최솔(2011). 성폭력 피해 아동에서 외상 후 스트레스 증상과 우울 증상에 영향을 주는 부모태도와 사건 요인. 연세대학교 의과대학 대학원 석사학위논문.

최승미, 신민섭, 정진엽, 김중술(2000). 만성적인 신체질환 및 장애를 지닌 아동의 심리적 특성: 자기개념 및 스트레스에 대한 대처양상 비교. **소아 · 청소년정신의학**, 11(2), 252-261.

최운선, 안재진, 변미희, 권지성(2011). 국내 입양아동의 입양됨에 대한 인식 연구. **인간발달연구**, 18(4), 169-182.

최유정, 최미라, 최샛별(2018). 맞벌이 부부의 역할분담이 일가정 갈등과 가정생활만족도 및 우울에 미치는 영향. **한국사회**, 19(1), 47-93.

최하영, 이소민, 이호택(2017). 미취학 자녀를 둔 여성관리자의 직장-가정 간 전이가 삶의 만족도에 미치는 영향. **여성연구, 95**(4), 151-191.

충청북도 여성발전센터(2011). 다문화가족상담매뉴얼.

칼릴 지브란(1923). **예언자**. 류시화 옮김(2018). 무소의 뿔.

폴라코우 수란스키(1992). **아동기의 실종**. 윤종희 옮김(2004). 교보문고.

한국놀이치료학회(2019). 놀이치료란? 놀이심리상담사란?

한국방정환재단, 연세대학교 사회발전연구소(2011~2018). 한국아동청소년행복지수 조사: 초등학생용-중 · 고등학생용.

한국보건사회연구원(2013). 아동복지정책 현안과 정책과제. 토론회 자료집.

한국영리더십센터(2019). 매일멋진영리더 매뉴얼.

한국장애인개발원(2008). 가족중심의 장애아동 통합지원 체계구축연구.

한국장애인개발원(2012). 장애아동 재활치료 제공기관 평가기준 및 지표개발.

한상일, 정영숙(2008). 발달지체아동의 가족생태학적 요인과 삶의 질 연구. 대구대학교 특수교육재활과학연구소. **특수교육재활과학연구, 47**(1), 213-236.

한연희(2015). 입양부모 관점에서 본 입양아동의 입양 관련 이슈에 관한 심리 · 정서적 특성에 관한 사례연구. **부모교육연구**, 12, 69-85

함인희(2005). IT와 아동교육 환경의 변화: 교육기관 - 가족 - 지역사회 관계의 재구조화. 정보통신정책연구원-21세기 한국 메가트렌드 시리즈 Ⅲ.

현외성(2011). **사회복지법제론**. 양서원.

현외성, 이광석, 임현승, 조추용, 양영자, 이성희(2014). **현대복지국가의 사회복지교육**. 공동체.

현은민, 박혜영(2005). 시설보호 아동청소년의 자아탄력성과 사회적 적응에 관한 연구. **한국가정관리학회지, 23**(1).

홍미, 김효진(2007). 아동학대 및 방임실태와 정책과제. **보건복지포럼,** 6, 47-59.

홍영미(2010). 시설보호아동이 지각한 사회적 지지 및 자아존중감과 행동문제와의 관계. **청소년학연구, 17**(12), 187-209.

홍은주, 한미현, 이향숙, 류진아, 이상희(2010). **놀이치료 기법과 실제**. 창지사.

황은숙(2009). 한부모가정 반편견교육. 한국한부모가정연구소.

황정하, 박수지(2017). 아동양육시설 청소년의 자립생활기술에 영향을 미치는 요인에 관한 연구. **청소년학연구, 24**(9), 119-143.

황준성, 이희현, 유경훈, 양희준, 김성기, 유기웅, 오상아(2018). 교육복지 거버넌스 혁신 방안 연구. **한국교육개발원 연구보고서,** 11.

APA(2019). *Updating DSM-5 to improve diagnostic validity and reliability and clinical utility*. American Psychological Association.

Axline, W. A. (1981). Latin American regional integration: Alternative perspectives on a changing reality.

Axline,V. M.(1969). *Play Therapy*. Ballantine Books.

Axline,V. M.(1986). *Dibs in Search of Self: The Renowned, Deeply Moving Story of an Emotionally Lost Child Who Found His Way Back*. Ballantine Books

Ben-Shahar, T.(2007). Happier: Learn the Secrets to Daily Joy and Lasting Fulfillment. McGraw-Hill Education.

Ben-Shahar, T.(2009). Even Happier: A Gratitude Journal for Daily Joy and Lasting Fulfillment. McGraw-Hill Education.

Bronfenbrenner, U.(1979). *The Ecology of Human Development: Experiments by Nature and Design*(3rd ed). Harvard University Press.

Calvert, P. (1978). *The Process of Political Succession*. Macmillan.

Carrier, J., Kendall, I.(1992). Law and the social division of welfare. *International Journal of the Sociology of Law, 20*(1), 61-87.

Erikson, E. H.(1963). *Childhood and Society*. W.W.Norton & Company, Inc.

George, V., Wilding, P.(1996). Welfare and Ideology, Hemel Hempstead: Harvester Wheatsheaf.

George, V., Wilding, P.(2003). Ideology and Social Welfare. Routledge

Havighurst, R. J. (1972). *Developmental tasks and education*. New York: David McKay Company, Inc.

Jebb, E.(1923). 어린이권리 선언안. 세이브더칠드런 홈페이지.

Kadushin, A.(1984). Children in Foster Families and Institutions" in Social Service Research.

Kant, I. (1964). The metaphysical principles of virtue.

Landreth, G. L.(2012). Play Therapy: The Art of the Relationship. Routledge.

Lapid-Bodga, G.(2009). *Bringing Out the Best in Everyone You Coach*. McGraw-Hill Education.

Lasswell, H. D.(2017). *The future of political science*. Routledge.

Lorenz, K. (1974). *Studies in Human and Animal Behavior*, Vol(1). Harvard University Press.

Maslow, A. H.(1943). *A Theory of Human Motivation*. GENERAL PRESS.

Moynihan, D. P.(1986). *Family and nation.* Harcourt Brace Jovanovich.

Parker, S.(1994), The Best Interests of the Child-Principles and Problems, *International Journal of Law and the Family, 8*(1), 26-41.

Piaget, J.(1972). Intellectual evolution from adolescence to adulthood. *Human Development, 15*(1), 1-12.

Seligman, E. P.(2004) *Authentic Happiness: Using the New Positive Psychology to Realize Your Potential for Lasting Fulfillment*. Press Press.

Spitz, R. A. (1946). Hospitalism: A follow-up report on investigation described in Volume I, 1945. *The psychoanalytic study of the child*, *2*(1), 113-117.

건강가정지원센터(www.familynet.or.kr)

광주심리상담코칭센터(www.광주심리상담코칭센터.com)

교육부 - 모든 아이는 우리 모두의 아이(www.moe.go.kr)

국가법령정보센터(www.law.go.kr)

국립중앙도서관(www.nl.go.kr)

국민바우처통합카드(www.voucher.go.kr)

국민생각함(www.epeople.go.kr)

국제아동인권센터(incrc.org)

국제어린이양육기구, 컴패션(www.compassion.or.kr)

김포저널(www.gimpojn.com)

다누리(www.liveinkorea.kr)

드림스타트(www.dreamstart.go.kr)

디딤씨앗통장(www.adongcda.or.kr)

법무부(www.moj.go.kr)

법원사람들(www.scourt.go.kr)

베이비뉴스(www.ibabynews.com)

보건복지부(www.mohw.go.kr)

복지로(www.bokjiro.go.kr)

복지정보나눔터(www.social-work.tistory.com)

부산시 다복동 사업(www.busan.go.kr/welfare/ahdabokdong)

비전에니어그램교육연구소(www.visionenneagram.co.kr)

색동회(www.saekdong.or.kr)
서귀포시 아동보호전문기관(www.sgp1391.org)
서울특별시아동복지센터(www.child.seoul.go.kr)
서울특별시여성가족재단(www.seoulwoman.or.kr)
서울특별시한부모가족지원센터(www.seoulhanbumo.or.kr)
세이브더칠드런(www.sc.or.kr)
수원시청(www.suwon.go.kr)
숙명여자대학교공식블로그(blog.naver.com/iamsookmyung)
아동권리보장원(www.ncrc.or.kr)
여성가족부(www.mogef.go.kr)
여성신문(www.womennews.co.kr)
연수구 건강가정·다문화가족지원센터(yeonsu.familynet.or.kr)
용산구육아종합지원센터(www.ysccic.or.kr)
육아정책연구소(www.kicce.re.kr)
이주배경청소년지원재단 무지개청소년센터(www.rainbowyouth.or.kr)
이화여자대학교특수교육연구소(www.seri.jams.or.kr)
인천광역시 남동구청(www.namdong.go.kr)
임신육아종합포털 아이사랑(www.childcare.go.kr)
정부 24-생활플러스(life.gov.kr)
중앙가정위탁지원센터(www.fostercare.or.kr)
중앙아동보호전문기관(www.korea1391.go.kr)
중앙육아종합지원센터(central.childcare.go.kr)
중앙입양원(www.kadoption.or.kr)
초록우산 어린이재단(www.childfund.or.kr)
한국SOS어린이마을(www.koreasos.or.kr)
한국건강가정진흥원(www.kihf.or.kr)
한국놀이치료학회(www.playtherapykorea.or.kr)
한국방정환재단(www.children365.or.kr)
한국보육진흥원(www.kcpi.or.kr)
한국아동복지협회(www.adongbokji.or.kr)
한국입양가족상담센터(www.kccaf1.org)

한국입양홍보회(www.mpak.org)
한국코칭학회(www.koreacoaching.kr)
한국한부모가정사랑회(www.hanbumo.org).
홀트아동복지회(www.holt.or.kr)
EBS 아이의 사생활(www.ebs.co.kr)
TREASURE 상호작용연구소(www.treasuretalk.co.kr)

INDEX 찾아보기

[인 명]

[내 용]

ㄱ

ㄴ

ㄷ

ㅁ

ㅂ

ㅅ

ㅇ

저자 소개

이소희

현재) 숙명여자대학교 아동복지학부 명예교수
학력) 숙명여자대학교 아동복지학부 졸업
아동복지학 박사
경력) 한국아동가족복지학회 회장 역임
한국청소년복지학회 회장 역임
한국부모교육학회 회장 역임
주요 저서) 아동복지(정민사)
보육교사 인성론과 리더십(창지사)
리더십을 키우는 영유아인성교육론(신정)
보육현장 중심 아동권리와 아동복지(신정)

유서현

현재) 숙명여자대학교 아동복지학부 겸임교수
비전에니어그램교육코칭연구소 소장
학력) 숙명여자대학교 아동복지학부 졸업
아동복지학 박사

김일부

현재) 숙명여자대학교 아동복지학부 겸임교수
세림지역아동센터장
학력) 숙명여자대학교 아동복지학 박사

아동먼저! 아동권리와 아동복지

1판 1쇄 인쇄 2020년 12월 25일
1판 1쇄 발행 2020년 12월 30일

저 자 이소희 · 유서현 · 김일부
발 행 인 회장 박철용 · 대표 박세원
발 행 처 정민사
출 판 등 록 1979년 1월 22일 No. 406-2004-000130호
주 소 경기도 파주시 직지길 522 파주출판도시
전 화 031-955-8030
팩 스 031-955-8025
홈 페 이 지 http://www.jmpub.co.kr
이 메 일 yswgroup@naver.com

I S B N 978-89-5809-872-0
정 가 20,000원